Bento de Espinosa

Princípios da filosofia cartesiana e Pensamentos metafísicos

Outros livros da FILŌ

FILŌ

A ideologia e a utopia
Paul Ricœur

Relatar a si mesmo:
crítica da violência ética
Judith Butler

A aventura da filosofia francesa no século XX
Alain Badiou
acrescido de
Lacan e Derrida, heróis do Panteão

A teoria dos incorporais no estoicismo antigo
Émile Bréhier

A sabedoria trágica
Sobre o bom uso de Nietzsche
Michel Onfray

O primado da percepção e suas consequências filosóficas
Maurice Merleau-Ponty

FILŌAGAMBEN

Bartleby, ou da contingência
Giorgio Agamben
seguido de
Bartleby, o escrevente
Herman Melville

A comunidade que vem
Giorgio Agamben

O homem sem conteúdo
Giorgio Agamben

Ideia da prosa
Giorgio Agamben

Introdução a Giorgio Agamben
Uma arqueologia da potência
Edgardo Castro

Meios sem fim
Notas sobre a política
Giorgio Agamben

Nudez
Giorgio Agamben

A potência do pensamento
Ensaios e conferências
Giorgio Agamben

FILŌBATAILLE

O erotismo
Georges Bataille

A parte maldita
Precedida de "A noção de dispêndio"
Georges Bataille

FILŌBENJAMIN

O anjo da história
Walter Benjamin

Baudelaire e a modernidade
Walter Benjamin

Imagens de pensamento
Sobre o haxixe e outras drogas
Walter Benjamin

Origem do drama trágico alemão
Walter Benjamin

Rua de mão única
Infância berlinense: 1900
Walter Benjamin

FILŌESPINOSA

Breve tratado de Deus, do homem e do seu bem-estar
Espinosa

A unidade do corpo e da mente
Afetos, ações e paixões em Espinosa
Chantal Jaquet

FILŌESTÉTICA

O belo autônomo
Textos clássicos de estética
Rodrigo Duarte (org.)

O descredenciamento filosófico da arte
Arthur C. Danto

Do sublime ao trágico
Friedrich Schiller

Íon
Platão

Pensar a imagem
Emmanuel Alloa (Org.)

FILŌMARGENS

O amor impiedoso
(ou: Sobre a crença)
Slavoj Žižek

Estilo e verdade em Jacques Lacan
Gilson Iannini

Introdução a Foucault
Edgardo Castro

Kafka
Por uma literatura menor
Gilles Deleuze
Félix Guattari

Lacan, o escrito, a imagem
Jacques Aubert, François Cheng, Jean-Claude Milner, François Regnault, Gérard Wajcman

O sofrimento de Deus
Inversões do Apocalipse
Boris Gunjević
Slavoj Žižek

ANTIFILŌ

A Razão
Pascal Quignard

FILŌESPINOSA

autêntica

Bento de Espinosa

Princípios da filosofia cartesiana e Pensamentos metafísicos

Tradução
Homero Santiago
Luís César Guimarães Oliva

Introdução, preparação do texto latino e notas
Homero Santiago

Revisão técnica das partes II-III dos *Princípios da filosofia cartesiana*
Anastásia Guidi Itokazu

Título original: *Renati des Cartes Principiorum Philosophiæ pars I, & II.*

Nederlands letterenfonds dutch foundation for literature

A Editora agradece o apoio da Fundação Holandesa de Literatura.

Dados Internacionais de Catalogação na Publicação (CIP)
(Câmara Brasileira do Livro, SP, Brasil)

Spinoza, Benedictus de, 1632-1677.
Princípios da filosofia cartesiana e Pensamentos metafísicos / Benedictus de Spinoza ; tradução Homero Santiago, Luís César Guimarães Oliva. -- 1. ed. -- Belo Horizonte : Autêntica Editora, 2015.

Título original: Renati des Cartes Principiorum Philosophiæ pars I, & II.
ISBN 978-85-8217-634-4

1. Filosofia 2. Descartes, René, 1596-1650. Princípios da filosofia - Crítica e interpretação 3. Filosofia moderna - Século 17 4. Metafísica I. Santiago, Homero, 1973-. II. Itokazu, Anastásia Guidi. III. Título. IV. Série.

15-05661 CDD-149.7

Índices para catálogo sistemático:
1. Espinosismo : Filosofia 149.7

GRUPO **AUTÊNTICA**

Belo Horizonte
Rua Aimorés, 981, 8º andar
Funcionários . 30140-071
Belo Horizonte . MG
Tel.: (55 31) 3214 5700

Rio de Janeiro
Rua Debret, 23, sala 401
Centro . 20030-080
Rio de Janeiro . RJ
Tel.: (55 21) 3179 1975

São Paulo
Av. Paulista, 2.073,
Conjunto Nacional, Horsa I
23º andar . Conj. 2301 .
Cerqueira César . 01311-940
São Paulo . SP
Tel.: (55 11) 3034 4468

Televendas: 0800 283 13 22
www.grupoautentica.com.br

Sumário

Apresentação

Miserable cosa es pensar ser maestro
el que nunca fue discípulo.
Fernando de Rojas, La Celestina.

Quando o jovem Bento de Espinosa[1] desperta para a filosofia, a grande referência que ele encontra, dominando o panorama das letras e das ciências, é o cartesianismo.

Embora francês de nascimento, René Descartes é quase um compatriota de Espinosa, tendo vivido na Holanda longos anos que cobrem o período de sua atividade filosófica mais intensa; é ali que ele publica a maior parte de suas obras, é ali que o seu pensamento primeiro difunde-se, encontra aliados e adversários. Para nós, a séculos de distância, será

1 Ao leitor que estranhar nossa opção por "Bento" ao passo que outras obras de Espinosa, inclusive da própria Autêntica, preferem Baruch ou Benedictus, vale um esclarecimento. Nascido numa comunidade judaica, Espinosa portava o nome Baruch; filho de portugueses, recebera também o nome Bento, que chegou a designar a firma que o jovem de vinte e poucos anos dividiu com o irmão: "Bento y Gabriel de Spinoza"; o alatinado Benedictus, por fim, serviu para assinar os *Princípios da filosofia cartesiana*. Espinosa utilizou, segundo a ocasião, as três fórmulas, como aliás era comum à sua época – para Descartes, por exemplo, além dessa grafia encontramos "des Cartes" e "Cartesius"; isso confere a cada leitor ou estudioso, portanto, o direito de servir-se do prenome que mais lhe aprouver, o que vale igualmente para o sobrenome. Quanto à questão, ver em geral André Santos Campos, "Spinoza e Espinosa: excurso antroponímico", *Revista Conatus*, n. 1, 2007; a introdução de Atilano Domínguez a sua edição da *Correspondencia* espinosana, que reproduz detalhe dos doze documentos que conhecemos com autógrafos de Espinosa.

sempre difícil avaliar toda a significação da formidável movimentação de ideias ocasionada pelo cartesianismo. Esse novíssimo pensamento constitui um acontecimento intelectual maior que vem revirar o mundo do saber estabelecido, abrindo perspectivas excepcionais, muitas ainda insuspeitadas, para uma cultura que estava em franca transformação.

É essa doutrina viva que Espinosa descobre muito cedo; e poucos terão como ele sabido estimar toda a amplitude da revolução em curso e a ela aderido com tanto afinco e paixão. O cartesianismo surge-lhe como um marco incontornável a quem, em meados do século XVII, pretende pensar e, sobretudo, pensar modernamente. De fato, é na escola de Descartes que o jovem Bento dá seus primeiros passos filosóficos. No prefácio das *Obras póstumas* de Espinosa, redigido por amigos que privaram de sua intimidade, a formação do filósofo é descrita assim: desde cedo ele foi nutrido nas letras e estudou teologia; uma vez decidido a dedicar-se à filosofia, empenhou-se nela por inteiro, não quis preceptores nem aderiu a qualquer filósofo; não obstante, prossegue o texto, "para realizar esse propósito, os escritos filosóficos do nobilíssimo e sumo filósofo René Descartes foram-lhe de grande auxílio".[2] O testemunho será retomado, e portanto confirmado, por um dos primeiros biógrafos de Espinosa, Colerus. Após abandonar a teologia e desejoso de abraçar a filosofia natural, o jovem "deliberou por muito tempo sobre a escolha que devia fazer de um mestre, cujos escritos lhe pudessem servir de guia no propósito que tinha. Mas enfim, tendo caindo em suas mãos as obras de Descartes, leu-as com avidez; e doravante declarou com frequência que era daí que tirara o que sabia em filosofia".[3]

Temos aí indicações preciosas para avaliarmos toda a peculiaridade da postura de Espinosa em face do cartesianismo. Ainda que tenha sido muitas vezes identificado como "cartesiano", jamais foi ele um sequaz da filosofia do francês, dela se distanciando em pontos importantes; por outro lado, fato singularíssimo, as discordâncias não ensejaram a preocupação de refutá-la encarniçadamente. O que o prefaciador das *Obras póstumas* e o biógrafo nos sugerem é que a relação entre Espinosa e o cartesianismo foi, primordialmente, uma relação de *aprendizado*. Descartes serviu de "auxílio", "guia", "mestre"; jamais um ídolo ou um chefe de partido, mas uma inspiração constante, um *ponto de partida*. É como se Espinosa aprendesse a filosofar e pensar modernamente lendo e estudando Descartes; e foi por

---

2 *Opera posthuma*, 1677, ed. fac-similar, p. 3-4.

3 Colerus, *La Vie de B. de Spinoza*, incluída da tradução da *Ética* por Bernard Pautrat, p. 552.

isso, e somente por isso, que depois pôde divergir do cartesianismo com a serenidade e a segurança de quem o havia bem digerido e refletido.

Eis uma das constantes da obra espinosana: um duradouro, arguto e respeitoso diálogo com o legado cartesiano que vai da juventude à madureza de nosso filósofo. Uma reflexão que passa longe do mero esquadrinhamento do cartesianismo no afã de computar erros e acertos, que mesmo nos momentos mais duros reconhece a genialidade do antecessor; meditação que revela toda sua profundidade, quando desce ao âmago da revolução cartesiana e volta-se para o seu elemento de base: o método, ou seja, o problema do modo correto de filosofar e a introdução da geometria como procedimento modelar para tal. Esse era o ponto que o próprio Descartes, renovador em praticamente todos os campos do saber que afrontou, identificava como sua maior novidade; e não por acaso foi essa uma das questões cruciais de Espinosa, tanto do jovem – não se enganará o leitor que ler o *Tratado da emenda do intelecto* como testemunho da meditação prolongada sobre o *Discurso do método* – quanto do filósofo maduro; com efeito, se é no descuido com a correta "ordem do filosofar" (*ordo philosophandi*) que a *Ética* identificará a causa dos maiores erros,[4] estará também aí, na estrita observância da boa ordem, ao menos a condição de possibilidade dos acertos.

Ora, o incessante diálogo que Espinosa trava com o cartesianismo tem seu momento mais importante em 1663, quando o filósofo conta 31 anos e publica sua primeira obra: *Partes I e II dos Princípios da filosofia de René Descartes demonstradas à maneira geométrica*, ao que se ajuntam em apêndice os *Pensamentos metafísicos nos quais são brevemente explicadas as questões mais difíceis que ocorrem tanto na parte geral quanto na especial da metafísica.*

O trabalho nasceu de um curso de física cartesiana que Espinosa dera a um jovem universitário, Johannes Caseário, e para o qual se baseou principalmente na segunda parte dos *Princípios da filosofia*, obra cartesiana de 1644. Ao tomar conhecimento do material, os amigos do filósofo convenceram-lhe a publicá-lo. Ele preparou uma parte inicial com a exposição da metafísica ou filosofia primeira cartesiana, acrescentou um longo apêndice em que trata de temas centrais da filosofia escolástica à luz das contribuições cartesianas e entregou tudo a Luís Meyer, amigo que cuidou de rever o texto, redigiu um prefácio e acompanhou a edição em Amsterdã, já que Espinosa, então, residia noutra cidade. Por fim, os *Princípios da filosofia cartesiana*, ou simplesmente PPC,[5] foram publicados

[4] *Ética*, II, prop. 10, escólio.

[5] O extenso título do livro costuma ser abreviado *Princípios da filosofia cartesiana* (em latim *Principia philosophiæ cartesianæ*), designação corrente nas traduções

com a seguinte composição: o prefácio de Meyer, uma poesia-dedicatória de provável autoria de Johannes Bouwmeester, duas partes completas correspondentes às primeira e segunda partes dos *Princípios da filosofia*, uma terceira parte incompleta, o longo apêndice intitulado *Pensamentos metafísicos* dividido em duas seções.[6]

Para apresentar o livro e explicar o seu projeto, Meyer produziu um texto de suma importância, que dá exata medida do destaque do cartesianismo na renovação filosófica conhecida pela modernidade e – tendo recebido a chancela de Espinosa – é o documento que melhor nos permite avaliar as relações entre espinosismo e cartesianismo, especialmente no que se refere à questão central do método apropriado à filosofia. Sobre o mundo do saber, narra Meyer, só havia as trevas da incerteza, com a nobre exceção da matemática, até que Descartes, "o mais esplêndido astro do século", deu à filosofia "fundamentos inconcussos" construídos "com ordem e certeza matemáticas". Não o fez, porém, continua o prefaciador, seguindo a melhor das vias, aquela encontrada nos *Elementos* de Euclides; e daí o escopo de Espinosa: *expor geometricamente os princípios de uma filosofia que, geométrica embora em sua origem, não o era com o devido rigor.* Tais explicações nos conduzem ao próprio cerne do tema do método; e é aí que transparece como Espinosa, assim como soube compreender toda a riqueza das inovações cartesianas, não deixou de demarcar-se claramente do francês, buscando trilhar em sua filosofia – para emprestar as palavras de Meyer – "uma via outra que a aberta e palmilhada por Descara prorites". Entendendo esse projeto e seu alcance, podemos apreender todo o teor e toda a riqueza da meditação de Espinosa sobre o cartesianismo, como aquele se enriqueceu justamente no trato com as dificuldades deste.

Para Descartes, uma obra é geométrica quando nela se raciocina com ordem, quer dizer, quando "as primeiras coisas que são propostas devam ser conhecidas sem nenhuma necessidade das seguintes, e todas as restantes, depois, disponham-se de tal forma que sejam demonstradas só a partir das precedentes". No entanto, há duas maneiras (*rationes*), ambas geométricas,

---

e que tomamos igualmente para intitular a nossa. Porém, daqui por diante sempre indicaremos o livro pela sigla derivada do latim, PPC, seguindo assim a praxe nos estudos espinosanos a fim de evitar qualquer confusão entre a obra de Espinosa e os *Princípios da filosofia* de autoria de Descartes; ademais, também abreviaremos o título do apêndice, *Pensamentos metafísicos* (em latim *Cogitata metaphysica*), por CM.

6 Sobre Meyer, Caseário e Bouwmeester, cf. respectivamente notas 2, 7, 19 à tradução. As circunstâncias de composição da obra são mencionadas no prefácio e relatadas por Espinosa na carta 13; cf. nota 10 à tradução.

de efetivar essa mesma ordem, isto é, de demonstrar. Pela *análise*, dita *a posteriori* na medida em que "mostra a verdadeira via pela qual uma coisa foi metodicamente e como que a priori descoberta"; ou pela *síntese*, via *a priori* que "examina as causas por seus efeitos" e demonstra por meio de "uma longa série de definições, petições, axiomas, teoremas e problemas".[7] Seguindo a tradição, o francês admitia que o ideal era começar pela via analítica (a descoberta) e, na sequência, demonstrar o descoberto pela via sintética. Entretanto, nunca o fez em seus escritos. O procedimento, alegava, era fácil na geometria, porém muito difícil na metafísica, quase impossível, em razão da pouca clareza dos princípios dessa disciplina. Mas só por isso? Espinosa, provavelmente, sabia que não. Tratando-se de uma via apriorística, a síntese deveria partir do que é primeiro, do que é causa e pudesse, assim, tornar-se princípio explicativo dos efeitos ("conhecer é conhecer pela causa", dizia a antiga máxima); logo, como Deus é causa de tudo, a síntese exigiria começar por Deus. No cartesianismo, entretanto, a divindade é concebida como um ser transcendente e infinito, por natureza inapreensível ao nosso intelecto finito. De que modo então proceder, nesse sistema, à síntese? Fazê-lo seria pôr como princípio, e princípio de inteligibilidade de todas as coisas, aquilo que nos é por natureza ininteligível. É mais ou menos como se Descartes só pudesse cumprir a exigência da reversão da análise em síntese ou perpetrando um contrassenso ou transformando sua concepção de Deus. Já que não estava ele disposto a ceder a nenhuma das alternativas, sempre preferiu a análise, seguindo em suas obras um invariável percurso analítico que inicia pela dúvida, passa pensamento, chega ao cogito (a verdade primeira da própria existência, o "penso, logo existo") e só então vai ao verdadeiro princípio e causa de tudo, Deus.

Quando Espinosa, nos PPC, põe-se a demonstrar sinteticamente o cartesianismo, isso não muda. Fiel ao preceito de não se afastar de Descartes, nem criticá-lo nem corrigi-lo, ele apresenta as teses cartesianas tais quais encontradas nos escritos de Descartes, em geral literalmente. Contudo, sob a nova roupagem, o cartesianismo surge de maneira bem peculiar e pouco ortodoxa. Espinosa inicia como bom cartesiano; a dúvida, porém, tão cara a Descartes, perde muito de sua importância; a verdade do cogito despe-se de boa parte de seu caráter experiencial e é metida em proposições; em particular, a primeira parte da obra torna-se uma longa investigação sobre o ser divino. Mudanças de ênfases, por certo, mas não de conteúdos; estes

[7] Tais passagens citadas, invocadas por Meyer em seu prefácio, provêm das *Segundas respostas*, texto cartesiano parcialmente traduzido no anexo I.

são os mesmos, a nova disposição é que lhes confere um inédito valor. Tudo se passa como se Espinosa, um aplicado estudioso do cartesianismo, tivesse desmontado o mecanismo conceitual desse sistema e em seguida, remontando-o, dado origem a uma nova máquina que, se não é inteiramente outra (são as mesmas peças!), tampouco é completamente a mesma, funcionando de uma forma que talvez merecesse protestos de Descartes. No entanto, o traço mais admirável da obra é que toda a reversão se dá, em última instância, pelo cumprimento rigoroso das exigências metódicas do próprio cartesianismo. Espinosa testa os limites desse sistema, vai a fundo nele e desenvolve todas as suas potencialidades. E daí não espantar que muitos leitores tenham a impressão de topar o espinosismo quando na verdade há apenas um cartesianismo diferente, quiçá radical demais para Descartes, mas ainda assim cartesianismo. Bom aluno de Descartes, Espinosa não precisa refutá-lo, uma vez que *aprendeu a pensar com ele, a partir dele e contra ele.*

Nesse sentido, os PPC devem ser entendidos à guisa de acerto de contas com o passado, por um lado; por outro, uma espécie de treino para o futuro. Em 1663, Espinosa já estava convicto de que as dificuldades deixadas pela filosofia cartesiana só poderiam chegar a bom termo se ele seguisse por via diversa da cartesiana, ou seja, insistisse na mais rigorosa ordem geométrica, sem nada ceder a compromissos com um Deus transcendente ou com algumas difíceis teses cartesianas que a tal Deus prestam homenagem. Porém, da mesma forma, tinha certeza de que o ponto de partida para qualquer novo empreendimento filosófico não podia ser outro que o cartesianismo, e em primeiríssimo lugar o ideal geométrico que animava essa filosofia desde o seu âmago. Não por acaso, a obra maior de Espinosa, a *Ética*, anos depois se apresentará desde o título como uma obra *demonstrada segundo a ordem geométrica.* Então a história já será outra, com muito pouco de cartesianismo e tudo de espinosismo. Cumpre todavia não esquecer que, para Espinosa aí chegar, o cartesianismo – assimilado, aprofundado, fecundado em seus aspectos positivos – foi-lhe uma etapa fundamental. A maior prova disso são os PPC, onde contemplamos Espinosa, desde o interior do cartesianismo e como "discípulo", fazendo-se espinosano, e portanto um "mestre".[8]

[8] Para a interpretação dos PPC aqui apenas esboçada, tomamos a liberdade de remeter a nosso trabalho sobre *Espinosa e o cartesianismo* listado na bibliografia.

O texto e a tradução

Os *Renati des Cartes Principiorum Philosophiæ pars I, & II, more geometrico demonstratæ...* foram publicados em vida de Espinosa, que revisou o material, e sob os cuidados editoriais de um amigo atencioso à correção do texto e cujas intervenções, até onde sabemos, foram todas efetuadas com o aval do autor. Portanto, a edição de 1663 traz um texto em que nos podemos fiar e que não apresenta maiores dificuldades. Os eventuais erros foram assinalados em sua maioria na errata da *editio princeps* e emendados por editores sucessivos; os poucos problemas restantes foram assinalados por inúmeros estudiosos e tradutores que se debruçaram sobre o livro. Daí nos ter parecido correto tomar por texto de base para a tradução aquele oferecido pela última grande edição das obras de Espinosa, a cargo do alemão Carl Gebhardt, publicada em 1925 e reeditada em 1972. Embora esteja em curso uma nova edição das obras espinosanas, tendo sido publicados já alguns volumes, ainda carecemos de uma edição latina dos PPC que supere a de Gebhardt, a qual, para todos os efeitos, continua a ser a edição canônica para a interpretação de Espinosa, inclusive fornecendo a sua paginação aos estudos especializados.

Desse modo, limitamo-nos a, partindo do texto de Gebhardt, cotejá-lo integralmente com a *editio princeps* e, pontualmente, com as edições de Bruder (1843) e de Van Vloten & Land (1882-1883). O resultado é o texto latino dos PPC que serviu à nossa tradução e que se oferece aqui ao leitor. Algumas observações sobre esse texto:

- Nele foram realizadas todas as correções pedidas na errata da *editio princeps*, conforme Gebhardt já o fizera.
- São indicadas em rodapé e corrigidas as poucas e insignificantes gralhas da edição Gebhardt.

- São indicados em rodapé e corrigidos alguns pontos mais relevantes, às vezes de grande importância por interferirem diretamente no sistema de remissões internas próprio do *more geometrico* utilizado por Espinosa; nesses casos, sempre nos preocupamos em justificar nossas alterações e as devidas explicações aparecem, por questões editoriais, nas notas à tradução.

- As passagens que Gebhardt tomou à tradução holandesa seiscentista do texto (revisada por Espinosa) e interpolou no latim foram reenviadas para as notas à tradução, junto a algumas variantes da versão holandesa que, não assinaladas por Gebhardt, o foram por outros estudiosos.

- Buscou-se, quanto possível, manter a disposição gráfica da primeira edição e preservar a integridade do texto; daí termos incluído os índices remissivos da obra e, no caso da marginália presente nos CM, ao contrário do que fizeram quase todas as traduções consultadas (sua inserção no corpo do texto), achamos por bem mantê-la em sua posição original, ou seja, à margem, servindo de guia temático à leitura.

- No original, as notas do autor são também alocadas à margem do texto e não possuem chamadas; seguindo o uso contemporâneo, remetemos tais notas ao pé da página e introduzimos chamadas que vêm ao final do trecho a que se referem.

- Por fim, as notas do autor trazem chamadas em asterisco, ao passo que as nossas possuem chamadas em arábicos. Por convenção, nossas notas se apresentam sempre da seguinte maneira: em *itálico e sublinhado* o trecho em questão, já corrigido; depois, a indicação da forma anterior, *em itálico*, tal como encontrada noutras edições, indicadas por abreviações facilmente reconhecíveis; quando necessário, remissão à nota da tradução que justifica a emenda.

Na tradução, esforçamo-nos em seguir de perto o original. Isso implicou respeitar os modos de expressão espinosanos, tanto o vocabulário técnico quanto a construção frasal própria ao *more geometrico*. Ao contrário das traduções que se pretendem "na linguagem de hoje", a nossa deve soar datada, por cuidado de fidelidade; o livro não foi escrito anteontem mas no interior de um universo preciso que não é o nosso e deve ser enfrentado por quem se interessa em compreender Espinosa, pois que era o seu.

Uma outra preocupação foi tomar pé firme na tradição dos estudos espinosanos. Primeiramente, em geral, trabalhando sobre as várias traduções disponíveis do livro (todas listadas na bibliografia); segundo, e pensando especificamente no caso de uma tradução lusófona, ter em consideração as traduções de Descartes e Espinosa já disponíveis no vernáculo. Se podemos assim dizer, um cuidado constante foi o de não reinventar a roda. O florescimento dos estudos espinosanos nos últimos anos fornecem um arcabouço rigoroso e rico o suficiente para que o tradutor não precise, nem deva, enfurnar-se num trabalho solitário. Quanto a isso, duas advertências são de importância. Primeiramente, nosso trabalho muito deve às atividades regulares do Grupo de Estudos Espinosanos do Departamento de Filosofia da Universidade de São Paulo, do qual são membros os dois tradutores. Ali tivemos várias oportunidades de discutir com o Prof. Diogo Pires Aurélio pormenores de suas notáveis traduções do *Tratado teológico-político* e do *Tratado político*; pudemos ali aproveitar as discussões que ao longo de anos o grupo realizou no empenho de uma nova tradução da *Ética* de Espinosa (a sair brevemente pela Edusp). Sempre que possível, soluções forjadas para as traduções dos *Tratados* e da *Ética* foram por nós retomadas.

Em segundo lugar, é preciso confessar que, infelizmente, não dedicamos a devida atenção à recente tradução dos PPC publicada pela editora Perspectiva. Esse trabalho meritório, que pela primeira vez trouxe ao vernáculo o livro de Espinosa e se insere numa ambiciosa edição das obras completas do filósofo, decerto merecia uma consideração mais apurada. Ocorre que nosso trabalho, ao menos no que respeita à tradução, estava praticamente finalizado quando do aparecimento da referida edição e por isso não houve como proceder a um cotejo fino, que fosse além das consultas pontuais. Esperamos que na oportunidade de uma revisão possamos corrigir tal falha.

No mais, algumas observações de caráter geral:

- O texto espinosano apresenta-se muitas vezes como uma transposição de passagens cartesianas inteiras. Sempre tivemos isso em consideração, buscando quanto possível manter a univocidade ou a equivocidade latina dos dois autores. No caso das versões de Descartes que aqui apresentamos em anexo, obviamente, mas também tendo em conta as traduções de Descartes já existentes.
- No português, buscamos seguir ao máximo todas as peculiaridades do texto latino. Contudo, umas poucas exceções nos pareceram

justificáveis. Primeiramente no que respeita às maiúsculas que o latim usa em abundância e no mais das vezes sem critério claro; recordando que muitas vezes tais maiúsculas devem-se mais aos editores que ao autor (ilustrativo é o fato de que as cartas autógrafas de Espinosa que possuímos pouco se servem desse recurso), decidimos seguir o uso moderno. Além disso, várias abreviações, preservadas no latim, foram desdobradas na tradução, em especial aquelas de títulos de obras, os quais também, seguindo o uso hodierno, foram grafados em itálicos; porém, como é praxe, não desdobramos as que no interior do texto promovem remissões internas: "prop.", "esc.", "preced.", etc.; elas são facilmente compreensíveis ao leitor e constituem quase uma nota de estilo, do estilo geométrico em que se constroem os PPC, ou do estilo escolar, quase anotações para aulas, dos CM.

- Como no texto latino, as notas do autor estão sempre no rodapé, com chamadas em asterisco; já as nossas, com chamadas em arábico, vêm ao final da tradução. É verdade que poucas coisas mais prejudicam a comodidade da leitura que notas de fim de texto, tal posicionamento, no entanto, era imperativo para que, numa edição bilíngue, fosse mantido o espelhamento entre o latim e o português.

Completa a tradução dos PPC um conjunto de anexos que servem ao leitor que se interessar em aprofundar a compreensão da obra: dois textos de Descartes fundamentais para a constituição do projeto de Espinosa (o trecho das *Respostas às segundas objeções* em que Descartes explicita o que entende por método geométrico) e para a elaboração de seu próprio texto (as *Razões geométricas* que constituem um paradigma de apresentação geométrica de teses cartesianas e são inteiramente aproveitadas por Espinosa no livro); duas cartas espinosanas a Meyer à época da preparação do texto dos PPC; uma figura dos *Princípios da filosofia* a que os PPC remetem sem contudo fornecê-la; um quadro sinóptico de concordância entre elementos textuais de Espinosa e de Descartes. Um último item a enriquecer a leitura e o estudo dos PPC é uma apresentação esquemática da cadeia geométrica da obra, permitindo conferir em pormenor, a cada passo, como o autor estabelece um rigoroso nexo de remissões internas entre proposições, axiomas, lemas, etc., além de elementos tomados às obras cartesianas; em razão de seu tamanho, porém, não se incluiu aqui esse documento, o qual poderá ser consultado online a partir da página da editora Autêntica no endereço: <http://goo.gl/eAkpCE>.

A bibliografia à frente lista os materiais de que nos servimos para a tradução (edições, traduções, instrumentos de trabalho) e propõe uma seleta de estudos que tocam direta ou indiretamente os PPC e os CM. Quando da citação de um item presente na bibliografia, limitamo-nos a fornecer o título; as referências completas podem ser lá consultadas. No caso das citações de Espinosa e Descartes utilizamos, quando necessário dar referências de páginas: para o primeiro, a edição de Gebhardt, seguida do volume e da página; para o segundo, a edição Adam-Tannery, igualmente seguida do volume e da página.

Este trabalho teve início há um bom número de anos, pelas mãos de um de seus tradutores, e se tornou possível recentemente graças às mãos do outro. Nesse intervalo de tempo, houve o incentivo e a colaboração de vários colegas e amigos, aos quais agradecemos todos; particular menção deve ser feita a Antônio David, que nos auxiliou com umas passagens em hebraico dos CM, e Mirian van Reijen, cuja ajuda foi fundamental para lidar com o holandês seiscentista. Em momentos e circunstâncias distintos, o trabalho contou com o auxílio da Fapesp e do CNPq.

Bibliografia

Edições dos *PPC*
(Em ordem cronológica da primeira edição)

Texto latino

Renati des Cartes Principiorum Philosophiæ Pars I, & II, More Geometrico demonstratæ per Benedictum de Spinoza Amstelodamensem. Accesserunt Ejusdem Cogitata Metaphysica, In quibus difficiliores, quæ tam in parte Metaphysices generali, quàm speciali occurrunt, quæstiones breviter explicantur. Amstelodami, apud Johannem Riewerts, in vico vulgo dicto, de Dirk van Assen-steeg, sub signo Martyrologii 1663.

Renati des Cartes principia philosophia... In: *Benedicti de Spinoza Opera quæ supersunt omnia.* Ex editionibus principibus denuo edidit et præfatus est Carolus Hermannus Bruder. Ex Officina Bernhardi Tauchnitz. Lipsæ MDCCCXLIII, v. I.

Renati des Cartes principia philosophia... In: *Benedicti de Spinoza Opera quotquot reperta sunt.* Recognoverunt J. van Vloten et J. P. N. Land. Hagæ Comitum apud Martinum Nijhoff MCMXIV, v. I (1. ed. 1882-1883).

Renati des Cartes principia philosophia... In: *Opera.* Im Auftrag der Heidelberger Akademie der Wissenschaften herausgegeben von Carl Gebhardt. Heidelberg, Carl Winters Universitætbuchhandlung, 1972, v. I (1. ed. 1925).

Renati des Cartes principia philosophia... In: *Tutte le opere.* Saggio introdutivo, presentazioni, note e apparati di Andrea Sangiacomo. Milano: Bompiani, 2010.

Tradução holandesa seiscentista

Renatus Des Cartes Beginzelen der Wysbegeerte, I en II deel, Na de Meetkonstige wijze beweezen door Benedictus de Spinoza, Amsterdammer. Mitsgaders des zelfs Overnatuurkundige gedachten, In welke de zwaarste geschillen, die zoo in 't algemeen, als in 't byzonder deel der overnatuurkunde ontmoeten, kortelijk werden verklaart. Alles uit 't Latijn vertaalt door P. B. 't Amsterdam, By Jan Rieuwertsz. Boekverkooper in de Dirk van Assensteegh, in 't Martelaars-Boek. Anno 1664.

Rene Descartes, De Beginselen van de Wijsbegeerte. In: SPINOZA. *Korte Geschriften.* Door F. Akkerman, H. G. Hubbeling, F. Mignini, M. J. Petry, N. en G. van Suchtelen. Amsterdam, Wereldbibliotheek, 1982.

Traduções modernas

Les principes de la philosophie de Descartes. In: *Œuvres de Spinoza.* Traduction et notes de Charles Appuhn. Paris, Garnier-Flammarion, 1964, v. I (1. ed. 1904).

Descartes' Prinzipien der Philosophie auf geometrische Weise begründet mit dem „Anhang, enthaltend metaphysische Gedanken". Übersetzung von Artur Buchenau, Einleitung und Anmerkungen von Wolfgang Bartuschat. Hamburgo, Felix Meiner, 1987 (1. ed. 1906).

Les principes de la philosophie de Descartes. Traduction de Roland Caillois. In: SPINOZA. *Œuvres complètes.* Texte nouvellement traduit ou revu, présenté et annoté par Roland Caillois, Madeleine Francès et Robert Misrahi. Bibliothèque de la Pléiade. Paris, Gallimard, 1954.

Trattato sull'emendazione dell'intelletto. Princìpi della filosofia cartesiana. Pensieri metafisici. A cura di Enrico de Angelis. Milano, [s.n.], 1990 (1. ed. 1962).

I Princìpi di filosofia di Cartesio e l'appendice. A cura di Bruno Widmar. Lecce: Milela, 1970.

Los principios de la filosofía de Descartes demonstrados por el método geométrico. Traducción de Mario Calés. In: *Obras completas de Spinoza.* Traducciones de Mario Calés y Oscar Cohan. Buenos Aires: Acervo Cultural, 1977, v. I.

Descartes' "Principles of Philosophy". In: *The collected works of Spinoza.* Edited and translated by Edwin Curley. Princeton: Princeton University Press, 1988, v. I (1. ed. 1985).

Tratado de la reforma del entendimiento, Principios de filosofía de Descartes,

Pensamentos metafísicos. Traducción, introducción y notas de Atilano Domínguez. Madrid: Alianza, 1988.

Princìpi della filosofia di Cartesio. Pensieri metafisici. A cura di Emanuela Scribano. Bari: Laterza, 1990.

Principles of cartesian philosophy with Metaphysical thoughts. Translated by Samuel Shirley, introduction and notes by Steven Barbone and Lee Rice. Indianapolis & Cambridge: Hackett, 1998.

Principi della filosofia dimostrati in forma geometrica. Traduzione di Filippo Mignini. In: SPINOZA. *Opere*. A cura di Filippo Mignini, traduzioni e note di Filippo Mignini e Omero Proietti. Milano: Mondadori, 2007.

Principi della filosofia di Cartesio. Traduzione di Andrea Sangiacomo. In: SPINOZA. *Tutte le opere*. Saggio introdutivo, presentazioni, note e apparati di Andrea Sangiacomo. Milano: Bompiani, 2010.

Princípios da filosofia cartesiana. Tradução de J. Guinsburg e Newton Cunha. In: SPINOZA. *Obras completas*. Organização de J. Guinsburg, Newton Cunha e Roberto Romano. São Paulo: Perspectiva, 2014, v. I.

Traduções parciais

Pensamentos metafísicos. Tradução de Marilena de Souza Chaui. In: ESPINOSA. *Pensamentos metafísicos, Tratado da correção do intelecto, Ética, Tratado político, Correspondência*. Seleção de textos de Marilena de Souza Chaui. Vários tradutores. São Paulo, Abril Cultural, várias edições. (Os Pensadores.)

Prefacio a los Principios de la Filosofía de Descartes. In: SPINOZA. *Tratado de la reforma del entendimiento y otros escritos*. Traducción, notas y comentario de Lelio Fernández y Jean Paul Margot. Universidad Nacional de Colombia, 1984.

Prolegômeno. Tradução de Homero Santiago. In: DESCARTES. *Meditações metafísicas*. Tradução de Maria Ermantina Galvão. São Paulo: Martins Fontes, 2000.

Prefácio dos *Princípios da filosofia cartesiana*. Tradução de Homero Santiago. *Revista Conatus*, n. 1, 2007.

Princípios da filosofia cartesiana, I, definições, axiomas 1-3, proposições 1-4. Tradução de Homero Santiago. *Revista Conatus*, n. 4, 2008.

Princípios da filosofia cartesiana, I, axiomas 4-11, proposições 5-8. Tradução de Homero Santiago. *Revista Conatus*, n. 5, 2009.

Obras e traduções de Espinosa

Breve tratado de Deus, do homem e do seu bem-estar. Tradução e notas de Emanuel Angelo da Rocha Fragoso e Luís César Guimarães Oliva. Belo Horizonte: Autêntica, 2012.

Correspondencia. Introducción, traducción, notas e índices de Atilano Domínguez. Madrid: Alianza, 1988.

Epistola XII-A. In: A.K. Offenberg, "Letter from Spinoza to Lodewijk Meyer, 26 July 1663. In: *Speculum spinozanum 1677-1977*. Edited by Siegried Hessing. Londres: Routledge & Kegan Paul, 1977.

Éthique. Introduction, traduction, notes et commentaire de Robert Misrahi. Paris: PUF, 1996.

Éthique. Présenté, traduit et commenté par Bernard Pautrat. Paris: Seuil, 1999.

Ética. Tradução de Tomaz Tadeu. Belo Horizonte: Autêntica, 2007

Ética. Tradução do Grupo de Estudos Espinosanos da USP. São Paulo: Edusp. No prelo.

Ética. Tradução e prefácio de Lívio Xavier. Rio de Janeiro: Ed. de Ouro, 1963.

Korte Verhandeling, van God, de Mensch, en deszelvs Welstand, Breve Trattato su Dio, l'Uomo, e il suo Bene. Introduzione, edizione, traduzione e commento di Filippo Mignini. L'Aquila: Japadre, 1986.

Obras completas. Organização de J. Guinsburg, Newton Cunha e Roberto Romano. São Paulo, Perspectiva, 2014, 4 v.

Œuvres complètes. Texte nouvellement traduit ou revu, présenté et annoté par Roland Caillois, Madeleine Francès et Robert Misrahi. Bibliothèque de la Pléiade. Paris: Gallimard, 1954.

Œuvres de Spinoza. Traduction, notices et notes de Charles Appuhn. Paris: Garnier-Flammarion, várias edições, 4 v.

Opera posthuma. Amsterdam, 1677. Riproduzione fotografica integrale, a cura di Pina Totaro, prefazione di Filippo Mignini. Macerata: Quodlibert, 2008.

Opera. Im Auftrag der Heidelberger Akademie der Wissenschaften herausgegeben von Carl Gebhardt. Heidelberg: Carl Winters Universitætbuchhandlung, 1972, 4 v.

Opera quotquot reperta sunt. Recognoverunt J. van Vloten et J. P. N. Land. Hagæ Comitum apud Martinum Nijhoff MCMXIV, Editio tertia, 2 v.

Opere. A cura di Filippo Mignini, traduzioni e note di Filippo Mignini e Omero Proietti. Milano: Mondadori, 2007.

Pensamentos metafísicos, Tratado da correção do intelecto, Ética, Tratado político, Correspondência [cartas 2, 4, 9, 10, 12, 21, 32, 34, 35, 36, 50]. Seleção de textos de Marilena de Souza Chaui. Traduções de Marilena de Souza Chaui *et al.* São Paulo, Abril Cultural, várias edições. (Os Pensadores.)

The Ethics and other works. Edited and translated by Edwin Curley. Nova Jersey: Princeton Univerity Press, 1994.

Tractatus theologico-politicus/Traité théologique-politique. Texte établi par Fokke Akkerman; traduction et notes par Jacqueline Lagrée et Pierre-François Moreau. Paris: PUF, 1999.

Traité de la réforme de l'entendement. Introduction, texte, traduction et commentaire par Bernard Rousset. Paris: Vrin, 1992.

Tratado breve. Traducción, prólogo y notas de Atilano Domínguez. Madrid: Alianza, 1990.

Tratado da reforma da inteligência. Tradução, introdução e notas de Lívio Teixeira. São Paulo: Nacional, 1966.

Tratado político. Tradução, introdução e notas de Diogo Pires Aurélio. São Paulo: WMF Martins Fontes, 2009.

Tratado teológico-político. 3. ed. Tradução, introdução e notas de Diogo Pires Aurélio. Lisboa: Imprensa Nacional & Casa da Moeda, 2004.

Tratado teológico-político. Traducción, introducción, notas e índices de Atilano Domínguez. Madrid: Alianza, 1986.

Tutte le opere. Saggio introdutivo, presentazioni, note e apparati di Andrea Sangiacomo. Milano: Bompiani, 2010.

Obras e traduções de Descartes

Carta-prefácio dos Princípios da filosofia. Apresentação e notas de Denis Moreau, tradução de Homero Santiago. São Paulo: Martins Fontes, 2003.

Descartes: três cartas de abril-maio de 1630. Tradução de Homero Santiago. *Kriterion*, n. 99, jan.-jun. 1999.

Dióptrica (Discursos I, II, III, IV e VIII). Tradução de José Portugal dos Santos Ramos. *Scientiæ studia*, São Paulo, v. 8, n. 3, 2010.

Discurso do método, As paixões da alma, Meditações, Objeções e respostas. Tradução de J. Guinsburg e Bento Prado Júnior, prefácio e notas de Gérard

Lebrun, introdução de Gilles-Gaston Granger. São Paulo: Nova Cultural, 1996. (Os Pensadores.)

L'entretien avec Burman. Édition, traduction et annotation par Jean-Marie Beyssade. Paris: PUF, 1981.

Los principios de la filosofía. Introducción, traducción y notas de Guillermo Quintás. Madrid: Alianza, 1995.

Meditações metafísicas. Tradução de Maria Ermantina Galvão; introdução, notas e tradução dos textos introdutórios de Homero Santiago. São Paulo: Martins Fontes, 2000.

Meditações sobre a filosofia primeira. Introdução, tradução e notas pelo Prof. Gustavo de Fraga. Coimbra: Almedina, 1992.

Meditationes de Prima Philosophia. Amstelodami, apud Ludovicum Elzevirium, 1642. Edição fac-similada: Lecce, Dipartimento de Filosofia, Università degli Studi di Lecce, 1992.

Meditações sobre a filosofia primeira. Edição bilíngue. Tradução, nota prévia e revisão de Fausto Castilho. Campinas: Editora da Unicamp, 2004.

Méditations métaphysiques. Meditationes de Prima philosophia. Méditations de philosophie première. Texte latin et traduction du duc de Luynes. Présentation et traduction de Michelle Beyssade. Paris: Le livre de poche, 1990.

Œuvres de Descartes. Publiées par Charles Adam & Paul Tannery. Paris: Vrin, 1996, 11 v.

Os princípios da filosofia [parte I]. Tradução de Alberto Ferreira, anotações por Pinharanda Gomes. Lisboa: Guimarães, 1995.

Passiones Animæ. Amstelodami, apud Ludovicum Elzevirium, 1650. Edição fac-similada: Lecce, Conte, 1997.

Principia Philosophiæ. Amstelodami, apud Ludovicum Elzevirium, 1644. Edição fac-similada: Lecce, Conte, 1994.

Princípios da filosofia [parte I]. Apresentação, tradução, notas e comentário por Leonel Ribeiro dos Santos. Lisboa: Presença, 1995.

Princípios da Filosofia [parte I]. Tradução de Guido Antônio de Almeida (coord.), Raul Landim Filho *et al*. Rio de Janeiro: Editora UFRJ, 2002.

Règles utiles et claires pour la direction de l'esprit et la recherche de la vérité. Traduction selon le lexique cartesien et annotation conceptuelle par Jean-Luc Marion avec des notes mathematiques de Pierre Costabel. Haia: Martinus Nijhoff, 1977.

Regulæ ad directionem ingenii. Texte critique établi par Giovanni Crapulli avec la version hollandaise du XVIIème Siècle. Haia: Martinus Nijhoff, 1966.

Estudos concernentes aos PPC

ANGELIS, Enrico de. Il metodo geometrico da Cartesio a Spinoza. *Giornale critico della filosofia italiana*, n. 43, 1964.

BARBONE, Steven; RICE, Lee. Introduction. In: SPINOZA. *Principles of cartesian philosophy with Metaphysical thoughts.* Translated by Samuel Shirley, introduction and notes by Steven Barbone and Lee Rice. Indianapolis; Cambridge: Hackett, 1998.

BELIN, Marie-Hélène. Les *Principes de la philosophie de Descartes*: remarques sur la duplicité d'une écriture. *Archives de philosophie*, n. 51, 1988.

BENNETT, Jonathan. Spinoza's vacuum argument. *Midwest Studies in Philosophy*, n. 5, 1980.

BEYSSADE, Michelle. La pratique du latin chez Descartes et Spinoza. In: *Verdade, Conhecimento e ação.* Ensaios em Homenagem a Guido de Almeida Prado e Raul Landim Filho. Organização de Edgar da R. Marques *et al.* São Paulo: Loyola, 1999.

BOLTON, Martha M. Spinoza on cartesian doubt. *Noûs*, n. 2, 1985.

BOULLIER, Francisque. *Histoire de la philosophie cartésienne.* Paris: Ch. Delagrave, 1868. Edição fac-similada: Hildesheim, Georg Olms, 1972, 2 v.

BUYSE, Filip. Le 'démasquement' de Descartes par Spinoza dans les *Principia Philosophiæ Cartesianæ. Teoria*, n. 2, 2012.

CHAUI, Marilena. Fidelidade infiel: Espinosa comentador dos princípios da filosofia de Descartes. *Analytica*, v. 3, n. 1, 1998.

CHAUI, Marilena. *A nervura do real.* Imanência e liberdade em Espinosa. São Paulo: Companhia das Letras, 1999.

COUSIN, Victor. Les rapports du cartésianisme et du spinozisme. *Fragments de philosophie cartéssienne.* Paris, 1856.

CRAPULLI, Giovanni; GIANCOTTI BOSCHERINI, Emilia. *Ricerche lessicali su opere di Descartes e Spinoza.* Roma: Olschki, 1969.

CURLEY. Edwin. Spinoza as an expositor of Descartes. In: *Speculum spinozanum 1677-1977.* Edited by Siegried Hessing. Londres: Routledge; Kegan Paul, 1977.

DEVILLAIRS, Laurence. Immutabilité de Dieu et mérites des hommes. À

propos du scolie de la proposition XIII de la deuxième partie des "Principes de la philosophie de Descartes". *Revue d'histoire des sciences*, v. 58, n. 1, 2005.

DI VONA, Piero. Il problema delle distinzioni nella filosofia di Spinoza. *Studia Spinozana*, n. 4: Spinoza's Early Writings, 1988.

DI VONA, Piero. *Studi sull'ontologia di Spinoza*. Res ed ens, la necessità, le divisioni dell'essere. Firenze: Nuova Italia, v. I, 1960; v. II, 1969.

DOMÍNGUEZ, Atilano. Introducción general. In: SPINOZA. *Tratado de la reforma del entendimiento, Principios de filosofía de Descartes, Pensamentos metafísicos*. Traducción, introducción y notas de Atilano Domínguez. Madrid: Alianza, 1988.

DOMÍNGUEZ, Atilano. Las fuentes de los *Cogitata Metaphysica*: analogías léxicas con Suárez y Heereboord. In: *Spinoziana*. Ricerche di terminologia filosofica e critica testuale. A cura di Pina Totaro. Firenze: Olschki, 1997.

FRAGOSO, Emanuel Angelo da Rocha. *O método geométrico em Descartes e Spinoza*. Fortaleza: EdUECE, 2011.

FRAGOSO, Emanuel Angelo da Rocha; SANTIAGO, Homero. Do cartesianismo ao espinosismo: sobre o método e um axioma. In: *A paixão da razão. Homenagem a Maria Luísa Ribeiro Ferreira*. Organização de A. P. Mesquista, C. Beckert, J. L. Pérez e M. L. Leonor. Lisboa: Centro de Filosofia da Universidade de Lisboa, 2014.

FREUDENTHAL, J. Spinoza und die Scholastik. *Philosophische Aufsätze*, Leipzig, 1887.

GALLEGO SALVADORES, J. J. Aproximación al concepto de ente en Spinoza. *Angelicum*, n. 53, 1976.

GILSON. Étienne. Spinoza interprète de Descartes. La preuve cartésienne de l'existence des corps. In: *Études sur le rôle de la pensée médiévale dans la formation du système cartésien*. Paris: Vrin, 1930.

GLEIZER, Marcos André. Espinosa e o "círculo cartesiano". *Cadernos de história e filosofia da ciência*, série 3, v. 5, n. 1-2, 1995.

GLEIZER, Marcos André. Spinoza crítico de Descartes. *IHU On-Line*, Unisinos, v. 1, 2012.

GUÉROULT, Martial. Le *Cogito* et l'ordre des axiomes métaphysiques dans les *Principia philosophiæ cartesianæ* de Spinoza. In: *Études sur Descartes, Spinoza, Malebranche et Leibniz*. Hildesheim: Georgs Olms, 1970.

HUBBELING, H. G. Spinoza comme précurseur du reconstrutivisme logique dans son livre sur Descartes. *Studia leibnitiana*, v. 12, n. 1, 1980.

ISRAEL, Jonathan. Spinoza as an expounder, critic, and "reformer" of Descartes. *Intellectual History Review*, n. 17, 2007.

JAQUET, Chantal (Org.). *Les Pensées métaphysiques de Spinoza*. Paris: Publications de la Sorbonne, 2004.

KLEVER, Wim. Qui était l'homunculus. *Bulletin de l'Association des amis de Spinoza*, n. 29, 1993.

LÉCRIVAIN, André. Spinoza et la physique cartésienne. *Cahiers Spinoza*, n. 1, 1977; n. 2, 1978.

MARGOT, Jean-Paul. A propósito del "more geométrico" en Descartes y Spinoza. *Praxis filosófica*, n. 29, 2009.

MATOS, Carlos Lopes. Spinoza, intérprete de Descartes. *Revista brasileira de filosofia*, n. 19, 1955; republicado em: *Cadernos espinosanos*, n. 7, 2001.

MEINSMA, Koenrad Oege. *Spinoza et son cercle*. Paris: Vrin, 1983 (1. ed. holandesa 1896).

MOREAU, Pierre-François. La réception du *Discours* et des *Essais* dans le cercle spinozien. In: *Problématique et réception du Discours de la méthode et des Essais*. Textes réunies par Henri Méchoulan. Paris: Vrin, 1988.

MOREAU, Pierre-François. Les "Principia" de Spinoza. *Revue d'histoire des sciences*, v. 58, n. 1, 2005.

PRELORENTZOS, Yannis. *Temps, durée et éternité dans les Principes de la philosophie de Descartes de Spinoza*. Paris: Presses de l'Université de Paris-Sorbonne, 1996.

RAMOND, Charles. "Degrés de realité" et "degrés de perfection" dans les *Principes de la philosophie de Descartes* de Spinoza. *Studia spinozana*, n. 4, 1988.

REZENDE, Cristiano Novaes de. Idéia verdadeira e história. *Cadernos espinosanos*, n. 2, t. 2, 1997.

ROUSSET, Bernard. *Spinoza lecteur des objections faites aux Méditations de Descartes et de ses Réponses*. Paris: Kimé, 1996.

SÁNCHEZ ESTOP, Juan Domingo. Spinoza, lecteur des *Regulæ*. Notes sur le cartésianisme du jeune Spinoza. *Revue de sciences philosophiques et théologiques*, t. 71, n. 1, 1987.

SANTIAGO, Homero. A poesia-dedicatória dos *Princípios da filosofia cartesiana*. *Revista Conatus*, n. 3, 2008.

SANTIAGO, Homero. Do cartesianismo ao espinosismo: estudo de um axioma. *Cadernos espinosanos*, n. 9, 2003.

SANTIAGO, Homero. Sobre 14 ou 15 linhas espinosanas (Ep. 15, SO IV, 73, 20-21: "14 vel 14 reguilæ"). *Cadernos espinosanos*, n. 14, 2006.

SANTIAGO, Homero. *Espinosa e o cartesianismo*. O estabelecimento da ordem nos *Princípios da filosofia cartesiana*. São Paulo: Humanitas, 2004.

SCRIBANO, Emanuela. Introduzione. In: Spinoza. *Princìpi della filosofia di Cartesio*. Pensieri metafisici. A cura di Emanuela Scribano. Bari: Laterza, 1990.

SCRIBANO, Emanuela. Invention et interprétation dans la réécriture spinozienne de la métaphysique des "Principia philosophiae". *Revue d'histoire des sciences*, v. 58, n. 1, 2005.

WIELENGA, Bastiaan. *Spinozas "Cogitata metaphysica" als Anhang zu seiner Darstellung der cartesianischen Prinzipienlehre*. Heidelberg: Universidade de Heidelberg, 1899.

Instrumentos de trabalho (Não inclui bibliografias nem dicionários de línguas)

ABBAGNANO, Nicola. *Dicionário de filosofia*. São Paulo: Martins Fontes, 1998.

ARMOGATHE, Jean-Robert; MARION, Jean-Luc. *Index des Regulæ ad directionem ingenii*. Roma: Edizioni dell'Ateneo, 1976.

Bíblia de Jerusalém. Vários tradutores. São Paulo: Paulinas, várias edições.

CAHNÉ, Pierre-Alain. *Index du Discours de la méthode*. Roma: Edizioni dell'Ateneo, 1977.

Catalogus van de Boekerij der Vereeniging „het Spinozahuis" te Rijnsbrug. Leiden, Brill, 1965.

COTTINGHAN, John. *Dicionário Descartes*. Tradução de Helena Martins. Rio de Janeiro: Zahar, 1995.

FATTORI, Marta. *Lessico del Novum Organum di Francesco Bacone*. Roma: Edizioni dell'Ateneo & Bizzarri, 1980, 2 v.

GIANCOTTI BOSCHERINI, Emilia. *Lexicon spinozanum*. Haia: Martinus Nijhoff, 1970, 2 v.

GUERET, Michel; ROBINET, André; TOMBEUR, Paul. *Spinoza*. Ethica. Concordances, index, liste de fréquences, table comparatives. Louvain-la Neuve: CETEDOC, 1979.

MARION, Jean-Luc *et al*. *Index des Meditationes de Prima Philosophia de R.*

Descartes. Besançon: Annales Littéraires de l'Université de Franche-Conté, 1996.

MESCHINI, Franco Aurelio. *Indice dei Principia Philosophiæ di René Descartes*. Indici lemmatizzati, frequenze, distribuzione dei lemmi. Firenze: Olschki, 1996.

ROBINET, André. *Cogito 75*. Méditations métaphysiques. Texte définitif avec indexation automatisée, tableau alphabétique de formes lexicales, tableau fréquentiel, concordances, tableaux de co-occurrences. Paris: Vrin, 1976.

SANTIAGO, Homero. A cadeia dedutiva dos *Princípios da filosofia cartesiana* de Espinosa. *Cadernos espinosanos*, n. 11, 2004.

SANTIAGO, Homero. Index Cartesii Rationum more geometrico dispositarum, quæ in secundis responsionibus continentur. *Cadernos Espinosanos*, n. 5, 2000.

TOTARO, Giuseppina; VENEZIANI, Marco. Indici e concordanze del *Tractatus de theologico-politicus* di Spinoza. *Lexicon philosophicum*. Quaderni di terminologia filosofica e storia delle idee, n. 6, 1993 [index locorum et verborum em microfichas].

VAN ROOIJEN, Abraham Jacobus Servaas, *Inventaire des livres formant la bibliothèque de Bénédict Spinoza*. Haia; Paris: Tengeler; Monnerat, 1888; republicado em: *Éthique*. Présenté, traduit et commenté par Bernard Pautrat. Paris: Seuil, 1999.

RENATI DES CARTES

PRINCIPIORUM PHILOSOPHIÆ

Pars I, & II,

More Geometrico demonstratæ

per

BENEDICTUM DE SPINOZA amstelodamensem.

Accesserunt Ejusdem

COGITATA METAPHYSICA,

In quibus difficiliores, quæ tam in parte Metaphysices generali, quàm speciali occurrunt, quæstiones breviter explicantur.

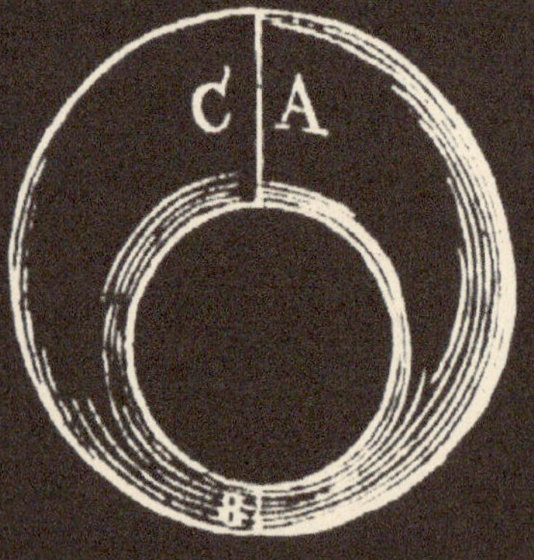

Amstelodami,
Apud Johannem Riewerts, *in vico vulgo dicto*, de Dirk van Assen-steeg, *sub signo Martyrologii.* 1663.

RENÉ DESCARTES

PRINCÍPIOS DA FILOSOFIA

Partes I e II

demonstradas à maneira geométrica

por

BENTO DE ESPINOSA, **amsterdamês.**

Acrescidas de seus

PENSAMENTOS METAFÍSICOS

Nos quais são brevemente explicadas as questões mais difíceis que ocorrem tanto na parte geral quanto na especial da metafísica.

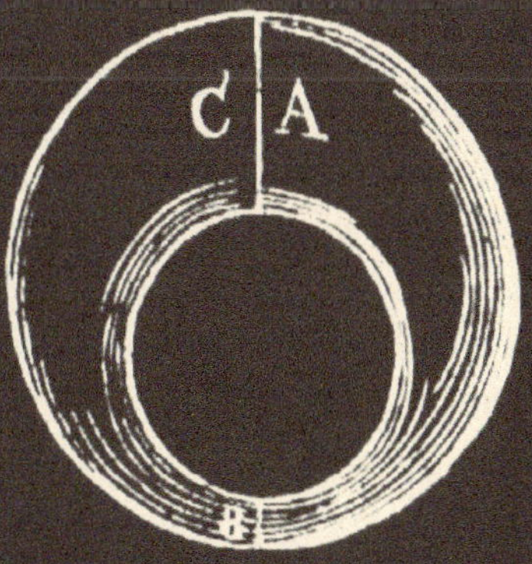

Amsterdã

impresso por Johannes Rieuwertsz, *no quarteirão comumente chamado* Dirk van Assen-steeg, *sob o signo do Martirológio*, 1663.[1]

CANDIDO
LECTORI
S.P.D.
LUDOVICUS MEYER.

Mathematicorum in Scientiis investigandis, ac tradendis Methodum, quâ nempe ex Definitionibus, Postulatis, atque Axiomatibus Conclusiones demonstrantur, optimam esse tutissimamque veritatis indagandæ, atque docendæ viam, omnium, qui supra vulgum sapere volunt, unanimis est sententia. Et quidem jure merito. Etenim, cùm omnis rei ignotæ certa, ac firma cognitio non, nisi ex certò præcognitis, hauriri, ac derivari queat, hæc necessario ab imo præstruenda erunt, tanquam stabile fundamentum, cui postmodùm; ne sponte subsidat, aut minimo impetu pessum eat, totum cognitionis humanæ ædificium superimponatur. Istius autem notæ esse, quæ passim Matheseos cultoribus nomine Definitionum, Postulatorum, atque Axiomatum venire solent, nemini dubium esse poterit, qui nobilem istam disciplinam a limine tantùm salutaverit. Definitiones enim nihil aliud sunt, quàm terminorum, atque nominum, quibus res tractandæ designantur, apertissimæ explicationes: Postulata autem, & Axiomata, seu communes animi Notiones adeò claræ, atque perspicuæ sunt Enunciationes, ut iis omnes, qui ipsa vocabula solummodò rectè intellexerint, assensum negare nequaquam possint.

Verumenimverò, quamvis hæc ita se habeant, nullas tamen, si Mathematicas excipias, ferè disciplinas eâ Methodo conscriptas reperies; sed aliâ toto pænè cœlo ab hac diversâ, quâ nempe per Definitiones, & Divisiones, inter se continuò concatenatas, atque hinc inde quæstionibus, atque explicationibus intermixtas, totum absolvitur negotium. Judicarunt enim fermè omnes, ac etiamnum judicant multi, qui scientiis constituendis, conscribendisque animum adjecerunt, Methodum istam Mathematicis disciplinis esse peculiarem, reliquasque omnes illam respuere, atque aspernari. Unde factum, ut, quæcunque in medium adducunt, nullis apodicticis rationibus demonstrent, sed tantùm verisimilitudinibus, probabilibusque argumentis adstruere conentur, magnam eâ ratione magnorum librorum farraginem in lucem protrudentes, in quibus nihil stabilis invenias, atque certi; sed omnia contentionis, atque dissidii plena, &, quod ab uno ratiunculis quibusdam levibus utcunque confirmatum est, mox ab alio confutatum, ac iisdem armis dirutum, atque disjectum: adeò ut immotæ veritatis avida mens, ubi tranquillum studii sui stagnum, quod

AO BENÉVOLO LEITOR LUÍS MEYER *DÁ SUAS SAUDAÇÕES*[2]

É opinião unânime de todos que querem saber além do vulgo que o método dos matemáticos para investigar e transmitir as ciências, isto é, aquele em que se demonstram as conclusões a partir de definições, postulados e axiomas, é a melhor e mais segura via para indagar e ensinar a verdade. E isso com toda justiça. Pois de fato, como todo conhecimento certo e firme de uma coisa ignorada não se pode haurir e derivar senão de coisas previamente conhecidas com certeza, estas necessariamente hão de ser construídas antes de tudo, como um estável fundamento sobre o qual se assente logo depois, a fim de que não ceda espontaneamente nem vá à ruína por um mínimo ímpeto, todo o edifício do conhecimento humano. Ora, que sejam desse jaez as coisas que soem vir com frequência sob o nome de definições, postulados e axiomas entre os cultores da matemática,[3] *ninguém que tenha saudado essa nobre disciplina não mais que do limiar poderá duvidá-lo. As definições, com efeito, nada mais são que explicações assaz transparentes de termos e nomes com que se designam as coisas a serem tratadas; já os postulados e axiomas, ou noções comuns do ânimo, são enunciados tão claros e perspícuos que ninguém, contanto tenha apenas entendido corretamente os vocábulos, pode de alguma forma negar-lhes o assentimento.*

No entanto, ainda que as coisas se passem assim, não encontrarás todavia, se excetuas as matemáticas, quase nenhuma disciplina redigida por esse método; mas com outro, totalmente diverso, pelo qual todo o assunto é deslindado através de definições e divisões continuamente concatenadas entre si e aqui e ali entremeadas por questões e explicações. Com efeito, dos que se envidaram em constituir e redigir as ciências, quase todos julgaram, e muitos ainda agora julgam, que aquele método é peculiar às disciplinas matemáticas e que todas as outras o rejeitam e desprezam. Donde se deu que, seja o que for que tragam a público, não o demonstrem com quaisquer razões apodíticas, mas apenas se esforcem em garanti-lo com verossimilhanças e argumentos prováveis, razão por que dão a lume uma enorme ferrã de grandes livros em que nada de estável e certo descobrirás; mas estão todos repletos de contenção e divergência, e o que é por um de algum modo confirmado com raciocínios curtos e levianos é de pronto confutado por outro, arruinado e demolido com as mesmas armas; a tal ponto que a mente, ávida por uma verdade imóvel, onde pensava encontrar o tranquilo lago de seus afãs, que pudesse atravessar em curso

tutò, & prospero cursu trajicere, ac quo trajecto tandem optato cognitionis portu potiri posset, invenire putârat, in opinionum impetuoso se fluctuantem videat mari, ac tempestatibus contentionum undique circumcinctam, incertitudinumque fluctibus indesinenter, sine ullâ ex iis unquam emergendi spe, jactatam atque abreptam.

Non defuere tamen aliqui, qui ab his seorsim senserunt, atque hanc miserimam Philosophiæ sortem miserati, ab istâ communi, & ab omnibus tritâ scientias tradendi viâ recesserunt, ac novam eamque sanè arduam multisque difficultatibus scatentem ingressi sunt, ut reliquas, ultra Mathesin, Philosophiæ partes Methodo, atque certitudine mathematicâ demonstratas posteritati relinquerent. Quorum alii jam receptam, & in scholis doceri solitam, alii novam, proprio marte adinventam, istum in ordinem redegerunt Philosophiam, atque orbi literario propinarunt. Et, quamvis diu multisque labor iste irrito successu susceptus fuerit, exortum tamen fuit tandem splendidissimum illud sæculi nostri jubar Renatus Des Cartes, qui postquam in Mathesi quicquid veteribus inaccessum fuerat, quicquid insuper à Coætaneis suis desiderari posset, novâ Methodo è tenebris in lucem protraxerat, Philosophiæ fundamenta inconcussa eruit, quibus plurimas veritates ordine, ac certitudine Mathematicâ superstrui posse, & ipse reverâ demonstravit, & omnibus, qui illius scriptis nunquam satis laudandis animum sedulò applicuerunt, luce Meridianâ clarius apparet.

Et quamvis Nobilissimi, atque Incomparabilis hujus Viri scripta Philosophica Mathematicam demonstrandi rationem, ac ordinem contineant, non tamen ista communi, ac in Elementis Euclideis, cæterisque Geometris usitata, quâ nempe præmissis Definitionibus, Postulatis ac Axiomatibus Propositiones earumque Demonstrationes subjunguntur, exarata sunt; sed alia multùm ab hac diversa, quam ipse, & veram optimamque ad docendum viam, & Analyticam *vocat. Duplicem enim in fine* Respons. ad secund. Objection. *apodicticè demonstrandi rationem agnoscit; unam per Analysin,* quæ veram viam ostendit, per quam res methodicè, & tanquam à priori inventa est, &c. *alteram per Synthesin,* quæ utitur longâ definitionum, petitionum, axiomatum, theorematum, & problematum serie, ut si quid ipsi ex consequentibus negetur, id in antecedentibus contineri statim ostendat, sicque à lectore quantumvis repugnante ac pertinaci assensionem extorqueat, &c.

Verumtamen, licet in utrâque demonstrandi ratione certitudo, quæ extra omnem dubitationis aleam posita est, reperiatur, non omnibus utraque æquè utilis atque commoda existit. Plurimi enim Mathematicarum scientiarum planè rudes, adeóque Methodi, qua illæ conscriptæ sunt, Syntheticæ, & quâ inventæ sunt, Analyticæ prorsus ignari, res, quæ his in libris pertractantur, apodicticè demonstratas, nec sibimet ipsis assequi, nec aliis exhibere queunt. Unde factum, ut multi, qui aut cæco impetu abrepti, aut aliorum auctoritate ducti, Cartesio nomen dederunt, ejus sententiam, atque dogmata tantummodò memoriæ impresserunt, ac, ubi de iis sermo

seguro e próspero e com esta travessia finalmente apossar-se do almejado porto do conhecimento, vê-se ela flutuando no mar impetuoso das opiniões, circundada pelas tempestades de contenções, e atirada e arrebatada incessantemente pelos turbilhões de incertezas, sem nenhuma esperança de deles emergir.

Não faltaram alguns, todavia, que tiveram posição diferente daqueles e, condoídos dessa miserável sorte da filosofia, apartaram-se dessa via comum e por todos trilhada de transmitir as ciências e ingressaram numa nova, seguramente árdua e abundante em dificuldades, a fim de legarem à posteridade as demais partes da filosofia, além da matemática, demonstradas com método e certeza matemáticos. Desses, uns reduziram a tal ordem a filosofia já recebida e costumeiramente ensinada nas escolas, outros ofereceram ao orbe literário uma nova, descoberta por seu próprio talante. E embora essa empresa tenha sido longamente auspiciada por muitos com írrito sucesso, surgiu finalmente o mais esplêndido astro de nosso século, René Descartes, o qual, após ter levado das trevas à luz pelo novo método tudo quanto na matemática fora inacessível aos antigos e quanto pudesse ser desejado por seus contemporâneos, erigiu os fundamentos inconcussos da filosofia, sobre os quais se podem construir com ordem e certeza matemáticas inúmeras verdades, como o próprio deveras demonstrou e como aparece mais claro que a luz meridiana a todos que com zelo aplicaram o ânimo a seus escritos, os quais nunca serão bastante louvados.

E embora os escritos filosóficos desse nobilíssimo e incomparável homem contenham a maneira e a ordem matemática de demonstrar,[4] *não foram porém lavrados pela mais comum, utilizada nos* Elementos *euclidianos*[5] *e pelos demais geômetras, em que as proposições e suas demonstrações subordinam-se a definições, postulados e axiomas previamente dados; mas por outra, muito diversa daquela, e que o próprio chama de verdadeira e melhor via de ensinar e também de* analítica. *Com efeito, ao fim das* Respostas às segundas objeções *ele reconhece uma dupla maneira de demonstrar apoditicamente; uma por análise,* que mostra a verdadeira via pela qual uma coisa foi descoberta metodicamente e como a priori, etc.; *outra por síntese,* que utiliza uma longa série de definições, petições, axiomas, teoremas e problemas, para de imediato mostrar, se algo dos consequentes for negado, que isso está contido nos antecedentes, e assim extorquir o assentimento do leitor, por resistente e pertinaz que seja, etc.[6]

Entretanto, ainda que em ambas as maneiras de demonstrar encontre-se uma certeza posta fora do risco de toda dúvida, não se apresentam ambas igualmente úteis e cômodas a todos. Muitos, com efeito, completamente rudes nas ciências matemáticas, e assim de todo ignorantes do método pelo qual foram redigidas, o sintético, e descobertas, o analítico, não conseguem nem seguir por si mesmos nem exibir aos outros as coisas tratadas nesses livros, apoditicamente demonstradas. Donde ocorreu que muitos que deram nome a Descartes, ou arrebatados por um cego impulso, ou levados pela autoridade de outros, guardaram tão somente de memória a posição e os dogmas dele, e quando lhes ocorre uma conversa sobre isso, só sabem palrar

incidit, solùm effutire, multaque de istis garrire, nihil autem demonstrare sciant, quemadmodum olim fuit & adhuc hodie Peripateticæ Philosophiæ addictis solenne est. Quocircà, ut his aliquid subsidii adferretur, sæpenumerò optavi, aliquem tàm Analytici, quàm Synthetici ordinis peritum, ac in scriptis Cartesii apprimè versatum, illiusque Philosophiæ penitùs gnarum, manum operi admovere, &, quæ ille ordine Analytico conscripserat, in Syntheticum redigere, ac more Geometris familiari demonstrare velle. Imò ipse, quamvis meæ tenuitatis abundè conscius, ac tanto operi longè impar sim, id ipsum tamen præstare sæpe in animum meum induxi, quin etiam aggressus fui: sed aliæ, quibus sæpissimè distrahor, mihi illud peragendi viam obsepserunt occupationes.

Gratissimum itaque mihi accidit ex Authore nostro intelligere, se discipulo cuidam suo, dum eum Cartesii Philosophiam doceret, Secundam Principiorum partem integram, ac partem Tertiæ, more illo Geometrico demonstratas, nec non præcipuas difficilioresque, quæ in Metaphysicis ventilantur, quæstiones, ac à Cartesio nondum enodatas, dictasse: atque hæc unà, à se correcta, atque aucta ut lucem aspicerent, amicis id summopere expetentibus atque extorquentibus, concessisse: Unde etiam ego idem id probavi, simulque operam meam, si ea in edendo egeret, ex animo obtuli, ac suasi præterea, imò rogavi, ut primam quoque Principiorum partem similem redigeret in ordinem, ac his præmitteret, quò ab ovo res hoc modo disposita, & meliùs intelligi, & magis placere posset; quod, cùm summâ ratione niti videret, & amici precibus, & lectoris utilitati denegare noluit; meisque insuper curis totum tàm impressionis, cùm procul ab urbe ruri degat, adeóque illi adesse non possit, quàm editionis negotium commisit.

Hæc igitur sunt, quæ tibi, candide Lector, damus hoc in libello: nempe Renati Des Cartes primam & secundam Principiorum Philosophiæ partes, unà cum fragmento tertiæ, quibus nostri Authoris Cogitata Metaphysica, nomine Appendicis, subjunximus. At verò primam Principiorum partem cùm hîc & nos dicimus, & libelli Titulus promittat, id non ita intellectum volumus, ac si omnia, quæ in ea à Cartesio dicta sunt, hic Geometrico ordine demonstrata exhiberentur: sed tantùm denominationem à potiori fuisse desumptam, adeóque præcipua, quæ ad Metaphysicam spectant, & in Meditationibus suis tractavit Cartesius (cæteris omnibus, quæ sunt Logicæ considerationis, & tantùm historicè narrantur ac recensentur, prætermissis) inde esse decerpta; quæ etiam quò faciliùs absolveret Author, huc verbotenus ferè omnia illa, quæ sub finem Resp. ad secund. Object. *Geometrico ordine disposita habet Cartesius, transtulit; omnes quidem illius Definitiones præmittendo, ac Propositiones suis inserendo, at Axiomata non continuò Definitionibus subnectendo, sed post quartam demum Propositionem interponendo, eorumque ordinem, quò faciliùs demonstrari possent, immutando, ac quædam, quibus non egebat, omittendo. Et quamvis hæc Axiomata (ut etiam habet ipse Cartesius postulat. 7.) instar Theorematum*

e tagarelar sobre tais coisas, mas nada demonstrar, tal como era hábito outrora, e ainda hoje é, aos sequazes da filosofia peripatética. Em virtude disso, para prestar-lhes algum subsídio, um sem número de vezes almejei que alguém perito tanto na ordem analítica quanto na sintética, e sobretudo versado nos escritos de Descartes e profundo conhecedor de sua filosofia, metesse mãos à obra e quisesse reduzir à ordem sintética e demonstrar à maneira mais familiar aos geômetras o que aquele redigira pela ordem analítica. E inclusive eu mesmo, embora bem cônscio de minhas fraquezas e de quão inferior eu seja a tamanho trabalho, amiúde tive em mente executá-lo e até o encetei, mas outras ocupações, pelas quais sou muito reiteradamente solicitado, impediram-me de levá-lo a cabo.

Foi-me assim gratíssimo saber de nosso autor que ele ditara a um discípulo seu,[7] *entanto ensinava a filosofia de Descartes, toda a segunda parte dos* Princípios *e parte da terceira demonstradas àquela maneira geométrica, bem como as principais e mais difíceis questões aventadas na metafísica e ainda não elucidadas por Descartes; e que concordava dar a lume tais coisas, tendo os amigos com empenho reivindicado e conseguido isso, uma vez corrigidas e por ele aumentadas. Donde também eu aprovei-o e em simultâneo ofereci de grado minha ajuda, caso a precisasse para a edição, além de que aconselhei, ou melhor, roguei que reduzisse a semelhante ordem e antepusesse àquelas também a primeira parte dos* Princípios, *com o que o assunto, desde o início disposto desse modo, pudesse ser mais bem entendido e mais agradar; vendo apoiar-se isso em boas razões, não quis ele dizer não nem aos pedidos do amigo nem à utilidade do leitor; e ademais entregou aos meus cuidados as tarefas tanto relativas à impressão quanto à edição, o que, por viver no campo, distante da cidade, não podia ele acompanhar.*[8]

Eis então o que damos a ti, benévolo leitor, neste pequeno livro: a primeira e a segunda partes dos Princípios da filosofia *de René Descartes e ao mesmo tempo um fragmento da terceira, ao que ajuntamos sob o nome de apêndice os* Pensamentos metafísicos *de nosso autor. Na verdade, quando nós dizemos aqui e também o título do livro promete a primeira parte dos* Princípios, *não queremos que isso seja entendido como se tudo quanto nela foi dito por Descartes tivesse sido cá apresentado, demonstrado em ordem geométrica, mas apenas que se tomou a melhor denominação possível; de forma que as principais coisas concernentes à metafísica e que Descartes tratou em suas* Meditações *foram dali recolhidas (todas as restantes, que são de consideração lógica e apenas historicamente narradas e recenseadas, sendo deixadas de lado); e ainda, para que mais facilmente as deslindasse, o autor transcreveu palavra por palavra quase tudo que Descartes dispôs em ordem geométrica ao fim das* Respostas às segundas objeções;[9] *pondo à frente todas as definições daquele e inserindo as suas próprias proposições, sem contudo posicionar os axiomas no contínuo das definições, mas intercalando-os só após a quarta proposição e alterando-lhes a ordem, a fim de que pudessem ser mais facilmente demonstrados, e omitindo alguns de que não precisava. E embora não escape a nosso autor que esses axiomas (como também sustenta o próprio Descartes no post. 7) pudessem ser demonstrados à guisa*

demonstrari, ac etiam concinniùs nomine Propositionum venire posse, Authorem nostrum non fugiat, nosque etiam, ut id effectum daret, petierimus; majora tamen, quibus est implicitus, negotia ei tantùm duarum, quibus hoc opus absolvere coactus fuit, septimanarum ocium concesserunt, adeóque in causâ fuere, quominùs & suo & nostro desiderio satisfacere potuerit: sed brevem duntaxat subnectens explicationem, quæ demonstrationis vicem subire potest, majorem ac omnibus numeris absolutam in aliud tempus rejecerit; si fortè post hanc distractam impressionem nova adornaretur. Ad quam augendam conabimur etiam ab ipso impetrare, ut totam tertiam Partem de Mundo aspectabili (cujus tantùm adjunximus fragmentum, cùm Author hic institutioni finem imposuerit, & nos eo, quantulumcunque sit, lectorem privare noluerimus) absolvat. Atque hoc ut debito modo perficiatur, hinc inde in secundâ Parte quædam de Fluidorum naturâ, & proprietatibus Propositiones interspargendæ erunt, quod ut Author tum exsequatur, pro virili adnitar.

Nec tantùm in Axiomatibus proponendis, explicandisque, sed etiam in ipsis Propositionibus, cæterisque Conclusionibus demonstrandis a Cartesio sæpissimè recedit, ac Apodeixi, longè ab illius diversâ, utitur noster Author. Quod sanè nemo ita interpretetur, ac si clarissimum illum Virum in iis corrigere vellet: sed eum in finem tantùm factum putet, ut suum jam receptum ordinem meliùs retinere posset, nec Axiomatum numerum nimiùm augeret. Quâ eâdem etiam de causâ quamplurima, quæ Cartesius sine ullâ demonstratione proposuit, demonstrare, & quæ planè prætermisit, addere coactus fuit.

Animadverti tamen vel imprimis velim in his omnibus, nempe tàm in 1. & 2. Princip. partibus, ac fragmento tertiæ, quàm in Cogitatis suis Metaphysicis Authorem nostrum meras Cartesii sententias, illarumque demonstrationes, prout in illius scriptis reperiuntur, aut quales ex fundamentis ab illo jactis per legitimam consequentiam deduci debebant, proposuisse. Cùm enim discipulum suum Cartesii Philosophiam docere promisisset, religio ipsi fuit, ab ejus sententiâ[1] *latum unguem discedere, aut quid, quod ejus dogmatibus aut non responderet, aut contrarium esset, dictare. Quamobrem judicet nemo, illum hic, aut sua, aut tantùm ea, quæ probat, docere. Quamvis enim quædam vera judicet, quædam de suis addita fateatur, multa tamen occurrunt, quæ tanquam falsa rejicit, & à quibus longè diversam fovet sententiam. Cujus notæ inter alia, ut ex multis unum tantùm in medium afferam, sunt, quæ de voluntate habentur* Schol. Prop. 15. part. 1. Principior. & cap. 12. Part. 2. Appendic., *quamvis satis magno molimine atque apparatu probata videantur: Neque enim eam distinctam ab Intellectu, multò minùs tali præditam esse libertate existimat. Etenim in his asserendis, ut ex* Dissertat. de Method. part. 4. & Meditat. 2., *aliisque locis liquet, tantùm supponit, non probat Cartesius, mentem humanam esse substantiam absolutè cogitantem. Cùm contrà Author noster admittat quidem, in Rerum naturâ esse substantiam cogitantem: attamen*

---

[1] sententiâ. Ed. princ.: *sententia*; Geb.: *sententiæ*.

de teoremas e estar melhor acomodados sob o nome de proposições, e nós também lhe tenhamos pedido que o levasse a efeito; todavia, assuntos mais urgentes em que está empenhado concederam-lhe um ócio de apenas duas semanas, nas quais foi forçado a acabar a obra; e foi este o motivo por que não pôde satisfazer nem ao seu nem ao nosso desejo, mas tão somente adicionar uma breve explicação que pode fazer as vezes de demonstração,[10] *e protelou para outra ocasião uma maior e a todos os títulos absoluta, se, uma vez esgotada esta edição, acaso for preparada uma nova. Para aumentá-la, esforçar-nos-emos em conseguir dele que termine toda a terceira parte sobre o mundo visível (de que ajuntamos apenas um fragmento, já que o autor pôs ali fim à instrução, e nós, por pequeno que fosse, não quisemos privar dele o leitor). E para que isso seja efetuado do modo devido, haverão de ser entressachadas aqui e ali na segunda parte algumas proposições sobre a natureza e as propriedades dos fluidos, o que então farei do meu melhor para obter ao autor.*[11]

E não apenas ao propor e explicar os axiomas, mas também ao demonstrar as proposições e demais conclusões, nosso autor muito amiúde afasta-se de Descartes e utiliza provas bem diferentes das dele. O que ninguém interprete como se quisesse ele corrigir aquele claríssimo homem, mas julgue que o fez apenas a fim de que pudesse melhor reter sua ordem já adotada e não aumentasse demasiado o número de axiomas. E pela mesma razão foi ainda forçado a demonstrar inúmeras coisas que Descartes propôs sem nenhuma demonstração e acrescentar coisas que ele deixou completamente de lado.[12]

Todavia, gostaria que se advertisse em primeiro lugar que nisso tudo, tanto nas 1ª e 2ª partes dos Princípios *e no fragmento da terceira quanto em seus* Pensamentos metafísicos, *nosso autor propôs as meras posições de Descartes e suas demonstrações, conforme encontram-se nos escritos dele ou tais quais deviam ser deduzidas por legítima consequência a partir dos fundamentos por ele lançados. Com efeito, como prometera a seu discípulo ensinar a filosofia de Descartes, fez-se-lhe religião não afastar-se nem por uma unha das posições desse autor nem ditar algo que não correspondesse ou fosse contrário aos dogmas dele. Por isso, que ninguém julgue que ele ensina aqui ou coisas suas ou apenas as que aprova. E embora julgue ele umas verdadeiras e confesse ter acrescentado algumas das suas, ocorrem muitas todavia que rejeita como falsas e a propósito das quais acalenta uma posição bem diversa. Entre outras desse tipo, para mencionar apenas um caso de muitos, há as que se têm sobre a vontade no* esc. da prop. 15 da 1ª parte dos Princípios e no cap. 12 da 2ª parte do Apêndice; *embora pareçam provadas com grande desvelo e aparato. Com efeito, ele não a estima distinta do intelecto e muito menos que seja dotada de tal liberdade. Ao asserir isso, de fato, como transparece na* 4ª parte do Discurso do método e na 2ª Meditação *e em outros lugares, Descartes apenas supõe, não prova, ser a mente uma substância absolutamente pensante. Ao contrário, nosso autor admite por certo haver na natureza das coisas a substância pensante,*

neget illam constituere essentiam Mentis humanæ; sed statuat, eodem modo, quo Extensio nullis limitibus determinata est, Cogitationem etiam nullis limitibus determinari; adeóque, quemadmodum Corpus humanum non est absolutè, sed tantùm certo modo secundùm leges naturæ extensæ per motum & quietem determinata extensio, sic etiam Mentem sive Animam humanam non esse absolutè, sed tantùm secundùm leges naturæ cogitantis per ideas certo modo determinatam cogitationem, quæ necessariò dari concluditur, ubi corpus humanum existere incipit. Ex quâ definitione, non difficile demonstratu esse putat, Voluntatem ab intellectu non distingui, multò minùs eâ, quam illi Cartesius adscribit, pollere libertate; quin imò ipsam affirmandi & negandi facultatem prorsus fictitiam; τò autem affirmare & negare nihil præter ideas esse; cæteras vero facultates, ut Intellectum, Cupiditatem, &c. in numerum figmentorum, aut saltem illarum notionum reponi debere, quas homines ex eo, quòd res abstractè concipiunt, formaverunt, quales sunt, humanitas, lapideitas, & id genus aliæ.

Prætereundum etiam hîc nequaquam est, in eundem sensum venire debere, hoc est, ex Cartesii mente tantùm dici, quod aliquibus in locis reperitur, nempe hoc aut illud captum humanum superare. *Neque enim hoc ita accipiendum, ac si ex propriâ sententiâ talia proferret noster Author. Judicat enim ista omnia, ac etiam plura alia magis sublimia, atque subtilia non tantùm clarè, ac distinctè a nobis concipi, sed etiam commodissimè explicari posse: si modò humanus Intellectus aliâ viâ, quàm quæ a Cartesio aperta, atque strata est, in veritatis investigationem, rerumque cognitionem deducatur: atque adeò scientiarum fundamenta à Cartesio eruta, & quæ iis ab ipso superædificata sunt, non sufficere ad omnes ac difficillimas, quæ in Metaphysicis occurrunt, quæstiones enodandas atque solvendas: sed alia requiri, si ad illud cognitionis fastigium intellectum nostrum cupimus evehere.*

Denique (ut præfandi finem faciam) Lectores non ignorare volumus, omnes hos tractatus, nullum alium in finem, quàm veritatis indagandæ, atque propagandæ, hominesque ad veræ ac sinceræ Philosophiæ studium incitandi gratiâ, evulgari; adeóque omnes, antequam se lectioni accingant, ut ex ea uberem, quem cuique ex animo optamus, fructum capere queant, sedulò monitos, ut omissa quædam suis locis inserant, & menda Typographica, quæ irrepserunt, accuratè corrigere velint: talia enim quædam inter ea sunt, quæ obicem ponere possent, quominùs Demonstrationis vis, & Authoris mens rectè perciperetur, ut quilibet ex eorum inspectione facilè deprehendet.

todavia nega que ela constitua a essência da mente humana, mas sustenta que, do mesmo modo como a extensão não é determinada por quaisquer limites, tampouco o pensamento é determinado por quaisquer limites; portanto, tal como o corpo humano não é absolutamente, mas é apenas a extensão determinada de modo certo pelo movimento e repouso segundo as leis da natureza extensa, assim também a mente ou alma humana não é absolutamente, mas é apenas o pensamento determinado de modo certo pelas ideias segundo as leis da natureza pensante, e ela, conclui-se, dá-se necessariamente quando o corpo humano começa a existir. Definição a partir da qual o autor crê não ser difícil de demonstrar que a vontade não se distingue do intelecto, e muito menos possui aquela liberdade que lhe adscreve Descartes; mais ainda, que a própria faculdade de afirmar e negar é totalmente fictícia; o afirmar[13] *e o negar nada são além de ideias; já as demais faculdades, como o intelecto, o desejo, etc., devem ser contadas no número das ficções, ou ao menos no das noções que os homens formaram por conceber as coisas abstratamente, quais sejam, a humanidade, a pedridade e outras do gênero.*[14]

E tampouco cumpre passar por cima do fato de que deve ser entendido no mesmo sentido, isto é, dito apenas conforme o pensamento de Descartes, o que se encontra em alguns lugares: isso ou aquilo supera a compreensão humana.[15] *Nem deve ser recebido como se o proferisse nosso autor a partir de sua própria posição. Ele julga que todas essas coisas, e ainda várias outras mais sublimes e sutis, podem ser não apenas clara e distintamente concebidas por nós como também muito comodamente explicadas; contanto que o intelecto humano, na investigação da verdade e no conhecimento das coisas, conduza-se por uma via outra que a aberta e palmilhada por Descartes; e assim, os fundamentos da ciências erigidos por Descartes, e o que sobre eles foi edificado pelo próprio, não são suficientes para elucidar e resolver todas as dificílimas questões que ocorrem na metafísica, mas se requerem outros se desejamos alçar nosso intelecto ao fastígio do conhecimento.*

Ao cabo, para dar fim ao prefácio, queremos que os leitores não ignorem que se divulgam estes tratados sem outro fim que indagar e propagar a verdade e com o fito de incitar os homens ao estudo da verdadeira e sincera filosofia;[16] *de modo que todos, escrupulosamente advertidos, antes de se lançarem à leitura, para poderem dela colher o abundante fruto que de coração lhes almejamos, queiram inserir em seus lugares certas coisas omitidas e corrigir cuidadosamente os erros tipográficos que se esgueiraram; com efeito, entre estes há alguns que podem pôr óbice a que sejam corretamente percebidas a força da demonstração e o pensamento do autor, como qualquer um depreenderá facilmente com uma inspeção deles.*[17]

AD LIBRUM.

Ingenio seu te natum meliore vocemus,
Seu de Cartesii fonte renatus eas,
Parve Liber, quidquid pandas, id solus habere
Dignus, ab exemplo laus tibi nulla venit.
Sive tuum spectem genium, seu dogmata, cogor
Laudibus Authorem tollere ad astra tuum.
Hactenus exemplo caruit, quod præstitit; at tu
Exemplo haud careas, obsecro parve Liber;
Spinozæ at quantum debet Cartesius uni,
Spinoza ut tantum debeat ipse sibi.

I. B. M. D.

AO LIVRO

Quer te digamos nato de melhor engenho,
quer sigas da fonte de Descartes renato,[18]
quanto desvelas, pequeno livro, de sozinho tê-lo
és digno, do exemplo nenhum louvor te vem.
Olhe eu para teu gênio, ou para teus dogmas,
devo com louvores teu autor elevar aos astros.
O que ele fez, ate agora carecia de exemplo; já tu,
pequeno livro, oxalá não careças de exemplo.
E quanto ao só Espinosa deve Descartes,
Que o deva o próprio Espinosa apenas a si.

I. B. M. D.[19]

INDEX
Propositionum, Lemmatum, & Corollariorum,

Quæ in 1. 2. & 3. Principiorum Philosophiæ partibus continentur.

PARS I.

ÍNDICE
das proposições, lemas e corolários

contidos nas partes 1, 2 *e* 3 *dos Princípios da filosofia*[20]

PARTE I

Pars II.

[2] Lem. Si … ubique inæquale. Ed. princ., Geb.: ausente. Cf. nota 21 da trad.

rentur, cùm sibi mutuò occurrunt, utrumque in contrariam partem reflectetur nullâ suæ celeritatis parte amissâ. 164

25. Reg. 2.[3] *Si mole essent inæqualia, B nempe majus, quàm A, cæteris ut priùs positis, tunc solum A reflectetur, & utrumque eâdem celeritate perget moveri.* 164

26. *Si mole, & celeritate sint inæqualia, B nempe duplo majus, quàm A, motus verò in A duplo celerior, quàm in B, cæteris ut priùs positis, ambo in contrariam partem reflectentur, unoquoque suam, quam habebant, celeritatem retinente.* 166

Cor. *Determinatio unius corporis æqualem vim requirit, ut mutetur, quam motus.* 166

27. Reg. 3. *Si mole sint æqualia, sed B tantillo celeriùs moveatur, quàm A, non tantùm A in contrariam partem reflectetur, sed etiam B dimidiam partem celeritatis, quâ A excedit, in A transferet, & ambo æquè celeriter pergent moveri versus eandem partem.* 166

Cor. *Quò corpus aliquod celeriùs movetur, eò magis determinatum est, ut, secundùm quam lineam movetur, moveri pergat; & contrà.* 168

28. Reg. 4. *Si corpus A planè quiesceret, essetque paulò majus, quàm B, quâcunque cum celeritate B moveatur versus A, nunquam ipsum A movebit; sed ab eo in contrariam partem repelletur, suum integrum motum retinendo.* 170

29. Reg. 5. *Si corpus quiescens A esset minus, quàm B, tum quantumvis B tardè versus A moveretur, illud secum movebit, partem scilicet sui motûs ei talem transferendo, ut ambo postea æquè celeriter moveantur.* 172

30. Reg. 6. *Si corpus A quiescens esset accuratissimè æquale corpori B versus illud moto, partim ab ipso impelleretur, partim ab ipso in contrariam partem repelleretur.* 174

31. Reg. 7. *Si B & A versus eandem partem moverentur, A quidem tardiùs, B autem illud insequens celeriùs, ita ut ipsum tandem attingeret, essetque A majus, quàm B, sed excessus celeritatis in B esset major, quàm excessus magnitudinis in A, tum B transferet tantum de suo motu in A, ut ambo postea æquè celeriter, & in easdem partes progrediantur. Si autem econtrà excessus magnitudinis in A esset major, quàm excessus celeritatis in B, in contrariam partem ab ipso reflecteretur, motum omnem suum retinendo.* 176

32. *Si corpus B undequaque cingatur à corpusculis motis, ipsum æquali vi versus omnes partes simul pellentibus, quamdiu nulla alia causa occurrit, in eodem loco immotum manebit.* 176

33. *Corpus B, iisdem, ut suprà positis, vi quantumvis parvâ adventitiâ, versus quamcunque partem moveri potest.* 178

34. *Corpus B, iisdem positis ut suprà, non potest celeriùs moveri, quàm à vi externâ impulsum est, quamvis particulæ, à quibus cingitur, longè celerius agitentur.* 178

---

[3] 2. Geb.: *2:*

35. *Cùm corpus B sic ab externo impulsu movetur, maximam partem sui motûs à corporibus, à quibus continuò cingitur, accipit, non autem à vi externâ.* 180

36. *Si corpus aliquod, ex. gr. manus nostra, quaquaversum æquali motu moveri posset, ita ut nullis corporibus ullo modo resistat, necessariò in illo spatio, per quod sic moveretur, tot corpora versus unam partem, quàm versus quamcunque aliam, æquali inter se, & æquali cum manu vi celeritatis movebuntur.* 180

37. *Si corpus aliquod, putà A, à quâcunque parvâ vi versus quamcunque partem moveri potest, illud necessariò cingitur à corporibus, quæ æquali inter se celeritate moventur.* 184

PARS III.

1. Prop. *Partes materiæ, in quas primò fuit divisa, non erant rotundæ, sed angulosæ.* 192

2. *Vis, quæ effecit, ut materiæ particulæ circa propria centra moverentur, simul effecit, ut particularum anguli mutuo occursu attererentur.* 192

35. *Quando um corpo B é assim movido por um impulso externo, recebe a maior parte de seu movimento dos corpos pelos quais é rodeado, e não da força externa.* 181

36. *Se algum corpo, por exemplo a nossa mão, pode ser movida para uma direção qualquer por um movimento igual, de tal maneira que não resista a nenhum corpo de modo algum, e que nenhum outro corpo de modo algum resista a ela, necessariamente naquele espaço pelo qual ela assim se move mover-se-ão tantos corpos para um lado quantos se movem para outro qualquer, com uma força de velocidade igual entre eles e igual à da mão.* 181

37. *Se algum corpo, A por exemplo, pode ser movido para um lado qualquer por uma força pequena qualquer, é necessariamente rodeado por corpos que se movem com uma velocidade igual entre si.* 185

PARTE III

1. *As partes da matéria em que ela foi primeiramente dividida não eram redondas, mas angulosas.* 193

2. *A força que fez que as partículas da matéria se movessem em torno de seus próprios centros fez simultaneamente que os ângulos das partículas fossem gastos pelo choque mútuo.* 193

INDEX
Capitum & Materierum,
In 1. *&* 2. *Parte Appendicis contentarum.*

PARS I.

Cap. I.

De Ente Reali, Ficto, & Rationis.

Cap. II.

Quid sit esse Essentiæ, quid esse Existentiæ, quid esse Ideæ, quid esse Potentiæ.

Cap. III.

De eo, quod est Necessarium, Impossibile, Possibile, & Contingens.

ÍNDICE
dos capítulos e matérias
contidos nas partes 1 *e* 2 *do apêndice*

PRINCIPIA PHILOSOPHIÆ

MORE GEOMETRICO DEMONSTRATA.

PARS I.

PROLEGOMENON.

Antequam ad ipsas Propositiones, earumque Demonstrationes accedamus, visum fuit in antecessum succinctè ob oculos ponere, cur Cartesius de omnibus dubitaverit, quâ viâ solida scientiarum fundamenta eruerit, ac tandem quibus mediis se ab omnibus dubiis liberaverit: quæ omnia quidem in ordinem Mathematicum redegissemus, nisi prolixitatem, quæ ad id præstandum requireretur, impedire judicavissemus, quominùs hæc omnia, quæ uno obtutu, tanquam in picturâ, videri debent, debitè intelligerentur.

Cartesius itaque, ut quàm cautissimè procederet in rerum investigatione, conatus fuit

1°. Omnia præjudicia deponere,

2°. Fundamenta invenire, quibus omnia superstruenda essent,

3°. Causam erroris detegere,

4°. Omnia clarè, & distinctè intelligere.

Ut verò primum, secundum, ac tertium assequi posset, omnia in dubium revocare aggreditur, non quidem ut Scepticus, qui sibi nullum alium præfigit finem, quàm dubitare: Sed ut animum ab omnibus præjudiciis liberaret, quò tandem firma, atque inconcussa scientiarum fundamenta, quæ hoc modo ipsum, siquæ essent, effugere non possent, inveniret. Vera enim scientiarum principia adeò clara, ac certa esse debent, ut nullâ indigeant probatione, extra omnem dubitationis aleam sint posita, & sine ipsis nihil demonstrari possit. Atque hæc, post longam dubitationem reperit. Postquam autem hæc principia invenisset, non ipsi difficile fuit, verum à falso dignoscere, ac causam erroris detegere; atque adeò sibi cavere, ne aliquid falsum, & dubium pro vero, ac certo assumeret.

Ut autem quartum, & ultimum sibi compararet, hoc est, omnia clarè, & distinctè intelligeret, præcipua ejus regula fuit, omnes simplices ideas, ex quibus reliquæ omnes componuntur, enumerare, ac quamlibet sigillatim examinare. Ubi enim simplices ideas clarè, & distinctè percipere posset, sine dubio etiam omnes reliquas, ex simplicibus illis conflatas, eâdem claritate, & distinctione intelligeret. His ita prælibatis, breviter explicabimus, quomodo omnia in dubium revocaverit, vera Scientiarum principia invenerit, ac se ex dubitationum difficultatibus extricaverit.

PRINCÍPIOS DA FILOSOFIA

DEMONSTRADOS À MANEIRA GEOMÉTRICA

PARTE I

Prolegômeno

Antes de irmos às proposições mesmas e suas demonstrações, pareceu bom, de antemão, sucintamente pôr diante dos olhos por que Descartes duvidou de tudo, por qual via erigiu os sólidos fundamentos das ciências e, finalmente, por quais meios libertou-se de todas as dúvidas; tudo isso, decerto, teríamos reduzido à ordem matemática se não julgássemos que a prolixidade requerida para apresentá-lo impediria que isso tudo, que deve ser visto com um só olhar, como numa pintura, fosse devidamente entendido.

E assim, para proceder quão cautelosamente possível na investigação das coisas, Descartes esforçou-se por:

1º) Despojar-se de todos os preconceitos.

2º) Descobrir os fundamentos sobre os quais se haveria de construir tudo.

3º) Revelar a causa do erro.

4º) Entender tudo clara e distintamente.

Porém, para poder conseguir o primeiro, o segundo e o terceiro, começa por colocar tudo em dúvida, não como o cético, decerto, que não se fixa nenhum outro fim senão duvidar, mas para libertar o ânimo de todos os preconceitos, de maneira a finalmente descobrir os firmes e inconcussos fundamentos das ciências, os quais deste modo, caso os houvesse, não lhe poderiam escapar. Com efeito, os verdadeiros princípios das ciências devem ser a tal ponto claros e certos que não precisem de nenhuma prova, estejam postos fora de todo risco de dúvida e sem eles nada possa ser demonstrado. E ele os achou após uma longa dúvida. Depois que descobriu esses princípios, não lhe foi difícil discernir o verdadeiro do falso e revelar a causa do erro, e com isso precaver-se para que não assumisse por verdadeiro e certo algo falso e duvidoso.[22]

Já para conseguir o quarto e último, isto é, entender tudo clara e distintamente, sua principal regra foi enumerar e examinar uma a uma todas as ideias simples a partir das quais são compostas todas as demais. Com efeito, logo que pudesse perceber clara e distintamente as ideias simples, sem dúvida também entenderia com a mesma clareza e distinção todas as demais, formadas a partir daquelas simplíssimas. Isto posto, explicaremos brevemente de que modo colocou tudo em dúvida, descobriu os verdadeiros princípios das ciências e desembaraçou-se das dificuldades das dúvidas.

Dubitatio de omnibus. Primò itaque sibi ob oculos ponit omnia illa, quæ à sensibus acceperat, nempe cœlum, terram, & similia, atque etiam suum corpus: quæ omnia eousque in rerum naturâ esse putaverat. Ac de horum certitudine dubitat, quia sensus ipsum interdum fefellisse deprehenderat, & in somnis sibi sæpe persuaserat, multa extra se verè existere, in quibus postea, se delusum esse compererat; ac denique quia alios etiam vigilantes asserere audierat, se in membris, quibus dudum caruerant, dolorem sentire. Quare non sine ratione etiam de sui corporis existentiâ dubirare potuit. Atque ex his omnibus verè concludere potuit, sensus non esse firmissimum fundamentum, cui omnis scientia superstruenda sit; possunt enim in dubium revocari: Sed certitudinem ab aliis principiis nobis certioribus dependere. Ut autem porrò talia investiget, secundò sibi ob oculos ponit omnia universalia, qualia sunt natura corporea in communi, ejusque extensio, item figura, quantitas &c. ut etiam omnes Mathematicæ veritates. Et quamvis hæc ipsi certiora viderentur, quàm omnia, quæ à sensibus hauserat, rationem tamen de iis dubitandi invenit; quoniam alii etiam circa ea errârant, & præcipuè, quoniam infixa quædam erat ejus menti vetus opinio, Deum esse, qui potest omnia, & a quo talis, qualis existit, creatus est: quique adeò forsan fecerat, ut etiam circa illa, quæ ipsi clarissima videbantur, deciperetur. Atque hic est modus, quo omnia in dubium revocavit.

Inventio fundamenti omnis scientiæ. Ut autem vera scientiarum principia inveniret: inquisivit postea, num omnia, quæ sub ejus cogitationem cadere possent, in dubium revocârat, ut sic exploraret, an non fortè quid reliquum esset, de quo nondum dubitaverat. Quod si verò quid, sic dubitando, inveniret; quod nullâ ex præcedentibus, nec etiam ullâ aliâ ratione, in dubium revocari posset: id sibi, tanquam fundamentum, cui omnem suam cognitionem superstruat, statuendum esse, meritò judicavit. Et quamquam jam, ut videbatur, de omnibus dubitârat; nam æquè de iis, quæ per sensus hauserat, quàm de iis, quæ solo intellectu perceperat, dubitaverat: aliquid tamen, quod explorandum esset, reliquum fuit, ille nimirum ipse, qui sic dubitabat, non quatenus capite, manibus, reliquisque corporis membris constabat, quoniam de his dubitaverat; sed tantùm quatenus dubitabat, cogitabat, &c. Atque, hoc accuratè examinans, comperit, se nullis prædictis rationibus de eo dubitare posse. Nam, quamvis somnians, aut vigilans cogitet, cogitat tamen, atque est: & quamvis alii, aut etiam ille ipse circa alia erravissent, nihilominus, quoniam errabant, erant: Nec ullum suæ naturæ autorem adeò callidum fingere potest, qui eum circa hoc decipiat; concedendum enim erit ipsum existere, quamdiu supponitur decipi. Nec denique quæcunque alia excogitetur dubitandi causa, ulla talis adferri poterit, quæ

Dessa forma, primeiramente põe diante dos olhos tudo aquilo que recebera dos sentidos: o céu, a terra e coisas semelhantes, e também seu corpo; tudo o que até então estimara haver na natureza das coisas. E duvida da certeza disso porque depreendera que os sentidos o haviam enganado algumas vezes, e no sono amiúde persuadira-se de que verdadeiramente existiam muitas coisas fora de si, nas quais, depois, veio a saber que se iludira; e, enfim, porque já ouvira outros, em vigília, dizerem sentir dor em membros de que havia muito careciam. Por isso, não sem razão, pôde duvidar também da existência de seu corpo. E disso tudo pôde concluir verdadeiramente que os sentidos não são o firmíssimo fundamento sobre o qual se há de construir toda a ciência, pois podem ser colocados em dúvida; mas que a certeza depende de outros princípios que nos são mais certos. Para prosseguir investigando, em segundo lugar põe diante dos olhos todos as coisas universais, quais sejam, a natureza corpórea em geral e sua extensão, bem como a figura, a quantidade, etc., e também todas as verdades matemáticas. E embora estas lhe parecessem mais certas que outras que tirara dos sentidos, encontra todavia uma razão de duvidar delas, porquanto outros haviam errado também acerca disso e, principalmente, porquanto fixa em sua mente estava certa velha opinião de que há um Deus que pode tudo e por quem foi criado tal qual existe, e que talvez o tivesse feito de sorte que se enganasse até acerca daquilo que lhe parecia claríssimo. Eis o modo pelo qual colocou tudo em dúvida.

Dúvida de todas as coisas.

Para descobrir os verdadeiros princípios das ciências, indagou depois se acaso colocara em dúvida tudo quanto podia cair sob seu pensamento, para assim explorar se talvez não haveria restado algo de que ainda não duvidara. Pois que se encontrasse, assim duvidando, algo que não pudesse ser colocado em dúvida por nenhuma das razões precedentes nem por nenhuma outra, julgaria com justiça que isso haveria de ser estabelecido como o fundamento sobre o qual construiria todo seu conhecimento. E se bem que, como parecia, já houvesse duvidado de tudo, pois duvidara tanto daquilo que adquirira pelos sentidos quanto daquilo que percebera pelo só intelecto, restou algo, porém, a ser explorado: obviamente, ele próprio, que assim duvidava, não enquanto constava de cabeça, mãos e os demais membros do corpo, porquanto duvidara dessas coisas, mas apenas enquanto duvidava, pensava, etc. E, examinando-o cuidadosamente, constatou não poder duvidar disso por nenhuma das razões antes mencionadas; pois, embora pense dormindo ou acordado, pensa, todavia, e existe; e embora outros ou ele próprio também houvessem errado acerca de outras coisas, não obstante, porquanto erravam, existiam. E não pode fingir algum tão astuto[23] autor de sua natureza que o enganasse acerca disso; com efeito, haverá de conceder-se que ele existe enquanto se supõe que é enganado. Enfim, qualquer outra causa de duvidar que se excogite, não se poderá alegar

Descoberta do fundamento de toda a ciência.

ipsum simul de ejus existentiâ non certissimum reddat. Imò, quò plures adferuntur dubitandi rationes, eò plura simul adferuntur argumenta, qua illum de suâ existentiâ convincunt. Adeò ut, quocunque se ad dubitandum vertat, cogitur nihilominus in has voces erumpere, *dubito, cogito, ergo sum.*

Hac igitur detectâ veritate, simul etiam invenit omnium scientiarum fundamentum: ac etiam omnium aliarum veritatum, mensuram, ac regulam; scilicet, *Quicquid tàm clarè ac distinctè percipitur, quàm istud, verum est.*

Nullum verò aliud, quàm hoc scientiarum fundamentum esse posse, satis superque liquet ex præcedentibus: quoniam, reliqua omnia facillimo negotio à nobis in dubium revocari possunt; hoc autem nequaquam. Verumenimverò circa hoc fundamentum hîc apprimè notandum, hanc orationem, *dubito, cogito, ergo sum,* non esse syllogismum, in quo major propositio est omissa. Nam si syllogismus esset, præmissæ clariores, & notiores deberent esse, quàm ipsa conclusio, *ergo sum*: adeòque *ego sum* non esset primum omnis cognitionis fundamentum; præterquam quòd non esset certa conclusio: nam ejus veritas dependeret ab universalibus præmissis, quas dudum in dubium Autor revocaverat: ideòque *Cogito, ergo sum*, unica est propositio, quæ huic, *ego sum cogitans*, æquivalet.

Sciendum porrò, ut confusionem in sequentibus vitemus (clarè enim, ac distinctè res percipienda est), quid simus. Nam hoc clarè, & distinctè intellecto, nostram essentiam cum aliis non confundemus. Ut igitur id ex præcedentibus deducat, sic pergit noster Autor.

Omnes, quas olim de se habuit, cogitationes in memoriam revocat, ut animam suam esse exiguum quid instar venti, vel ignis, vel ætheris, crassioribus sui corporis partibus infusum, &, corpus sibi notius esse, quam animam, illudque a se clariùs, ac distinctiùs percipi. Atque hæc omnia clarè pugnare cum iis deprehendit, quæ hucusque intellexerat. Nam de suo corpore dubitare poterat, non autem de suâ essentiâ, quatenus cogitabat. Adde, quòd hæc neque clarè, neque distinctè percipiebat, ac consequnter, ex suæ methodi præscripto, tanquam falsa rejicere debebat. Unde, cùm talia ad se, quatenus hucusque sibi cognitus erat, pertinere intelligere non posset, pergit ulteriùs inquirere, quid ad suam essentiam propriè pertineat; quod in dubium revocare non potuerat, & ob quod suam existentiam concludere cogebatur: talia autem sunt, *quod sibi cavere voluerit, ne deciperetur; multa cupiverit intelligere; de omnibus, quæ intelligere non poterat, dubitârit; unum tantùm hucusque affirmârit; omnia reliqua negârit, & tanquam falsa rejecerit; multaque etiam invitus imaginatus fuerit; ac denique multa, tanquam*

nenhuma que simultaneamente não o ponha certíssimo de sua existência. Ou melhor, que várias razões de duvidar sejam alegadas, com isso simultaneamente vários argumentos são alegados que o convencem de sua existência. A tal ponto que, para onde quer que se volte para duvidar, é forçado, não obstante, a irromper nestas palavras: *duvido, penso, logo existo.*[24]

Revelada essa verdade, portanto, simultaneamente também encontra o fundamento de todas as ciências e também a medida e regra de todas as outras verdades, a saber, *o que quer que seja percebido tão clara e distintamente quanto isso é verdadeiro.*

E que nada outro senão isso possa ser o fundamento das ciências transparece mais que suficientemente a partir do que precede, já que todo o restante pode ser colocado em dúvida por nós sem o menor esforço; aquilo, porém, de jeito nenhum. Mas, na verdade, acerca desse fundamento é de notar aqui, em primeiro lugar, que esta sentença: *duvido, penso, logo existo,* não é um silogismo em que a proposição maior foi omitida; pois, se fosse um silogismo, as premissas deveriam ser mais claras e conhecidas que a própria conclusão: *logo existo*; de forma que *eu existo* não seria o primeiro fundamento de todo o conhecimento; além do que não seria uma conclusão certa, pois sua verdade dependeria de premissas universais, as quais havia muito o autor colocara em dúvida; e por isso *penso, logo existo* é uma proposição única que equivale a esta: *eu sou pensante.*[25]

Ademais, a fim de que evitemos confusão no que segue (com efeito, o assunto há de ser clara e distintamente percebido), cumpre saber o que somos; pois, clara e distintamente entendido isso, não confundiremos nossa essência com outras. Então, para deduzi-lo a partir do que precede, assim prossegue nosso autor.

Ele traz à memória todos os pensamentos que outrora teve sobre si, como que sua alma é algo exíguo à guisa do vento, ou do fogo, ou do éter, infuso nas partes mais espessas de seu corpo, e que o corpo lhe é mais conhecido que a alma e é por si percebido mais clara e distintamente. E depreende que todas essas coisas claramente vão contra o que até então entendera, pois pudera duvidar de seu corpo, mas não de sua essência enquanto pensava. E mais, que nem clara nem distintamente percebia essas coisas e, consequentemente, pelo prescrito por seu método, devia rejeitá-las como falsas. Donde, como não pode entender que tais coisas pertençam a si, na medida em que se conheceu até então, prossegue a investigar o que propriamente pertence à sua essência, o que não pudera colocar em dúvida e em vista de que fora forçado a concluir sua existência; são tais: *que quis precaver-se de ser enganado; que desejara entender muitas coisas; que duvidara de tudo que não pudera entender; que até então afirmara apenas uma coisa; que negara e rejeitara como falsas todas as demais; e que a contragosto imaginara também muitas; e que, enfim, observara que muitas coisas provinham como que*

à sensibus venientia, animadverterit. Cùmque ex singulis his æquè evidenter suam existentiam colligere, nec ullum horum inter ea, quæ in dubium revocaverat, recensere potuerit, ac denique omnia hæc sub eodem attributo concipi possint: sequitur omnia hæc vera esse, & ad ejus naturam pertinere. Atque adeò ubi dixerat, *cogito*, omnes hi cogitandi modi intelligebantur, nempe *dubitare, intelligere, affirmare, negare, velle, nolle, imaginari, & sentire.*

Apprimè autem hîc notandum venit, quòd magnum usum in sequentibus, ubi de distinctione mentis à corpore agetur, habebit; nempe 1°. Hos cogitandi modos clarè, ac distinctè sine reliquis, de quibus adhuc dubitatur, intelligi. 2°. Eorum clarum, & distinctum, quem habemus conceptum, obscurum, atque confusum reddi, si iis aliqua, de quibus adhuc dubitamus, adscribere vellemus.

Liberatio ab omnibus dubiis.

Ut denique de iis, quæ in dubium revocaverat, certus redderetur, omneque dubium tolleret, pergit inquirere in naturam Entis perfectissimi, & an tale existat. Nam, ubi Ens perfectissimum existere deprehendet, cujus vi omnia producuntur, & conservantur, cujusque naturæ repugnat, ut sit deceptor: tum illa ratio dubitandi tolletur, quam ex eo, quòd suam causam ignorabat, habuit. Sciet enim facultatem veri à falso dignoscendi à Deo summè bono, & veraci ipsi non fuisse datam, ut deciperetur. Adeòque Mathematicæ veritates, seu omnia, quæ ipsi evidentissima esse videntur, minimè suspecta esse poterunt. Progreditur deinde, ut cæteras causas dubitandi tollat, inquiritque, undenam fiat, quòd aliquando erremus? quod ubi invenit ex eo oriri, quod liberâ nostrâ voluntate utamur ad assentiendum etiam iis, quæ tantùm confusè percepimus: statim concludere potuit, se in posterum ab errore cavere posse, modò non nisi clarè, & distinctè perceptis assensum præbeat: quod unusquisque à se facilè impetrare potest, quoniam potestatem habet cohibendæ voluntatis, ac proinde efficiendi, ut intra limites intellectus contineatur. Verùm, quia in primâ ætate multa hausimus præjudicia, à quibus non facilè liberamur, pergit porrò, ut ab iis liberemur, & nihil, nisi quod clarè, & distinctè percipimus, amplectamur, simplices omnes notiones, & ideas, ex quibus omnes nostræ cogitationes componuntur, enumerare, easque singulatim examinare; ut quicquid in unâquâque clarum, quid obscurum est, animadvertere possit; sic enim facilè clarum ab obscuro distinguere poterit, clarasque, ac distinctas cogitationes efformare, adeòque facilè realem distinctionem inter animam, & corpus invenire: & quid in iis, quæ à sensibus hausimus, clarum, quid obscurum sit; & denique in quo somnium à vigiliis differat: Quo facto neque de suis vigiliis dubitare, neque à sensibus falli ampliùs potuit; ac sic se ab omnibus dubitationibus suprà recensitis liberavit.

dos sentidos. E visto que com igual evidência pôde coligir sua existência a partir de cada uma dessas coisas e não pôde recensear nenhuma entre aquelas que colocara em dúvida, e, enfim, como todas essas coisas podem ser concebidas sob um mesmo atributo, segue-se que todas são verdadeiras e pertencem à sua natureza. E por isso, quando dissera *penso*, todos estes modos de pensar eram entendidos: *duvidar, entender, afirmar, negar, querer, não querer, imaginar e sentir.*

Antes de tudo, porém, é de notar aqui algo que terá grande utilidade no que segue, quando se tratar da distinção entre a mente e o corpo: 1º) esses modos de pensar são clara e distintamente entendidos sem os restantes de que até agora se duvida; 2º) o conceito claro e distinto que temos deles torna-se obscuro e confuso se lhes quisermos adscrever algo de que até agora duvidamos.

Liberação de todas as dúvidas.

Enfim, para ficar certo disso que colocara em dúvida e suprimir toda dúvida, prossegue a investigar a natureza do Ente perfeitíssimo e se este existe; pois, logo que depreender que existe o Ente perfeitíssimo, por cuja força tudo é produzido e conservado e a cuja natureza repugna que seja enganador, então será suprimida aquela razão de duvidar que ele teve porque ignorava sua própria causa. Com efeito, saberá que a faculdade de discernir o verdadeiro do falso não lhe foi dada por um Deus sumamente bom e veraz para que se enganasse. E assim, as verdades matemáticas, ou seja, tudo o que lhe parece ser o mais evidente, de forma alguma poderá ser suspeito. Depois, para suprimir as outras causas de duvidar, avança e investiga de onde vem, então, que às vezes erremos; e quando descobriu que isso se origina de que usemos nossa livre vontade para assentir também ao que percebemos apenas confusamente, de imediato pôde concluir que daí por diante poderia precaver-se do erro, contanto que não desse seu assentimento senão ao que é clara e distintamente percebido; o que cada um pode obter de si facilmente, já que tem o poder de coibir a vontade e, por conseguinte, fazer que ela se contenha dentro dos limites do intelecto. Porém, porque na primeira idade adquirimos muitos preconceitos dos quais não nos libertamos facilmente, passa em seguida, para que nos libertemos desses preconceitos e nada abracemos senão o que clara e distintamente percebemos, a enumerar todas as noções e ideias simples a partir das quais todos nossos pensamentos são compostos e examiná-las uma a uma, para que possa observar em cada uma o que quer que seja claro, o que quer que seja obscuro; assim, com efeito, poderá distinguir facilmente o claro do obscuro e formar pensamentos claros e distintos, de maneira a descobrir a distinção real entre a alma e o corpo, e o que é claro e obscuro naquilo que tiramos dos sentidos e, enfim, aquilo em que o sono difere da vigília. Feito isso, não pôde mais nem duvidar de que estivesse acordado, nem ser enganado pelos sentidos; e assim libertou-se de todas as dúvidas acima recenseadas.

Verùm, antequam hîc finem faciam, iis satisfaciendum videtur, qui sic argumentantur. Cùm Deum existere nobis per se non innotescat, de nullâ re videmur posse unquam esse certi: nec Deum existere unquam nobis innotescere poterit. Nam ex incertis præmissis (omnia enim incerta esse diximus, quamdiu nostram originem ignoramus) nihil certi concludi potest.

Hanc difficultatem ut amoveat Cartesius, respondet hoc pacto. Ex eo, quod nondum sciamus, an fortè originis nostræ autor nos tales creaverit, ut fallamur, etiam in iis, quæ nobis vel evidentissima apparent, dubitare nequaquam possumus de iis, quæ clarè, & distinctè per se, vel per ratiocinationem, quamdiu nempe ad illam attendimus, intelligimus: sed tantùm de iis, quæ ante hac demonstravimus vera esse, quorum memoria potest recurrere, cùm non ampliùs attendimus ad rationes, ex quibus ea deduximus, quarumque adeò sumus obliti. Quapropter quamvis, Deus existere, non per se, sed tantùm per aliud innotescere possit, poterimus tamen ad certam Dei existentiæ cognitionem pervenire, dummodo ad omnes, ex quibus illam concludimus, præmissas accuratissimè attendamus. Vide Princip. Part. I. Artic. 13. & Resp. ad secund. Object. num. 3. & in fin. Meditat. 5.

Verùm, quoniam hæc responsio quibusdam non satisfacit, aliam dabo. Vidimus in præcedentibus, ubi de nostræ existentiæ certitudine, atque evidentiâ loquebamur, nos illam ex eo conclusisse, quod, quocunque mentis aciem convertebamus, nullam dubitandi rationem offendebamus, quæ eo ipso nos de nostri existentia non convinceret, sive ubi ad nostram propriam naturam attendebamus, sive ubi nostræ naturæ autorem callidum deceptorem fingebamus, sive denique aliam quamcunque, extra nos, dubitandi rationem accersebamus: quod circa nullam aliam rem hucusque contingere deprehendimus. Nam, quamvis ad naturam ex. gr. Trianguli attendentes, cogimur concludere ejus tres angulos esse æquales duobus rectis, non tamen idem possumus concludere ex eo, quod fortè à naturæ nostræ autore decipiamur: quemadmodum ex hoc ipso nostram existentiam certissimè colligebamus. Quapropter non, quocunque mentis aciem convertimus, cogimur concludere, Trianguli tres angulos esse æquales duobus rectis; sed contrà causam dubitandi invenimus, quia nempe nullam talem Dei ideam habemus, quæ nos ita afficiat, ut nobis impossibile sit cogitare, Deum esse deceptorem. Nam æquè facile est ei, qui veram Dei ideam non habet, quam nos non habere jam supponimus, cogitare suum autorem esse deceptorem, quam non esse deceptorem: quemadmodum illi, qui nullam habet Trianguli ideam, æquè facile est cogitare, ejus tres angulos æquales

Porém, antes de terminar, parece que se deve satisfazer aos que assim argumentam: como não nos vem a ser conhecido por si mesmo que Deus existe, parece que nunca poderemos estar certos de coisa alguma, e nunca nos poderá vir a ser conhecido que Deus existe, pois a partir de premissas incertas (de fato, dissemos ser tudo incerto enquanto ignoramos nossa origem) nada de certo pode ser concluído.[26]

Para remover a dificuldade, Descartes responde desta forma: do fato de ainda não sabermos se talvez o autor de nossa origem nos tenha criado tais que nos enganemos até nas coisas que nos aparecem como evidentíssimas, de maneira alguma decorre podermos duvidar daquelas que entendemos clara e distintamente por si ou por um raciocínio, enquanto atentamos para este; mas podemos duvidar apenas daquelas que antes demonstramos serem verdadeiras, cuja memória pode retornar quando não mais atentamos às razões das quais as deduzimos e das quais, portanto, nos esquecemos. Consequentemente, embora não possa vir a ser conhecido por si que Deus exista, mas apenas por outro, poderemos todavia alcançar o conhecimento certo da existência de Deus desde que atentemos muito cuidadosamente a todas as premissas a partir das quais o concluímos. Vê *Princípios*, parte I, art. 13; *Respostas às segundas objeções*, nº 3, e Meditação 5, ao fim.[27]

Porém, visto que essa resposta não satisfaz a alguns, darei outra. Vimos no que precede, quando falávamos da certeza e evidência de nossa existência, que a concluímos do que, para onde quer que voltássemos a agudeza da mente, não topávamos com nenhuma razão de duvidar que por isso mesmo não nos convencesse de nossa existência, fosse quando atentávamos para nossa própria natureza, fosse quando fingíamos um astuto enganador como autor de nossa natureza, fosse, enfim, quando invocávamos fora de nós qualquer outra razão de duvidar; o que depreendemos não acontecer acerca de nenhuma outra coisa até então. Pois, ainda que atentando à natureza do triângulo, por ex., sejamos forçados a concluir que seus três ângulos são iguais a dois retos, não podemos todavia concluir o mesmo do fato de que talvez sejamos enganados pelo autor de nossa natureza, da mesma maneira que a partir disso coligíamos certissimamente nossa existência. Consequentemente, não somos forçados a concluir, para onde quer que voltemos a agudeza da mente, que os três ângulos do triângulo são iguais a dois retos; mas, ao contrário, descobrimos uma causa de duvidar, a saber, porque não temos nenhuma ideia de Deus tal que nos afete de forma que nos seja impossível pensar que Deus é enganador. Pois é igualmente fácil a quem não tem uma ideia verdadeira de Deus, que agora supomos não ter, tanto pensar que seu autor é enganador, quanto que não é enganador; da mesma maneira que àquele que não tem nenhuma ideia[28] do triângulo

esse, quàm non esse æquales duobus rectis. Quare concedimus, nos de nullâ re, præter nostram existentiam, quamvis ad illius demonstrationem probè attendamus, posse esse absolutè certos, quamdiu nullum Dei, clarum, & distinctum conceptum habemus, qui nos affirmare faciat, Deum esse summè veracem, sicuti idea, quam Trianguli habemus, nos cogit concludere, ejus tres angulos esse æquales duobus rectis; sed negamus, nos ideò in nullius rei cognitionem pervenire posse. Nam, ut ex omnibus jamjam dictis patet, cardo totius rei in hoc solo versatur, nempe ut talem Dei conceptum efformare possimus, qui nos ita disponat, ut nobis non æquè facile sit cogitare, eum esse, quam non esse deceptorem; sed qui nos cogat affirmare, eum esse summè veracem. Ubi enim talem ideam efformaverimus, illa de Mathematicis veritatibus dubitandi ratio tolletur. Nam, quocunque tum mentis aciem convertemus, ut de istarum aliquâ dubitemus, nihil offendemus, ex quo ipso, quemadmodum circa nostram existentiam contigit, non concludere debeamus, illam esse certissimam. Ex. grat. si post Dei ideam inventam, ad naturam Trianguli attendamus, hujus idea nos coget affirmare, ejus tres angulos esse æquales duobus rectis: sin ad ideam Dei, hæc etiam nos affirmare coget, eum summè veracem, nostræque naturæ esse autorem, & continuum conservatorem, atque adeò nos circa istam veritatem non decipere. Nec minùs impossibile nobis erit cogitare, ubi ad Dei ideam (quam nos invenisse jam supponimus), attendimus, eum esse deceptorem, quàm ubi ad ideam Trianguli attendimus cogitare, tres ejus angulos non esse æquales duobus rectis. Et, uti possumus talem Trianguli ideam formare, quamvis nesciamus, an autor nostræ naturæ nos decipiat; sic etiam possumus ideam Dei nobis claram reddere, atque ob oculos ponere, quamvis etiam dubitemus, an nostræ naturæ autor nos in omnibus decipiat. Et modò illam habeamus, quomodocunque eam acquisiverimus, sufficiet, ut jamjam ostendum est, ad omne dubium tollendum. His itaque præmissis ad difficultatem motam respondeo: nos de nullâ re posse esse certos, non quidem, quamdiu Dei existentiam ignoramus (nam de hac re non locutus sum), sed quamdiu ejus claram, & distinctam ideam non habemus. Quare si quis contra me argumentari velit, tale debebit esse argumentum. De nullâ re possumus esse certi, antequam Dei claram, & distinctam ideam habeamus: Atqui claram & distinctam Dei ideam habere non possumus, quamdiu nescimus, an nostræ naturæ autor nos decipiat: Ergo de nullâ re possumus esse certi, quamdiu nescimus, an nostræ naturæ autor nos decipiat &c. Ad quod respondeo, concedendo

é igualmente fácil tanto pensar que seus três ângulos são iguais a dois retos quanto que não o são. Por isso concedemos que não podemos estar absolutamente certos de coisa alguma, além de nossa existência, embora corretamente atentemos à demonstração disso, enquanto não tivermos nenhum conceito claro e distinto de Deus que nos faça afirmar que Deus é sumamente veraz, tal como a ideia que temos do triângulo força-nos a concluir que seus três ângulos são iguais a dois retos; mas negamos que por isso não possamos alcançar o conhecimento de coisa alguma. Pois, como é patente a partir de tudo quanto agora mesmo foi dito, o ponto cardeal de toda a questão consiste só nisto: que possamos formar um tal conceito de Deus que nos disponha de maneira que não nos seja igualmente fácil tanto pensar que ele é enganador quanto que não é; mas que nos force a afirmar que ele é sumamente veraz. Com efeito, logo que tivermos formado tal ideia, será suprimida aquela razão de duvidar das verdades matemáticas; pois então, para onde quer que voltemos a agudeza da mente a fim de duvidarmos de alguma delas, não toparemos com nada a partir de que não devamos concluir que é certíssima, da mesma maneira que aconteceu acerca de nossa existência. Por ex., se, depois de descoberta a ideia de Deus, atentamos à natureza do triângulo, a ideia deste força-nos a afirmar que seus três ângulos são iguais a dois retos; mas se atentamos à ideia de Deus, esta também nos força a afirmar que ele é sumamente veraz e autor e conservador contínuo de nossa natureza, e, por isso, que não nos engana acerca dessa verdade. E não nos será menos impossível pensar, quando atentamos à ideia de Deus (que supomos já ter descoberto), que ele é enganador, do que, quando atentamos à ideia do triângulo, pensar que seus três ângulos não são iguais a dois retos. E como podemos formar tal ideia do triângulo, embora não saibamos se o autor de nossa natureza nos engana, assim também podemos tornar clara a nós, e pôr diante dos olhos, a ideia de Deus, embora também duvidemos se o autor de nossa natureza nos engana em tudo. E contanto que a tenhamos, de qualquer modo que a houvermos adquirido, será suficiente, como agora mesmo foi mostrado, para suprimir toda dúvida. E assim, com essas premissas respondo à dificuldade levantada; de coisa alguma podemos estar certos, de fato, não enquanto ignoramos a existência de Deus (pois não falei desse assunto), mas enquanto não temos uma ideia clara e distinta dele. Por conseguinte, se alguém quiser argumentar contra mim, deverá ser assim o argumento: de coisa alguma podemos estar certos antes que tenhamos uma ideia clara e distinta de Deus; ora, não podemos ter uma ideia clara e distinta de Deus enquanto não soubermos se o autor de nossa natureza nos engana; logo, de coisa alguma podemos estar certos enquanto não soubermos se o autor de nossa natureza nos engana, etc. Ao que respondo concedendo a

majorem, & negando minorem: Habemus enim claram, & distinctam ideam Trianguli, quamvis nesciamus, an nostræ naturæ autor nos decipiat; &c modò talem Dei ideam, ut modò fusè ostendi, habeamus, nec de ejus existentiâ, nec de ullâ veritate Mathematicâ dubitare poterimus.

Hæc præfati, rem ipsam nunc aggredimur.

DEFINITIONES.

I. *Cogitationis* nomine complector omne id, quod in nobis est, & cujus immediatè conscii sumus.

Ita omnes voluntatis, intellectûs, imaginationis, & sensuum operationes sunt cogitationes. Sed addidi immediatè *ad excludenda ea, quæ ex iis consequuntur, ut motus voluntarius cogitationem quidem pro principio habet, sed ipse tamen non est cogitatio.*

II. *Ideæ* nomine intelligo cujuslibet cogitationis formam illam, per cujus immediatam perceptionem ipsius ejusdem cogitationis conscius sum.

Adeò ut nihil possim verbis exprimere, intelligendo id, quod dico, quin ex hoc ipso certum sit in me esse ideam ejus, quod verbis illis significatur. Atque ita non solas imagines in phantasiâ depictas ideas voco: imò ipsas hîc nullo modo voco ideas, quatenus sunt in phantasiâ corporeâ, hoc est, in parte aliquâ cerebri depictæ, sed tantùm quatenus mentem ipsam in illam cerebri partem conversam informant.

III. Per *realitatem objectivam ideæ* intelligo entitatem rei repræsentatæ per ideam, quatenus est in ideâ.

Eodemque modo dici potest perfectio objectiva, vel artificium objectivum &c. Nam quæcunque percipimus, tanquam in idearum objectis, ea sunt in ipsis ideis objectivè.

IV. Eadem dicuntur esse formaliter in idearum objectis, quando talia sunt in ipsis, qualia illa percipimus: Et eminenter, quando non quidem talia sunt, sed tanta, ut talium vicem supplere possint.

Nota, cùm dico causam eminenter *perfectiones sui effectûs continere, tum me significare velle, quòd causa perfectiones effectûs excellentiùs, quàm ipse effectus continet.* Vide etiam Axiom. 8.[4]

V. Omnis res, cui inest immediatè, ut in subjecto, sive per quam existit aliquid, quod percipimus, hoc est, aliqua proprietas, sive qualitas, sive attributum, cujus realis idea in nobis est, vocatur *Substantia.*

Neque enim ipsius substantiæ, præcisè sumptæ, aliam habemus ideam, quàm quòd sit res, in quâ formaliter vel eminenter existit illud aliquid, quod percipimus, sive quod est objectivè in aliquâ ex nostris ideis.

VI. Substantia, cui inest immediatè cogitatio, vocatur *Mens.*

Loquor autem hic de mente potiùs, quàm de animâ, quoniam animæ nomen est æquivocum, & sæpe pro re corporeâ usurpatur.

---

4 *Axiom. 8.* Geb.: *Axiom 8.*

maior e negando a menor. Com efeito, temos uma ideia clara e distinta do triângulo, embora não saibamos se o autor de nossa natureza nos engana; e, contanto que tenhamos tal ideia de Deus, como à farta mostrei, nem de sua existência nem de nenhuma verdade matemática poderemos duvidar.[29]

Dito isso, abordemos agora o próprio assunto.

Definições

I. Pelo nome de *pensamento* tomo tudo o que está em nós e de que somos imediatamente cônscios.

Assim, todas as operações da vontade, do intelecto, da imaginação e dos sentidos são pensamentos. Mas acrescentei imediatamente *para excluir o que é consequência deles; tal como o movimento voluntário de fato tem o pensamento por princípio, mas ele próprio, todavia, não é pensamento.*

II. Pelo nome de *ideia* entendo aquela forma de qualquer pensamento por cuja percepção imediata sou cônscio desse mesmo pensamento.

De tal maneira que eu nada possa exprimir com palavras, entendendo o que digo, sem que por isso mesmo seja certo estar em mim a ideia do que é significado com aquelas palavras.[30] *E assim, não chamo de ideias as meras imagens pintadas na fantasia; ou melhor, de modo algum as chamo aqui de ideias enquanto estão na fantasia corpórea, isto é, pintadas em alguma parte do cérebro, mas apenas enquanto informam*[31] *a própria mente voltada para aquela parte do cérebro.*

III. Por *realidade objetiva da ideia* entendo a entidade da coisa representada pela ideia enquanto está na ideia.

E do mesmo modo pode-se dizer perfeição objetiva, ou artifício objetivo, etc.; pois tudo que percebemos como estando nos objetos das ideias está objetivamente nas próprias ideias.

IV. Isso mesmo é dito estar formalmente *nos objetos das ideias, quando está neles tal qual o percebemos, e* eminentemente, *quando não está de fato como tal, mas tão grande que possa fazer as vezes dele.*

Nota que, quando digo que a causa contém eminentemente *as perfeições de seu efeito, quero indicar que a causa contém as perfeições do efeito de modo mais excelente que o próprio efeito. Vê também o ax. 8.*

V. Toda coisa na qual está imediatamente, como em um sujeito, ou pela qual existe algo que percebemos, isto é, alguma propriedade ou qualidade ou atributo cuja ideia real está em nós, chama-se *substância*.

E com efeito não temos outra ideia da própria substância, precisamente tomada, senão que é uma coisa em que formal ou eminentemente existe aquilo que percebemos, ou seja, que está objetivamente em alguma de nossas ideias.

VI. A substância em que o pensamento está imediatamente chama-se *mente*.

Falo aqui em mente de preferência a alma, porquanto o nome alma é equívoco e amiúde utilizado para coisa corpórea.[32]

VII. Substantia, quæ est subjectum immediatum extensionis, & accidentium, quæ extensionem præsupponunt, ut figuræ, sitûs, motûs localis &c. vocatur *Corpus.*

An vero una & eadem substantia sit, quæ vocatur mens, & corpus, an duæ diversæ, postea erit inquirendum.

VIII. Substantia, quam per se summè perfectam esse intelligimus, & in quâ nihil planè concipimus, quod aliquem defectum[5] sive perfectionis limitationem involvat, *Deus* vocatur.

IX. Cùm quid dicimus in alicujus rei natura sive conceptu contineri, idem est, ac si diceremus, id de eâ re verum esse, sive de ipsâ posse verè affirmari.

X. Duæ substantiæ realiter distingui dicuntur, cùm unaquæque ex ipsis absque aliâ potest existere.

Cartesii postulata hic omisimus, quia ex iis nihil in sequentibus concludimus; attamen lectores seriò rogamus, ut ipsa perlegant, atque attentâ meditatione considerent.

Axiomata.

I. In cognitionem, & certitudinem rei ignotæ non pervenimus, nisi per cognitionem, & certitudinem alterius, quæ ipsâ prior est certitudine, & cognitione.

II. Dantur rationes, quæ nos de nostri corporis existentiâ dubitare faciunt.

Hoc re ipsâ in Prolegomeno ostensum est, ideòque tanquam axioma hic ponitur.

III. Siquid præter mentem, & corpus habemus, id nobis minùs, quam mens, & corpus, notum est.

Notandum, hæc axiomata nihil de rebus extra nos affirmare; sed tantum ea, quæ in nobis, quatenus sumus res cogitantes, reperimus.

Propositito I.

De nullâ re possumus absolutè esse certi, quamdiu nescimus nos existere.

Demonstratio.

Propositio hæc per se patet: Nam qui absolutè nescit se esse, simul nescit se esse affirmantem, aut negantem, hoc est, certò se affirmare, aut negare.

Notandum autem hîc, quòd, quamvis multa magnâ certitudine affirmemus, & negemus, ad hoc, quòd existamus, non attendentes; tamen, nisi pro indubitato hoc præsupponatur, omnia in dubium revocari posset.

---

5 defectum. Geb.: *de- ectum.*

VII. A substância que é sujeito imediato da extensão e dos acidentes que pressupõem a extensão, como os da figura, da situação, do movimento local, etc., chama-se *corpo*.

Já se é uma só e mesma substância que se chama de mente e de corpo ou se são duas diversas, caberá depois investigar.

VIII. A substância que entendemos ser por si sumamente perfeita, e na qual não concebemos absolutamente nada que envolva algum defeito, ou seja, limitação de perfeição, chama-se *Deus*.

IX. Quando dizemos que algo está contido na natureza ou conceito de alguma coisa, é o mesmo que se disséssemos que isso é verdadeiro dessa coisa, ou seja, dela pode ser verdadeiramente afirmado.

X. Duas substâncias são ditas distinguir-se realmente quando cada uma delas pode existir sem a outra.

Omitimos aqui os postulados de Descartes porque na sequência nada concluímos a partir deles; no entanto, rogamos seriamente aos leitores que os leiam até o fim e os considerem por uma atenta meditação.[33]

Axiomas

I. Não alcançamos o conhecimento e a certeza de uma coisa ignorada senão pelo conhecimento e pela certeza de outra, que lhe é anterior[34] em certeza e conhecimento.

II. Dão-se razões que nos fazem duvidar da existência de nosso corpo.

Isto foi efetivamente mostrado no Prolegômeno e por isso é posto aqui como axioma.

III. Se temos algo além da mente e do corpo, isso nos é menos conhecido que a mente e o corpo.

É de notar que estes axiomas nada afirmam sobre coisas fora de nós, mas apenas sobre o que encontramos em nós enquanto somos coisas pensantes.

Proposição I

De coisa alguma podemos estar absolutamente certos enquanto não sabemos que existimos.

Demonstração

Esta proposição é patente por si, pois quem absolutamente não sabe que existe, simultaneamente não sabe que está afirmando ou negando, isto é, que certamente afirma ou nega.

É de notar aqui que, embora afirmemos ou neguemos muitas coisas com grande certeza sem atentar ao fato de existirmos, todavia, a não ser que se pressuponha isso como indubitável, tudo poderia ser colocado em dúvida.

Propositio II.

Ego sum *debet esse per se notum.*

Demonstratio.

Si negas, non ergo innotescet, nisi per aliud, cujus quidem (per Ax. 1.) cognitio, & certitudo prior erit in nobis hoc enunciato, *ego sum*. Atqui hoc est absurdum (per præc.); ergo per se debet esse notum, q. e. d.

Propositio III.

Ego, *quatenus res constans corpore,* sum, *non est primum, nec per se cognitum.*

Demonstratio.

Quædam sunt, quæ nos de existentiâ nostri corporis dubitare faciunt (per Ax. 2.); ergo (per Ax. 1.) in ejus certitudinem non perveniemus, nisi per cognitionem, & certitudinem alterius rei, quæ ipsâ prior est cognitione, & certitudine. Ergo hæc enunciatio, *ego*, quatenus res constans corpore, *sum* non est primum, nec per se cognitum, q. e. d.

Propositio IV.

Ego sum *non potest esse primum cognitum, nisi quatenus cogitamus.*

Demonstratio.

Hoc enunciatum, *ego sum res corporea aut constans corpore* non est primum cognitum (per præc.); nec etiam de meâ existentiâ, quatenus consto aliâ re præter mentem, & corpus, sum certus: nam si aliquâ aliâ re à mente, & corpore diversâ constamus, ea nobis minùs nota est, quàm corpus (per Ax. 3.): quare *ego sum* non potest esse primum cognitum, nisi quatenus cogitamus, q. e. d.

Corollarium.

Hinc patet mentem sive rem cogitantem notiorem esse corpore.

Verùm ad uberiorem explicationem legantur Art. 11 & 12. Part. I. Principiorum.

Scholium.

Unusquisque certissimè percipit, quòd affirmat, negat, dubitat, intelligit, imaginatur etc. sive, quòd existit dubitans, intelligens, affirmans, &c. sive uno verbo, *Cogitans*: neque potest hæc in dubium revocare. Quare hoc enunciatum *Cogito*, sive *sum Cogitans* unicum (per Prop. 1.), & certissimum est fundamentum totius Philosophiæ. Et cùm in scientiis nihil

Proposição II

Eu existo *deve ser conhecido por si.*

Demonstração

Se negas, então não virá a ser conhecido senão por outro, cujo conhecimento e certeza (pelo ax. 1) será em nós anterior a este enunciado: *eu existo.* Ora, isso é absurdo (pela prop. preced.); logo, deve ser conhecido por si; c.q.d.[35]

Proposição III

Eu, *enquanto uma coisa que consta de corpo,*
existo *não é o primeiro conhecido nem é conhecido por si.*

Demonstração

Há certas coisas que nos fazem duvidar da existência de nosso corpo (pelo ax. 2.); logo (pelo ax. 1), não alcançamos a certeza dele senão pelo conhecimento e pela certeza de outra coisa que lhe é anterior em conhecimento e certeza. Logo, este enunciado: *eu existo*, enquanto uma coisa que consta de corpo, não é o primeiro conhecido nem é conhecido por si; c.q.d.

Proposição IV

Eu existo *não pode ser o primeiro conhecido senão enquanto pensamos.*

Demonstração

Este enunciado: *eu sou uma coisa corpórea ou que consta de corpo*, não é o primeiro conhecido (pela prop. preced.); e tampouco estou certo de minha existência enquanto consto de outra coisa além da mente e do corpo, pois se constamos de alguma outra coisa diversa da mente e do corpo, ela nos é menos conhecida que o corpo (pelo ax. 3); por isso, *eu existo* não pode ser o primeiro conhecido senão enquanto pensamos; c.q.d.

Corolário

Daí patentear-se que a mente, ou seja, a coisa pensante, é mais conhecida que o corpo.

Para uma explicação mais abundante, porém, leiam-se os art. 11 e 12 da parte I dos Princípios.

Escólio

Cada um percebe certissimamente que afirma, nega, duvida, entende, imagina, etc., ou seja, que existe duvidando, entendendo, afirmando, etc., ou seja, numa palavra, *pensando*; e não pode colocar isso em dúvida. Portanto este enunciado, *penso*, ou seja, *sou pensante*, é o único (pela prop. 1) e certíssimo fundamento de toda a filosofia. E como nas ciências, para

aliud quæri, neque desiderari possit, ut de rebus certissimi simus, quàm omnia ex firmissimis principiis deducere, eaque æquè clara, et distincta reddere, ac principia, ex quibus deducuntur: clarè sequitur, omne, quod nobis æquè evidens est, quodque æquè clarè, & distinctè, atque nostrum jam inventum principium percipimus, omneque, quod cum hoc principio ita convenit, & ab hoc principio ita dependet, ut si de eo dubitare velimus, etiam de hoc principio esset dubitandum, pro verissimo habendum esse. Verùm, ut in iis recensendis quàm cautissimè procedam, ea tantùm pro æquè evidentibus, proque æquè clarè & distinctè à nobis perceptis in initio admittam, quæ unusquisque in se, quatenus cogitans, observat. Ut ex. grat. se hoc, & illud velle, se certas tales habere ideas, unamque ideam plus realitatis, & perfectionis in se continere, quàm aliam; illam scilicet, quæ objectivè continet esse, & perfectionem substantiæ, longè perfectiorem esse, quàm illam, quæ tantùm objectivam perfectionem alicujus accidentis continet; illam denique omnium esse perfectissimam, quæ est entis summè perfecti. Hæc inquam non tantùm æquè evidenter, & æquè clarè, sed fortè etiam magis distinctè percipimus. Nam non tantùm affirmant nos cogitare, sed etiam quomodo cogitemus. Porrò etiam illa cum hoc principio convenire dicemus, quæ non possunt in dubium revocari, nisi simul hoc nostrum inconcussum fundamentum in dubium revocetur. Ut ex. grat. si quis dubitare velit, an ex nihilo aliquid fiat: simul poterit dubitare, an nos, quamdiu cogitamus, simus. Nam si de nihilo aliquid affirmare possum: nempe quòd potest esse causa alicujus rei: potero simul eodem jure cogitationem de nihilo affirmare, ac dicere me nihil esse, quamdiu cogito. Quod cùm mihi impossibile sit, impossibile etiam mihi erit cogitare, quòd ex nihilo aliquid fiat. His sic consideratis, ea, quæ nobis impræsentiarum, ut ulteriùs pergere possimus, necessaria videntur, hîc ordine ob oculos ponere constitui, numeroque Axiomatum addere; quandoquidem à Cartesio, in fine Responsionum ad secundas Objectiones, tanquam axiomata proponuntur, & accuratior, quàm ipse, esse nolo. Attamen, ne ab ordine jam incepto recedam, ea utcunque clariora reddere, & quomodo unum ab alio, & omnia ab hoc principio, *ego sum cogitans*, dependent, vel cum ipso evidentiâ, & ratione conveniunt, ostendere conabor.

Axiomata.

Ex Cartesio deprompta.

IV. Sunt diversi gradus realitatis, sive entitatis: nam substantia plus habet realitatis, quàm accidens, vel modus; & substantia infinita, quàm

estarmos certíssimos das coisas, nada mais pode ser buscado nem desejado senão deduzir tudo a partir de princípios firmíssimos e tornar tudo tão claro e distinto quanto os princípios a partir dos quais é deduzido, segue-se claramente que cabe ter por verdadeiríssimo[36] tudo que nos é tão evidente e que percebemos tão clara e distintamente quanto nosso princípio já descoberto, e tudo que de tal maneira convém com esse princípio e dele depende que, caso queiramos duvidar disso, também desse princípio caberá duvidar. Porém, para proceder quão cautelosamente possível no recenseamento dessas coisas, de início admitirei por tão evidente e por tão clara e distintamente percebido por nós apenas o que cada um observa em si, enquanto pensante. Como, por ex., que quer isso ou aquilo, que tem tais ideias certas e que uma ideia contém em si mais realidade e perfeição que outra, a saber, aquela que contém objetivamente o ser e a perfeição da substância é de longe mais perfeita que aquela que contém apenas a perfeição objetiva de algum acidente; aquela, enfim, do ente sumamente perfeito é perfeitíssima. Essas coisas, reitero, percebemos não apenas tão evidente e tão claramente, mas talvez até mais distintamente; pois não apenas afirmam que nós pensamos, mas também de que modo pensamos. Ademais, também diremos que convém com esse princípio aquilo que não pode ser colocado em dúvida a não ser que simultaneamente seja colocado em dúvida nosso fundamento inconcusso. Como, por ex., caso alguém queira duvidar se algo se faz a partir do nada, poderá simultaneamente duvidar se nós, enquanto pensamos, existimos; pois se posso afirmar algo do nada, a saber, que pode ser causa de alguma coisa, poderei simultaneamente com o mesmo direito afirmar do nada o pensamento e dizer que não sou nada enquanto penso. E como isso me é impossível, também me será impossível pensar que algo se faça a partir do nada. Considerado isso, decidi pôr aqui em ordem diante dos olhos as coisas que presentemente parecem-nos necessárias para que possamos passar adiante, e acrescentá-las ao número de axiomas, visto que são propostas como axiomas por Descartes ao fim das *Respostas às segundas objeções*, e não quero ser mais cuidadoso que ele.[37] Contudo, para não me afastar da ordem já começada, esforçar-me-ei para de alguma forma tornar essas coisas mais claras e mostrar de que modo uma depende da outra e todas dependem deste princípio: *eu sou pensante*, ou com ele convêm por evidência e razão.

Axiomas

Retirados de Descartes[38]

IV. Há diversos graus de realidade ou entidade, pois uma substância tem mais realidade que um acidente ou modo, e uma substância infinita,

finita; ideòque plus est realitatis objectivæ in ideâ substantiæ, quàm accidentis; & in ideâ substantiæ infinitæ, quam in ideâ finitæ.

Hoc axioma, ex solâ contemplatione nostrarum idearum, de quarum existentiâ certi sumus, quia nempe modi sunt cogitandi, innotescit: scimus enim, quantum realitatis, sive perfectionis idea substantiæ de substantiâ affirmat; quantum verò modi de modo. Quod cùm ita sit, necessariò etiam comperimus ideam substantiæ plus realitatis objectivæ continere, quàm ideam alicujus accidentis &c. Vide Scholium Proposit. 4.

V. Res cogitans, si aliquas perfectiones novit, quibus careat, sibi statim ipsas dabit, si sint in suâ potestate.

Hoc unusquisque in se, quatenus est res cogitans, observat; quare (per Schol. Prop. 4.[6]*) de ipso certissimi sumus; & eâdem de causâ non minùs certi sumus de sequenti, nempe.*

VI. In omnis rei ideâ, sive conceptu continetur existentia, vel possibilis, vel necessaria (vide Axiom. 10. Cartesii): *Necessaria in Dei, sive entis summè perfecti conceptu; nam aliàs conciperetur imperfectum, contra quod supponitur concipi: Contingens verò sive possibilis in conceptu rei limitatæ.*

VII. Nulla res, neque ulla rei perfectio actu existens potest habere nihil, sive rem non existentem pro causâ suæ existentiæ.

Hoc axioma nobis æquè perspicuum esse, ac est, ego sum cogitans, *in Scholio Proposit. 4. demonstravi*

VIII. Quicquid est realitatis, sive perfectionis in aliquâ re, est formaliter, vel eminenter in primâ, & adæquatâ ejus causâ.

Per eminenter *intelligo, cùm causa perfectiùs continet omnem realitatem effectûs, quàm effectus ipse: per* formaliter *verò, cùm æquè perfectè illam continet.*

Hoc axioma à præcedenti dependet: nam, si supponeretur nihil, vel minus esse in causâ, quàm in effectu; nihil in causâ esset causa effectus. At hoc est absurdum (per præc.): quare non quæcunque res potest esse causa alicujus effectûs; sed præcisè illa, in quâ eminenter, vel ad minimum formaliter est omnis perfectio, quæ est in effectu.

IX. Realitas objectiva nostrarum idearum requirit causam, in quâ eadem ipsa realitas, non tantùm objectivè, sed formaliter, vel eminenter contineatur.

Hoc axioma apud omnes, quamvis multi eo abusi sunt, in confesso est. Ubi enim aliquis aliquid novi concepit, nullus est, qui non quærat causam illius conceptûs, sive ideæ. Ubi verò aliquam assignare possunt, in quâ formaliter vel eminenter tantum realitatis contineatur, quantum est objectivè in illo conceptu, quiescunt.

---

[6] Prop. 4. Geb.: *Prop. 4*

que uma finita. E por isso há mais realidade objetiva na ideia de substância que na de acidente, e na ideia de substância infinita que na ideia de finita.

Este axioma vem a ser conhecido a partir da só contemplação de nossas ideias, de cuja existência estamos certos, já que são modos de pensar; com efeito, sabemos quanto de realidade, ou seja, de perfeição, a ideia de substância afirma da substância, e quanto a ideia de modo afirma do modo. Sendo assim, necessariamente também constatamos que a ideia de substância contém mais realidade objetiva que a ideia de acidente, etc. Vê o escólio da prop. 4.

V. A coisa pensante, se conhece algumas perfeições de que carece, de imediato as dará a si, se estiverem em seu poder.

Cada um observa isso em si, enquanto é coisa pensante; portanto (pelo esc. da prop. 4) estamos certíssimos disso, e pelo mesmo motivo não estamos menos certos do que se segue, a saber:

VI. Na ideia ou conceito de toda coisa está contida a existência, ou possível ou necessária (vê o ax. 10 de Descartes). *Necessária no conceito de Deus, ou seja, do ente sumamente perfeito, pois do contrário ele seria concebido imperfeito, ao contrário do que se supõe ser concebido; contingente ou possível, por sua vez, no conceito de uma coisa limitada.*

VII. Nenhuma coisa, e nenhuma perfeição existente em ato de uma coisa, pode ter o nada, ou seja, uma coisa não existente, como causa de sua existência.

No escólio da prop. 4 demonstrei que este axioma nos é tão perspícuo quanto o é eu sou pensante.

VIII. O que há de realidade ou perfeição em uma coisa está formal ou eminentemente em sua causa primeira e adequada.

Por eminentemente *entendo que a causa contém toda a realidade do efeito mais perfeitamente que o próprio efeito; já por* formalmente, *que a contém com igual perfeição.*

Este axioma depende do precedente, pois, se supuséssemos que nada, ou menos, do que está no efeito está na causa, o nada na causa seria causa do efeito. Mas isso é absurdo (pelo ax. preced.); por isso não é qualquer coisa que pode ser causa de um efeito, mas precisamente aquela em que eminentemente, ou no mínimo formalmente, está toda a perfeição que está no efeito.

IX. A realidade objetiva de nossas ideias requer uma causa em que essa mesma realidade esteja contida não apenas objetiva, mas formal ou eminentemente.

Este axioma é admitido por todos, embora muitos tenham dele abusado. Com efeito, tão logo alguém concebeu algo novo, não há quem não procure a causa desse conceito ou ideia. Porém, tão logo possam assinalar alguma causa em que formal ou eminentemente esteja contida tanta realidade quanta está objetivamente naquele conceito, aquietam-se. O que é satisfatoriamente explicado pelo exemplo

*Quod exemplo machinæ Art. 17. Part. I. Princ. à Cartesio allato satis explicatur. Sic etiam si quis quærat, undenam homo ideas suæ cogitationis, & corporis habeat; nemo non videt illum eas ex se, formaliter nimirum continente omne, quod ideæ objectivè continent, habere. Quare si homo aliquam haberet ideam, quæ plus realitatis objectivæ contineret, quàm ipse formalis, necessariò, lumine naturali impulsi, aliam causam extra hominem ipsum, quæ omnem illam perfectionem formaliter vel eminenter contineret, quæreremus. Nec ullus unquam aliam præter hanc causam assignavit, quam æquè clarè, & distinctè conceperit. Porrò quòd ad veritatem hujus axiomatis attinet, ea à præcedentibus pendet. Nempe (per 4. Ax.) dantur diversi gradus realitatis sive entitatis in ideis: ac proinde (per 8. Ax.) pro gradu perfectionis, perfectiorem causam requirunt. Verùm cùm gradus realitatis, quos in ideis advertimus, non sint in ideis, quatenus tanquam modi cogitandi considerantur, sed quatenus una substantiam, alia modum tantùm substantiæ repræsentat, seu uno verbo, quatenus ut imagines rerum considerantur:** * *hinc clarè sequitur idearum nullam aliam primam causam posse dari, præter illam, quam omnes lumine naturali clarè, & distinctè intelligere, modò ostendebamus, nempe in quâ eadem ipsa realitas, quam habent objectivè, formaliter, vel eminenter continetur. Hanc conclusionem, ut clariùs intelligatur, uno aut altero exemplo explicabo. Nempe, si quis libros aliquos (putà unum alicujus insignis Philosophi, alterum alicujus nugatoris) unâ eâdemque manu scriptos videt, nec ad sensum verborum (hoc est, quatenus veluti imagines sunt), sed tantùm ad delineamenta characterum, & ordinem literatum attendit: nullam inæqualitatem, quæ ipsum cogat, diversas causas quærere, inter ipsos agnoscet; sed ipsi ab eâdem causâ eodemque modo processisse videbuntur. Verùm si ad sensum verborum, & orationum attendat, magnam inter ipsos inæqualitatem reperiet: Ac proinde concludet unius libri causam primam valdè diversam à primâ causâ alterius fuisse, unamque aliâ tantò perfectiorem reverâ fuisse, quantùm sensum orationum utriusque libri, sive quantùm verba, quatenus veluti imagines considerantur, ab invicem differre reperit. Loquor autem de primâ causâ librorum, quæ necessariò debet dari, quamvis concedam, imò supponam, unum librum ex alio describi posse, ut per se est manifestum. Idem etiam clarè explicari potest exemplo effigiei, putà alicujus Principis: nam si ad ipsius materialia tantùm attendamus, nullam inæqualitatem inter ipsam, & alias effigies reperiemus, quæ nos cogat diversas causas quærere: imò nihil obstabit, quin possimus cogitare, illam ex aliâ imagine fuisse depictam, & istam rursus ex aliâ, & sic in infinitum: Nam ad ejus delineamenta nullam aliam causam requiri satis dignoscemus. Verùm si ad imaginem, quatenus imago est, attendamus,*

---

* De hoc etiam certi sumus, quia id in nobis quatenus cogitantes comperimus. Vide præc. Schol.

da máquina aduzido por Descartes no art. 17 da parte I dos Princípios. *Assim também, se alguém procurar de onde o homem tem suas ideias de pensamento e de corpo, ninguém deixará de ver que as tem de si próprio; pudera, pois contém formalmente tudo que as ideias contêm objetivamente. Por isso, se algum homem tivesse uma ideia que contivesse mais realidade objetiva do que ele tem de formal, necessariamente, impulsionados pela luz natural, procuraríamos outra causa fora do próprio homem que contivesse formal ou eminentemente toda aquela perfeição. E nunca alguém assinalou outra causa, além desta, que tenha concebido tão clara e distintamente. Ademais, o que atina à verdade deste axioma depende das coisas precedentes; a saber (pelo ax. 4), dão-se diversos graus de realidade ou entidade nas ideias e por conseguinte (pelo ax. 8), conforme o grau de perfeição, requerem uma causa mais perfeita. Porém, como os graus de realidade que notamos nas ideias não estão nas ideias enquanto consideradas como modos de pensar, mas enquanto uma representa uma substância, e outra, apenas um modo de uma substância, ou, numa palavra, enquanto são consideradas como imagens das coisas;* segue-se daí claramente que nenhuma outra causa primeira das ideias pode ser dada além daquela que há pouco mostrávamos que todos entendem clara e distintamente pela luz natural, a saber, aquela na qual esteja contida formal ou eminentemente a mesma realidade que elas têm objetivamente. Para que esta conclusão seja mais claramente entendida, explicarei com um ou outro exemplo. Se alguém vir alguns livros (suponhamos que um é de algum insigne filósofo, o outro, de algum frívolo) escritos por uma só e mesma mão, e atentar não para o sentido das palavras (isto é, enquanto são como imagens), mas apenas aos desenhos dos caracteres e à ordem das letras, não reconhecerá nenhuma desigualdade que o force a procurar causas diversas entre eles, mas lhe parecerão ter procedido da mesma causa e da mesma maneira. Porém, se atentar ao sentido das palavras e das sentenças,*[39] *encontrará grande desigualdade entre eles. E por conseguinte concluirá que a causa primeira de um dos livros foi bastante diversa da causa primeira do outro, e que uma foi deveras tanto mais perfeita que a outra, quanto mais ele constata que o sentido das sentenças de cada livro, ou seja, quanto mais as palavras, enquanto consideradas como imagens, diferem entre si. Mas falo da causa primeira dos livros, que deve necessariamente dar-se, embora eu conceda, ou melhor, suponha, que um livro possa ser copiado de outro, o que é manifesto por si. O mesmo também pode ser explicado com o exemplo da efígie, suponha-se, de algum príncipe; pois, se atentarmos apenas aos materiais, não constataremos entre essa e outras efígies nenhuma desigualdade que nos force a procurar causas diversas, ou melhor, nada obstará que possamos pensar que foi pintada a partir de outra imagem, e esta de novo a partir de outra, e assim ao infinito; pois discernimos satisfatoriamente que não se requer nenhuma outra causa para os seus desenhos. Porém, se atentarmos à imagem, enquanto é imagem, seremos de imediato forçados a*

* Disso também estamos certos porque o constatamos em nós, enquanto pensantes. Vê o esc. preced.

statim causam primam cogemur quærere, quæ formaliter, vel eminenter contineat id, quod illa imago repræsentativè continet. Nec video, quid ad confirmandum, & dilucidandum hoc axioma, ulteriùs desideretur.

X. Non minor causa requiritur ad rem conservandam, quàm ad ipsam primùm producendam.

*Ex eo, quod hoc tempore cogitamus, non necessariò sequitur nos postea cogitaturos. Nam conceptus, quem nostræ cogitationis habemus, non involvit, sive non continet necessariam cogitationis existentiam; possum enim cogitationem, quamvis supponam eam non existere, clarè, & distinctè concipere.** *Cùm autem uniuscujusque causæ natura debeat in se continere aut involvere perfectionem sui effectûs (per Ax. 8.): hinc clarè sequitur, aliquid in nobis, aut extra nos, quod nondum intelleximus adhuc, necessariò dari, cujus conceptus sive natura involvat existentiam, quodque sit causa, cur nostra cogitatio incepit existere, & etiam, ut existere pergat. Nam quamvis nostra cogitatio incepit existere, non ideò ejus natura, & essentia necessariam existentiam magis involvit, quàm antequam existeret, ideòque eâdem vi eget, ut in existendo perseveret, quâ eget, ut existere incipiat. Et hoc, quod de cogitatione dicimus, dicendum etiam de omni re, cujus essentia non involvit necessariam existentiam.*

XI. Nulla res existit, de quâ non possit quæri, quænam sit causa (sive ratio), cur existat. Vide Ax. 1. Cartesii.

Cùm existere sit quid positivum, non possumus dicere, quod habeat nihil pro causâ (per Ax. 7.); ergo aliquam causam positivam, sive rationem, cur existat, assignare debemus, eamque externam, hoc est, quæ extra rem ipsam est, vel internam, hoc est, quæ in naturâ, & definitione rei ipsius existentis comprehenditur.

Propositiones quatuor sequentes ex Cartesio desumptæ.

Propositio V.

Dei existentia ex solâ ejus naturæ consideratione cognoscitur.

Demonstratio.

Idem est dicere, aliquid in rei alicujus naturâ sive conceptu contineri, ac dicere id ipsum de eâ re esse verum (per Def. 9.): Atqui existentia necessaria in Dei conceptu continetur (per Axio. 6.): Ergo verum est de Deo dicere, necessariam existentiam in eo esse, sive ipsum existere.

Scholium.

Ex hac propositione multa præclara sequuntur; imò ab hoc solo, quòd ad Dei naturam pertinet existentia, sive, quòd Dei conceptus involvit

* Hoc unusquisque in se, quatenus est res cogitans, comperit.

procurar uma causa primeira que, formal ou eminentemente, contenha o que aquela imagem contém representativamente. E não vejo mais o que se poderia desejar para confirmar e elucidar este axioma.[40]

X. Para conservar uma coisa não é requerida uma causa menor que para primeiro produzi-la.

De que pensemos neste momento,[41] *não se segue necessariamente que mais tarde pensaremos, pois o conceito que temos de nosso pensamento não envolve, ou seja, não contém a existência necessária do pensamento; com efeito, posso clara e distintamente conceber o pensamento, embora suponha que não existe.** *E como a natureza de cada causa deve conter em si ou envolver a perfeição de seu efeito (pelo ax. 8), segue-se daí com clareza que se deve dar necessariamente, em nós ou fora de nós, algo que até agora ainda não entendemos, cujo conceito ou natureza envolva a existência e que seja a causa por que nosso pensamento começou a existir e também que prossiga existindo; pois, embora nosso pensamento tenha começado a existir, nem por isso sua natureza e essência envolve mais existência necessária do que antes de existir, e por isso precisa da mesma força, para perseverar no existir, de que precisa para começar a existir. E o que dizemos do pensamento cabe dizer de toda coisa cuja essência não envolve a existência necessária.*

XI. Não existe coisa alguma de que se não possa perguntar qual é a causa (ou seja, a razão) por que existe. Vê o ax. 1 de Descartes.

Como existir é algo positivo, não podemos dizer que tenha o nada por causa (pelo ax. 7); logo, devemos assinalar alguma causa ou razão positiva por que existe, seja externa, isto é, que esteja fora da própria coisa, ou interna, isto é, que esteja compreendida na natureza e definição da própria coisa existente.

As quatro proposições seguintes foram tomadas a Descartes.[42]

Proposição V

A existência de Deus é conhecida a partir da só consideração de sua natureza.

Demonstração

É o mesmo dizer que algo está contido na natureza ou conceito de uma coisa e dizer que isso é verdadeiro dessa coisa (pela def. 9). Ora, a existência necessária está contida no conceito de Deus (pelo ax. 6). Logo, é verdadeiro dizer de Deus que a existência necessária está nele, ou seja, que ele existe.

Escólio

Muitas coisas importantes seguem-se desta proposição; ou melhor, quase todo o conhecimento dos atributos de Deus, pelo qual somos conduzidos ao

* Cada um constata isso em si, enquanto é coisa pensante.

necessariam existentiam, sicut conceptus trianguli, quòd ejus tres anguli sint æquales duobus rectis; sive, quòd ejus existentia, non secus, atque ejus essentia, sit æterna veritas: omnis ferè Dei attributorum cognitio, per quam in illius amorem, sive summam beatitudinem ducimur, dependet. Quare magnopere desiderandum esset, ut humanum genus tandem aliquando hæc nobiscum amplecteretur. Fateor quidem, quædam dari præjudicia, quæ impediunt, quominùs unusquisque hoc adeò facilè intelligat.* Verùm si quis bono animo, & solo veritatis, suæque veræ utilitatis amore impulsus, rem examinare velit, eaque secum perpendere, quæ in Medit. 5. quæque in fine Responsionum ad primas Objectiones habentur; & simul quæ de æternitate, capit. 1. Part. 2. nostræ Appendicis tradimus, is procul dubio rem quàm clarissimè intelliget, & nullus dubitare poterit, an aliquam Dei ideam habeat (quod sanè primum fundamentum est humanæ beatitudinis): Nam simul clarè videbit, ideam Dei longè à cæterarum rerum ideis differre; ubi nempe intelliget Deum, quoad essentiam, & existentiam, à cæteris rebus toto genere discrepare: quare, circa hæc Lectorem diutiùs hîc detinere, non est opus.

Propositio VI.

Dei existentia ex eo solo, quod ejus idea sit in nobis, à posteriori demonstratur.

Demonstratio.

Realitas objectiva cujuslibet ex nostris ideis requirit causam, in quâ eadem ipsa realitas, non tantùm objectivè, sed formaliter, vel eminenter contineatur (per Ax. 9.). Habemus autem ideam Dei (per Def. 2 & 8.), hujusque ideæ realitas objectiva nec formaliter, nec eminenter in nobis continetur (per Ax. 4.), nec in ullo alio, præterquam in ipso Deo potest contineri (per Def. 8.): Ergo hæc idea Dei, quæ in nobis est, requirit Deum pro causâ Deusque proinde existit (per Ax. 7.).

Scholium.

Quidam sunt, qui negant, se ullam Dei ideam habere, quem tamen, ut ipsi ajunt, colunt, & amant. Et quamvis ipsis Dei definitionem, Deique attributa ob oculos ponas, nihil tamen proficies; non hercle magis, quàm si virum à nativitate cæcum colorum differentias, prout ipsos videmus, docere moliaris. Verùm, nisi eos, tanquam pro novo animalium genere, medio scilicet inter homines & bruta, habere velimus, eorum verba parum curare debemus. Quomodo quæso alio modo alicujus rei ideam ostendere

* Lege Art. 16. Part. I. Principiorum.

amor dele, ou seja, à suma beatitude, depende disto só: à natureza de Deus pertence a existência, ou seja, o conceito de Deus envolve a existência necessária, assim como o conceito de triângulo, que seus três ângulos sejam iguais a dois retos; ou seja, a existência de Deus, assim como sua essência, é uma verdade eterna. Por isso, seria enormemente a desejar que o gênero humano conosco enfim abraçasse isso um dia. Confesso darem-se de fato certos preconceitos que impedem que cada um o entenda tão facilmente.* Porém, se alguém quiser examinar o assunto com boa intenção e impulsionado só pelo amor da verdade e de sua verdadeira utilidade, e ponderar consigo o que se tem na Meditação 5 e ao fim das *Respostas às primeiras objeções*, e simultaneamente o que ensinamos sobre a eternidade no cap. 1 da parte 2 de nosso Apêndice, sem dúvida entenderá o assunto quão clarissimamente é possível e ninguém poderá duvidar se tem alguma ideia de Deus (o que por certo é o primeiro fundamento da beatitude humana); pois simultaneamente verá com clareza que a ideia de Deus difere muitíssimo das ideias das outras coisas, tão logo entender que Deus, quanto à essência e à existência, discrepa totalmente das outras coisas; portanto, acerca disso, não é preciso deter o leitor aqui por mais tempo.

Proposição VI

A existência de Deus é demonstrada a posteriori só a partir do fato de sua ideia estar em nós.

Demonstração

A realidade objetiva de qualquer de nossas ideias requer uma causa em que essa mesma realidade esteja contida não apenas objetiva, mas formal ou eminentemente (pelo ax. 9). Ora, temos a ideia de Deus (pelas def. 2 e 8) e a realidade objetiva dessa ideia não está contida em nós, nem formal nem eminentemente (pelo ax. 4), e não pode estar contida em nenhum outro além do próprio Deus (pela def. 8). Logo, essa ideia de Deus que está em nós requer Deus como causa, e Deus, por conseguinte, existe (pelo ax. 7).

Escólio

Há alguns que negam ter uma ideia de Deus, o qual todavia, como eles próprios dizem, cultuam e amam. E ainda que lhes ponhas diante dos olhos a definição de Deus e os atributos de Deus, de nada adianta; não mais do que se te empenhasses em ensinar a um homem cego de nascença as diferenças das cores conforme as vemos. Porém, a não ser que os queiramos ter como por um novo gênero de animais, a saber, intermediário entre homens e brutos, devemos fazer pouco caso de suas palavras. De que outro modo,

* Lê o art. 16 da parte I dos *Princípios*.

possumus, quàm ejus definitionem tradendo, ejusque attributa explicando? quòd, cùm circa Dei ideam præstemus, non est, quòd verba hominum, Dei ideam negantium, propterea tantùm, quòd nullam ejus imaginem in cerebro formare possunt, moram nobis injiciant.

Deinde notandum, quòd Cartesius, ubi citat Ax. 4. ad ostendendum, quòd realitas objectiva ideæ Dei, nec formaliter, nec eminenter in nobis continetur: supponit unumquemque scire se non esse substantiam infinitam, hoc est, summè intelligentem, summè potentem &c., quod supponere potest. Qui enim scit se cogitare, scit etiam se de multis dubitare, nec omnia clarè, & distinctè intelligere.

Denique notandum, quòd ex Def. 8. etiam clarè sequatur, non posse dari plures Deos, sed tantùm unum, ut Propos. 11. hujus, & in 2. Parte nostræ Appendicis cap. 2. clarè demonstramus.

PROPOSITIO VII.

Dei existentia demonstratur etiam ex eo, quod nos ipsi habentes ejus ideam existamus.

Scholium.

Ad hanc propositionem demonstrandam assumit Cartesius hæc duo Axiomata, nempe 1. *Quòd potest efficere id, quod majus est, sive difficilius, potest etiam efficere id, quod minus 2. Majus est creare sive (per Ax. 10.) conservare substantiam, quàm attributa, sive proprietas substantiæ*; quibus quid significare velit, nescio. Nam quid facile, quid verò difficile vocat? nihil enim absolutè, sed tantùm respectu causæ, facile, aut difficile dicitur. Adeò, ut una, & eadem res eodem tempore respectu diversarum causarum facilis, & difficilis dici possit.* Verùm si illa difficilia vocet, quæ magno labore, facilia autem, quæ minori labore ab eâdem causâ confici queunt, ut ex. g. vis, quæ sustollere potest 50 libras, duplo faciliùs sustollere poterit 25 libras: non erit sanè axioma absolutè verum, nec ex eo id, quod intendit, demonstrare poterit. Nam ubi ait, *si haberem vim me ipsum conservandi, etiam haberem vim mihi dandi omnes perfectiones, quæ mihi desunt* (quia scilicet non tantam potestatem requirunt): ipsi concederem; quod vires, quas impendo ad me conservandum, possent alia plura longè faciliùs efficere, nisi iis eguissem ad me conservandum: sed, quamdiu iis utor ad me conservandum,

* Ne alia exempla quæras, cape exemplum araneæ, quæ telam facilè texit, quam homines, non nisi difficilimè texerent; homines contrà quàm plurima facillimè faciunt, quæ fortè angelis impossibilia sunt.

pergunto, podemos mostrar a ideia de uma coisa senão dando sua definição e explicando seus atributos? Como o fizemos acerca da ideia de Deus, não é o caso de demorarmo-nos com as palavras de homens que negam a ideia de Deus só porque não podem formar no cérebro nenhuma imagem dele.

Em seguida, é de notar que Descartes, quando cita o ax. 4 para mostrar que a realidade objetiva da ideia de Deus não está contida em nós nem formal nem eminentemente, supõe que cada um saiba que não é uma substância infinita, isto é, sumamente inteligente, sumamente potente, etc.; o que ele pode supor. Com efeito, quem sabe que pensa sabe também que duvida de muitas coisas e que não entende tudo clara e distintamente.

Enfim, é de notar que a partir da def. 8 também segue-se claramente que não se podem dar vários deuses, mas apenas um, como claramente demonstramos na prop. 11 desta parte e na 2ª parte de nosso Apêndice, cap. 2.

Proposição VII

A existência de Deus também é demonstrada a partir de que nós mesmos, que temos a ideia dele, existimos.

Escólio

Para demonstrar esta proposição, Descartes assume estes dois axiomas: 1º) *O que pode fazer o que é maior, ou seja, mais difícil, também pode fazer o que é menor*; 2º) *É maior criar ou (pelo ax. 10) conservar uma substância do que os atributos, ou seja, as propriedades da substância.*[43] O que ele quer dizer com isso, não sei. Pois o que chama de fácil e de difícil? Com efeito, nada é dito fácil ou difícil absolutamente, mas apenas a respeito de uma causa; de tal maneira que uma só e mesma coisa pode ser dita ao mesmo tempo, a respeito de causas diversas, fácil e difícil.* Porém, se ele chama de difíceis aquelas coisas que podem ser feitas pela mesma causa com grande empenho, e fáceis as que podem ser feitas com menor empenho, assim como, por ex., a força que pode levantar 50 libras poderá com dupla facilidade levantar 25 libras, por certo o axioma não será absolutamente verdadeiro, nem a partir dele poderá demonstrar o que pretende; pois quando diz *se eu tivesse força para conservar a mim mesmo, também teria força para dar-me todas as perfeições que me faltam* (já que não requerem tanto poder), concederia a ele que as forças que despendo para conservar-me poderiam fazer outras tantas coisas muitíssimo mais facilmente se eu não precisasse delas para conservar-me; porém, enquanto as uso para conservar-me, nego poder

---

* Para que não procures outros exemplos, toma o exemplo da aranha, que tece facilmente uma teia que os homens não teceriam a não ser com grande dificuldade; os homens, pelo contrário, podem fazer com enorme facilidade muitíssimas coisas que talvez sejam impossíveis aos anjos.

nego me posse eas impendere, ad alia, quamvis faciliora, efficienda, ut in nostro exemplo clarè videre est. Nec difficultatem tollit, si dicatur, quòd, cùm sim res cogitans, necessariò deberem scire, num ego in me conservando omnes meas vires impendam, & etiam num ea sit causa, cur ego mihi non dem cæteras perfectiones: Nam (præterquam quod de hac re jam non disputatur, sed tantùm quomodo ex hoc axiomate necessitas hujus propositionis sequatur) si id scirem, major essem, & fortè majores vires requirerem, quàm quas habeo, ad me majori illâ perfectione conservandum. Deinde nescio, an major sit labor substantiam, quàm attributa creare (sive conservare), hoc est, ut clariùs, & magis Philosophicè loquar, nescio, an substantia non indigeat totâ suâ virtute, & essentiâ, quâ se fortè conservat, ad conservanda sua attributa. Sed hæc relinquamus, & quæ nobilissimus Autor hîc vult, ulteriùs examinemus, videlicet, quid per facile, quid per difficile intelligat. Non puto, nec mihi ullo modo persuadeo, eum per difficile intelligere id, quod impossibile (ac proinde nullo modo potest concipi, quomodo fiat), & per facile id, quod nullam implicat contradictionem (ac proinde facile concipitur, quomodo fiat): quamvis in 3. Medit. primo obtutu id videatur velle, ubi ait, *Nec putare debeo, illa forsan, quæ mihi desunt, difficiliùs acquiri posse, quam illa, quæ jam in me sunt. Nam contrà manifestum est, longè difficilius fuisse me, hoc est, rem, sive substantiam cogitantem, ex nihilo emergere, quàm &c.* Nam id nec cum verbis autoris conveniret, nec etiam ejus ingenium redoleret. Etenim, ut primum omittam, inter possibile, & impossibile, sive inter id, quod intelligibile est, & inter id, quod non intelligibile est, nulla datur ratio; sicuti neque inter aliquid, & nihil, & potestas ad impossibilia non magis quadrat, quàm creatio, & generatio ad non entia: ideòque nullo modo inter se comparanda. Adde quòd illa tantum inter se comparare, & eorum rationem cognoscere possum, quorum omnium clarum, & distinctum habeo conceptum. Nego igitur sequi, quòd qui potest impossibile facere, possit etiam facere id, quod possibile est. Quæso enim, quænam esset hæc conclusio? si quis potest facere circulum quadratum, poterit etiam facere circulum, cujus omnes lineæ, quæ à centro ad circumferentiam possunt duci, sint æquales: Aut, si quis potest facere, ut *τὸ nihil* patiatur, eoque uti, tanquam materia, ex quâ aliquid producat, etiam habebit potestatem, ut ex aliquâ re aliquid faciat. Nam, uti dixi, inter hæc, & similia nulla datur convenientia, neque analogia, neque comparatio, neque ulla quæcunque ratio. Atque hoc unusquisque videre potest, modò ad rem parùm attendat. Quare hoc ab ingenio Cartesii prorsus alienum existimo. Verùm si ad 2. axioma ex duobus modò allatis attendo, videtur,

despendê-las para fazer outras coisas,[44] ainda que mais fáceis, como se vê claramente em nosso exemplo. E não se suprime a dificuldade se se diz que, como sou coisa pensante, eu deveria necessariamente saber se eu, ao conservar-me, despendo todas as minhas forças, e também se esta é a causa por que não me dou as demais perfeições; pois (além de que agora não se disputa sobre este assunto, mas apenas sobre de que modo a partir deste axioma segue-se a necessidade desta proposição), se o soubesse, seria maior e talvez requeresse para conservar-me naquela maior perfeição forças maiores que as que tenho.[45] Ademais, não sei se é empenho maior criar (ou seja, conservar) uma substância do que os atributos, isto é, falando mais clara e mais filosoficamente, não sei se uma substância não precisa de toda sua virtude e essência, pela qual talvez se conserve, para conservar seus atributos. Mas deixemos isso e examinemos mais longamente o que o nobilíssimo autor quer aqui, a saber, o que entende por fácil, o que por difícil. Não creio nem estou de forma alguma persuadido que ele entenda por difícil o que é impossível (e por conseguinte de modo algum pode conceber-se de que modo seja feito) e por fácil o que não implica nenhuma contradição (e por conseguinte concebe-se facilmente de que modo seja feito), embora na 3ª Meditação, à primeira vista, pareça querer isso quando diz: *E não devo achar que as coisas que me faltam podem adquirir-se mais dificilmente que aquelas que já estão em mim; pois, pelo contrário, é manifesto que foi muitíssimo mais difícil eu, isto é, uma coisa ou uma substância pensante, emergir a partir do nada que etc.*[46] Já que isso nem conviria com as palavras do autor, nem tampouco faria jus ao seu engenho. E de fato, para deixar de lado o primeiro ponto, entre o possível e o impossível, ou seja, entre o que é inteligível e o que não é inteligível, não se dá razão alguma, assim como não se dá nem entre algo e nada, e o poder não quadra mais aos impossíveis do que a criação e a geração aos não entes, e por isso de modo algum devem ser comparados entre si. Acrescente-se que apenas posso compará-los entre si, e conhecer a razão entre eles, se tenho um conceito claro e distinto de todos. Nego seguir-se, portanto, que quem pode fazer o impossível também possa fazer o que é possível. Que conclusão seria essa, pergunto? Se alguém pode fazer um círculo quadrado, também poderia fazer um círculo cujas linhas todas que podem ser tiradas do centro à circunferência sejam iguais? Ou se alguém pode fazer que *o nada* padeça ser usado como matéria a partir da qual produza algo, também terá poder para fazer algo a partir de alguma coisa? Como disse, entre essas coisas e outras semelhantes não se dá nenhuma conveniência, nem analogia, nem comparação, nem qualquer razão. E isso cada um pode ver desde que atente um pouco ao assunto. Estimo, portanto, que isso seja completamente alheio ao engenho de Descartes. Porém, se atento para o 2º axioma dos dois aludidos, parece

quod per majus, & difficilius intelligere vult id, quod perfectius est, per minus verò, & facilius, id, quod imperfectius. At hoc etiam valdè obscurum videtur. Nam eadem hîc est difficultas, quæ superiùs. Nego enim, ut suprà, eum, qui potest majus facere, posse simul, & eâdem operâ, ut in Propositione debet supponi, quod minus est, facere. Deinde ubi ait, *majus est creare, sive conservare substantiam, quàm attributa*, sanè per attributa non intelligere potest, id, quod in substantiâ formaliter continetur, & ab ipsâ substantiâ non nisi ratione distinguitur: Nam tum idem est creare substantiam, quàm creare attributa. Nec etiam, propter eandem rationem, intelligere potest proprietates substantiæ, quæ ex ejus essentiâ, & definitione necessariò sequuntur. Multò etiam minùs intelligere potest, quod tamen videtur velle, proprietates, & attributa alterius substantiæ, ut ex. gr. si dico, quòd potestatem habeo ad me, substantiam scilicet cogitantem finitam, conservandum, non ideò possum dicere, quòd habeam etiam potestatem mihi dandi perfectiones substantiæ infinitæ, quæ totâ essentia à meâ differt. Nam vis sive essentia, quâ in meo esse me conservo, toto genere differt à vi sive essentiâ, quâ substantia absolutè infinita se conservat, à quâ ejus vires, & proprietates, non nisi ratione distinguuntur.* Ideòque (quamvis supponerem me meipsum conservare) si vellem concipere, me mihi posse dare perfectiones substantiæ absolutè infinitæ, nihil aliud supponerem, quàm quòd possem totam meam essentiam in nihilum redigere, & denuò substantiam infinitam creare. Quod sanè longè majus esset, quàm tantùm supponere, quòd possem me substantiam finitam conservare. Cùm itaque nihil horum per attributa sive proprietates intelligere possit, nihil aliud restat, quàm qualitates, quas ipsa substantia eminenter continet (ut hæc, & illa cogitatio in mente, quas mihi deesse, clarè percipio), non verò quas altera substantia eminenter continet (ut hic, & ille motus in extensione: nam tales perfectiones mihi, rei scilicet cogitandi, non sunt perfectiones, ideòque non mihi desunt). Sed tum id, quod Cartesius demonstrare vult, nullo modo ex hoc axiomate concludi potest; nempe quòd, si me conservo, etiam habeo, potestatem mihi dandi omnes perfectiones, quas ad ens summè perfectum clarè reperio pertinere; ut ex modò dictis satis constat. Verùm ne rem indemonstratam relinquamus & omnem confusionem vitemus, visum fuit sequentia Lemmata in antecessum demonstrare, ac postea iis, demonstrationem hujus 7. Propositionis superstruere.

---

* Nota, quòd vis, quâ substantia se conservat, nihil est præter ejus essentia, & non nisi nomine ab eâdem differt, quòd maximè locum habebit, ubi in Appendice de Dei potentiâ agemus.

que ele quer entender por maior e mais difícil o que é mais perfeito, e por menor e mais fácil o que é mais imperfeito. Mas também isso parece assaz obscuro, pois aqui está a mesma dificuldade que mais acima. Com efeito, como acima, nego que quem pode fazer o maior possa simultaneamente e pela mesma operação, como deve supor-se na proposição, fazer o que é menor. Ademais, quando ele diz *é maior criar ou conservar uma substância do que os atributos*, decerto não pode entender por atributos o que está contido formalmente na substância e não se distingue da própria substância a não ser por razão; pois, nesse caso, criar uma substância é o mesmo que criar os atributos. E tampouco pode, devido à mesma razão, entender as propriedades da substância que se seguem necessariamente de sua essência e definição. Muito menos ainda pode entender, o que porém parece querer, propriedades e atributos de outra substância; assim como, por ex., se digo que tenho poder para conservar a mim, a saber, uma substância pensante finita, nem por isso posso dizer que também tenha poder para dar-me as perfeições da substância infinita, que difere totalmente em essência da minha. Pois a força ou essência pela qual me conservo em meu ser difere totalmente em gênero da força ou essência pela qual a substância absolutamente infinita conserva-se e da qual suas forças e propriedades não se distinguem a não ser por razão.* E por isso (embora supusesse conservar-me a mim mesmo), se quisesse conceber que me posso dar as perfeições da substância absolutamente infinita, não suporia nada mais senão que poderia reduzir ao nada toda minha essência e criar de novo uma substância infinita. O que por certo seria muitíssimo maior do que apenas supor que eu poderia conservar uma substância finita. E assim, como nada disso pode ser entendido por atributos ou propriedades, nada mais resta senão qualidades, que a própria substância contém eminentemente (como percebo com clareza na mente esse ou aquele pensamento que me falta), mas não as que outra substância contém eminentemente (como esse ou aquele movimento na extensão, pois tais perfeições não são perfeições para mim, a saber, uma coisa pensante, e por isso não me faltam). Mas então de modo algum pode ser concluído a partir desse axioma o que Descartes quer demonstrar, a saber, que, se me conservo, também tenho poder para dar-me todas as perfeições que claramente constato pertencer ao ente sumamente perfeito, como consta à suficiência do que há pouco foi dito. Porém, para que não deixemos o assunto indemonstrado e evitemos toda confusão, pareceu bom demonstrar de antemão os lemas seguintes e depois construir sobres eles a demonstração desta 7ª proposição.

---

* Nota que a força pela qual a substância conserva-se não é nada além de sua essência e não difere dela a não ser pelo nome, o que se verá em seu lugar quando tratarmos da potência de Deus, no Apêndice.

Lemma I.

Quò res suâ naturâ perfectior est, eò majorem existentiam, & magis necessariam involvit; & contrà, quò magis necessariam existentiam res suâ naturâ involvit, eò perfectior est.

Demonstratio.

In omnis rei ideâ sive conceptu continetur existentia (per Ax. 6.). Ponatur igitur A esse res, quæ decem gradus habet perfectionis. Dico, quòd ejus conceptus plus existentiæ involvit, quàm si supponeretur, quinque tantùm gradus perfectionis continere. Nam cùm de nihilo nullam possimus affirmare existentiam (vide Schol. Propos. 4.), quantùm ejus perfectioni cogitatione detrahimus, ac proinde magis, ac magis, de nihilo participare concipimus, tantùm etiam possibilitatis existentiæ de ipso negamus. Ideòque, si ejus gradus perfectionis in infinitum diminui concipiamus usque ad o, sive ciphram: nullam existentiam, sive absolutè impossibilem existentiam continebit. Si autem contrà ejus gradus in infinitum augeamus, summam existentiam, ac proinde summè necessariam involvere concipiemus. Quod erat primum. Deinde cùm hæc duo nullo modo separari queant (ut ex Ax. 6. totâque primâ parte hujus satis constat), clarè sequitur id, quod secundo loco demonstrandum proponebatur.

Nota I. Quòd, quamvis multa dicantur necessariò existere ex eo solo, quod datur causa determinata ad ipsa producenda: de iis hîc non loquamur, sed tantùm de eâ necessitate, & possibilitate, quæ ex solâ naturæ, sive rei essentiæ consideratione, nullâ habitâ ratione causæ, sequitur.

Nota II. Quòd hîc non loquimur de pulchritudine, & de aliis perfectionibus, quas homines ex superstitione, & ignorantiâ perfectiones vocare voluerunt: Sed per perfectionem intelligo tantùm realitatem, sive esse. Ut ex. gr. in substantiâ plus realitatis contineri percipio, quàm in modis, sive accidentibus: Ideòque ipsam magis necessariam, & perfectiorem existentiam continere clarè intelligo, quàm accidentia, ut ex Axiom. 4. & 6. satis constat.

Corollarium.

Hinc sequitur, quicquid necessariam existentiam involvit, esse ens summè perfectum, seu Deum.

Lemma II.

Qui potentiam habet se conservandi, ejus natura necessariam involvit existentiam.

Lema I

Quanto mais perfeita é uma coisa por sua natureza, tanto maior e mais necessária existência ela envolve; e inversamente, quanto mais existência necessária a coisa envolve por sua natureza, tanto mais perfeita ela é.

Demonstração

Na ideia ou conceito de toda coisa está contida a existência (pelo ax. 6). Suponha-se então que A seja uma coisa que tem dez graus de perfeição. Digo que seu conceito envolve mais existência do que se se supusesse que contém apenas cinco graus de perfeição; pois, como do nada não podemos afirmar nenhuma existência (vê o esc. da prop. 4), quanto mais, pelo pensamento, subtraímos da perfeição de A e por conseguinte o concebemos mais e mais participar do nada,[47] tanto mais também lhe negamos de possibilidade de existência. E por isso, se concebermos que seu grau de perfeição é diminuído do infinito até 0, ou seja, zero, não conterá nenhuma existência, ou seja, conterá uma existência absolutamente impossível. Por outro lado, se aumentarmos ao infinito seu grau, conceberemos que envolve a suma existência, e por conseguinte sumamente necessária. O que era primeiro. Depois, como essas duas coisas de modo algum se podem separar (como consta suficientemente a partir do ax. 6 e toda a primeira parte desta demonstração), segue-se claramente o que propúnhamos demonstrar em segundo lugar.

Nota I. Embora muitas coisas sejam ditas existir necessariamente só porque se dá uma causa determinada a produzi-las, aqui não falamos delas, mas apenas dessa necessidade e possibilidade que, sem termos em conta a causa, segue-se da só consideração da natureza, ou seja, da essência da coisa.

Nota II. Não falamos aqui da beleza e de outras perfeições que os homens por superstição e ignorância quiseram chamar de perfeições. Mas por perfeição entendo apenas realidade, ou seja, o ser. Como por ex. percebo que mais realidade está contida na substância que nos modos ou acidentes; e por isso entendo claramente que ela contém uma existência mais necessária e mais perfeita que os acidentes, como consta suficientemente a partir dos axiomas 4 e 6.

Corolário

Daí se segue que o que quer que envolva existência necessária é o ente sumamente perfeito, ou seja, Deus.

Lema II

Quem tem potência para conservar-se,
sua natureza envolve a existência necessária.

Demonstratio.

Qui vim habet se conservandi, vim etiam habet se creandi (per Ax. 10.), hoc est (ut facilè omnes concedent), nullâ indiget causâ externâ ad existendum: sed sola ipsius natura erit causa sufficiens, ut existat, vel possibiliter (vide Ax. 10.), vel necessariò. At non possibiliter. Nam (per id, quod circa Ax. 10. demonstravi) tum ex eo, quod jam existeret, non sequeretur, ipsum postea extiturum (quod est contra Hyp.): Ergo necessariò, hoc est, ejus natura necessariam involvit existentiam, quod er. dem.

Propositionis VII.

Si vim haberem me ipsum conservandi, talis essem naturæ, ut necessariam involverem existentiam (per Lem. 2.): ergo (per Corol. Lem. 1) mea natura omnes contineret perfectiones. Atqui in me, quatenus sum res cogitans, multas imperfectiones invenio, ut quod dubitem, quod cupiam etc., de quibus (per Schol. Propos. 4.) sum certus; ergo nullam vim habeo me conservandi. Nec dicere possum, quod ideò jam careo illis perfectionibus, quia eas mihi jam denegare volo; nam id clarè primo Lemmati, & ei, quod in me (per Ax. 5.) clarè reperio, repugnaret.

Deinde non possum jam existere, quamdiu existo, quin conserver, sive à me ipso, siquidem habeam istam vim, sive ab alio, qui illam habet (per Ax. 10. & 11.). Atqui existo (per Schol. Propos. 4.), & tamen non habeo vim me ipsum conservandi, ut jam jam probatum est; ergo ab alio conservor. Sed non ab alio, qui vim non habet se conservandi (per eandem rationem, quâ modò me meipsum conservare non posse demonstravi): ergo ab alio, qui vim habet se conservandi, hoc est (per Lemm. 2.), cujus natura necessariam involvit existentiam, hoc est (per Corol. Lemm. 1.), qui omnes perfectiones, quas ad ens summè perfectum clarè pertinere intelligo, continet; ac proinde ens summè perfectum, hoc est (per Def. 8.), Deus existit, ut er. dem.

Corollarium.

Deus potest efficere id omne, quòd clarè percipimus, prout id ipsum percipimus.

Demonstratio.

Hæc omnia clarè sequuntur ex præcedenti Propositione. In ipsâ enim Deum existere ex eo probatum est, quòd debeat aliquis existere, in quo sint omnes perfectiones, quarum idea aliqua est in nobis: Est autem in nobis idea tantæ alicujus potentiæ, ut ab illo solo, in quo ipsa est, cœlum, &

Demonstração

Quem tem força para conservar-se também tem força para criar-se (pelo ax. 10), isto é (como todos facilmente concedem), não precisa de nenhuma causa externa para existir, mas a sua só natureza será causa suficiente para que exista ou possivelmente (vê ax. 10) ou necessariamente. Ora, não possivelmente; pois então (pelo que demonstrei acerca do ax. 10) do fato de que existisse agora não se seguiria que depois existiria (o que vai contra a hip.) Logo, existe necessariamente, isto é, sua natureza envolve a existência necessária; c.q.d.

Demonstração
Da proposição VII

Se eu tivesse força para conservar a mim mesmo, seria de tal natureza que envolveria existência necessária (pelo lema 2); logo (pelo corol. do lema 1), minha natureza conteria todas as perfeições. Ora, em mim, enquanto sou coisa pensante, descubro muitas imperfeições, como que duvide, que deseje, etc., das quais (pelo esc. da prop. 4) estou certo; logo, não tenho nenhuma força para conservar-me. Nem posso dizer que careço daquelas perfeições porque agora quero negá-las a mim, pois isso repugnaria claramente ao primeiro lema e ao que constato em mim (pelo ax. 5).

Ademais, não posso agora existir sem que seja conservado enquanto existo, seja por mim mesmo, se tiver tal força, seja por outro que a tenha (pelos ax. 10 e 11). Pois bem, existo (pelo esc. da prop. 4), e todavia não tenho força para conservar a mim mesmo, como agora há pouco foi provado; logo, sou conservado por outro. Mas não por outro que não tem força para conservar-se (pela mesma razão pela qual há pouco demonstrei que não posso conservar a mim mesmo); logo, por outro que tem força para conservar-se, isto é (pelo lema 2), cuja natureza envolve a existência necessária, isto é (pelo corol. do lema 1) que contém todas as perfeições que claramente entendo pertencerem ao ente sumamente perfeito; e por conseguinte o ente sumamente perfeito, isto é (pela def. 8), Deus, existe, c.q.d.

Corolário

Deus pode fazer tudo o que claramente percebemos, conforme o percebemos.

Demonstração

Isso tudo segue-se claramente da proposição precedente. Nela, com efeito, a partir do fato de que deve existir algo em que estejam todas as perfeições das quais há em nós alguma ideia, foi provado que Deus existe. Há em nós a ideia de uma potência tamanha que só por aquele no qual

terra, & alia etiam omnia, quæ à me, ut possibilia, intelliguntur, fieri possint: ergo simul cum Dei existentiâ hæc etiam omnia de ipso probata sunt

Propositio VIII.

Mens, & corpus realiter distinguuntur.

Demonstratio.

Quidquid clarè percipimus, à Deo fieri potest, prout illud percipimus (per Coroll. præc.): Sed clarè percipimus mentem, hoc est (per Def. 6.), substantiam cogitantem absque corpore, hoc est (per Def. 7.) absque substantiâ aliquâ extensâ (per Propos. 3. & 4.), & vice versâ corpus absque mente (ut facilè omnes concedunt). Ergo saltem per divinam potentiam mens esse potest sine corpore, & corpus sine mente.

Jam vero substantiæ, quæ esse possunt una absque aliâ, realiter distinguuntur (per Def. 10.); atqui mens, & corpus sunt substantiæ (per Def. 5.6.7.), quæ una absque aliâ esse possunt (ut mox probatum est): ergo mens, & corpus realiter distinguuntur.

Vide Proposit. 4. Cartesii in fine Responsionum ad 2. Objectiones; & quæ habentur I. Parte Principiorum ab Art. 22. usque ad Art. 29: Nam ea hîc describere non operæ pretium judico.

Propositio IX.

Deus est summè intelligens.

Demonstratio.

Si neges: ergo Deus, aut nihil, aut non omnia, seu quædam tantùm intelliget. At quædam tantùm intelligere, & cætera ignorare, limitatum, & imperfectum intellectum supponit, quem Deo adscribere absurdum est (per Defin. 8.). Deum autem nihil intelligere, vel indicat in Deo carentiam intellectionis, ut in hominibus, ubi nihil intelligunt, ac imperfectionem involvit, quæ in Deum cadere non potest (per eand. Definit.), vel indicat, quod perfectioni Dei repugnet, ipsum aliquid intelligere: At, cùm sic intellectio de ipso prorsus negetur, non poterit ullum intellectum creare (per Axiom. 8.). Cùm autem intellectus clarè, & distinctè à nobis percipiatur, Deus illius causa esse poterit (per Coroll. Propos. 7.). Ergo longè abest, ut Dei perfectioni repugnet, ipsum aliquid intelligere: Quare erit summè intelligens, q. e. demonstr.

Scholium.

Quamvis concedendum sit, Deum esse incorporeum, ut Propos. 16. demonstratur, hoc tamen non ita accipiendum, ac si omnes Extensionis

ela está céu e terra e também todas as outras coisas que por mim são entendidas como possíveis podem ser feitas. Logo, com a existência de Deus foi também provado simultaneamente isso tudo sobre ele.

Proposição VIII

A mente e o corpo distinguem-se realmente.

Demonstração

O que quer que percebamos claramente, pode ser feito por Deus, conforme o percebemos (pelo corol. preced.). Mas claramente percebemos a mente, isto é (pela def. 6), uma substância pensante, sem o corpo, isto é (pela def. 7), sem uma substância extensa; e vice-versa, o corpo sem a mente (como todos concedem facilmente). Logo, ao menos pela potência divina a mente pode existir sem o corpo e o corpo sem a mente.

Ora, substâncias que podem existir uma sem a outra distinguem-se realmente (pela def. 10); pois bem, a mente e o corpo são substâncias (pelas def. 5, 6, 7) que podem existir uma sem a outra (como há pouco foi provado); logo, a mente e o corpo distinguem-se realmente.

Vê a prop. 4 de Descartes, ao fim das *Respostas às segundas objeções*, e o que se tem na parte I dos *Princípios*, do art. 22 até o art. 29, pois julgo não valer a pena transcrever tudo isso aqui.

Proposição IX

Deus é sumamente inteligente.

Demonstração

Se negas, então Deus ou não entenderá nada, ou não entenderá todas as coisas, ou seja, entenderá apenas algumas. Contudo, entender apenas algumas coisas e ignorar outras supõe um intelecto limitado e imperfeito, que é absurdo adscrever a Deus (pela def. 8). Deus nada entender, por sua vez, ou bem indica em Deus uma carência de intelecção, como nos homens, quando nada entendem, e envolve imperfeição, a qual não pode recair em Deus (pela mesma def.); ou bem indica que repugna à perfeição de Deus ele entender algo. Mas como assim lhe é negada completamente a intelecção, ele não poderá criar intelecto algum (pelo ax. 8). E como o intelecto é clara e distintamente percebido por nós, Deus poderá ser sua causa (pelo corol. da prop. 7). Logo, está longe de ser verdade que repugne à perfeição de Deus ele entender algo. Por isso será sumamente inteligente; c.q.d.

Escólio

Embora se deva conceder que Deus é incorpóreo, como demonstrado pela prop. 16, não cabe todavia tomá-lo como se todas as perfeições

perfectiones ab eo removendæ sint; sed tantummodò quatenus extensionis natura, & proprietates imperfectionem aliquam involvunt. Quod idem etiam de Dei intellectione dicendum est, quemadmodum omnes, qui ultra vulgus Philosophorum sapere volunt, fatentur, ut fusè explicabitur in nostr. Append. Part. 2. cap. 7

Propositito X.

Quicquid perfectionis in Deo reperitur, à Deo est.

Demonstratio.

Si neges: ponatur in Deo aliquam perfectionem esse, quæ à Deo non est. Erit illa in Deo, vel à se, vel ab aliquo à Deo diverso. Si à se, ergo necessariam, sive minimè possibilem habebit existentiam (per Lemm. 2. Prop. 7.), adeòque (per Corol. Lemm. 1. ejusdem) erit quid summè perfectum, ac proinde (per Definit. 8.) Deus. Si itaque dicatur aliquid in Deo esse, quòd à se est, simul dicitur id esse à Deo, q. e. demonst. Si verò ab aliquo à Deo diverso sit, ergo Deus non potest concipi per se summè perfectu contra Definit. 8. Ergo quicquid perfectionis in Deo reperitur, à Deo est, q. e. d.

Propositio XI.

Non dantur plures Dii.

Demonstratio.

Si neges: concipe, si fieri potest, plures Deos, ex. grat. A & B; tum necessariò (per Propos. 9) tàm A, quàm B erit summè intelligens, hoc est, A intelliget omnia, se scilicet, & B; & vicissim B intelliget se, & A. Sed cùm A & B necessariò existant (per Propos. 5.), ergo causa veritatis, & necessitatis ideæ ipsius B, quæ est in A, est ipse B; & contrà causa veritatis, & necessitatis ideæ ipsius A, quæ est in B, est ipse A; quapropter erit aliqua perfectio in A, quæ non est ab A; & in B, quæ non est à B: ideòque (per præced.) nec A nec B erunt Dii; adeòque non dantur plures, q. e. d.

Notandum hîc, quòd ex hoc solo, quòd aliqua res ex se necessariam involvit existentiam, qualis est Deus, necessariò sequatur, illam esse unicam: ut unusquisque apud se attentâ meditatione deprehendere poterit, atque etiam hîc demonstrare potuissem; sed modo non ita ab omnibus perceptibili, quemadmodum in hac propositione factum est.

Propositio XII.

Omnia quæ existunt, à solâ vi Dei conservantur.

da extensão houvessem de ser dele removidas, mas tão somente enquanto a natureza e as propriedades da extensão envolvam alguma imperfeição. É de dizer o mesmo também da intelecção de Deus, do mesmo modo como reconhecem todos que querem saber além do vulgar dos filósofos, como será amplamente explicado em nosso Apêndice, parte II, cap. 7.

Proposição X

Tudo que de perfeição encontra-se em Deus existe por Deus.

Demonstração

Se negas, que se suponha haver em Deus alguma perfeição que não exista por Deus. Ela existirá em Deus, ou por si, ou por algo diverso de Deus. Se por si, então terá existência necessária, ou seja, de modo algum a possível[48] (pelo lema 2 da prop. 7), de maneira que (pelo corol. do lema 1 da mesma prop.) será algo sumamente perfeito, e por conseguinte (pela def. 8) Deus. E assim, se se diz que há em Deus algo que existe por si, diz-se simultaneamente que isso existe por Deus; c.q.d. Por outro lado, se existe por algo diverso de Deus, então Deus não pode ser concebido por si sumamente perfeito, contra a def. 8. Logo, tudo que de perfeição encontra-se em Deus, existe por Deus; c.q.d.

Proposição XI

Não se dão vários deuses.

Demonstração

Se negas, concebe, se puder ser feito, vários deuses, por ex. A e B; então necessariamente (pela prop. 9) tanto A como B serão sumamente inteligentes, isto é, A entenderá tudo, a saber, a si e a B; e inversamente, B entenderá a si e a A. Mas como A e B existem necessariamente (pela prop. 5), então a causa da verdade e da necessidade da ideia de B, que está em A, é o próprio B; e, ao contrário, a causa da verdade e da necessidade da ideia de A, que está em B, é o próprio A; por consequência, haverá alguma perfeição em A que não existe por A, e alguma em B, que não existe por B; e com isso (pela prop. preced.) nem A nem B serão deuses; de maneira que não se dão vários deuses; c.q.d.

É de notar aqui que só de alguma coisa envolver a partir de si existência necessária, como é o caso de Deus, segue-se necessariamente que ela é única; como cada um poderá depreender em si próprio por uma meditação atenta, e eu também poderia demonstrar aqui, mas não de modo tão perceptível a todos, tal como foi feito nesta proposição.[49]

Proposição XII

Tudo que existe é conservado só pela força de Deus.

Demonstratio.

Si negas: supponatur aliquid se ipsum conservare; quare (per Lemm. 2. Propos. 7.) ejus natura necessariam involvit existentiam; ac proinde (per Corollar. Lem. 1. ejusdem) esset Deus, darenturque plures Dii, quod est absurdum (per præc.). Ergo nihil existit, quod solâ vi Dei non conservetur, q. e. d.

Corollarium I.

Deus est omnium rerum Creator.

Demonstratio.

Deus (per præc.) omnia conservat, hoc est (per Ax. 10.) omnia quæ existunt, creavit, & adhuc continuò creat.

Corollarium II.

Res nullam ex se habent essentiam, quæ sit causa cognitionis Dei: sed contrà, Deus est causa rerum, etiam quoad earum essentiam.

Demonstratio.

Cùm nihil perfectionis in Deo reperiatur, quod à Deo non sit (per Propos. 10.), nullam res ex se habebunt essentiam, quæ possit esse causa cognitionis Dei. Sed contrà, cùm Deus omnia non ex alio generarit, sed prorsus crearit (per Prop. 12. cum Cor. 1.), & actio creandi nullam agnoscat causam præter efficientem (sic enim creationem definio), quæ Deus est: sequitur, res ante creationem prorsus nihil fuisse; ac proinde etiam Deum causam fuisse earum essentiæ, q. e. d.

Notandum, hoc Corollarium ex eo etiam patere, quod Deus sit omnium rerum causa sive creator (per Coroll. 1.), & quòd causa omnes effectûs perfectiones in se continere debeat (per Axiom. 8.), quemadmodum unusquisque facilè videre potest.

Corollarium III.

Hinc clarè sequitur, Deum non sentire, nec propriè percipere: nam illius intellectus à nullâ re extra se determinatur: sed omnia ab eo profluunt.

Corollarium IV.

Deus est causalitate prior rerum esssentiâ, & existentiâ, ut clarè ex 1. & 2. Corollar. hujus Proposit. sequitur.

Propositio XIII.

Deus est summè verax, minimèque deceptor.

Demonstração

Se negas, suponha-se que algo conserva a si próprio; por isso (pelo lema 2 da prop. 7) sua natureza envolve a existência necessária, e por conseguinte (pelo corol. do lema 1 da mesma prop.) seria Deus e dar-se-iam vários deuses, o que é absurdo (pela prop. preced.). Logo, nada existe que não seja conservado só pela força de Deus.

Corolário I

Deus é o criador de todas as coisas.

Demonstração

Deus (pela prop. preced.) conserva tudo, isto é (pelo ax. 10), criou tudo que existe e cria ainda continuamente.

Corolário II

As coisas não têm a partir de si nenhuma essência que seja causa do conhecimento de Deus; mas, ao contrário, Deus é causa das coisas, também quanto à essência delas.

Demonstração

Como em Deus não se encontra nada de perfeição que não exista por Deus (pela prop. 10), as coisas não terão a partir de si nenhuma essência que possa ser causa do conhecimento de Deus. Mas, ao contrário, como Deus não gerou tudo a partir de outro, mas criou por completo (pela prop. 12 com o corol. 1), e a ação de criar não reconhece nenhuma outra causa além da eficiente (assim, de fato, defino criação), que é Deus, segue-se que antes da criação as coisas não eram absolutamente nada e, por conseguinte, que Deus também foi causa da essência delas; c.q.d.

É de notar que este corolário também é patente do fato de que Deus é causa ou criador de todas as coisas (pelo corol. 1) e que a causa deve conter em si todas as perfeições do efeito (pelo ax. 8), como cada um pode ver facilmente.

Corolário III

Daí segue-se claramente que Deus não sente nem propriamente percebe, pois o seu intelecto não é determinado por coisa alguma fora de si, mas tudo flui dele.

Corolário IV

Pela causalidade, Deus é anterior à essência e à existência das coisas, como se segue claramente dos corol. 1 e 2 desta prop.

Proposição XIII

Deus é sumamente veraz e de modo algum enganador.

Demonstratio.

Deo (per Def. 8.) nihil affingere possumus, in quo aliquid imperfectionis deprehendimus: & cùm omnis deceptio (ut per se notum), aut fallendi voluntas, non nisi ex malitiâ vel metu procedat:* metus autem diminutam potentiam supponat, malitia verò privationem bonitatis: nulla deceptio, aut fallendi voluntas Deo, enti scilicet summè potenti, & summè[7] bono, erit adscribenda: sed contrà summè verax minimèque deceptor dicendus, q. e. d. Vide Responsion. ad secundas Objectiones, num. 4.

Propositio XIV.

Quicquid clarè, & distinctè percipimus, verum est.

Demonstratio.

Facultas veri à falso dignoscendi, quæ (ut unusquisque in se comperit, & ex omnibus, quæ jam demonstrata sunt, videre est) in nobis est, à Deo creata est, & continuò conservatur (per Prop. 12. cum Coroll.), hoc est (per præc.), ab ente summè veraci, minimèque deceptore, neque ullam facultatem (ut unusquisque in se comperit) nobis donavit abstinendi, sive non assentiendi iis, quæ clarè, & distinctè percipimus; quare si circa ea deciperemur, omnino à Deo essemus decepti, essetque deceptor, quod (per præc.) est absurdum; quidquid igitur clarè, & distinctè pecipimus, verum est, q. e. d.

Scholium.

Cùm ea, quibus neessariò, ubi à nobis clarè, & distinctè percipiuntur, assentiri debemus, necessariò sint vera, atque facultatem habeamus iis, quæ obscura, & dubia sunt, sive quæ ex certissimis principiis non sunt deducta, non assentiendi, ut unusquisque in se comperit: clarè sequitur nos semper posse cavere, ne in errores incidamus, & ne unquam fallamur (quod idem adhuc clariùs ex sequentibus intelligetur), modò seriò apud nos constituamus, nihil affirmare, quod non clarè, & distinctè percipimus, sive quod ex per se claris, & certis principiis non deductum est.

---

* Hoc axioma inter axiomata non recensui, quia minimè opus fuit. Nam eo non egebam, nisi ad solam hanc Prop. demonstr. & etiam quia, quamdiu Dei existentiam ignorabam, nolui aliqua pro veris assumere, nisi quæ poteram ex primo cognito ego sum deducere, ut in Prop. 4. Scholio monui. Porrò definitiones metûs, & malitiæ non etiam inter definitiones posui, quia nemo eas ignorat, & iis non egeo, nisi ad solam hanc propositionem.

[7] summè. Geb.: *sumè.*

Demonstração

Não podemos imputar a Deus (pela def. 8) nada de que depreendamos algo de imperfeição; e como todo engano (como é conhecido por si) ou vontade de lograr não procede senão da malícia ou do medo* – pois o medo supõe uma potência diminuída e a malícia, uma privação da bondade –, nenhum engano ou vontade de lograr deverá adscrever-se a Deus, a saber, ao ente sumamente potente e sumamente bom; mas, ao contrário, cumpre dizê-lo sumamente veraz e de modo algum enganador; c.q.d. Vê as *Respostas às segundas objeções*, nº 4.[50]

Proposição XIV

Tudo que percebemos clara e distintamente é verdadeiro.

Demonstração

A faculdade de discernir o verdadeiro do falso que (como cada um constata em si e pode ver a partir do que já foi demonstrado) está em nós foi criada e é continuamente conservada por Deus (pela prop. 12 com o corol.), isto é (pela prop. preced.), por um ente sumamente veraz e de modo algum enganador, e que não nos deu nenhuma faculdade (como cada um constata em si) de abster-nos, ou seja, de não assentir ao que percebemos clara e distintamente; por isso, se nos enganássemos acerca disso, seríamos totalmente enganados por Deus e ele seria enganador, o que (pela prop. preced.) é absurdo; portanto, tudo que percebemos clara e distintamente é verdadeiro; c.q.d.

Escólio

Como aquilo a que devemos necessariamente assentir, quando é clara e distintamente percebido por nós, é necessariamente verdadeiro, e temos a faculdade de não assentir ao que é obscuro e duvidoso, ou seja, ao que não foi deduzido de princípios certíssimos, como cada um constata em si, segue-se claramente que nos podemos sempre precaver para não cairmos em erros e para nunca sermos logrados (o mesmo que se entenderá ainda mais claramente a partir do que segue), contanto que nos decidamos seriamente a não afirmar nada que não percebamos clara e distintamente, ou seja, que não tenha sido deduzido de princípios por si claros e certos.

---

* Não recenseei este axioma entre os outros porque não houve a mínima necessidade; pois não precisava dele a não ser para demonstrar esta prop. e também porque, enquanto ignorava a existência de Deus, não quis assumir por verdadeiro senão o que pudesse deduzir do primeiro conhecido: *eu existo*, como adverti no escólio da prop. 4. Além do mais, também não pus as definições de medo e malícia entre as definições porque ninguém as ignora e não preciso delas a não ser para esta proposição.

PROPOSITITO XV.

Error non est quid positivum.

Demonstratio.

Si error quid positivum esset, solum Deum pro causâ haberet, à quo continuò deberet procreari (per Propos. 12.). Atqui hoc est absurdum (per Propos. 13.): Ergo error non est quid positivum, q. e. d.

Scholium.

Cum error non sit quid positivum in homine, nihil aliud poterit esse, quam privatio recti usûs libertatis (per Schol. Propos. 14.): ideòque non, nisi eo sensu, quo dicimus absentiam Solis causam esse tenebrarum, vel quo Deus, propterea quod infantem, excepto visu, aliis similem fecit, causa cæcitatis dicitur, Deus causa erroris dicendus; nempe quia nobis intellectum ad pauca tantùm se extendentem dedit. Quòd ut clarè intelligatur, & simul etiam quomodo error à solo abusu nostræ voluntatis pendeat, ac denique quomodo ab errore cavere possimus: modos, quos cogitandi habemus, in memoriam revocemus, nempe omnes modos percipiendi (ut sentire, imaginari, & purè intelligere), & volendi (ut cupere, aversari, affirmare, negare, & dubitare); nam omnes ad hos duos referri possunt.

Circa eos autem venit notandum: I°. quòd mens, quatenus res clarè, & distinctè intelligit, iisque assentitur, non potest falli (per Propos. 14.): neque etiam, quatenus res tantùm percipit, neque iis assentitur. Nam, quamvis jam percipiam equum alatum, certum est, hanc perceptionem nihil falsitatis continere, quamdiu non assentior, verum esse, dari equum alatum, neque etiam quamdiu dubito, an detur equus alatus. & cùm assentiri nihil aliud sit, quam voluntatem determinare, sequitur, errorem à solo usu voluntatis pendere.

Quod ut adhuc clariùs pateat, notandum 2°. quòd nos non tantùm habeamus potestatem iis assentiendi, quæ clarè, & distinctè percipimus, verùm etiam iis, quæ quocunque alio modo percipimus. Nam nostra voluntas nullis limitibus determinata est. Quod clarè unusquisque videre potest, modò ad hoc attendat, nempe quòd, si Deus facultatem nostram intelligendi infinitam reddere vellet, non ipsi opus esset, nobis ampliorem facultatem assentiendi dare, quàm ea est, quam jam habemus, ut omnibus à nobis intellectis assentiri possemus: Sed hæc eadem, quam jam habemus, rebus infinitis assentiendis sufficeret. Et re ipsâ etiam experimur, quòd multis assentiamur, quæ ex certis principiis non deduximus. Porrò ex his clarè videre est, quòd, si intellectus æquè latiùs se extenderet ac volendi

Proposição XV

O erro não é algo positivo.

Demonstração

Se o erro fosse algo positivo, teria por causa apenas Deus, pelo qual deveria ser continuamente procriado (pela prop. 12). Ora, isso é absurdo (pela prop. 13); logo, o erro não é algo positivo; c.q.d.

Escólio

Como o erro não é algo positivo no homem, não poderá ser nada outro que privação do reto uso da liberdade (pelo esc. da prop. 14); e por isso não se deve dizer que Deus é causa do erro, a não ser no sentido em que dizemos que a ausência do sol é causa das trevas ou em que Deus, porque fez uma criança em tudo semelhante às outras exceto pela visão, é dito causa da cegueira; a saber, porque nos deu um intelecto que se estende a somente poucas coisas. E para que se entenda isso claramente, e também simultaneamente de que modo o erro depende só do abuso de nossa vontade, e enfim de que modo podemos precaver-nos do erro, tragamos à memória os modos de pensar que temos, a saber, todos os modos de perceber (como sentir, imaginar e entender puramente) e de querer (como desejar, ter aversão, afirmar, negar e duvidar), pois todos podem ser referidos a esses dois.

Acerca deles, é de notar: 1º) que a mente, enquanto entende clara e distintamente as coisas e assente a elas, não pode ser lograda (pela prop. 14), e tampouco enquanto apenas percebe as coisas e não assente a elas; pois, embora eu perceba agora um cavalo alado, é certo que essa percepção não contém nada de falsidade, enquanto não assinto ser verdadeiro dar-se um cavalo alado, e tampouco enquanto duvido se se dá um cavalo alado. E como assentir nada mais é que determinar a vontade, segue-se que o erro depende só do uso da vontade.

Para que isso se patenteie com ainda mais clareza, é de notar: 2º) que nós não apenas temos o poder de assentir ao que clara e distintamente percebemos, como também ao que percebemos de qualquer outro modo; pois nossa vontade não é determinada por quaisquer limites. O que cada um pode claramente ver, contanto que atente para o fato de que, se Deus quisesse tornar infinita nossa faculdade de entender, não seria preciso dar-nos uma faculdade de assentir mais ampla que esta que já temos, para que pudéssemos assentir a tudo que é por nós entendido, mas esta mesma que já temos seria suficiente para assentir a infinitas coisas. E realmente também experimentamos que assentimos a muitas coisas que não deduzimos de princípios certos. Ademais, vê-se claramente a partir daí que, se o intelecto se estendesse tanto quanto a faculdade de querer, ou se

facultas, sive, si volendi facultas non latiùs se extendere posset, quàm intellectus, vel denique si facultatem volendi intra limites intellectûs continere possemus, nunquam in errorem incideremus (per Propos. 14.).

Verùm ad duo priora præstanda nullam habemus potestatem: nam implicat, ut voluntas non sit infinita, & intellectus creatus finitus. Restat igitur tertium considerandum: nempe an habeamus potestatem facultatem nostram volendi intra limites intellectûs continendi. Cùm autem voluntas libera sit ad se determinandam: sequitur nos potestatem habere facultatem assentiendi intra limites intellectûs continendi, ac proinde efficiendi, ne in errorem incidamus; unde evidentissimè patet, à solo usu libertatis voluntatis pendere, ne unquam fallamur. Quòd autem nostra voluntas libera sit, demonstratur Art. 39. Part. I. Princ. & in 4. Meditatione, & à nobis in nostr. Append. cap. ultimo fusè etiam ostenditur. Et quamvis, ubi rem clarè, & distinctè percipimus, non possimus ei non assentiri, necessarius iste assensus non ab infirmitate, sed à solâ libertate, & perfectione nostræ voluntatis pendet. Nam assentiri verò est in nobis perfectio (ut per se satis notum), nec voluntas unquam perfectior est, nec magis libera, quam cùm se prorsus determinat. Quod cùm contingere potest, ubi mens aliquid clarè, & distinctè intelligit, necessariò eam perfectionem statim sibi dabit (per Ax. 5.). Quare longè abest, ut per id, quod minimè indifferentes simus in amplectendo vero, nos minùs liberos esse intelligamus. Nam contrà pro certo statuimus, quò magis indifferentes sumus, eò nos minùs liberos esse.

Restat itaque hic tantùm explicandum, quomodo error respectu hominis nihil sit, nisi privatio, respectu verò Dei mera negatio. Quod facilè videbimus, si priùs animadvertamus, nos ex eo, quod multa percipimus præter ea, quæ clarè intelligimus, perfectiores esse, quàm si ea non perciperemus: ut clarè ex eo constat, quod, si supponeretur, nos nihil clarè, & distinctè posse percipere, sed tantùm confusè, nihil perfectius haberemus, quàm res confusè percipere, nec aliud nostræ naturæ desiderari posset. Porrò rebus, quamvis confusis, assentiri, quatenus etiam actio quædam est, perfectio est. Quod etiam unicuique manifestum erit, si, ut suprà, supponat, naturæ hominis repugnare, ut res clarè, & distinctè percipiat; tum enim perspicuum evadet, longè melius homini esse, rebus, quamvis confusis, assentiri, & libertatem exercere, quàm semper indifferentem, hoc est (ut modò ostendimus) in infirmo gradu libertatis manere. Et si etiam ad usum, & utilitatem vitæ humanæ attendere volumus, id prorsus necessarium reperiemus, ut quotidiana experientia unumquemque satis docet.

a faculdade de querer não se pudesse estender mais que o intelecto ou, enfim, se pudéssemos conter a faculdade de querer dentro dos limites do intelecto, nunca cairíamos em erro (pela prop. 14).

Porém, não temos poder algum para alcançar os dois primeiros, pois isso implica que a vontade não seja infinita e o intelecto criado não seja finito. Resta considerar, portanto, o terceiro: se temos o poder de conter nossa faculdade de querer dentro dos limites do intelecto. Como a vontade é livre para determinar-se, segue-se que temos o poder de conter nossa faculdade de assentir dentro dos limites do intelecto, e por conseguinte de fazer que não caiamos em erro; daí ser evidentissimamente patente que só do uso da liberdade da vontade depende que nunca sejamos logrados. Que nossa vontade seja livre demonstra-se no art. 39 da parte I dos *Princípios* e na 4ª Meditação, e também é por nós mostrado amplamente em nosso Apêndice, último cap. E ainda que ao percebermos clara e distintamente uma coisa não possamos não assentir a ela, esse assentimento necessário não depende da fraqueza, mas só da liberdade e perfeição de nossa vontade; pois, na verdade, assentir é em nós uma perfeição (como é suficientemente conhecido por si) e a vontade nunca é mais perfeita nem mais livre do que quando se determina por completo. Como isso pode acontecer tão logo a mente entenda algo clara e distintamente, ela necessariamente se dará de imediato essa perfeição (pelo ax. 5). Por isso estamos longe de entender que sejamos menos livres porque de modo algum sejamos indiferentes a abraçar o verdadeiro; pois, pelo contrário, estabelecemos como certo que, quanto mais indiferentes somos, menos somos livres.

E assim, resta aqui apenas explicar de que modo o erro, em relação ao homem, nada é senão privação, mas em relação a Deus é mera negação. O que veremos facilmente se antes observarmos que, por percebermos muitas coisas além daquelas que entendemos claramente,[51] somos mais perfeitos do que se não as percebêssemos; como consta claramente a partir de que, supondo que não percebêssemos nada clara e distintamente, mas apenas confusamente, nada teríamos de mais perfeito do que perceber as coisas confusamente, e nada outro se poderia desejar de nossa natureza. Além disso, assentir às coisas, ainda que confusas, enquanto também é alguma ação, é uma perfeição. O que também será manifesto a cada um se, como acima, supuser que repugna à natureza do homem perceber as coisas clara e distintamente; com efeito, ficará então perspícuo que é de longe melhor ao homem assentir às coisas, ainda que confusas, e exercer a liberdade, do que permanecer sempre indiferente, isto é (como ainda agora mostramos), num ínfimo grau de liberdade. E se quisermos atentar também para o uso e a utilidade da vida humana, constataremos que isso é completamente necessário, como a experiência cotidiana ensina suficientemente a cada um.

Cùm igitur omnes modi, quos cogitandi habemus, quatenus in se solis spectantur, perfecti sint: non potest eatenus in iis esse id, quod formam erroris constituit. Verùm si ad modos volendi, prout ab invicem differunt, attendamus, alios aliis perfectiores inveniemus, prout alii aliis voluntatem minùs indifferentem, hoc est, magis liberam reddunt. Deinde etiam videbimus, quòd, quamdiu rebus confusis assentimur, efficiamus, ut mens minùs apta sit ad verum à falso dignoscendum: ac proinde ut optimâ libertate careamus. Quare rebus confusis assentiri, quatenus quid positivum est, nihil imperfectionis, nec formam erroris continet: sed tantùm quatenus eo optimâ libertate, quæ ad nostram naturam spectat, & in nostrâ potestate est, nos nosmet privamus. Tota igitur imperfectio erroris in solâ optimæ libertatis privatione consistet, quæ error vocatur; Privatio autem dicitur, quia aliquâ perfectione, quæ nostræ naturæ competit, privamur; Error verò, quia nostrâ culpâ eâ perfectione caremus, quatenus, quemadmodum possumus, voluntatem non intra limites intellectûs continemus. Cùm igitur error nihil aliud sit respectu hominis, quàm privatio perfecti, sive recti usûs libertatis, sequitur illam non in ullâ facultate, quam à Deo habet, nec etiam in ullâ facultatum operatione, quatenus à Deo dependet, sitam esse. Nec dicere possumus, quòd Deus nos majori intellectu, quàm nobis dare potuerat, privavit, ac proinde fecit, ut in errores incidere possemus: Nam nullius rei natura à Deo aliquid exigere potest: Nec aliquid ad aliquam rem pertinet, præter id, quod Dei voluntas ei largiri voluit; nihil enim ante Dei voluntatem extitit, nec etiam concipi potest (ut fusè in nostr. Appendic. Part. 2. cap. 7. & 8. explicatur). Quare Deus non magis nos majori intellectu, sive perfectiori facultate intelligendi privavit, quàm circulum proprietatibus globi, & peripheriam proprietatibus sphæræ.

Cùm itaque nulla nostrarum facultatum, quomodocunque consideretur, ullam in Deo imperfectionem ostendere possit: clarè sequitur, quòd imperfectio illa, in quâ forma errori consistit, non, nisi respectu hominis, sit privatio; verùm ad Deum, ut ejus causam relata, non privatio, sed tantùm negatio dici possit.

Propositio XVI.

Deus est incorporeus.

Demonstratio.

Corpus est subjectum immediatum motûs localis (per Def. 7.): quare si Deus esset corporeus, divideretur in partes, quod cùm clarè involvat imperfectionem, absurdum est de Deo (per Def. 8.) affirmare.

Portanto, como todos os modos de pensar que temos, enquanto considerados em si sós, são perfeitos, nesta medida não pode estar neles o que constitui a forma do erro. Porém, se atentarmos para os modos de querer, conforme diferem uns dos outros, descobriremos uns mais perfeitos que outros, conforme uns mais que outros tornam a vontade menos indiferente, isto é, mais livre. Ademais, veremos também que, quando assentimos às coisas confusas, fazemos que a mente seja menos apta a discernir o verdadeiro do falso e, por conseguinte, que careçamos da melhor liberdade. Por isso assentir às coisas confusas, enquanto é algo positivo, não contém nada de imperfeição nem a forma do erro, mas apenas enquanto privamos a nós mesmos daquela melhor liberdade, que concerne à nossa natureza e está em nosso poder. Portanto, a inteira imperfeição do erro consiste só na privação da melhor liberdade, o que é chamado de erro. Diz-se privação porque nos privamos de uma perfeição que compete a nossa natureza; e erro, já que por nossa culpa carecemos dessa perfeição, enquanto não contemos a vontade dentro dos limites do intelecto o quanto podemos. Portanto, como o erro, em relação ao homem, não é nada outro que privação do perfeito, ou seja, do reto uso da liberdade, segue-se que ela não se situa em nenhuma faculdade que ele recebe de Deus, e tampouco em alguma operação das faculdades enquanto depende de Deus. E não podemos dizer que Deus nos privou de um intelecto maior do que nos poderia dar e fez, por conseguinte, que pudéssemos cair em erros; pois a natureza de coisa alguma pode exigir algo de Deus, nem pertence a uma coisa algo além daquilo que a vontade de Deus quis outorgar-lhe; com efeito, nada existe nem pode ser concebido antes da vontade de Deus (como se explica profusamente em nosso Apêndice, parte 2, cap. 7 e 8). Por isso Deus não nos privou de um intelecto maior, ou seja, de uma mais perfeita faculdade de entender, mais do que privou o círculo das propriedades do globo e a periferia das propriedades da esfera.

E assim, como nenhuma de nossas faculdades, de qualquer modo que seja considerada, pode mostrar imperfeição alguma em Deus, segue-se claramente que aquela imperfeição em que consiste a forma do erro não é uma privação a não ser em relação ao homem; porém, referida a Deus como a sua causa, não pode ser dita privação, mas apenas negação.

Proposição XVI

Deus é incorpóreo.

Demonstração

O corpo é sujeito imediato do movimento local (pela def. 7); por isso, se Deus fosse corpóreo, dividir-se-ia em partes; o que, como claramente envolve imperfeição, é absurdo afirmar de Deus (pela def. 8).

Aliter.

Si Deus esset corporeus, posset in partes dividi (per Def. 7). Jam vel unaquæque pars per se posset subsistere, vel non posset subsistere: si hoc, esset similis cæteris, quæ à Deo creata sunt, ac proinde, ut omnis res creata, continuò eâdem vi à Deo procrearetur (per Propos. 10. & Ax. 11.), & ad Dei naturam non magis, quàm cæteræ res creatæ, pertineret, q. e. absurdum (per Prop. 5.). Verùm si unaquæque pars per se existit, debet etiam unaquæque necessariam existentiam involvere (per Lem. 2. Propos. 7.), & consequenter unaquæque ens esset summè perfectum (per Corol. Lem. 1. Prop. 7.[8]): sed hoc etiam est absurdum (per Prop. 11.): ergo Deus est incorporeus, q. e. dem.

Propositio XVII.

Deus est ens simplicissimum.

Demonstratio.

Si Deus ex partibus componeretur, deberent partes (ut facilè omnes concedent) priores ad minimum naturâ Deo esse, quod est absurdum (per Corol. 4. Prop. 12.). Est igitur ens simplicissimum, q. e. d.

Corollarium.

Hinc sequitur, Dei intelligentiam, voluntatem, seu Decretum, & Potentiam, non distingui, nisi ratione ab ejus essentiâ.

Propositio XVIII.

Deus est immutabilis.

Demonstratio.

Si Deus esset mutabilis, non posset ex parte, sed deberet secundùm totam essentiam mutari (per Prop. 17.). At essentia Dei necessariò existit (per Prop. 5. 6. & 7.): ergo Deus est immutabilis, q. e. d.

Propositio XIX.

Deus est æternus.

Demonstratio.

Deus est ens summè perfectum (per Def. 8.), ex quo sequitur (per Prop. 5.), ipsum necessariò existere. Si jam ipsi limitatam existentiam

---

[8] per Corol. Lem. 1. Prop. 7. Ed. princ., Geb.: *per Corol. Lem. 2. Prop. 7.* Cf. nota 52 da trad.

Doutra maneira

Se Deus fosse corpóreo, poderia dividir-se em partes (pela def. 7). Agora, ou cada parte poderia subsistir por si, ou não poderia subsistir. Se não pudesse, seria semelhante às outras coisas que foram criadas por Deus, e por conseguinte, como toda coisa criada, seria continuamente procriada por Deus com a mesma força (pela prop. 10 e ax. 11), e não pertenceria à natureza de Deus mais que as outras coisas criadas; o que é absurdo (pela prop. 5). Porém, se cada parte existe por si, cada uma deve também envolver existência necessária (pelo lema 2 da prop. 7), e consequentemente cada uma seria um ente sumamente perfeito (pelo corol. do lema 1 da prop. 7);[52] mas isso também é absurdo (pela prop. 11); logo, Deus é incorpóreo; c.q.d.

Proposição XVII

Deus é um ente simplíssimo.

Demonstração

Se Deus fosse composto de partes, as partes deveriam ser (como todos facilmente concederão) anteriores a Deus, no mínimo por natureza, o que é absurdo (pelo corol. 4 da prop. 12). Portanto, ele é um ente simplíssimo; c.q.d.

Corolário

Segue-se daí que a inteligência, a vontade ou decreto e a potência de Deus não se distinguem de sua essência a não ser por razão.

Proposição XVIII

Deus é imutável.

Demonstração

Se Deus fosse mutável, não poderia mudar em parte, mas deveria mudar segundo sua essência inteira (pela prop. 17). Ora, a essência de Deus existe necessariamente (pelas prop. 5, 6 e 7); logo, Deus é imutável; c.q.d.

Proposição XIX

Deus é eterno.

Demonstração

Deus é um ente sumamente perfeito (pela def. 8), do que se segue (pela prop. 5) que ele existe necessariamente. Se agora lhe atribuíssemos

tribuamus, limites ejus existentiæ necessariò, si non à nobis, saltem ab ipso Deo debent intelligi (per Prop. 9.), quia est summè intelligens; quare Deus ultra illos limites se, hoc est (per Def. 8.) ens summè perfectum, non existentem intelliget, quod est absurdum (per Prop. 5.): ergo Deus non limitatam, sed infinitam habet existentiam, quam æternitatem vocamus. Vide cap. 1. Part. 2. nostr. Append. Deus igitur est æternus, q. e. d.

Propositito XX.

Deus omnia ab æterno præordinavit.

Demonstratio.

Cum Deus sit æternus (per præced.), erit ejus intelligentia æterna, quia ad ejus æternam essentiam pertinet (per Corol. Prop. 17.): atqui ejus intellectus ab ejus voluntate sive decreto in re non differt (per Corol. Prop. 17.); ergo cùm dicimus Deum ab æterno res intellexisse, simul dicimus eum ab æterno res ita voluisse, sive decrevisse, q. e. d.

Corollarium.

Ex hac Propositione sequitur Deum esse summè constantem in suis operibus.

Propositio XXI.

Substantia extensa in longum, latum, & profundum reverâ existit: Nosque uni ejus parti uniti sumus.

Demonstratio.

Res extensa, prout à nobis clarè, & distinctè percipitur, ad Dei naturam non pertinet (per Propos. 16.): Sed à Deo creari potest (per Corol. Propos. 7. & per Prop. 8.). Deinde clarè, & distinctè percipimus (ut unusquisque in se, quatenus cogitat, reperit), substantiam extensam causam sufficientem esse ad producendum in nobis titillationem, dolorem, similesque ideas, sive sensationes, quæ continuò in nobis, quamvis invitis, producuntur: at, si præter substantiam extensam, aliam nostrarum sensationum causam, putà Deum, aut Angelum fingere volumus, statim nos clarum, ac distinctum, quem habemus, conceptum destruimus. Quapropter, quamdiu ad nostras perceptiones rectè attendimus, ut nihil admittamus, nisi quod clarè, & distinctè percepimus, prorsus propensi, seu minimè indifferentes erimus ad assentiendum, quòd substantia extensa sola sit causa nostrarum sensationum, ac proinde ad affirmandum, quòd res extensa à Deo creata,

uma existência limitada, os limites de sua existência deveriam ser necessariamente entendidos, se não por nós ao menos pelo próprio Deus (pela prop. 9), já que é sumamente inteligente; por isso Deus, para além daqueles limites, entenderia a si, isto é (pela def. 8), ao ente sumamente perfeito, como não existente; o que é absurdo (pela prop. 5); logo, Deus não tem uma existência limitada, mas infinita, a que chamamos eternidade. Vê cap. 1 da parte 3 de nosso Apêndice. Portanto, Deus é eterno; c.q.d.[53]

Proposição XX

Deus preordenou tudo desde toda a eternidade.

Demonstração

Como Deus é eterno (pela prop. preced.), sua inteligência será eterna, já que pertence a sua essência eterna (pelo corol. da prop. 17); ora, seu intelecto não difere realmente de sua vontade ou decreto (pelo corol. da prop. 17); logo, quando dizemos que Deus entendeu as coisas desde toda a eternidade, dizemos simultaneamente que ele quis ou decretou assim as coisas desde toda a eternidade; c.q.d.

Corolário

Desta proposição segue-se que Deus é sumamente constante em suas obras.

Proposição XXI

A substância extensa em comprimento, largura e profundidade realmente existe e nós estamos unidos a uma parte dela.

Demonstração

A coisa extensa, conforme é clara e distintamente percebida por nós, não pertence à natureza de Deus (pela prop. 16), mas pode ser criada por Deus (pelo corol. da prop. 7 e pela prop. 8). Ademais, percebemos clara e distintamente (como cada um constata em si enquanto pensa) que a substância extensa é causa suficiente para produzir em nós cócegas, dor e ideias semelhantes, ou seja, sensações que são em nós produzidas continuamente, embora involuntárias; mas se além da substância extensa queremos forjar outra causa de nossas sensações, digamos Deus ou um anjo por exemplo, de imediato destruímos o conceito claro e distinto que temos. Consequentemente, enquanto atentarmos corretamente às nossas percepções, de modo a não admitirmos nada a não ser o que percebemos clara e distintamente, estaremos de todo propensos, ou seja, de modo algum indiferentes, a assentir que a substância extensa sozinha é causa de nossas sensações; e, por conseguinte, a afirmar que a coisa extensa, criada por

existat.* Atque in hoc sanè falli non possumus (per Prop. 14. cum Scholio): Quare verè affirmatur, quòd substantia extensa in longum, latum, & profundum existat, quod erat primum.

Porrò inter nostras sensationes, quæ in nobis (ut jam demonstravimus) à substantiâ extensâ produci debent, magnam differentiam observamus, nempe ubi dico me sentire, seu videre arborem, seu ubi dico, me sitire, dolere, etc. Hujus autem differentiæ causam clarè video me non posse percipere, nisi priùs intelligam, me uni parti materiæ arctè esse unitum, & aliis non item. Quod cùm clarè, & distinctè intelligam, nec ullo alio modo à me percipi possit: verum est (per Propos. 14. cum Scholio), me uni materiæ parti unitum esse, quod erat secundum. Demonstravimus igitur, quod e. d.

Nota: Nisi Lector hîc se consideret tantùm, ut rem cogitantem, & corpore carentem, & omnes rationes, quas antea habuit credendi, quòd corpus existat, tanquam præjudicia deponat, frustra hanc demonstrationem intelligere conabitur.

Finis primæ Partis.

* Vide Demonstrationem Propos. 14. & Schol. Propos. 15.

Deus, existe.* E nisso por certo não podemos ser logrados (pela prop. 14 com o escólio); por isso, afirma-se verdadeiramente que a substância extensa em comprimento, largura e profundidade, existe; o que era o primeiro.

Ademais, entre nossas sensações, que devem ser em nós produzidas (como já demonstramos) pela substância extensa, observamos uma grande diferença: quando digo que sinto ou vejo uma árvore, ou quando digo que tenho sede, tenho dor, etc. Vejo claramente que não posso perceber a causa dessa diferença a não ser que antes entenda que estou estreitamente unido a uma parte da matéria, e não igualmente a outras. Como clara e distintamente o entendo, e isso não pode ser percebido por mim de nenhum outro modo, é verdadeiro (pela prop. 14 com o escólio) que estou unido a uma parte da matéria; o que era segundo. Portanto, demonstramos, c.q.d.

Nota: a não ser que o leitor aqui se considere apenas como coisa pensante e carente de corpo e despoje-se, como de preconceitos, de todas as razões que teve antes para crer que o corpo existe, em vão se esforçará para entender esta demonstração.

Fim da primeira parte

---

* Vê a demonstração da prop. 14 e o esc. da prop. 15.

PRINCIPIA PHILOSOPHIÆ

MORE GEOMETRICO DEMONSTRATA.

PARS II.

POSTULATUM.

Petitur hîc tantùm, ut unusquisque ad suas perceptiones quàm accuratissimè attendat, quò clarum ab obscuro distinguere possit.

Definitiones.

I. *Extensio* est id, quod tribus dimensionibus constat; non autem per extensionem intelligimus actum extendendi, aut aliquid à quantitate distinctum.

II. Per *Substantiam* intelligimus id, quod ad existendum solo Dei concursu indiget.

III. *Atomus* est pars materiæ suâ naturâ indivisibilis.

IV. *Indefinitum* est id, cujus fines (si quos habet) ab humano intellectu investigari nequeunt

V. *Vacuum* est extensio sine substantiâ corporeâ.

VI. *Spatium* ab extensione non, nisi ratione, distinguimus, sive in re non differt. Lege Art. 10. Part. 2. Princip.

VII. Quod per cogitationem dividi intelligimus, id *divisibile* est, saltem potentiâ.

VIII. *Motus localis* est translatio unius partis materiæ, sive unius corporis, ex viciniâ eorum corporum, quæ illud immediatè contingunt, & tanquam quiescentia spectantur, in viciniam aliorum.

Hac Definitione utitur Cartesius ad motum localem explicandum, quæ ut rectè intelligatur, considerandum venit.

1°. Quòd per partem materiæ intelligit, id omne, quod simul transfertur, etsi rursus id ipsum constare possit ex multis partibus.

2°. Quòd ad vitandam confusionem in hac definitione loquitur tantùm de eo, quod perpetuò est in re mobili, scilicet translatione, ne confundatur, ut passim ab aliis factum est, cum vi vel actione, quæ transfert: Quam vim vel actionem vulgò putant tantùm ad motum requiri, non verò ad quietem, in quo planè decipiuntur. Nam, ut per se notum, eadem vis requiritur, ut alicui corpori quiescenti certi gradus motûs simul imprimantur, quæ requiritur, ut rursus eidem corpori certi isti gradus motûs simul adimantur, adeòque planè quiescat. Quin etiam experientiâ probatur; nam ferè æquali vi utimur, ad navigium in

PRINCÍPIOS DA FILOSOFIA

DEMONSTRADOS À MANEIRA GEOMÉTRICA

PARTE II

Postulado

Pede-se aqui apenas que cada um atente mui cuidadosamente às suas percepções, para que possa distinguir o claro do obscuro.

Definições

I. A *extensão* é o que consta de três dimensões; não entendemos por extensão o ato de estender ou algo distinto da quantidade.[54]

II. Por *substância* entendemos o que precisa só do concurso de Deus para existir.

III. O *átomo* é uma parte da matéria indivisível por sua natureza.

IV. *Indefinido* é aquilo cujos limites (se os tem) não podem ser investigados pelo intelecto humano.

V. O *vácuo* é a extensão sem a substância corpórea.

VI. Não distinguimos o *espaço* e a extensão a não ser por razão, ou seja, eles não diferem realmente. Lê o art. 10 da parte 2 dos *Princípios*.

VII. O que entendemos ser dividido pelo pensamento é *divisível*, ao menos em potência.

VIII. O *movimento local* é a transferência de uma parte da matéria, ou seja, de um corpo, da vizinhança dos corpos que o tocam imediatamente e são considerados como em repouso à vizinhança de outros.

Descartes utiliza esta definição para explicar o movimento local; para entendê-la corretamente, cabe considerar que:

1º) Por parte da matéria ele entende tudo o que é simultaneamente transferido, ainda que, por sua vez, isso mesmo possa constar de muitas partes.

2º) Para evitar confusão, nesta definição fala-se apenas do que está permanentemente na coisa móvel, a saber, a transferência, para que não seja confundido, como frequentemente feito por outros, com a força ou a ação que transfere; força ou ação que vulgarmente pensam ser requerida apenas para o movimento, mas não para o repouso, no que se enganam por completo; pois, como é conhecido por si, a mesma força requerida para imprimir simultaneamente certos graus de movimento a um corpo em repouso é de novo requerida para arrebatar estes mesmos graus de movimento do mesmo corpo, de forma que repouse completamente. E isto também se prova pela experiência, pois para impelir um navio que repousa em águas paradas utilizamos quase a mesma

aquâ stagnante quiescens impellendum, quàm ad idem, cùm movetur, subitò retinendum; & certè planè eadem esset, nisi ab aquæ ab eo sublevatæ gravitate, & lentore in retinendo adjuvaremur.

3°. Quòd ait, translationem fieri ex viciniâ corporum contiguorum in viciniam aliorum, non verò ex uno loco in alium. Nam locus (ut ipse explicuit Art. 13. Part. 2. non est aliquid in re, sed tantùm pendet à nostra cogitatione, adeò ut idem corpus possit dici locum simul mutare, & non mutare: non verò è viciniâ corporis contigui simul transferri, & non transferri: una enim tantùm corpora eodem temporis momento eidem mobili contigua esse possunt.

4°. Quòd non ait absolutè translationem fieri ex viciniâ corporum contiguorum, sed eorum duntaxat, quæ tanquam quiescentia spectantur: nam ut transferatur corpus A à corpore B quiescente, eadem vis, & actio requiritur ex unâ parte, quæ ex alterâ; quod clarè apparet exemplo scaphæ, luto sive arenæ, quæ in fundo aquæ sunt, adhærentis; hæc enim ut propellatur, æqualis necessariò vis tam fundo, quam scaphæ impingenda erit. Quapropter vis, quâ corpora moveri debent, æquè corpori moto, atque quiescenti, impenditur. Translatio verò est reciproca; nam si scapha separetur ab arenâ, arena etiam à scaphâ separatur. Si itaque absolutè corporum, quæ à se invicem separantur, uni in unam, alteri in alteram partem, æquales motus tribuere, & unum non tanquam quiescens spectare vellemus, idque ob id solum, quod eadem actio sit in uno, quæ in altero, tum etiam corporibus, quæ ab omnibus tanquam quiescentia spectantur, e. g. arenæ, à quâ scapha separatur, tantundem motûs tribuere cogeremur, quantum corporibus motis; nam, uti ostendimus, eadem actio requiritur ex unâ, quæ ex alterâ parte, & translatio est reciproca: sed hoc à communi loquendi usu nimium abhorreret. Verùm quamvis ea corpora, à quibus separantur alia, tanquam quiescentia spectentur, ac etiam talia vocentur, tamen recordabimur, quòd id omne, quod in corpore moto est, propter quod moveri dicitur, etiam sit in corpore quiescente.

5°. Denique ex Def. etiam clarè apparet, quod unumquodque corpus habeat unum duntaxat motum sibi proprium, quoniam ab unis tantùm corporibus sibi contiguis, & quiescentibus recedere intelligitur: Attamen, si corpus motum sit pars aliorum corporum, alios motus habentium, clarè intelligimus, ipsum etiam participare posse ex aliis innumeris; sed quia non facilè tàm multi simul intelligi, nec etiam omnes agnosci possunt, sufficiet unicum illum, qui cuique corpori est proprius, in ipso considerare. Lege Art. 31. Part. 2. Princip.

força que para retê-lo subitamente quando se move; e decerto seria exatamente a mesma, não fôssemos ajudados, ao retê-lo, pela gravidade e pela viscosidade da água por ele levantada.

3º) Ele diz que a transferência dá-se da vizinhança de corpos contíguos à vizinhança de outros, e não de um lugar a outro; pois o lugar (como ele próprio explicou no art. 13 da parte 2)[55] não é algo real, mas depende apenas de nosso pensamento, de forma que se pode dizer que o mesmo corpo simultaneamente muda e não muda de lugar, mas não que é simultaneamente transferido e não transferido da vizinhança de um corpo contíguo; com efeito, apenas alguns corpos podem no mesmo instante de tempo[56] ser contíguos ao mesmo móvel.

4º) Ele não diz absolutamente que a transferência dá-se da vizinhança de corpos contíguos, mas tão somente daqueles que são considerados como em repouso; pois para que um corpo A seja transferido para longe de um corpo B em repouso, requer-se a mesma força e ação de um lado como de outro; o que aparece claramente pelo exemplo de um barco que está preso ao lodo ou à areia que há no fundo da água; de fato, para que seja movido é necessário impingir uma força igual tanto no fundo quanto no barco. Por conseguinte, a força pela qual os corpos devem mover-se é aplicada igualmente no corpo em movimento e naquele em repouso. Já a transferência é recíproca, pois se o barco separa-se da areia, a areia também se separa do barco. E assim, absolutamente, se quisermos atribuir movimentos iguais a corpos que se separam entre si, um para um lado, outro para outro lado, e nao quisermos considerar nenhum como em repouso, e isso só devido ao fato de a mesma ação que está em um estar em outro, então seríamos forçados a atribuir também aos corpos que são por todos considerados como em repouso, por ex. à areia de que o barco é separado, tanto movimento quanto aos corpos movidos; pois, como mostramos, requer-se a mesma ação de um e de outro lado e a transferência é recíproca; mas isso se afasta demasiado do modo comum de falar. Porém, embora esses corpos de que os outros se separam sejam considerados como em repouso e também sejam chamados como tais, recordaremos todavia que tudo que está em um corpo movido e em vista de que esse corpo é dito mover-se também está no corpo que repousa.

5º) Enfim, pela definição também aparece claramente que cada corpo tem tão somente um movimento que lhe é próprio, porquanto se entende que ele se separa apenas de alguns corpos que lhe são contíguos e em repouso. Entretanto, se o corpo movido for parte de outros corpos, que têm outros movimentos, entendemos claramente que ele também pode participar de inúmeros outros; mas já que não é fácil entender tantos movimentos simultaneamente, e tampouco se podem reconhecer todos, bastará considerar aquele único movimento que é próprio a cada corpo. Lê o art. 31 da parte 2 dos Princípios.

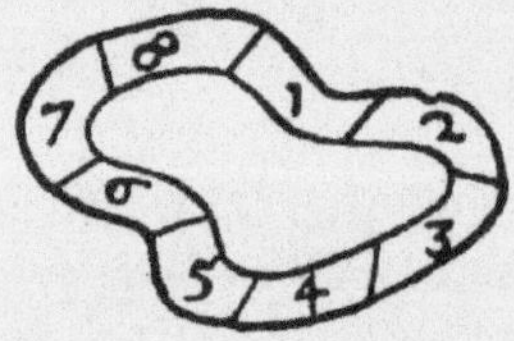

IX. Per *Circulum corporum motorum* tantùm intelligimus, cùm ultimum corpus, quod propter impulsum alterius movetur, primum motorum immediatè tangit: quamvis linea, quæ ab omnibus corporibus simul per impulsum unius motûs describitur, sit valdè contorta.

Axiomata.

I. Nihili nullæ sunt proprietates.

II. Quidquid ab aliquâ re tolli potest, eâ integrâ remanente, ipsius essentiam non constituit: id autem, quod, si auferatur, rem tollit, ejus essentiam constituit.

III. In duritie nihil aliud sensus nobis indicat, nec aliud de ipsâ clarè, & distinctè intelligimus, quàm quòd partes durorum corporum motui manuum nostrarum resistunt.

IV. Si duo corpora ad invicem accedant, vel ab invicem recedant, non ideò majus aut minus spatium occupabunt.

V. Pars materiæ, sive cedat, sive resistat, non ideò naturam corporis amittit.

VI. Motus, quies, figura, & similia non possunt concipi sine extensione.

VII. Ultra sensiles qualitates nihil remanet in corpore præter extensionem, & ejus affectiones, in Part. I. Principior. memoratæ.

VIII. Unum spatium, sive extensio aliqua non potest esse unâ vice major, quàm aliâ.

IX. Omnis extensio dividi potest, saltem cogitatione.

De veritate hujus axiomatis nemo, qui elementa Matheseos tantùm didicit, dubitat. Spatium enim datum inter tangentem, & circulum infinitis aliis circulis majoribus dividi semper potest. Quod idem etiam ex Hyperbolæ Asymptotis patet.

X. Nemo fines alicujus extensionis sive spatii concipere potest, nisi simul ultra ipsos alia spatia, hoc immediatè sequentia, concipiat.

XI. Si materia sit multiplex, neque una aliam immediatè tangit, unaquæque necessariò sub finibus, ultra quos non datur materia, comprehenditur.

XII. Minutissima corpora facilè motui manuum nostrarum cedunt.

XIII. Unum spatium aliud spatium non penetrat, nec unâ vice majus est, quàm aliâ.

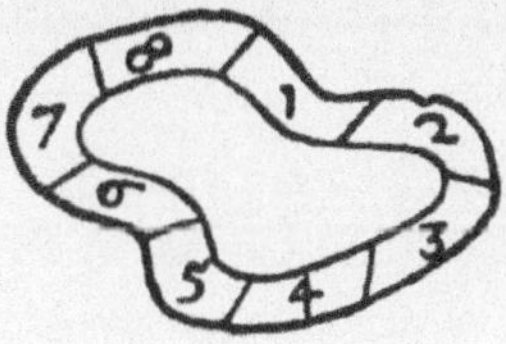

IX. Por *círculo de corpos movidos* entendemos apenas o que ocorre quando o último corpo, que se move devido ao impulso de outro, toca imediatamente o primeiro dos corpos movidos, embora a linha descrita por todos os corpos em conjunto mediante o impulso de um único movimento seja inteiramente torta.

Axiomas

I. Não há nenhuma propriedade do nada.

II. O que se pode suprimir de uma coisa, permanecendo ela íntegra, não constitui sua essência; mas isso que, se retirado, suprime a coisa constitui sua essência.

III. Na dureza, nada mais indicam-nos os sentidos e nada mais dela entendemos clara e distintamente senão que as partes dos corpos duros resistem ao movimento de nossas mãos.

IV. Se dois corpos aproximam-se ou afastam-se um do outro, nem por isso ocuparão um espaço maior ou menor.

V. Um parte da matéria, quer ceda, quer resista, nem por isso perde a natureza de corpo.

VI. Movimento, repouso, figura e coisas semelhantes não podem ser concebidas sem a extensão.

VII. Para além das qualidades sensíveis nada permanece no corpo afora a extensão e suas afecções, recordadas na parte 1 dos *Princípios.*

VIII. Um espaço, ou seja, alguma extensão, não pode ser maior em uma vez do que em outra.

IX. Toda extensão pode ser dividida, ao menos pelo pensamento.

Ninguém que tenha aprendido apenas elementos de matemática duvida da verdade deste axioma. Com efeito, um espaço dado entre a tangente e o círculo pode ser sempre dividido por outros infinitos círculos maiores. O mesmo também é patente pelas assíntotas da hipérbole.

X. Ninguém pode conceber os limites de uma extensão ou espaço, a não ser que simultaneamente conceba, para além deles, outros espaços que se seguem imediatamente.

XI. Se a matéria é múltipla e uma não toca outra imediatamente, cada uma está necessariamente compreendida sob limites além dos quais não se dá matéria.

XII. Os corpos diminutos cedem facilmente ao movimento de nossas mãos.

XIII. Um espaço não penetra outro espaço, nem é maior em uma vez do que em outra.

XIV. Si canalis A sit ejusdem longitudinis, ac C, at C duplo latior, quàm A, & aliqua materia fluida duplo celeriùs transeat per canalem A, quàm quæ transit per canalem C, tantundem materiæ eodem temporis spatio per canalem A transibit, quantum per C; & si per canalem A tantundem transeat, atque per C, illa duplo celeriùs movebitur.

XV. Quæ uni tertio conveniunt, inter se conveniunt. Et quæ ejusdem tertii dupla sunt, inter se sunt æqualia.

XVI. Materia, quæ diversimodè movetur, tot ad minimum habet partes actu divisas, quot varii celeritatis gradus simul in ipsâ observantur.

XVII. Linea, inter duo puncta brevissima, est recta.

XVIII. Corpus A à C versus B motum, si contrario impulsu repellatur, per eandem versus C movebitur lineam.

XIX. Corpora, quæ contrarios habent modos, cùm sibi mutuo occurrunt, ambo aliquam variationem pati coguntur, vel ad minimùm alterutrum.

XX. Variatio in aliquâ re procedit à vi fortiori.

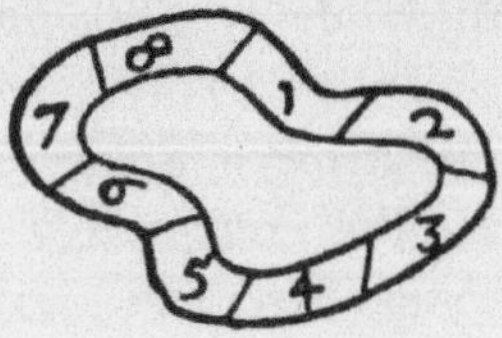

XXI. Si, cùm corpus 1 movetur versus corpus 2, idque impellit, & corpus 8 ex hoc impulsu versus 1 moveatur, corpora 1, 2, 3, &c. non possunt esse in rectâ lineâ: sed omnia usque ad 8 integrum circulum componunt; vid. Defin. 9.

Lemma I.

Ubi datur Extensio sive Spatium, ibi datur necessariò Substantia.

Demonstratio.

Extensio sive spatium (per Ax. 1.) non potest esse purum nihil; est ergo attributum, quod necessariò alicui rei tribui debet. Non Deo (per Propos. 16. Part. 1.); ergo rei, quæ indiget solo concursu Dei ad existendum (per Propos. 12. Part. 1.), hoc est (per Def. 2. hujus), substantiæ, q. e. d.

Lemma II.

Rarefactio, & Condensatio clarè, & distinctè à nobis concipiuntur, quamvis non concedamus, corpora in rarefactione majus spatium occupare, quàm in condensatione.

XIV. Se o canal A é do mesmo comprimento que C, mas C é duas vezes mais largo que A, e alguma matéria fluida passa pelo canal A com o dobro da velocidade com que passa pelo canal C, nesse mesmo espaço de tempo passará pelo canal A tanta matéria quanta por C; e se passar pelo canal A tanta matéria quanta por C, mover-se-á com o dobro da velocidade.

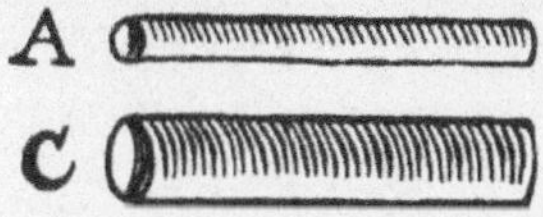

XV. Coisas que convêm a uma terceira convêm entre si. E as que são o dobro de uma mesma terceira são iguais entre si.[57]

XVI. Uma matéria que se move de diversas maneiras tem no mínimo tantas partes atualmente divididas quantos são os vários graus de velocidade que nela se observam simultaneamente.

XVII. A linha mais curta entre dois pontos é a reta.

XVIII. Se o corpo A, que se move de C para B, é repelido por um impulso contrário, mover-se-á para C pela mesma linha.

XIX. Dois corpos que têm modos[58] contrários, quando se chocam, são ambos forçados, ou no mínimo um deles o é, a sofrer alguma variação.

XX. Uma variação em alguma coisa procede de uma força maior.

XXI. Se, quando o corpo 1 se move para o corpo 2 e o impele, o corpo 8 se move para 1 a partir desse impulso, os corpos 1, 2, 3, etc. não podem estar em linha reta; mas todos, até o 8, compõem um círculo completo. Vê a def. 9.

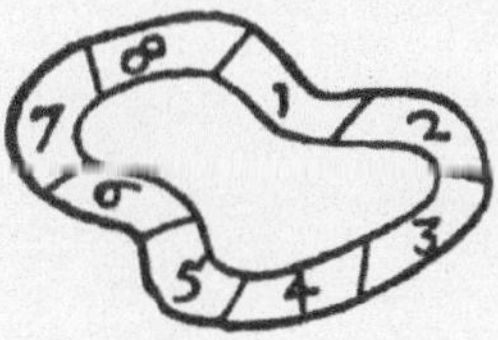

Lema I

Onde se dá a extensão, ou seja, o espaço, dá-se necessariamente uma substância.

Demonstração

A extensão, ou seja, o espaço (pelo ax. 1), não pode ser um puro nada; logo, é um atributo que necessariamente deve ser atribuído a alguma coisa. Não a Deus (pela prop. 16 da parte 1), logo a uma coisa que precisa só do concurso de Deus para existir (pela prop. 12 da parte 1), isto é (pela def. 2 desta parte), a uma substância; c.q.d.

Lema II

A rarefação e a condensação são clara e distintamente concebidas por nós, embora não concedamos que os corpos em rarefação ocupem um espaço maior do que em condensação.

Demonstratio.

Possunt enim clarè, & distinctè concipi per id solum, quòd partes alicujus corporis ab invicem recedant, vel ad invicem accedant. Ergo (per Ax. 4.) non majus, neque minus spatium occupabunt: nam si partes alicujus corporis, putà spongiæ, ex eo, quod ad invicem accedant, corpora, quibus ipsius intervalla replentur, expellant, per hoc solum istud corpus densius reddetur, nec ideò minus spatium, quàm antea ejus partes occupabunt (per Ax. 4.). Et si iterum ab invicem recedant, & meatus ab aliis corporibus repleantur, fiet rarefactio, nec tamen majus spatium occupabunt. Et hoc, quod ope sensuum clarè percipimus in spongiâ, possumus solo intellectu concipere de omnibus corporibus, quamvis eorum intervalla humanum sensum planè effugiant. Quare Rarefactio, & Condensatio clarè, & distinctè à nobis concipiuntur, &c. q. e. d.

Visum fuit hæc præmittere, ut intellectus præjudicia de Spatio, Rarefactione &c. exueret, & aptus redderetur ad ea, quæ sequentur, intelligenda.

Propositio I.

Quamvis durities, pondus, & reliquæ sensiles qualitates à corpore aliquo separentur, integra remanebit nihilominus natura corporis.

Demonstratio.

In duritie, putà hujus lapidis, nihil aliud sensus nobis indicat, nec aliud de ipsâ clarè, & distincte intelligimus, quàm quòd partes durorum corporum motui manuum nostrarum resistant. (per Ax. 3.): Quare (per Propos. 14. Part. 1) durities etiam nihil aliud erit. Si verò istud corpus in pulvisculos quàm minutissimos redigatur, ejus partes facilè recedent (per Ax. 12.), nec tamen corporis naturam amittet (per Ax. 5.), q. e. d.

In pondere, cæterisque sensilibus qualitatibus eodem modo procedit demonstratio.

Propositio II.

Corporis sive Materiæ natura in solâ extensione consistit.

Demonstratio.

Natura corporis non tollitur ex sublatione sensilium qualitatum (per Propos. 1. hujus); ergo neque constituunt ipsius essentiam (per Ax. 2.): Nihil ergo remanet præter extensionem, & ejus affectiones (per Ax. 7.). Quare, si tollatur extensio, nihil remanebit, quod ad naturam corporis

Demonstração

Com efeito, podem ser clara e distintamente concebidas só pelo fato de que as partes de um corpo aproximam-se ou afastam-se umas das outras. Logo (pelo ax. 4), não ocuparão um espaço nem maior nem menor, pois se as partes de um corpo, por exemplo de uma esponja, pelo fato de aproximarem-se umas das outras, expelem os corpos que preenchem seus intervalos, só por tal motivo esse corpo se tornará mais denso e nem por isso suas partes ocuparão um espaço menor que antes (pelo ax. 4). E se de novo afastam-se umas das outras e os canais são preenchidos por outros corpos, ocorre a rarefação e, todavia, não ocuparão um espaço maior. E o que por obra dos sentidos percebemos claramente na esponja, podemos conceber acerca de todos os corpos pelo só intelecto, embora os intervalos deles escapem completamente aos sentidos humanos. Por isso a rarefação e a condensação são clara e distintamente concebidas por nós, etc.; c.q.d.

Pareceu bom antecipar isso para dissipar os preconceitos do intelecto acerca do espaço, da rarefação, etc., e torná-lo apto a entender o que se segue.

Proposição I

Ainda que a dureza, o peso e as demais qualidades sensíveis sejam separadas de um corpo, a natureza do corpo não obstante permanecerá íntegra.

Demonstração

Na dureza, de uma pedra por exemplo, nada mais indicam-nos os sentidos e nada mais dela entendemos clara e distintamente senão que as partes dos corpos duros resistem ao movimento de nossas mãos (pelo ax. 3). Por isso (pela prop. 14 da parte 1) a dureza também nada mais será. Se esse corpo, por sua vez, for reduzido a uma poeira tão diminuta quanto possível, suas partes afastar-se-ão facilmente (pelo ax. 12), e todavia não perderá ele a natureza de corpo (pelo ax. 5); c.q.d.

Com o peso e as outras qualidades sensíveis, a demonstração procede da mesma maneira.

Proposição II

A natureza do corpo, ou seja, da matéria, consiste só na extensão.

Demonstração

Não se suprime a natureza do corpo com a retirada das qualidades sensíveis (pela prop. 1 desta parte); logo, não constituem a sua essência (pelo ax. 2). Logo, nada permanece além da extensão e suas afecções (pelo ax. 7).[59] Portanto, se se suprimir a extensão, não permanecerá nada que

pertineat, sed prorsus tolletur; ergo (per Ax. 2.) in solâ extensione Corporis natura consistit, q. e. d.

Corollarium.

Spatium, & Corpus in re non differunt.

Demonstratio.

Corpus, & extensio in re non differunt (per præced.), spatium etiam & extensio in re non differunt (per Defin. 6.); ergo (per Axiom. 15.) spatium, & corpus in re non differunt, q. e. d.

Scholium.

Quamvis dicamus, Deum esse ubique,* non ideò conceditur Deum esse extensum, hoc est (per præc.), corporeum; nam esse ubique refertur ad solam potentiam Dei, & ejus concursum, quo res omnes conservat: Adeò ut Dei, ubiquitas referatur non magis ad extensionem sive corpus, quàm ad angelos, & animas humanas. Sed notandum, quòd, cùm dicimus ipsius potentiam esse ubique, non secludamus ipsius essentiam; nam, ubi ipsius potentia, ibi etiam est ipsius essentia (per Corol. Propos. 17. P. 1.): Sed solùm, ut corporeitatem secludamus, hoc est, Deum non aliquâ potentiâ corporeâ esse ubique, sed potentiâ sive essentiâ divinâ, quæ communis est ad conservandum extensionem, & res cogitantes (per Prop. 17. P. 1.), quas profectò conservare non potuisset, si ipsius potentia, hoc est, essentia corporea esset.

Propositio III.

Repugnat, ut detur vacuum.

Demonstratio.

Per vacuum intelligitur extensio sine substantiâ corporeâ (per Def. 5.), hoc est (per Propos. 2. hujus), corpus sine corpore, quod est absurdum.

Ad uberiorem autem explicationem, & ad præjudicium de vacuo emendandum, legantur, Art. 17. & 18. Part. 2. Princ., ubi præcipuè notetur, quod corpora, inter quæ nihil interjacet, necessariò se mutuò tangant, & etiam, quòd nihili nullæ sint proprietates.

Propositio IV.

Una pars corporis non majus spatium occupat unâ vice, quàm aliâ, & contrà idem spatium unâ vice non plus corporis continet, quàm aliâ.

---

* Vide de his fusiùs in Append. Part. 2. c. 3. & 9. Vide Fig. Prop. seq.

pertença à natureza do corpo, mas esta será por inteiro suprimida; logo (pelo ax. 2), a natureza do corpo consiste só na extensão; c.q.d.

Corolário

O espaço e o corpo não diferem realmente.

Demonstração

O corpo e a extensão não diferem realmente (pela prop. preced.), e o espaço e a extensão também não diferem realmente (pela def. 6); logo (pelo ax. 15), o espaço e o corpo não diferem realmente; c.q.d.

Escólio

Embora digamos que Deus está em toda parte,* nem por isso se concede que Deus seja extenso, isto é (pela prop. preced.), corpóreo; pois estar em toda parte refere-se à só potência de Deus e a seu concurso, pelo qual ele conserva todas as coisas; de tal maneira que a ubiquidade de Deus não se refere mais à extensão, ou seja, ao corpo, do que aos anjos e às almas humanas. Mas é de notar que, quando dizemos que sua potência está em toda parte, não excluímos sua essência, pois onde está sua potência aí também está sua essência (pelo corol. da prop. 17, parte 1). Somente o dizemos para excluir a corporeidade, isto é, Deus não está em toda parte por alguma potência corpórea, mas pela potência ou essência divina, que é a mesma para conservar a extensão e as coisas pensantes (pela prop. 17, parte 1), as quais seguramente não poderia conservar se sua potência, isto é, sua essência fosse corpórea.

Proposição III

Repugna que se dê o vácuo.

Demonstração

Por vácuo entende-se a extensão sem a substância corpórea (pela def. 5), isto é (pela prop. 2 desta parte), um corpo sem corpo, o que é absurdo.

Para uma explicação mais abundante e para emendar o preconceito em torno do vácuo, leiam-se os art. 17 e 18 da parte 2 dos Princípios, *em que se nota principalmente que os corpos entre os quais nada se interpõe tocam-se necessariamente entre si e também que não há nenhuma propriedade do nada.*

Proposição IV

Uma única parte de um corpo não ocupa um espaço maior em uma vez do que em outra e, inversamente, o mesmo espaço não contém mais corpo em uma vez do que em outra.

---

* Sobre isto, vê mais amplamente no Apêndice, parte 2, cap. 3 e 9.

Demonstratio.

Spatium, & corpus in re non differunt (per Corol. Prop. 2. hujus). Ergo cùm dicimus, spatium unâ vice non majus est, quàm aliâ (per Ax. 13.), simul dicimus, corpus non posse majus esse, hoc est, majus spatium occupare unâ vice, quàm aliâ, quod erat primum. Porrò ex hoc, quòd spatium, & corpus in re non differunt, sequitur, cùm dicimus, corpus non posse majus spatium occupare unâ vice, quàm aliâ, nos simul dicere, idem spatium non plus corporis posse continere unâ vice, quam aliâ, q. e. d.

Corollarium.

Corpora, quæ æquale spatium occupant, putà aurum, & aër, æquè multum materiæ, sive substantiæ corporeæ habent.

Demonstratio.

Substantia corporea non in duritie e. g. auri, neque in mollitie e. g. aëris, neque in ullâ sensilium qualitatum (per Propos. 1. hujus): sed in solâ extensione consistit (per Propos. 2. hujus). Cùm autem (ex. Hyp.) tantundem spatii, sive (per Def. 6.) extensionis sit in uno, quàm in alio, ergo etiam tantundem substantiæ corporeæ, q. e. d.

Propositio V.

Nullæ dantur Atomi.

Demonstratio.

Atomi sunt partes materiæ indivisibiles ex suâ naturâ (per Def. 3.): sed cùm natura materiæ consistat in extensione (per Prop. 2. hujus), quæ naturâ suâ, quantumvis parva, est divisibilis (per Ax. 9. & Def. 7.), ergo pars materiæ, quantumvis parva, naturâ suâ est divisibilis, h. e. nullæ dantur Atomi, sive partes materiæ naturâ suâ indivisibiles, q. e. d.

Scholium.

Magna, & intricata quæstio de Atomis semper fuit. Quidam asserunt dari Atomos, ex eo, quod infinitum non potest esse majus alio infinito; & si duæ quantitates, putà A, & dupla ipsius A, sint divisibiles in infinitum, poterunt etiam potentiâ Dei, qui eorum infinitas partes uno intuitu intelligit, in infinitas partes actu dividi. Ergo, cùm, ut dictum est, unum infinitum non majus sit alio infinito, erit quantitas A æqualis suo duplo, quod est absurdum. Deinde etiam quærunt, an dimidia pars numeri infiniti sit etiam infinita; & an par sit an impar,

Demonstração

O espaço e o corpo não diferem realmente (pelo corol. da prop. 2 desta parte). Logo, quando dizemos que o espaço não é maior em uma vez do que em outra (pelo ax. 13), dizemos simultaneamente que um corpo não pode ser maior, isto é, ocupar um espaço maior em uma vez do que em outra; o que era primeiro. Continuando, a partir do fato de que o espaço e o corpo não diferem realmente, segue-se que, quando dizemos que um corpo não pode ocupar um espaço maior em uma vez do que em outra, dizemos simultaneamente que o mesmo espaço não pode conter mais corpo em uma vez do que em outra; c.q.d.

Corolário

Corpos que ocupam um espaço igual, o ouro e o ar por exemplo, têm uma igual quantidade de matéria, ou seja, de substância corpórea.

Demonstração

A substância corpórea não consiste na dureza, por ex. do ouro, nem na moleza, por ex. do ar, nem em nenhuma das qualidade sensíveis (pela prop. 1 desta parte), mas só na extensão (pela prop. 2 desta parte). Ora, como (por hip.) há tanto espaço, ou seja (pela def. 6), extensão, em um quanto em outro, logo também há tanta substância corpórea; c.q.d.

Proposição V

Não se dão átomos.

Demonstração

Os átomos são partes da matéria indivisíveis por sua própria natureza (pela def. 3); mas como a natureza da matéria consiste na extensão (pela prop. 2 desta parte), que por sua natureza, por pequena que seja, é divisível (pela ax. 9 e def. 7), logo uma parte da matéria, por pequena que seja, é por sua natureza divisível, isto é, não se dão átomos, ou seja, partes da matéria indivisíveis por sua natureza, c.q.d.

Escólio

A questão dos átomos sempre foi importante e intrincada. Alguns asseveram que se dão átomos porque um infinito não pode ser maior que outro infinito, e se duas quantidades – suponha-se A e o dobro de A – fossem divisíveis ao infinito, poderiam também ser atualmente divididas em infinitas partes pela potência de Deus, que entende as infinitas partes delas numa só intuição. Logo, como dito, já que um infinito não pode ser maior que outro infinito, a quantidade A seria igual ao seu dobro; o que é absurdo. Ademais, também perguntam se a metade de um número infinito é também infinita,

& alia ejusmodi. Ad quæ omnia Cartesius respondit, nos non debere ea, quæ sub nostrum intellectum cadunt, ac proinde clarè, & distinctè concipiuntur, rejicere propter alia, quæ nostrum intellectum aut captum excedunt, ac proinde non, nisi admodum inadæquatè, à nobis percipiuntur. Infinitum verò, & ejus proprietates humanum intellectum, naturâ scilicet finitum, excedunt; adeòque ineptum foret id, quod clarè, & distinctè de spatio concipimus, tanquam falsum rejicere, sive de eo dubitare, propterea quòd non comprehendamus infinitum. Et hanc ob causam Cartesius ea, in quibus nullos fines advertimus, qualia sunt extensio mundi, divisibilitas partium materiæ &c. pro indefinitis habet. Lege Art. 26. Part. 1. Princip.

Propositio VI.

Materiæ est indefinitè extensa, materiaque cœli, & terræ una eademque est.

Demonstratio.

1. Partis. Extensionis, id est (per Prop. 2. hujus) materiæ nullos fines imaginari possumus, nisi ultra ipsos alia spatia immediatè sequentia (per Ax. 10.), id est (per Def. 6.) extensionem sive materiam concipiamus, & hoc indefinitè Quod erat primum.

2. Partis. Essentia materiæ consistit in extensione (per Propos. 2. hujus), eaque indefinita (per 1. partem), hoc est (per Def. 4.) quæ sub nullis finibus ab humano intellectu percipi potest: ergo (per Ax. 11.) non est multiplex, sed ubique una eademque. Quod erat secundum.

Scholium.

Hucusque de naturâ sive essentiâ extensionis egimus. Quod autem talis, qualem illam concipimus, à Deo creata existat, Propositione ultimâ Primæ Partis demonstravimus; & ex Proposit. 12. primæ Partis sequitur, nunc eandem eâdem, quâ creata est potentiâ, conservari. Deinde etiam eâdem ultimâ Propos. prim. Part. demonstravimus nos, quatenus res cogitantes, unitos esse parti alicui istius materiæ, cujus ope percipimus, dari actu omnes illas variationes, quarum, ex solâ materiæ contemplatione, eam scimus esse capacem, uti sunt divisibilitas, motus localis, sive migratio unius partis ex uno loco in alium, quam clarè, & distinctè percipimus, modò intelligamus, alias partes materiæ in locum migrantium succedere. Atque hæc divisio, & motus infinitis modis à nobis concipiuntur, ac proinde infinitæ etiam materiæ varitiones concipi possunt. Dico, eas clarè distinctèque

se é par ou ímpar, e outras coisas do gênero. A isso tudo Descartes responde que não devemos rejeitar as coisas que caem sob nosso intelecto, e por conseguinte são clara e distintamente concebidas, devido a outras que excedem nosso intelecto e nossa apreensão, e que por conseguinte não são percebidas por nós a não ser muito inadequadamente. O infinito e suas propriedades de fato excedem o intelecto humano, por natureza finito; de maneira que seria inepto rejeitar como falso o que concebemos clara e distintamente acerca do espaço, ou seja, disso duvidar, em virtude de não compreendermos o infinito. E por causa disso tem Descartes por indefinidas as coisas em que não observamos nenhum limite, quais sejam, a extensão do mundo, a divisibilidade das partes da matéria, etc. Lê o art. 26 da parte 1 dos *Princípios*.

Proposição VI

A matéria é indefinidamente extensa e a matéria do céu e da terra é uma só e mesma matéria.

Demonstração

Da 1ª parte. Não podemos imaginar quaisquer limites da extensão, isto é (pela prop. 2 desta parte), da matéria, a não ser que concebamos além deles outros espaços que se seguem imediatamente (pelo ax. 10), isto é (pela def. 6), extensão, ou seja, matéria, e isso indefinidamente; o que era primeiro.

Da 2ª parte. A essência da matéria consiste na extensão (pela prop. 2 desta parte) e ela é indefinida (pela 1ª parte), isto é (pela def. 4), não pode ser percebida pelo intelecto humano sob quaisquer limites; logo (pelo ax. 11) não é múltipla, mas é em toda parte uma só e mesma matéria. O que era o segundo.

Escólio

Até aqui tratamos da natureza, ou seja, essência, da extensão. Que ela existe, criada por Deus, tal qual a concebemos, nós o demonstramos na última proposição da primeira parte, e da prop. 12 da primeira parte segue-se que ela é conservada agora pela mesma potência pela qual foi criada. Ademais, também pela mesma última prop. da primeira parte, demonstramos que nós, enquanto coisas pensantes, estamos unidos a uma parte dessa matéria, em virtude da qual percebemos que se dão em ato todas aquelas variações de que, pela só contemplação da matéria, sabemos que ela é capaz, como são a divisibilidade e o movimento local, ou seja, a passagem de uma parte de um lugar para outro, o que percebemos clara e distintamente, contanto que entendamos que outras partes da matéria tomam o lugar das que saíram. E esta divisão e este movimento são por nós concebidos de infinitas maneiras, e por conseguinte também se podem conceber infinitas variações da matéria. Digo que elas são clara e distintamente concebidas por nós enquanto

à nobis concipi, quamdiu nempe ipsas, tanquam extensionis modos, non autem tanquam res ab extensione realiter distinctas concipimus, ut fusè est explicatum Princip. Part. 1 Et quamvis Philosophi alios quamplures motus finxerunt, nobis tamen nihil, nisi quod clarè, & distinctè concipimus, admittentibus, quia nullius motûs, præter localem, extensionem esse capacem, clarè, & distinctè intelligimus, nec etiam ullus alius sub nostram imaginationem cadit, nullus etiam præter localem erit admittendus.

Verùm Zeno, ut fertur, negavit motum localem, idque ob varias rationes, quas Diogenes Cynicus suo more refutavit, deambulando scilicet per Scholam, in quâ hæc Zenone docebantur: auditoresque illius suâ deambulatione perturbando. Ubi autem sensit, se à quodam auditore detineri, ut ejus ambulationem impediret, ipsum increpuit, dicens, cur sic ausus es tui magistri rationes refutare. Sed ne fortè quis per rationes Zenonis deceptus, putet sensus aliquid, motum scilicet, nobis ostendere, quod planè intellectui repugnet, adeò ut mens etiam circa ea, quæ ope intellectûs clarè, & distinctè percipit, deciperetur; præcipuas ipsius rationes hic adferam, simulque ostendam, eas non nisi falsis niti præjudiciis: nimirum, quia verum materiæ conceptum nullum habuit.

Primò itaque ajunt, ipsum dixisse, quòd, si daretur motus localis, motus corporis circulariter summâ celeritate moti non differret à quiete: Atqui hoc absurdum, ergo & illud. Probat consequens. Illud corpus quiescit, cujus omnia puncta assiduè manent in eodem loco: atqui omnia puncta corporis circulariter summâ celeritate moti assiduè manent in eodem loco; ergo &c. Atque hoc ipsum dicunt explicasse exemplo rotæ, putà ABC, quæ si quâdam celeritate circa centrum suum moveatur, punctum A citiùs per B & C absolvet circulum, quàm si tardiùs moveretur. Ponatur igitur e. g. cùm tardè incipit moveri post lapsam horam esse in eodem loco, à quo incepit. Quòd si verò duplo celeriùs moveri ponatur, erit in loco, à quo incepit moveri, post lapsam dimidiam horam, & si quadruplo celeriùs post lapsum quadrantem, & si concipiamus hanc celeritatem in infinitum augeri, & tempus diminui usque in momenta: tum punctum A in summâ illâ celeritate omnibus momentis, sive assiduè erit in loco, à quo incipit moveri, atque adeò in eodem semper manet loco; & id, quod de puncto A intelligimus, intelligendum etiam est de omnibus punctis hujus rotæ; quocirca omnia puncta in summâ illâ celeritate assiduè manent in eodem loco.

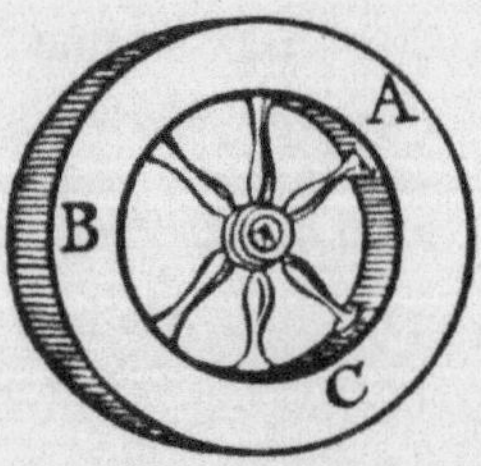

as concebemos como modos da extensão, mas não como coisas realmente distintas da extensão, como foi amplamente explicado na parte 1 dos *Princípios*. E embora outros filósofos tenham forjado outros tantos movimentos, contudo, como nada admitimos senão o que concebemos clara e distintamente, e já que entendemos clara e distintamente que a extensão não é capaz de nenhum movimento além do local, e tampouco cai sob nossa imaginação algum outro, também não será de admitir nenhum movimento além do local.

Todavia, como se conta, Zenão negou o movimento local, e isso devido a várias razões que Diógenes, o Cínico, refutou à sua maneira, a saber, caminhando pela escola em que Zenão ensinava essas coisas e perturbando os ouvintes daquele com sua caminhada. Quando sentiu Diógenes que um ouvinte o detinha para impedir sua caminhada, repreendeu-o dizendo: "como ousas assim refutar as razões de teu mestre?"[60] Mas para o acaso de alguém, enganado pelas razões de Zenão, achar que os sentidos mostram-nos algo, a saber, o movimento, que repugna completamente ao intelecto, de maneira que a mente engane-se também acerca do que por obra do intelecto percebe clara e distintamente, aduzirei aqui as razões principais de Zenão e mostrarei simultaneamente que elas não se apoiam senão em falsos preconceitos; pudera, já que ele não teve um conceito verdadeiro da matéria.

E assim, primeiro, ajuntam ter ele dito que, se se desse o movimento local, o movimento de um corpo movido circularmente em uma suma velocidade não diferiria do repouso. Ora, isto é absurdo, logo também aquilo. Ele prova o consequente: aquele corpo cujos pontos permanecem todos no mesmo lugar repousa; ora, todos os pontos do corpo movido circularmente em uma suma velocidade permanecem sem interrupção no mesmo lugar; logo, etc. E isso, dizem, explicou ele com o exemplo de uma roda, por ex. ABC: se ela se move a certa velocidade em torno de seu próprio centro, o ponto A completa um círculo por B e C mais rápido do que se se movesse mais lentamente. Suponha-se então, por ex., que, quando começa a mover-se lentamente, após o lapso de uma hora estará no mesmo lugar em que começou. Já se se supõe que se move com o dobro da velocidade, estará no lugar em que começou a mover-se após o lapso de meia hora; e se se move com o quádruplo da velocidade, após o lapso de um quarto de hora; e se concebermos esta velocidade aumentar ao infinito e o tempo diminuir até um instante, então o ponto A estará naquela suma velocidade em todos os instantes, ou seja, estará sem interrupção no mesmo lugar de onde começa a mover-se, de maneira que permanece sempre no mesmo lugar; e o que entendemos sobre o ponto A cumpre entender-se também de todos os pontos dessas roda; por isso todos os pontos que estiverem naquela suma velocidade permanecerão sem interrupção no mesmo lugar.

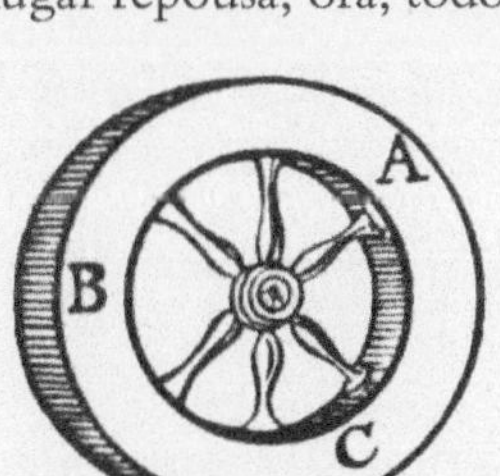

Verùm, ut respondeam, venit notandum hoc argumentum magis esse contra summam motûs celeritatem, quàm contra motum ipsum: attamen an rectè argumentetur Zeno, hîc non examinabimus, sed potiùs ipsius præjudicia, quibus tota hæc argumentatio, quatenus ea motum impugnare putat, nititur, detegemus. Primò igitur supponit corpora adeò celeriter posse concipi moveri, ut celeriùs moveri nequeant. Secundò tempus componi ex momentis, sicut alii componi quantitatem ex punctis indivisibilibus conceperunt. Quod utrumque falsum: Nam nunquam motum adeò celerem concipere possumus, quo simul celeriorem non concipiamus. Repugnat enim nostro intellectui, motum, quantumvis parvam lineam describentem, adeò celerem concipere, ut celerior non dari possit. Atque idem etiam locum habet in tarditate: Nam implicat concipere motum adeò tardum, ut tardior non dari possit. De tempore etiam, quod motûs mensura est, idem asserimus, videlicet, quòd clarè repugnat nostro intellectui concipere, quo brevius non dari possit. Quæ omnia ut probemus, vestigia Zenonis sequamur. Ponamus igitur, ut ipse, Rotam ABC circa centrum tali celeritate moveri, ut punctum A omnibus momentis sit in loco A, à quo movetur.

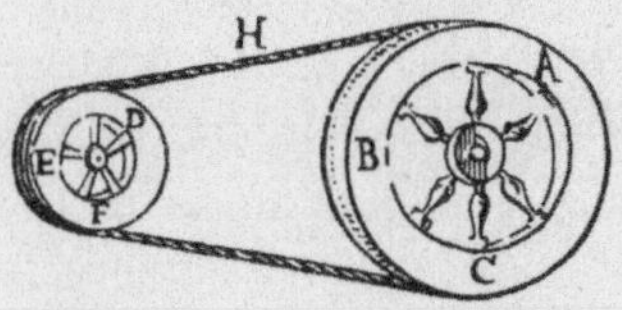

Dico me clarè concipere celeritatem hac indefinitè celeriorem, & consequenter momenta in infinitum minora. Nam ponatur, dum rota ABC circa centrum movetur, facere ope chordæ H, ut etiam alia rota DEF (quam ipsa duplo minorem pono) circa centrum moveatur. Cùm autem rota DEF duplo minor supponatur rotâ ABC, perspicuum est, rotam DEF duplo celeriùs moveri rotâ ABC; & per consequens punctum D singulis dimidiis momentis esse iterum in eodem loco, à quo incepit moveri. Deinde si rotæ ABC tribuamus motum rotæ DEF, tum DEF quadruplo celeriùs movebitur, quam antea; & si iterum hanc ultimam celeritatem rotæ DEF tribuamus rotæ ABC, tum DEF octuplo celeriùs movebitur, & sic in infinitum. Verùm ex solo materiæ conceptu hoc clarissimè apparet. Nam materiæ essentia consistit in extensione, sive spatio semper divisibili, ut probavimus; ac motus sine spatio non datur. Demonstravimus etiam, quòd una pars materiæ non potest simul duo spatia occupare; idem enim esset, ac si diceremus, unam partem materiæ æqualem esse suo duplo, ut ex suprà demonstratis patet: ergo si pars materiæ movetur, per spatium aliquod movetur, quod spatium, quantumvis parvum fingatur esse, & per consequens etiam tempus, per quod ille motus mensuratur, erit tamen

Para responder, porém, é de notar que esse argumento vai mais contra a suma velocidade do movimento que contra o próprio movimento; no entanto, não examinaremos aqui se Zenão argumenta corretamente, mas antes detectaremos os seus preconceitos, nos quais se apoia toda essa argumentação enquanto pensa invalidar o movimento. Primeiramente, pois, ele supõe poder conceber que os corpos movem-se tão velozmente que não possam mover-se mais rápido. Segundo, que o tempo é composto de instantes, assim como outros conceberam que a quantidade é composta de pontos indivisíveis. Um e outro são falsos, pois nunca podemos conceber um movimento tão veloz que simultaneamente não concebamos um mais veloz. Com efeito, repugna a nosso intelecto conceber um movimento, por menor que seja a linha por ele descrita, tão veloz que não se possa dar um mais veloz. E o mesmo também tem lugar na lentidão; pois implica contradição[61] conceber um movimento tão lento que não se possa dar um mais lento. Do tempo, que é medida do movimento, também asseveramos o mesmo, a saber, que claramente repugna a nosso intelecto conceber um tempo tal que não se possa dar um mais breve. Para provar tudo isso, sigamos os passos de Zenão. Suponhamos então, como ele, que uma roda ABC move-se em torno do centro em tal velocidade que o ponto A esteja, em todos os instantes, no lugar A, a partir do qual se move. Digo que concebo com clareza uma velocidade indefinidamente mais veloz que esta e, por consequência, instantes infinitamente menores. Pois suponha-se que, enquanto a roda ABC move-se em torno ao seu centro, ela faz, por meio da corda H, que também outra roda DEF (que suponho duas vezes menor que aquela) mova-se em torno de seu centro. Mas, como se supõe que a roda DEF é duas vezes menor que a roda ABC, é perspícuo que a roda DEF move-se com o dobro da velocidade da roda ABC; e por consequência, o ponto D estará de novo no mesmo lugar em que começou a mover-se na metade de cada instante. Ademais, se atribuirmos à roda ABC o movimento da roda DEF, então DEF mover-se-á com o quádruplo da velocidade de antes;[62] e se de novo atribuirmos esta última velocidade da roda DEF à roda ABC, então DEF mover-se-á com o óctuplo da velocidade; e assim ao infinito. Na verdade, isso aparece clarissimamente a partir do só conceito de matéria; pois a essência da matéria consiste na extensão, ou seja, no espaço sempre divisível, como provamos; e não se dá o movimento sem espaço. Demonstramos também que uma parte da matéria não pode ocupar simultaneamente dois espaços; com efeito, seria o mesmo que dizer que uma parte de matéria é igual ao seu dobro, como é patente pelo que foi demonstrado acima; logo, se uma parte de matéria se move, move-se por algum espaço, e este espaço, por menor que se o forje, e por consequência também o tempo pelo qual aquele movimento é medido,

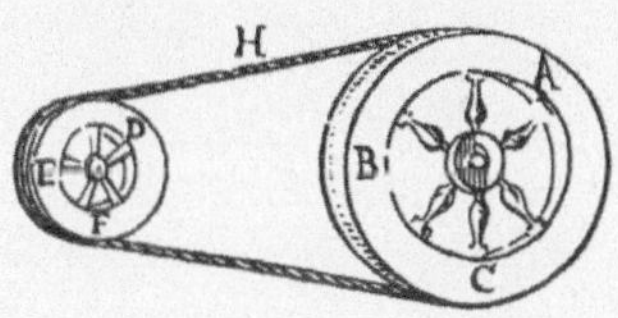

divisibile, & per consequens duratio istius motûs sive tempus divisibile erit, & hoc in infinitum, q. e. d.

Pergamus jam ad aliud, quod ab ipso allatum dicitur sophisma, nempe hujusmodi. Si corpus movetur, aut movetur in loco, in quo est, aut in quo non est. At non, in quo est: nam, si alicubi est, necessariò quiescit. Neque etiam, in quo non est: Ergo corpus non movetur. Sed hæc argumentatio est planè similis priori; supponit enim etiam dari tempus, quo minus non detur: nam si ei respondeamus, corpus moveri non in loco, sed à loco, in quo est, ad locum, in quo non est; rogabit, an in locis intermediis non fuit. Si respondeamus distinguendo, si per *fuit* intelligitur, *quievit*, nos negare alicubi fuisse, quamdiu movebatur: sed si per *fuit* intelligitur, *exstitit*, nos dicere, quòd, quamdiu movebatur, necessariò existebat: Iterum rogabit, ubinam exstiterit, quamdiu movebatur. Si denuo respondeamus, si per illud *ubinam exstiterit*, rogare velit, *quem locum servaverit*, quamdiu movebatur, nos dicere nullum servasse: si verò *quem locum mutaverit*, nos dicere omnia, quæ assignare velit loca illius spatii, per quod movebatur, mutasse: perget rogare, an eodem temporis momento locum occupare, & mutare potuit. Ad quod denique respondemus, distinguendo scilicet, ipsum, si per temporis momentum, intelligat tale tempus, quo minus dari non possit, rem non intelligibilem, ut satis ostensum est, rogare, ideòque responsione indignam: si verò tempus eo sensu, quo suprà explicui, sumit, id est, suo vero sensu, nunquam tam parvum tempus posse assignare, quo quamvis etiam vel indefinitè brevius ponatur, non posset corpus locum occupare & mutare, quòd satis attendenti est manifestum. Unde clarè patet, quod suprà dicebamus, ipsum supponere tempus tam parvum, quo minus dari non possit, ac proinde etiam nihil probare.

Præter hæc duo aliud adhuc Zenonis circumfertur argumentum, quod simul cum ejus refutatione legi potest apud Cartes. Epistol. penultim. volum. prim.

Velim autem hîc Lectores meos animadvertere, me rationibus Zenonis meas opposuisse rationes, adeòque ipsum ratione redarguisse; non autem sensibus, quemadmodum Diogenes fecit. Neque enim sensus aliud quid veritatis inquisitori suggerere possunt, quàm Naturæ Phænomena, quibus determinatur ad illorum causas investigandas: non autem unquam quid, quod intellectus clarè, & distinctè verum esse deprehendit, falsum esse, ostendere. Sic enim nos judicamus, adeòque hæc nostra est Methodus, res, quas proponimus, rationibus clarè, & distinctè ab intellectu perceptis, demonstrare; insuper habentes, quidquid, quod iis contrarium videtur,

será contudo divisível e, por consequência, a duração desse movimento ou tempo será divisível, e isso ao infinito; c.q.d.

Passemos agora ao outro ponto, que pelo próprio Zenão é dito um sofisma; é o seguinte: se um corpo move-se, ou bem move-se no lugar em que está, ou bem no lugar em que não está. Ora, não no lugar em que está, pois se está em alguma parte, necessariamente repousa. Tampouco no lugar em que não está. Logo, o corpo não se move. Mas essa argumentação é completamente semelhante à anterior; com efeito, também supõe dar-se um tempo tal que não se dê um menor; e se a isso respondermos que o corpo move-se não no lugar, mas do lugar em que está para um lugar em que não está, ele perguntará se não esteve nos lugares intermediários. Se respondermos distinguindo: se por *esteve* entende-se *repousou*, negamos que tenha estado em qualquer parte enquanto se movia; mas se por *esteve* entende-se *existiu*, diremos que, enquanto se movia, necessariamente existia. De novo indagará onde existia enquanto se movia. Se novamente respondermos: se por aquele *onde existia* quer indagar *que lugar conservou* enquanto se movia, diremos que não conservou lugar algum; já se quer indagar *de que lugar mudou*, diremos que mudou de todos os que ele quer assinalar como lugares daquele espaço pelo qual se movia. E passará a indagar se o corpo pôde no mesmo instante de tempo ocupar um lugar e dele mudar. Ao que enfim responderemos distinguindo: se por instante de tempo entende um tempo tal que não se possa dar um menor, indaga por uma coisa não inteligível, como mostrou-se suficientemente, e por isso não merece resposta; já se assume o tempo no sentido em que expliquei acima, isto é, no sentido verdadeiro, nunca poderá assinalar um tempo tão pequeno que, embora também se o suponha indefinidamente mais breve, no seu decorrer o corpo não possa ocupar um lugar e dele mudar; o que é manifesto a quem atentar suficientemente. Donde aparece claramente o que dissemos acima: ele supõe um tempo tão pequeno que não se possa dar um menor e, por conseguinte, também nada prova.

Além desses dois casos, difunde-se ainda um outro argumento de Zenão que, junto com sua refutação, pode-se ler em Descartes, na penúltima carta do primeiro volume.[63]

Gostaria aqui de advertir meus leitores que às razões de Zenão opus minhas razões, de maneira que o refutei pela razão, e não pelos sentidos, tal como fez Diógenes. E, com efeito, os sentidos não podem sugerir ao pesquisador da verdade outra coisa senão fenômenos da natureza pelos quais é determinado a investigar as suas causas, mas nunca podem mostrar ser falso algo que o intelecto clara e distintamente depreende ser verdadeiro. Assim, com efeito, e este é nosso método, julgamos demonstrar as coisas que propomos por razões clara e distintamente percebidas pelo intelecto, pouco caso fazendo do que quer que os sentidos ditem e que pareça

sensus dictent; qui, ut diximus, intellectum solummodo determinare queunt, ut hoc potiùs, quàm illud inquirat, non autem falsitatis, cùm quid clarè, & distinctè percepit, arguere.

Propositito VII.

Nullum corpus locum alterius ingreditur, nisi simul illud alterum locum alicujus alterius corporis ingrediatur.

Demonstratio.

Si negas, ponatur, si fieri potest, corpus A ingredi locum corporis B, quod suppono ipsi A æquele, & à suo loco non recedere:* ergo spatium, quod tantùm continebat B, jam (per Hypothes.) continet A & B: adeòque duplum substantiæ corporæ, quàm antea continebat, quod (per Prop. 4. hujus) est absurdum: Ergo nullum corpus locum alterius ingreditur, &c. q. e. d.

Propositio VIII.

Cùm corpus aliquod locum alterius ingreditur, eodem temporis momentos locus ab eo derelictus ab alio corpore occupatur, quod ipsum immediatè tangit.

Demonstratio.

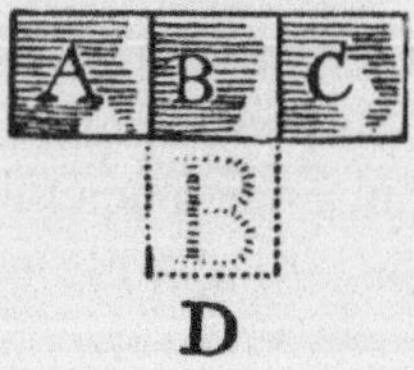

Si corpus B movetur versus D, corpora A & C eodem temporis momento ad se invicem accedent, ac se invicem tangent, vel non. Si ad se invicem accedant, & tangant, conceditur intentum. Si verò non ad se invicem accedant, sed totum spatium à B derelictum, inter A & C interjaceat, ergo corpus æquale ipsi B (per Corol. Propos. 2. hujus, & Corol. Prop. 4. hujus) interjacet. At non (per Hypothes.) idem B: ergo aliud, quod eodem temporis momento ipsius locum ingreditur; & cùm eodem temporis momento ingrediatur, nullum aliud potest esse, quàm quod immediatè tangit, per Schol. Prop. 6. hujus; ibi enim demonstravimus, nullum dari motum ex uno loco in alium, qui tempus, quo brevius semper datur, non requirat: Ex quo sequitur, spatium corporis B eodem temporis momento ab alio corpore non posse occupari, quod per spatium aliquod moveri deberet, antequam ejus locum ingrederetur. Ergo tantùm corpus, quod B immediatè tangit, eodem temporis momento illius locum ingreditur, q. e. d.

---

* Vide Fig. Prop. seq.

contrário a elas; os sentidos, como dissemos, podem tão somente determinar o intelecto a que indague isso de preferência àquilo, mas não acusá-lo de falsidade quando ele percebe algo clara e distintamente.

Proposição VII

Nenhum corpo toma o lugar de outro a não ser que este simultaneamente tome o lugar de algum outro corpo.

Demonstração

Se negas, suponha-se, se puder ser feito, que um corpo A toma o lugar de um corpo B, que suponho igual a A, e não se afasta de seu lugar;* logo, o espaço que continha apenas B contém agora (por hip.) A e B; e por isso contém o dobro de substância corpórea que continha antes; o que (pela prop. 4 desta parte) é absurdo. Logo, nenhum corpo toma o lugar de outro, etc.; c.q.d.

Proposição VIII

Quando algum corpo toma o lugar de outro, o lugar por ele deixado é no mesmo instante de tempo ocupado por algum outro corpo, que o toca imediatamente.

Demonstração

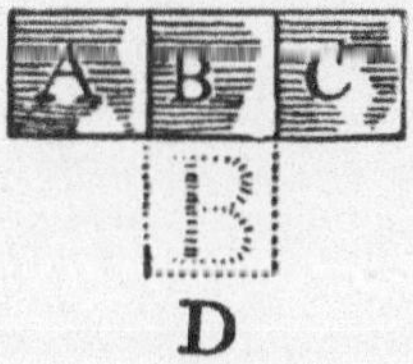

Se um corpo B move-se para D, os corpos A e C no mesmo instante de tempo aproximam-se um do outro e tocam-se entre si, ou não. Se se aproximam e tocam-se entre si, concede-se o pretendido. Se, por outro lado, não se aproximam entre si, mas todo o espaço deixado por B interpõe-se entre A e C, então um corpo igual a B (pelo corol. da prop. 2 desta parte e pelo corol. da prop. 4 desta parte) interpõe-se. Ora, não é (por hip.) o próprio B; logo, é outro que no mesmo instante de tempo toma o seu lugar; e como o toma no mesmo instante de tempo, não pode ser nenhum outro senão aquele que o toca imediatamente, pelo esc. da prop. 6 desta parte; com efeito, demonstramos ali que não se dá nenhum movimento de um lugar para outro que não requeira um tempo tal que sempre se dê um mais breve. Donde se segue que o espaço do corpo B não pode ser ocupado no mesmo instante de tempo por outro corpo que, antes de tomar o lugar dele, devesse mover-se por algum espaço. Logo, apenas o corpo que toca imediatamente B toma-lhe o lugar no mesmo instante de tempo; c.q.d.

---

* Vê a fig. da prop. seg.

Scholium.

Quoniam partes materiæ realiter ab invicem distinguuntur (per Art. 61. Part. 1. Princip., una absque aliâ esse potest (per Corol. Propos. 7. Part. 1.); nec ab invicem dependent: Quare omnia illa figmenta de Sympathiâ, & Antiphatiâ, ut falsa, sunt rejicienda. Porrò cum causa alicujus effectûs semper positiva debeat esse (per Axiom. 8. Part. 1.), nunquam dicendum erit, quòd corpus aliquod movetur, ne detur vacuum: sed tantùm ex alterius impulsu.

Corollarium.

In omni motu integer Circulus corporum simul movetur.

Demonstratio.

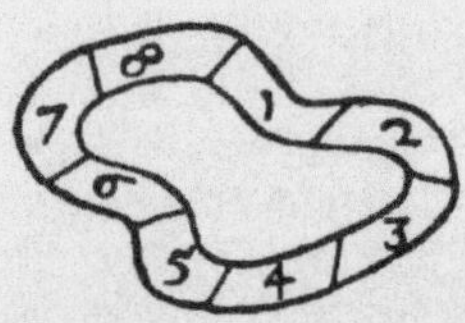

Eo tempore, quo corpus 1 ingreditur locum corporis 2, hoc corpus 2, in alterius locum, putà 3, debet ingredi, & sic porrò (per Propos. 7. hujus): Deinde eodem temporis momento, quo corpus 1 locum corporis 2 ingrediebatur, locus, à corpore 1 derelictus, ab alio occupari debet (per Prop. 8. hujus), putà 8, aut aliud, quod ipsum 1 immediatè tangit; quod cùm fiat ex solo impulsu alterius corporis (per Scholium præced.), quod hic supponitur esse 1, non possunt omnia hæc corpora mota in eâdem rectâ lineâ esse (per Axiom. 21.): sed (per Definit. 9) integrum circulum describunt, q. e. d.

Propositio IX.

Si canalis ABC circularis sit aquâ plenus, & in A sit quadruplo latior, quàm in B, eo tempore, quo illa aqua (vel aliud corpus fluidum), quæ est in A, versus B incipit moveri, aqua, quæ est in B, quadruplo celeriùs movebitur.

Demonstratio.

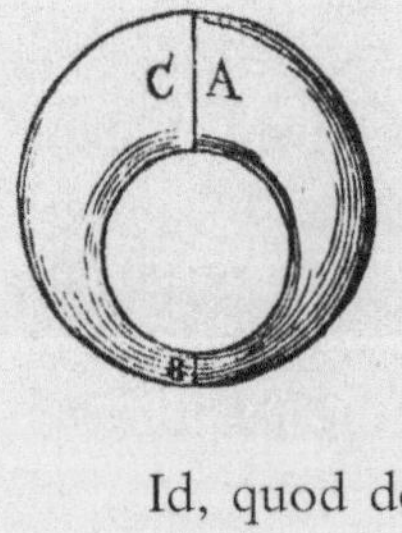

Cùm tota aqua, quæ est in A, movetur versus B, debet simul tantundem aquæ ex C, quæ A immediatè tangit, ejus locum ingredi (per Propos. 8. hujus): & ex B tantundem aquæ locum C debebit ingredi (per eandem): ergo (per Ax. 14.) quadruplo celeriùs movebitur, q. e. d.

Id, quod de circulari canali dicimus, etiam est intelligendum de omnibus inæqualibus spatiis, per quæ corpora, quæ simul moventur, coguntur transire; demonstratio enim in cæteris eadem erit.

Escólio

Porquanto as partes da matéria distinguem-se realmente umas das outras (pelo art. 61 da parte 1 dos *Princípios*), uma pode existir sem a outra (pelo corol. da prop. 7 da parte 1) e não dependem uma da outra. Por isso todas aquelas ficções acerca da simpatia e da antipatia devem ser rejeitadas como falsas. Continuando, como a causa de um efeito deve ser sempre positiva (pelo ax. 8 da parte 1), nunca se deverá dizer que algum corpo move-se para que não se dê o vácuo, mas apenas a partir do impulso de outro.

Corolário

Em todo movimento um círculo completo dos corpos move-se em simultâneo.

Demonstração

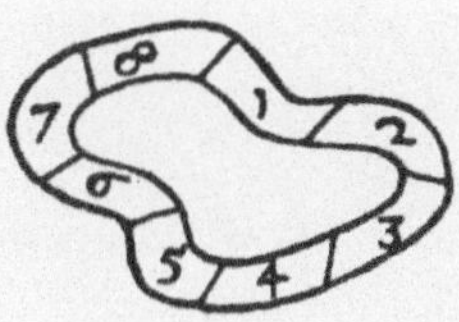

No tempo em que o corpo 1 toma o lugar do corpo 2, este corpo 2 deve tomar o lugar de outro, por exemplo 3, e assim por diante (pela prop. 7 desta parte). Ademais, no mesmo instante do tempo em que o corpo 1 tomava o lugar do corpo 2, o lugar deixado pelo corpo 1 deve ser ocupado por outro (pela prop. 8 desta parte), por exemplo 8, ou outro que toca imediatamente o corpo 1; como isso ocorre a partir do só impulso de outro corpo (pelo escólio preced.), que aqui se supõe ser 1, todos esses corpos movidos não podem estar em uma mesma linha reta (pelo ax. 21), mas (pela def. 9) descrevem um círculo completo; c.q.d.

Proposição IX

Se um canal circular ABC está cheio de água e em A é quatro vezes mais largo que em B, no tempo em que a água (ou outro corpo fluido) que está em A começa a mover-se para B, a água que está em B mover-se-á com o quádruplo da velocidade.

Demonstração

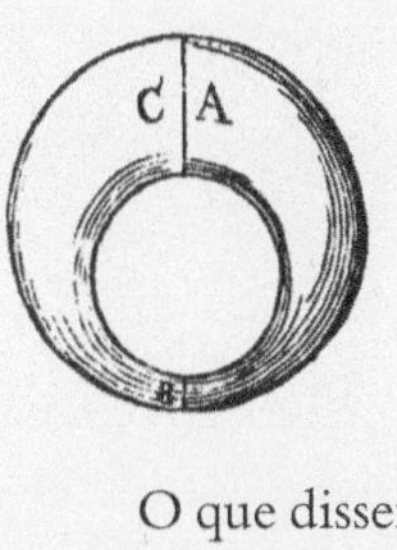

Como toda a água que está em A move-se para B, o mesmo tanto de água vindo de C, que toca imediatamente A, deve simultaneamente tomar todo o lugar deste (pela prop. 8 desta parte); e o mesmo tanto de água vindo de B deverá tomar o lugar C (pela mesma prop.); logo (pelo ax. 14), a água mover-se-á com o quádruplo da velocidade, c.q.d.

O que dissemos do canal circular cumpre também entender de todos os espaços desiguais pelos quais são forçados a passar os corpos que se movem simultaneamente; com efeito, a demonstração será a mesma nos outros casos.

Lemma.

Si duo Semicirculi ex eodem centro describantur, ut A & B: spatium inter peripherias erit ubique æquale: Si verò ex diversis centris describantur, ut C & D, spatium inter peripherias erit ubique inæquale.

Demonstratio patet ex solâ definitione circului.

Propositio X.

*Corpus fluidum, quod per Canalem ABC movetur, accipit indefinitos gradus celeritatis.**

Demonstratio.

Spatium inter A & B est ubique inæquale (per Lemm. præc.); ergo (per Propos. 9. hujus) celeritas, quâ corpus fluidum per canalem ABC movetur, erit ubique inæqualis. Porro, cùm inter A & B indefinita spatia semper minora atque minora cogitatione concipiamus (per Prop. 5. hujus), etiam ipsius inæqualitates, quæ ubique sunt, indefinitas concipiemus, ac proinde (per Propos. 9. hujus) celeritatis gradus erunt indefiniti, q. e. d.

Propositio XI.

*In materiâ, quæ per canalem ABC fluit, datur diuvisio in particulas indefinitas.**

Demonstratio.

Materia, quæ per canalem ABC fluit, acquirit simul indefinitos gradus celeritatis (per Prop. 10. hujus), ergo (per Ax. 16.) habet indefinitas partes reverâ divisas, q. e. d. Lege Art. 34. & 35. Part. 2. Princip.

Scholium.

Hucusque egimus de naturâ motûs; oportet jam, ut ejus causam inquiramus, quæ duplex est, primaria scilicet sive generalis, quæ causa est omnium motuum, qui sunt in mundo; & particularis, à quâ fit, ut singulæ materiæ partes motus, quos priùs non habuerunt, acquirant. Ad generalem quod attinet, cùm nihil sit admittendum (per Propos. 14. Part. 1. & Schol.

---

* Vide Fig. Propos. Præced.

* Vide Fig. Propos. 9.

Lema

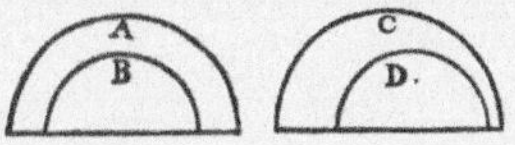

Se dois semicírculos são descritos a partir de um mesmo centro, como A e B, o espaço entre as periferias será igual em toda parte. Já se são descritos a partir de centros diversos, como C e D, o espaço entre as periferias será desigual em toda parte.

A demonstração é patente pela só definição de círculo.

Proposição X

*Um corpo fluido que se move pelo canal ABC recebe indefinidos graus de velocidade.**

Demonstração

O espaço entre A e B é desigual em toda parte (pelo lema preced.); logo (pela prop. 9 desta parte) a velocidade com que o corpo fluido move-se pelo canal ABC será desigual em toda parte. Ademais, como entre A e B concebemos pelo pensamento indefinidos espaços sempre cada vez menores (pela prop. 5 desta parte), conceberemos também indefinidas as suas desigualdades, que estão em toda parte, e por conseguinte (pela prop. 9 desta parte) os graus de velocidade serão indefinidos; c.q.d.

Proposição XI

*Na matéria que flui pelo canal ABC dá-se uma divisão em indefinidas partículas.**

Demonstração

A matéria que flui pelo canal ABC adquire simultaneamente indefinidos graus de velocidade (pela prop. 10 desta parte); logo (pelo ax. 16), tem indefinidas partes realmente divididas; c.q.d. Lê os art. 34 e 35 da parte 2 dos *Princípios*.

Escólio

Até aqui tratamos da natureza do movimento; importa agora indagarmos sua causa, que é dupla: primária, ou seja, geral, que é causa de todos os movimentos que existem no mundo; e particular, pela qual ocorre que cada uma das partes da matéria adquira o movimento que antes não tinha. No atinente à geral, como nada cumpre admitir (pela prop. 14 da parte 1

---

* Vê a fig. da prop. preced.

* Vê a fig. da prop. 9.

Prop. 15. ejusd. Part.),[9] nisi quod clarè, & distinctè percipimus, nullamque aliam causam præter Deum (materiæ scilicet creatorem) clarè, & distinctè intelligamus, manifestè apparet, nullam aliam causam generalem præter Deum esse admittendam. Quod autem hic de motu dicimus, etiam de quiete intelligendum venit.

Propositio XII.

Deus esta causa principalis motûs.

Demonstratio.

Inspiciatur Scholium proximè præcedens.

Propositio XIII.

Eandem quantitatem motûs, & quietis, quam Deus semel materiæ impressit, etiamnum suo concursu conservat.

Demonstratio.

Cum Deus sit causas motûs, & quietis (per Propos. 12. hujus): etiamnum eâdem potentiâ, quâ eos creavit, conservat (per Ax. 10. Part. 1.); & quidem eâdem illâ quantitate, quâ eos primò creavit (per Corollar. Prop. 20. Part. 1.), q. e. d.

Scholium.

I. Quamvis in Theologiâ dicatur, Deum multa agere ex beneplacito, & ut potentiam suam hominibus ostendat, tamen cùm ea, quæ à solo ejus beneplacito pendent, non nisi divinâ revelatione innotescant, ista in Philosophiâ, ubi tantùm in id, quod ratio dictat, inquiritur, non erunt admittenda, ne Philosophia cum Theologiâ confundatur.

II. Quamvis motus nihil aliud sit in materiâ motâ, quàm ejus modus, certam tamen, & determinatam habet quantitatem, quæ quomodo intelligenda veniat, patebit ex sequentibus. Lege Art. 36. Part. 2. Princ.

Propositio XIV.

Unaquæque res, quatenus simplex, & indivisa est, & in se solâ consideratur, quantùm in se est, semper in eodem statu perseverat.

Propositio hæc multis tanquam axioma est, eam tamen demonstrabimus.

---

[9] Schol. Prop. 15. ejusd. Part. Ed. princ., Geb.: *Schol. Prop. 17. ejusd. Part.* Cf. nota 64 da trad.

e o esc. da prop. 15 da mesma parte)[64] senão o que percebemos clara e distintamente e como não entendemos clara e distintamente nenhuma outra causa além de Deus (a saber, o criador da matéria), aparece manifestamente que cumpre não admitir nenhuma outra causa geral além de Deus. O que dizemos aqui do movimento cabe entender também do repouso.

Proposição XII

Deus é a causa principal do movimento.

Demonstração

Examine-se o escólio imediatamente precedente.

Proposição XIII

A mesma quantidade de movimento e repouso que Deus uma vez imprimiu à matéria, ele ainda agora a conserva por seu concurso.

Demonstração

Como Deus é causa do movimento e do repouso (pela prop. 12 desta parte), ele ainda agora os conserva pela mesma potência com que os criou (pelo ax. 10 da parte 1); e decerto na mesma quantidade em que primeiramente os criou (pelo corol. da prop. 20 da parte 1); c.q.d.

Escólio

I. Embora se diga em teologia que Deus faz muitas coisas por seu beneplácito e para mostrar aos homens sua potência, todavia, como o que depende só do seu beneplácito não vem a ser conhecido a não ser pela revelação divina, cumprirá não as admitir na filosofia, em que se investiga apenas o que dita a razão, para não confundir filosofia e teologia.

II. Embora o movimento nada mais seja na matéria movida que um modo dela, tem porém uma quantidade certa e determinada; de que modo cumpre entendê-la ficará patente na sequência. Lê o art. 36 da parte 2 dos *Princípios*.

Proposição XIV

Toda coisa, enquanto é simples e indivisa e é em si só considerada, o quanto está em suas forças,[65] persevera sempre no mesmo estado.

Esta proposição é para muitos como um axioma, nós porém a demonstraremos.

Demonstrat io.

Cum nihil sit in aliquo statu, nisi ex solo Dei concursu (per Prop. 12. Part. 1.), & Deus in suis operibus sit summè constans (per Corol. Propos. 20. Part. 1.): si ad nullas causas externas, particulares scilicet attendamus, sed rem in se solâ consideremus, affirmandum erit, quod illa, quantùm in se est, in statu suo, in quo est, semper perseverat, q. e. d.

Corollarium.

Corpus, quod semel movetur, semper moveri pergit, nisi à causis externis retardetur.

Demonstratio.

Patet hoc ex prop. præc.: attamen ad præjudicium de motu emendandum, lege Art. 37. & 38. Part. 2. Princip.

Propositio XV.

Omne corpus motum ex se ipso tendit, ut secundùm lineam rectam, non verò curvam pergat moveri.

Hanc propositionem inter axiomata numerare liceret, eam tamen ex præcedentibus sic demonstrabo.

Demonstratio.

Motus, quia Deum tantùm (per Propos. 12. hujus) pro causâ habet, nullam unquam ex se vim habet ad existendum (per Axiom. 10. Part. 1.): sed omnibus momentis à Deo quasi procreatur (per illa, quæ demonstrantur, circa axioma ja citatum). Quapropter, quamdiu ad solam motûs naturam attendimus, nunquam ipsi durationem tribuere poterimus, tanquam ad ejus naturam pertinentem, quæ major aliâ potest concipi. At si dicatur, ad naturam alicujus corporis moti pertinere, ut lineam curvam aliquam suo motu describat, magis diuturnam durationem motûs naturæ tribueretur, quàm ubi supponitur, de corporis moti naturâ esse, tendere, ut moveri pergat secundùm lineam rectam (per Ax. 17.). Cùm autem (ut jam demonstravimus) talem durationem motûs naturæ tribuere non possumus; ergo neque etiam ponere, quòd de corporis moti naturâ sit, ut secundùm ullam lineam curvam, sed tantùm ut secundùm rectam moveri pergat, q. e. d.

Scholium.

Hæc Demonstratio videbitur forsan multis non magis ostendere, ad naturam motûs non pertinere, ut lineam curvam, quàm ut lineam

Demonstração

Como nada está em um estado a não ser pelo só concurso de Deus (pela prop. 12 da parte 1) e Deus é sumamente constante em suas obras (pelo corol. da prop. 20 da parte 1), se não atentarmos para nenhuma causa externa, isto é, particular, mas considerarmos a coisa em si só, cumprirá afirmar que ela, o quanto está em suas forças, persevera sempre em seu estado, no qual está; c.q.d.

Corolário

Um corpo que se move uma vez continua movendo-se sempre, a não ser que seja retardado por causas externas.

Demonstração

Isto é patente pela prop. preced.; no entanto, para emendar o preconceito sobre o movimento, lê os art. 37 e 38 da parte 2 dos *Princípios*.

Proposição XV

Todo corpo movido tende por si mesmo a continuar movendo-se segundo uma linha reta, e não uma curva.

Seria lícito enumerar esta proposição entre os axiomas; a partir do que precede, porém, demonstrá-la-ei.

Demonstração

O movimento, porque tem por causa apenas Deus (pela prop. 12 desta parte), não tem por si nenhuma força para existir (pelo ax. 10 da parte 1); mas é como que procriado por Deus a todo instante (pelo que se demonstrou acerca do axioma já citado). Por conseguinte, enquanto atentarmos só à natureza do movimento, nunca lhe poderemos atribuir, como pertencente a sua natureza, uma duração que possa ser concebida maior que outra. Mas se se diz pertencer à natureza de um corpo movido descrever com seu movimento uma linha curva, atribui-se à natureza do movimento uma duração mais diuturna do que quando se supõe que é da natureza de um corpo movido tender a continuar movendo-se segundo uma linha reta (pelo ax. 17). Ora, como não podemos atribuir tal duração à natureza do movimento (como já demonstramos), logo tampouco podemos supor que seja da natureza do corpo continuar movendo-se segundo uma linha curva, mas apenas segundo uma reta; c.q.d.

Escólio

Talvez a muitos esta demonstração pareça mostrar que não pertence mais à natureza do movimento descrever uma linha reta do que uma linha

rectam describat, idque propterea quòd nulla possit assignari recta, quâ minor sive recta sive curva non detur, neque ulla curva, quâ etiam alia curva minor non detur. Attamen, quamvis hæc considerem, demonstrationem nihilominus rectè procedere judico: quandoquidem ipsa ex solâ universali essentiâ, sive essentiali differentiâ, linearum, non verò ex uniuscujusque quantitate, sive accidentali differentiâ, id, quod demonstrandum proponebatur, concludit. Verùm ne rem per se satis claram demonstrando obscuriorem reddam, Lectores ad solam motûs definitionem remitto, quæ nihil aliud de motu affirmat, quàm translationem unius partis materiæ ex viciniâ &c. in viciniam aliorum, &c. Ideòque nisi hanc translationem simplicissimam concipiamus, hoc est, eam secundùm lineam rectam fieri, motui aliquid affingimus, quod in ejus definitione, sive essentiâ non continetur: adeòque ad ejus naturam non pertinet.

Corollarium.

Ex propositione hac sequitur omne corpus, quod secundùm lineam curvam movetur, continuò à lineâ, secundum quam ex se pergeret moveri, deflectere; idque vi alicujus causæ externæ (per Propos. 14. hujus).

Propositio XVI.

Omne corpus, quod circulariter movetur, ut lapis ex. gr. in fundâ, continuò determinatur, ut secundùm tangentem pergat moveri.

Demonstratio.

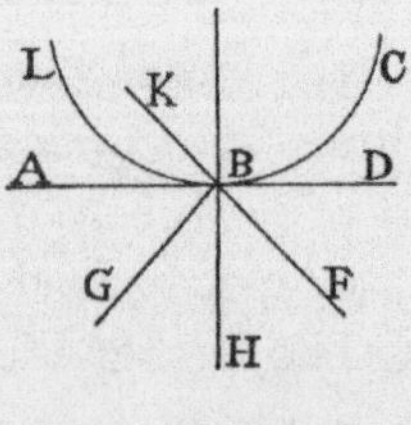

Corpus, quod circulariter movetur, continuò à vi externâ impeditur, ne secundum lineam rectam pergat moveri (per Corol. præcedentis): quâ cessante corpus ex se perget secundùm lineam rectam moveri (per Propos. 15.). Dico præterea corpus, quod circulariter movetur, à causâ externâ determinari, ut secundùm tangentem pergat moveri. Nam, si negas, ponatur lapis in B à fundâ ex. g. non secundùm tangentem BD determinari, sed secundùm aliam lineam ab eodem puncto extra, aut intra circulum conceptam, ut BF, quando funda ex parte L versus B venire supponitur, aut secundùm BG (quam intelligo cum lineâ BH, quæ à centro ducitur per circumferentiam, eamque in puncto B secat, angulum constituere æqualem angulo FBH), si contrà supponatur funda ex parte C versus B venire. At, si lapis

curva; e isso porque não se pode assinalar nenhuma reta tal que não se dê uma menor, seja reta, seja curva, nem uma curva de que não se dê também uma outra curva menor. Entretanto, mesmo levando isso em conta, julgo que a demonstração, não obstante, procede corretamente, visto que o que se propunha a demonstrar, ela o conclui só a partir da essência universal, ou seja, da diferença essencial das linhas, e não a partir da quantidade de cada uma, ou seja, da diferença acidental. Contudo, para não tornar mais obscura, demonstrando-a, uma coisa por si bastante clara, remeto os leitores à só definição de movimento, que nada mais afirma do movimento senão a transferência de uma parte da matéria da vizinhança, etc., para a vizinhança de outros, etc. E por isso, se não concebemos essa transferência como simplíssima, isto é, que ocorre segundo uma linha reta, imputamos ao movimento algo que não está contido em sua definição, ou seja, em sua essência, de maneira que não pertence a sua natureza.

Corolário

Desta proposição segue-se que todo corpo que se move segundo uma linha curva desvia-se continuamente da linha segundo a qual, por si, continuaria movendo-se; e isso por força de alguma causa externa (pela prop. 14 desta parte).

Proposição XVI

Todo corpo que se move circularmente, como por ex. uma pedra numa funda, é continuamente determinado a continuar movendo-se segundo a tangente.

Demonstração

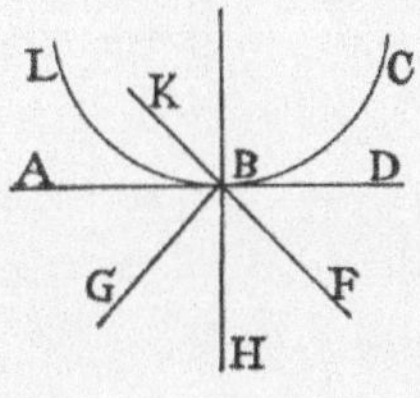

Um corpo que se move circularmente é continuamente impedido por uma força externa de continuar movendo-se segundo uma linha reta (pelo corol. precedente); cessando a força, o corpo continua por si movendo-se segundo uma linha reta (pela prop. 15). Digo, além disso, que o corpo que se move circularmente é determinado por uma causa externa a continuar movendo-se segundo a tangente. Pois, se negas, suponha-se que uma pedra em B seja determinada, por uma funda por ex., não segundo a tangente BD, mas segundo outra linha, concebida a partir do mesmo ponto fora ou dentro do círculo, como BF, quando se supõe que a funda vem de L para B, ou segundo BG (que com a linha BH, que é tirada do centro através da circunferência e corta-a no ponto B, entendo constituir um ângulo igual ao ângulo FBH), se se supõe, ao contrário, que a funda vem de C para B.

in puncto B supponatur à fundâ, quæ ab L versus B circulariter movetur, determinari, ut versus F pergat moveri: necessariò (per Ax. 18.) ubi funda contrariâ determinatione à C versus B movetur, determinabitur, ut secundùm eandem lineam BF contrariâ determinatione pergat moveri, ac proinde versus Konon verò versus G tendet, quod est contra hypothesin. Et cùm nulla linea, quæ per punctum B potest duci, præter tangentem statui possit, cum lineâ BH angulos ad eandem partem, ut DBH, & ABH,* æqueles efficiens: nulla præter tangentem datur, quæ eandem hypothesin servare potest, sive funda ab L versus B, sive à C versus B moveatur, ac proinde nulla præter tangentem statuenda est, secundùm quam tendit moveri, q. e. d.

Aliter.

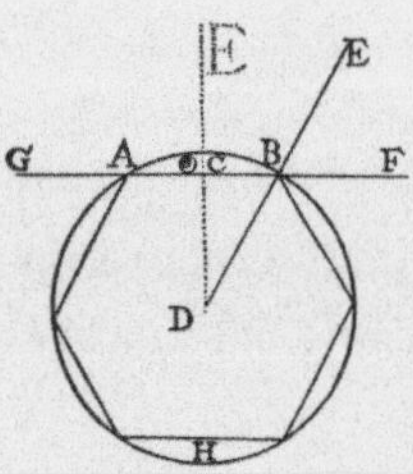

Concipiatur, loco circuli, Hexagonum ABH circulo inscriptum, & corpus C in uno latere AB quiescere: deinde concipiatur regula DBE (cujus unam extremitatem in centro D fixam, alteram vero mobilem suppono) circa centrum D moveri, secans continuò lineam AB. Patet, quòd si regula DBE, dum ita concipitur moveri, corpori C occurat eo tempore, quo lineam AB ad angulos rectos secat, ipsa regula corpus C suo impulsu determinabit, ut secundùm lineam FBAG, versus G pergat moveri, hoc est, secundùm latus AB indefinitè productum. Verùm quia Hexagonum ad libitum assumpsimus, idem erit affirmandum de quâcunque aliâ figurâ, quam huic circulo concipimus posse inscribi: Nempe quòd, ubi corpus C, in uno figuræ latere quiescens, à regulâ DBE impellitur eo tempore, quo ipsa latus illud ad angulos rectos secat, ab illâ regulâ determinabitur, ut secundùm illud latus indefinitè productum pergat moveri. Concipiamus igitur, loco Hexagoni, figuram rectilineam infinitorum laterum (hoc est, circulum ex def. Archimedis): patet regulam DBE, ubicunque corpori C occurrat, ipsi semper occurrere eo tempore, quo aliquod talis figuræ latus ad angulos rectos secat, adeòque nunquam ipsi corpori C occurret, quin ipsum simul determinabit, ut secundùm illud latus indefinitè productum pergat moveri. Cumque quodlibet latus ad utramvis partem productum, semper extra figuram cadere debeat, erit hoc latus indefinitè productum tangens figuræ infinitorum laterum,

* Patet ex Prop. 18. & 19. lib. 3. Elemt.

Mas, se se supõe que a pedra no ponto B é determinada pela funda, que se move circularmente de L para B, a continuar movendo-se para F, necessariamente (pelo ax. 18), quando a funda mover-se de C para B por uma determinação contrária, a pedra será determinada a continuar movendo-se por uma determinação contrária segundo a mesma linha BF, por conseguinte, para K, e não para G, o que vai contra a hipótese. E como, além da tangente, não se pode estabelecer nenhuma linha que possa ser tirada pelo ponto B e que forme com a linha BH ângulos iguais e no mesmo lado, como DBH e ABH,*[66] não se dá nenhuma linha, além da tangente, que possa preservar a mesma hipótese, quer a funda mova-se de L para B, quer de C para B; e, por conseguinte, cumprirá não estabelecer nenhuma linha, além da tangente, segundo a qual o corpo tende a mover-se; c.q.d.

Doutra maneira

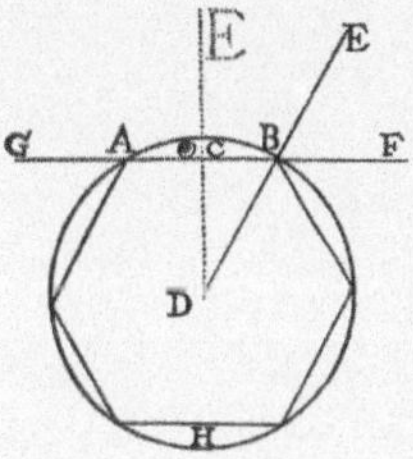

Em lugar de um círculo, conceba-se o hexágono ABH, inscrito em um círculo, e um corpo C, que repousa em um lado AB; conceba-se depois uma régua DBE (de que uma das extremidades, suponho, está fixa no centro D e a outra é móvel) que se move em torno do centro D, cortando continuamente a linha AB. É patente que, se a régua DBE, enquanto assim é concebida mover-se, choca-se com o corpo C no mesmo tempo em que corta a linha AB em ângulos retos, a própria régua com seu impulso determinará o corpo C a continuar movendo-se para G segundo a linha FBAG, isto é, segundo o lado AB indefinidamente prolongado. Contudo, já que assumimos o hexágono a nosso bel-prazer, cumprirá afirmar o mesmo de qualquer outra figura que concebamos poder inscrever-se nesse círculo. Quer dizer que quando o corpo C, que repousa em um lado da figura, for impelido pela régua DBE no mesmo tempo em que ela corta aquele lado em ângulos retos, ele será determinado pela régua a continuar movendo-se segundo aquele lado indefinidamente prolongado. Concebamos então, em lugar do hexágono, uma figura retilínea de infinitos lados (isto é, um círculo, pela def. de Arquimedes);[67] é patente que a régua DBE, onde quer que se choque com o corpo C, chocar-se-á com ele sempre no mesmo tempo em que corta um lado de tal figura em ângulos retos, e por isso nunca se chocará com o corpo C sem simultaneamente determiná-lo a continuar movendo-se segundo aquele lado indefinidamente prolongado. E como qualquer lado, prolongado em qualquer direção, deve sempre cair fora da figura, esse lado indefinidamente prolongado será a tangente da figura de infinitos lados, isto

* É patente pelas prop. 18 e 19 do livro 3 dos *Elementos*.

hoc est, circuli. Si itaque loco regulæ concipiamus fundam circulariter motam, hæc lapidem continuò determinabit, ut secundùm tangentem pergat moveri, q. e. d.

Notandum hîc est, utramque hanc demonstrationem posse accommodari quibuslibet figuris curvilineis.

Propositio XVII.

Omne corpus, quod circulariter movetur, conatur recedere à centro circuli, quem describit.

Demonstratio.

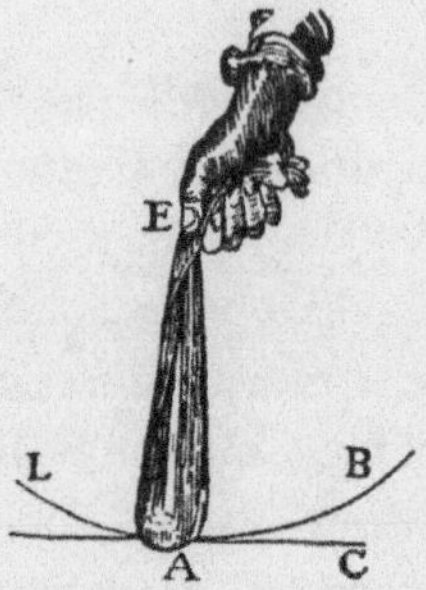

Quamdiu aliquod corpus circulariter movetur, tamdiu cogitur ab aliquâ causâ externâ, quâ cessante simul pergit moveri secundum lineam tangentem (per præced.), cujus omnia puncta præter id, quod circulum tangit, extra circulum cadunt (per Prop. 16. lib. 3. El.) ac proinde longiùs à centro distant: Ergo, cùm lapis, qui circulariter movetur in fundâ EA, est in puncto A, conatur pergere secundum lineam, cujus omnia puncta longiùs distant à centro E, quàm omnia puncta circumferentiæ LAB, quod nihil aliud est, quàm recedere conari à centro circuli, quem describit, q. e. d.

Propositio XVIII.

Si corpus aliquod, putà A, versus aliud corpus quiescens B moveatur, nec tamen B propter impetum corporis A aliquid suæ quietis amittat; neque etiam A sui motûs aliquid amittet, sed eandem quantitatem motûs, quàm antea habebat, prorsus retinebit.

Demonstratio.

Si negas, ponatur corpus A perdere de suo motu, nec tamen id, quod perdidit, in aliud transferre, putà in B; dabitur in naturâ, cum id contingit, minor quantitas motûs, quàm antea, quod est absurdum (per Prop. 13. hujus). Eodem modo procedit Demonstratio respectu quietis in corpore B, quare, si unum in aliud nihil transferat, B omnem suam quietem, & A omnem suum motum retinebit, q. e. d.

é, do círculo. E assim, se em lugar de uma régua concebermos uma funda circularmente movida, ela determinará continuamente a pedra a seguir movendo-se segundo a tangente; c.q.d.

É de notar aqui que ambas as demonstrações podem acomodar-se a quaisquer figuras curvilíneas.

Proposição XVII

Todo corpo que se move circularmente esforça-se em afastar-se do centro do círculo que descreve.[68]

Demonstração

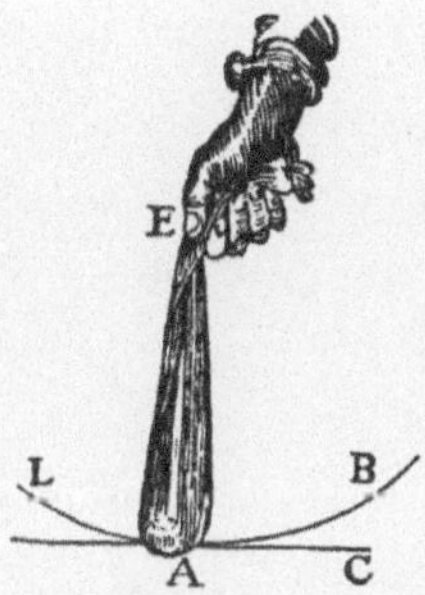

Enquanto um corpo move-se circularmente, é forçado por uma causa externa, cessando a qual ele simultaneamente continua movendo-se segundo a linha tangente (pela preced.), cujos pontos, afora aquele que toca o círculo, caem todos fora do círculo (pela prop. 16 do livro 3 dos *Elementos*),[69] e, por conseguinte, estão mais longe do centro. Logo, quando a pedra que se move circularmente na funda EA está no ponto A, esforça-se em continuar segundo uma linha cujos pontos estão todos mais longe do centro E do que todos os pontos da circunferência LAB; o que nada mais é que se esforçar em afastar-se do centro do círculo que ela descreve; c.q.d.

Proposição XVIII

Se um corpo, A por exemplo, move-se para um outro corpo B em repouso, e todavia B não perde algo de seu repouso devido ao ímpeto do corpo A, tampouco A perderá algo de seu movimento, mas reterá completamente a mesma quantidade de movimento que tinha antes.[70]

Demonstração

Se negas, suponha-se que o corpo A perde algo de seu movimento e todavia não transfere o que perdeu a outro, a B por exemplo; quando isso acontecer, dar-se-á na natureza uma quantidade de movimento menor que antes, o que é absurdo (pela prop. 13 desta parte). A demonstração a respeito do repouso no corpo B procede do mesmo modo; por isso, se um corpo não transfere nada ao outro, B reterá todo seu repouso e A todo seu movimento; c.q.d.

Propositio XIX.

Motus, in se spectatus, differt à suâ determinatione versus certam aliquam partem; neque opus est, corpus motum, ut in contrariam partem feratur sive repellatur, aliquamdiu quiescere.

Demonstratio.

Ponatur, ut in præced. corpus A versus B in directum moveri, & à corpore B impediri, ne ulteriùs pergat; ergo (per præced.) A suum integrum motum retinebit; nec quantumvis minimum spatium temporis quiescet: attamen, cùm pergat moveri, non movetur versus eandem partem, versus quam priùs movebatur; supponitur enim à B impediri, ergo motu suo integro remanente, atque determinatione priori amissâ versus contrariam movebitur partem, non verò versus ullam aliam (per illa, quæ cap. 2. Diopt. dicta sunt); ideòque (per Ax. 2.) determinatio ad essentiam motûs non pertinet, sed ab ipsâ differt, nec corpus motum, cum repellitur, aliquamdiu quiescit, q. e. d.

Corollarium.

Hinc sequitur motum non esse motui contrarium.

Propositio XX.

Si corpus A corpori B occurrat, & ipsum secum rapiat, tantum motûs, quantum B propter occursum A ab ipso A acquirit, de suo motu A amittet.

Demonstratio.

Si negas, ponatur B plus aut minus motûs ab A acquirere, quàm A amittit; tota illa differentia erit addenda vel subtrahenda quantitati motûs totius naturæ, quod est absurdum (per Propos. 13. hujus). Cùm ergo neque plus neque minus motûs corpus B possit acquirere, tantum ergo acquiret, quantum A amittet, q. e. d.

Propositio XXI.

*Si corpus A duplo majus sit, quàm B, & æquè celeriter moveatur, habebit etiam A duplo majorem motum, quàm B, sive vim ad æqualem celeritatem cum B retinendam.**

* Vid. Fig. Prop. præc.

Proposição XIX

O movimento, em si considerado, difere de sua determinação para um certo lado; e não é mister que um corpo movido repouse por algum tempo para que seja levado para o lado contrário, ou seja, repelido.

Demonstração

Suponha-se, como na prop. preced., que um corpo A move-se diretamente para B e é impedido pelo corpo B de seguir adiante; logo (pela prop. preced.), A reterá integralmente seu movimento e não repousará nem por um mínimo espaço de tempo; no entanto, como continua movendo-se, não se move para o mesmo lado para que se movia anteriormente; com efeito, supõe-se que ele seja impedido por B, logo, permanecendo integralmente seu movimento e perdida sua determinação anterior, mover-se-á para o lado contrário, e não para um outro (pelo que é dito no cap. 2 da *Dióptrica*);[71] e por isso (pelo ax. 2) a determinação não pertence à essência do movimento, mas dela difere, e o corpo movido, quando repelido, não repousa por algum tempo, c.q.d.

Corolário

Daí se segue que o movimento não é contrário ao movimento.

Proposição XX

Se um corpo A choca-se com um corpo B e arrasta-o consigo, A perderá tanto de seu movimento quanto B adquire do próprio A devido ao choque com ele.

Demonstração

Se negas, suponha-se que B adquire mais ou menos movimento de A do que A perde; será preciso somar ou subtrair toda esta diferença da quantidade de movimento da natureza inteira, o que é absurdo (pela prop. 13 desta parte). Logo, como o corpo B não pode adquirir nem mais nem menos movimento, adquirirá então tanto quanto A perde; c.q.d.

Proposição XXI

Se um corpo A é duas vezes maior que B, e move-se com velocidade igual, terá também um movimento duas vezes maior que B, ou seja, terá força para reter uma velocidade igual à de B.[*]

[*] Vê a fig. da prop. preced.

Demonstratio.

Ponatur e. g. loco A bis B, id est (ex Hyp.) unum A in duas æquales partes divisum, utrumque B habet vim ad manendum in statu, in quo est (per Prop. 14. hujus), eaque vis in utroque (ex Hyp.) est æqualis; si jam hæc duo B jungantur, suam celeritatem retinendo, fiet unum A, cujus vis, & quantitas erit æqualis duobus B sive dupla unius B, q. e. d.

Nota, hoc ex solâ motûs definitione etiam sequi; quò enim corpus, quod movetur, majus est, eò plus materiæ datur, quæ ab aliâ separatur: daturque igitur plus separationis, hoc est (per Defin. 8.), plus motûs. Vide quæ 4°. notavimus circa motûs definitionem.

Propositio XXII.

*Si corpus A æquale sit corpori B, & A duplo celeriùs quàm B moveatur, vis sive motus in A, erit duplus ipsius B.**

Demonstratio.

Ponatur B, cùm primò certam vim se movendi acquisivit, acquisivisse quatuor gradus celeritatis. Si jam nihil accedat, perget moveri (per Propos. 14. hujus), & in suo statu perseverare: supponatur denuo novam aliam vim acquirere ex novo impulsu priori æqualem, quâpropter iterum acquiret ultra quatuor priores, alios quatuor gradus celeritatis, quos etiam (per eand. Propos.) servabit, hoc est, duplo celeriùs, hoc est, æquè celeriter ac A movebitur, & simul duplam habebit vim, hoc est, æqualem ipsi A, quare motus in A est duplus ipsius B, q. e. d.

Nota, nos hîc per vim in corporibus motis, intelligere quantitatem motûs, quæ quantitas in æqualibus corporibus pro celeritate motûs major esse debet, quatenus eâ celeritate corpora æqualia, à corporibus immediatè tangentibus magis eodem tempore separantur, quâm si tardiùs moverentur: adeòque (per Definit. 8.) plus motûs etiam habent: In quiescentibus autem per vim resistendi intelligere quantitatem quietis. Ex quibus sequitur.

Corollarium I.

Quò corpora tardiùs moventur, eò magis de quiete participant: corporibus enim celeriùs motis, quæ ipsis occurrunt, & minorem, quàm ipsa, vim habent, magis resistunt, & etiam minùs à corporibus immediatè tangentibus separantur.

---

* Vid. Fig. Propos. 20.

Demonstração

Suponha-se, por ex., no lugar de A, duas vezes B, isto é (por hip.), um corpo A dividido em duas partes iguais; os dois B têm força para permanecer no estado em que estão (pela prop. 14 desta parte), e essa força é igual em ambos (por hip.); se agora juntam-se esse dois B, retendo sua velocidade, tem-se um só A cuja força e quantidade será igual a dos dois B, ou seja, o dobro da de um só B; c.q.d.

Nota que isso também se segue da só definição de movimento; com efeito, quanto maior é o corpo que se move, tanto mais se dá de matéria que é separada de outra; e, portanto, dá-se mais separação, isto é (pela def. 8), mais movimento. Vê o que notamos em 4º lugar acerca da definição de movimento.

Proposição XXII

*Se um corpo A é igual a um corpo B, e A move-se com o dobro da velocidade de B, a força, ou seja, o movimento em A será o dobro do de B.**

Demonstração

Suponha-se que B, quando primeiro adquiriu certa força de mover-se, haja adquirido quatro graus de velocidade. Agora, se nada se aproxima, ele continua movendo-se (pela prop. 14 desta parte) e perseverando em seu estado. Suponha-se novamente que adquira uma força nova a partir de um novo impulso igual ao anterior; por consequência, adquirirá de novo, além dos quatro anteriores, outros quatro graus de velocidade, os quais também (pela mesma prop.) conservará, isto é, mover-se-á com o dobro da velocidade, isto é, tão velozmente quanto A, e simultaneamente terá o dobro da força (isto é, igual à de A); por isso o movimento em A é o dobro do de B; c.q.d.

Nota que por força nos corpos movidos entendemos aqui a quantidade de movimento, a qual nos corpos iguais deve ser maior conforme à velocidade do movimento, enquanto por essa velocidade os corpos iguais separam-se dos corpos imediatamente tangentes, no mesmo tempo, mais do que se se movessem mais lentamente; de maneira que (pela def. 8) têm eles também mais movimento. Nos corpos em repouso, porém, por força para resistir entendemos a quantidade de repouso. Disso segue-se:

Corolário I

Quanto mais lentamente os corpos movem-se, tanto mais participam do repouso; com efeito, resistem mais aos corpos movidos mais velozmente com que se chocam e que têm uma força menor que a deles, e também separam-se menos dos corpos que os tocam imediatamente.

---

* Vê a fig. da prop. 20.

Corollarium II.

Si corpus A duplo celeriùs moveatur, quàm corpus B, & B duplo majus sit, quàm A, tantundem motûs est in B majori, quàm in A minori, ac proinde etiam æqualis vis.

Demonstratio.

Sit B duplo majus, quàm A, & A duplo celeriùs moveatur, quàm B, & porrò C duplo minus sit, quàm B, & duplo tardiùs moveatur, quàm A: ergo B (per Propos. 21. hujus) duplo majorem habebit motum, quàm C, & A (per Prop. 22. hujus) duplo majorem motum habebit, quàm C: ergo (per Axiom. 15.) B & A æqualem motum habent; est enim utriusque motus ejusdem tertii C duplus, q. e. d.

Corollarium III.

Ex his sequitur, *motum à celeritate distingui.* Concipimus enim corporum, quæ æqualem habent celeritatem, unum plus motûs habere posse, quàm aliud (per Propos. 21. hujus): & contrà, quæ inæqualem habent celeritatem, æqualem motum habere posse (per Corol. præced.). Quod idem etiam ex solâ motûs definitione colligitur: nihil enim aliud est, quàm translatio unius corporis ex viciniâ &c.

Verùm hîc notandum, Corollarium hoc tertium primo non repugnare: Nam celeritas duobus modis à nobis concipitur, vel quatenus corpus aliquod magis, aut minùs eodem tempore à corporibus illud immediatè tangentibus separatur, & eatenus motûs vel quietis plus vel minus participat, vel quatenus eodem tempore majorem vel minorem lineam describit, & eatenus à motu distinguitur.

Potuissem hîc alias propositiones adjungere ad uberiorem explicationem Propositionis 14. hujus Partis, & vires rerum in quocunque statu, sicut hic circa motum fecimus, explicare: sed sufficiet Art. 43. Part. 2. Princip perlegere, & tantùm unam propositionem annectere, quæ necessaria est ad ea, quæ sequentur, intelligenda.

Propositio XXIII.

Cùm modi alicujus corporis variationem pati coguntur, illa variatio semper erit minima, quæ dari potest.

Demonstratio.

Satis clarè sequitur hæc Propositio ex Propos. 14. hujus.

Corolário II

Se o corpo A move-se com o dobro da velocidade do corpo B, e B é duas vezes maior que A, o mesmo tanto de movimento está em B, maior, do que em A, menor, e por conseguinte também uma força igual.

Demonstração

Seja B duas vezes maior que A e mova-se A com o dobro da velocidade de B e, além disso, seja C duas vezes menor que B e mova-se duas vezes mais lentamente que A; logo, B (pela prop. 21 desta parte) terá um movimento duas vezes maior que C, e A (pela prop. 22 desta parte) terá um movimento duas vezes maior que C; logo (pelo ax. 15) B e A têm um movimento igual; com efeito, o movimento de um e de outro é o dobro do de um mesmo terceiro C; c.q.d.

Corolário III

Disso segue-se que *o movimento distingue-se da velocidade.* Com efeito, de corpos que têm velocidade igual, concebemos que um pode ter mais movimento que outro (pela prop. 21 desta parte); e ao contrário, dos que têm velocidade desigual, concebemos que podem ter um movimento igual (pelo corol. preced.). O mesmo também se colige da só definição de movimento; com efeito, este nada mais é que a transferência de um corpo a partir da vizinhança, etc.

Contudo, é de notar aqui que este terceiro corolário não repugna ao primeiro; pois a velocidade é por nós concebida de duas maneiras: ou enquanto algum corpo separa-se mais ou menos, no mesmo tempo, dos corpos que imediatamente o tocam, e nessa medida participa mais ou menos do movimento ou do repouso; ou enquanto descreve no mesmo tempo uma linha maior ou menor, e nessa medida distingue-se do movimento.

Eu poderia ajuntar aqui outras proposições para uma explicação mais ampla da proposição 14 desta parte e explicar as forças das coisas em qualquer estado, assim como fizemos aqui acerca do movimento, mas bastará ler por completo o art. 43 da parte 2 dos Princípios *e acrescentar uma única proposição, que é necessária para entender o que se segue.*

Proposição XXIII

Quando os modos de algum corpo são forçados a sofrer uma variação, essa variação será sempre a menor que se puder dar.[72]

Demonstração

Esta proposição segue-se bastante claramente da prop. 14 desta parte.

Propositio XXIV. *Reg. 1.*

*Si duo corpora, putà A & B, essent planè æqualia, & in directum, versus se invicem æquè velociter moverentur, cùm sibi mutuò occurrunt, utrumque in contrariam partem reflectetur nullâ suæ celeritatis parte amissâ.**

In hac hypothesi clarè patet, quòd, ut horum duorum corporum contrarietas tollatur, vel utrumque in contrariam partem reflecti, vel unum alterum secum rapere debeat; nam quoad determinationem tantùm, non verò quoad motum sibi sunt contraria.

Demonstratio.

Cùm A & B sibi mutuò occurrunt, aliquam variationem pati debent (per Ax. 19.): cùm autem motus motui non sit contrarius (per Corol. Propos. 19. hujus), nihil sui motûs amittere cogentur (per Ax. 19.): Quam ob rem in solâ determinatione fiet mutatio: sed unius determinationem tantùm, putà B, non possumus concipere mutari, nisi A, à quo mutari deberet, fortius esse supponamus (per Ax. 20.). At hoc esset contra hypothesin: ergo cùm mutatio determinationis in uno tantùm fieri non possit, fiet in utroque, deflectentibus scilicet A & B in contrariam partem, non verò versus ullam aliam (per illa, quæ cap. 2. Dioptric. dicta sunt), & motum suum integrum retinentibus, q. e. d.

Propositio XXV. *Reg. 2.*

*Si mole essent inæqualia, B nempe majus, quàm A, cæteris ut priùs positis, tunc solum A reflectetur, & utrumque eâdem celeritate perget moveri.**

Demonstratio.

Cùm A supponatur minus, quàm B, habetit etiam (per Propos. 21. hujus) minorem vim, quàm B; cùm autem in hac hypothesi, ut in præcedenti, detur contrarietas in solâ determinatione, adeòque, ut in Prop. præced. demonstravimus, in solâ determinatione variatio fieri debeat: fiet tantùm in A, & non in B (per Ax. 20.): quare A tantùm in contrariam partem à fortiori B reflectetur, suam integram celeritatem retinendo, q. e. d.

---

* Vid. Fig. Prop. 20.

* Vid. Fig. Prop. 27.

Proposição XXIV. *Regra 1*

*Se dois corpos, A e B por exemplo, são completamente iguais e movem-se em linha reta, com igual rapidez, um em direção ao outro, quando se chocam ambos são refletidos para o lado contrário, sem perder nenhuma parte de sua velocidade.**

Nesta hipótese patenteia-se claramente que, para suprimir-se a contrariedade desses dois corpos, ou ambos devem refletir-se para o lado contrário, ou um deve arrastar consigo o outro, pois são contrários apenas quanto à determinação, mas não quanto ao movimento.

Demonstração

Quando A e B chocam-se, devem sofrer uma variação (pelo ax. 19); mas como o movimento não é contrário ao movimento (pelo corol. da prop. 19 desta parte), não são forçados a perder nada de seu movimento (pelo prop. 19). Em vista disso, a mutação ocorrerá só na determinação; mas não podemos conceber que se mude apenas a determinação de um, B por exemplo, a não ser que suponhamos que A, pelo qual deveria ser mudado, seja mais forte (pelo ax. 20). Ora, isso iria contra a hipótese; logo, como a mudança de determinação não pode ocorrer em apenas um, ocorrerá em ambos, a saber, A e B desviando-se para o lado contrário, e não para um outro (pelo que foi dito no cap. 2 da *Dióptrica*), e retendo integralmente seu movimento.

Proposição XXV. *Regra 2*

*Se dois corpos forem desiguais em massa, a saber, B maior que A, supondo-se mantidas as outras condições, então só A será refletido e ambos continuarão movendo-se com a mesma velocidade.**

Demonstração

Como se supõe que A seja menor que B, ele também terá (pela prop. 21 desta parte) uma força menor que B; mas já que nesta hipótese, como na precedente, a contrariedade dá-se só na determinação, por isso a variação, como demonstramos na proposição precedente, deverá ocorrer só na determinação, e ocorrerá apenas em A e não em B (pelo ax. 20); portanto apenas A será refletido para o lado contrário por B, que é mais forte, retendo integralmente sua velocidade; c.q.d.

---

* Vê a fig. da prop. 20.

* Vê a fig. da prop. 27.

Propositio XXVI.

*Si mole, & celeritate sint inæqualia, B nempe duplo majus, quàm A, motus verò in A duplo celerior, quàm in B, cæteris ut priùs positis, ambo in contrariam partem reflectentur, unoquoque suam, quam habebant, celeritatem retinente.**

Demonstratio.

Cùm A & B versus se invicem moventur, secundùm hypothesin, tantundem motûs est in uno, quam in alio (per Corol. 2. Propos. 22. hujus): quare motus unius motui alterius non contrariatur (per Corol. Prop. 19. hujus), & vires in utroque sunt æquales (per Corol. 2. Propos. 22. hujus): quare hæc hypothesis prorsus est similis hypothesi Propositionis 24. hujus: adeòque per ejusdem demonstrationem A & B in contrariam partem, suum motum integrum retinendo, reflectentur, q. e. d.

Corollarium.

Ex tribus hisce præcedentibus Propositionibus clarè apparet, quòd determinatio unius corporis æqualem vim requirat, ut mutetur, quàm motus: unde sequitur, corpus, quod plus, quàm dimidium suæ determinationis, & plus, quàm dimidiam partem sui motûs amittit, plus mutationis pati, quàm id, quod totam suam determinationem amittit.

Propositio XXVII. *Reg. 3.*

Si mole sint æqualia, sed B tantillo celeriùs moveatur, quàm A, non tantùm A in contrariam partem reflectetur, sed etiam B dimidiam partem celeritatis, quâ A excedit, in A transferet, & ambo æquè celeriter pergent moveri versus eandem partem.

Demonstratio.

A (ex Hyp.) non tantùm suâ determinatione opponitur B, sed etiam suâ tarditate, quatenus illa de quiete participat (per Corol. 1. Prop. 22. hujus): unde quamvis in contrariam partem reflectatur, & sola determinatio mutetur, non ideò tollitur omnis horum corporum contrarietas: quare (per Ax. 19.) & in determinatione, & in motu variatio fieri debet: sed cùm B ex hypothesi celeriùs, quàm A moveatur, erit B (per Propos. 22. hujus) fortiùs, quàm A; quare (per Ax. 20.) mutatio in A à B procedet, à quo in contrariam parte reflectetur, quod erat primum.

* Vid. Fig. Prop. 27.

PROPOSIÇÃO XXVI

*Se dois corpos são desiguais em massa e velocidade, a saber, B duas vezes maior que A e o movimento em A duas vezes mais veloz que em B, supondo-se mantidas as outras condições, ambos serão refletidos para o lado contrário, cada um retendo a velocidade que tinha.**

Demonstração

Quando A e B movem-se um para o outro, segundo a hipótese, há tanto movimento em um quanto em outro (pelo corol. 2 da prop. 22 desta parte); por isso o movimento de um não é contrário ao movimento do outro (pelo corol. da prop. 19 desta parte) e as forças são iguais em ambos (pelo corol. 2 da prop. 22 desta parte); por isso esta hipótese é inteiramente semelhante à hipótese da proposição 24 desta parte, de maneira que, pela mesma demonstração, A e B serão refletidos para o lado contrário, retendo integralmente seu movimento, c.q.d.

Corolário

Dessas três proposições precedentes transparece claramente que a determinação de um corpo, para ser mudada, requer uma força igual à requerida pelo movimento; donde se segue que um corpo que perde mais da metade de sua determinação e mais da metade de seu movimento sofre mais mudança do que aquele que perde toda sua determinação.

PROPOSIÇÃO XXVII. *REGRA 3*

Se dois corpos são iguais em massa, mas B move-se um pouco mais velozmente que A, não apenas A será refletido para o lado contrário como também B transferirá para A a metade da velocidade que excede a de A, e ambos continuarão movendo-se com igual velocidade para o mesmo lado.

Demonstração

A (por hip.) opõe-se a B não apenas por sua determinação, mas também por sua lentidão, enquanto esta participa do repouso (pelo corol. 1 da prop. 22 desta parte). Donde, embora seja refletido para o lado contrário e só a determinação seja mudada, nem por isso toda a contrariedade desses corpos é suprimida; por isso (pelo ax. 19) deve ocorrer uma variação na determinação e também no movimento; mas como B, pela hipótese, move-se mais velozmente que A, B será (pela prop. 22 desta parte) mais forte que A; por isso (pelo ax. 20) uma mudança em A procede de B, pelo qual A será refletido para o lado contrário; o que era primeiro.

---

* Vê a fig. da prop. 27.

Deinde quamdiu tardiùs, quàm B, movetur, ipsi B (per Corol. 1. Propos. 22. hujus) opponitur: ergo tamdiu variatio fieri debet (per Ax. 19.), donec non tardiùs, quàm B moveatur. Ut autem celeriùs, quàm B, moveatur, à nullâ causâ adeò forti in hac hypothesi cogitur; cum igitur neque tardiùs, quàm B, moveri possit, cùm à B impellatur, neque celeriùs, quàm B, æquè ergo celeriter, ac B, perget moveri. Porrò si B minus, quam dimidiam partem excessûs celeritatis in A transferat, tunc A tardiùs, quam B perget moveri: Si verò plus, quàm dimidiam partem, tunc A celeriùs, quàm B perget moveri; quod utrumque absurdum est, ut jamjam demonstravimus; ergo variatio eousque continget, donec B dimidiam partem excessûs celeritatis in A transtulerit, quam B (per Propos. 20. hujus) amittere debet, adeòque ambo æquè celeriter sine ullâ contrarietate pergent moveri versus eandem partem, q. e. d.

Corollarium.

Hinc sequitur, quò corpus aliquod celeriùs movetur, eò magis determinatum esse, ut, secundùm quam lineam movetur, moveri pergat: & contrà, quò tardius, eò minus determinationis habere.

Scholium.

Ne hîc Lectores vim determinationis cum vi motûs confundant, visum fuit pauca adjungere, quibus vis determinationis à vi motûs distincta explicetur. Si igitur corpora A & C æqualia, & æquali celeritate versus se invicem in directum mota concipiantur, hæc duo (per Prop. 24. hujus) in contrariam partem, suum motum integrum retinendo, reflectentur: Verùm si corpus C sit in B, & obliquè versus A moveatur, perspicuum est, ipsum jam minùs determinatum esse, ad se movendum secundùm lineam BD, vel CA; quare quamvis æqualem cum A habeat motum, tamen vis determinationis C, in directum versus A moti, quæ æqualis est cum vi determinationis corporis A, major est vi determinationis ipsius C, ex B versus A moti, & tantò major, quantò linea BA major est lineâ CA: quantò enim linea BA major est lineâ CA, tantò etiam plus temporis (ubi B, & A æquè celeriter, ut hîc supponuntur, moventur) requirit B, ut secundùm lineam BD, vel CA, per quam determinationi corporis A contrariatur, moveri possit: adeòque, ubi C obliquè ex B ipsi A occurrit, determinabitur, ac si secundùm lineam AB' versus B' (quod suppono, ubi in eo puncto est, quo linea AB' lineam BC productam secat, æquè distare

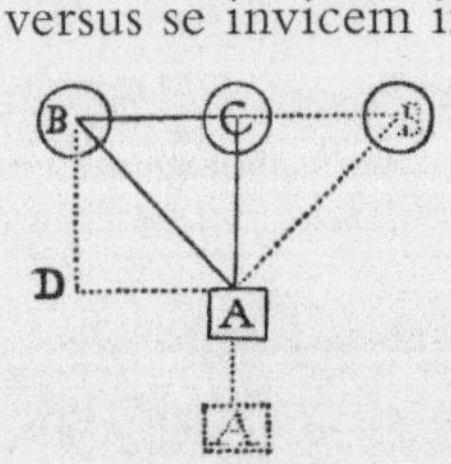

Ademais, enquanto A move-se mais lentamente que B, opõe-se ao próprio B (pelo corol. 1 da prop. 22 desta parte); logo, a variação deve ocorrer (pelo ax. 19) até que A não se mova mais lentamente que B. Nesta hipótese, porém, não há nenhuma causa tão forte que o force a mover-se mais velozmente que B;[73] portanto, como A, quando é impelido por B, não pode mover-se mais lentamente que B nem mais velozmente que B, continuará movendo-se com velocidade igual à de B. Além disso, se B transfere a A menos da metade do seu excesso de velocidade, então A continuará movendo-se mais lentamente que B. Se, contudo, transfere mais da metade, então A continuará movendo-se mais velozmente que B; o que, num e noutro caso, é absurdo, como há pouco demonstramos; logo, acontecerá uma variação até que B tenha transferido a A metade do excesso de velocidade que B (pela prop. 20 desta parte) deve perder, e por isso ambos continuarão movendo-se com igual velocidade para o mesmo lado, sem nenhuma contrariedade; c.q.d.

Corolário

Daí segue-se que quanto mais velozmente um corpo move-se, tanto mais é determinado a continuar movendo-se segundo a linha em que se move; e ao contrário, quanto mais lentamente, tanto menos tem de determinação.

Escólio

Para que os leitores não confundam aqui a força da determinação com a força do movimento, pareceu bom ajuntar umas poucas coisas pelas quais a força da determinação seja explicada como distinta da força do movimento.

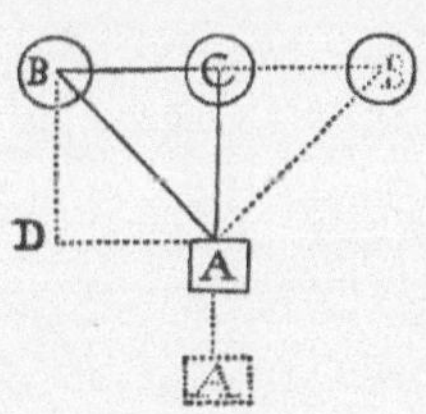

Portanto, se se concebem corpos A e C iguais e movidos com igual velocidade em linha reta um rumo ao outro, os dois (pela prop. 24 desta parte) serão refletidos para o lado contrário, retendo integralmente seu movimento. Contudo, se o corpo C está em B e move-se obliquamente para A, é perspícuo que ele então está menos determinado a mover-se segundo a linha BD ou CA; por isso, embora tenha um movimento igual ao de A, todavia a força da determinação de C, movido em linha reta para A, que é igual à força da determinação do corpo A, é maior do que a força da determinação do próprio C, movido de B para A, e tanto maior quanto maior é a linha BA em relação à linha CA. Com efeito, quanto maior é a linha BA em relação a CA, tanto mais tempo também requer B (quando B e A movem-se com igual velocidade, como aqui se supõe) para poder mover-se segundo a linha BD ou CA, pela qual contraria a determinação do corpo A. Por isso, quando C, proveniente de B, chocar-se obliquamente com A, será determinado e continuará movendo-se segundo a linha AB' rumo a B' (que suponho estar no ponto em que a linha AB' corta o prolongamento da linha BC e distar de C tanto

a C, ac C distat a B) pergeret moveri; A verò, suum integrum motum, & determinationem retinendo, perget versus C moveri, corpusque B secum pellet, quandoquidem B, quamdiu secundùm diagonalem AB' ad motum determinatum est, & æquali cum A celeritate movetur, plus temporis requirit, quàm A, ut aliquam partem lineæ AC suo motu describat, & eatenus determinationi corporis A, quæ fortior est, opponitur. Sed ut vis determinationis ipsius C ex B versus A moti, quatenus de lineâ CA participat, æqualis sit cum vi determinationis ipsius C in directum versus A moti, (vel ex Hyp. ipsius A) necessariò B tot gradus motûs supra A debebit habere, quot partibus linea BA major est lineâ CA, tumque, ubi corpori A obliquè occurrit, A in contrariam partem versus A' & B versus B', unoquoque suum integrum motum retinente, reflectentur. Verùm, si excessus B supra A major sit, quàm excessus lineæ BA supra lineam CA, tum B repellet A versus A', eique tantum sui motûs tribuet, donec motus B ad motum A se habeat, ut linea BA ad lineam CA, & tantum motûs, quantum in A transtulit, amittendo, perget versus quam priùs movebatur partem, moveri. Ex. gr. si linea AC sit ad lineam AB, ut 1 ad 2, & motus corporis A ad motum corporis B ut 1 ad 5, tum B transferet in A unum gradum sui motûs, ipsumque in contrariam partem repellet, & B cum quatuor residuis gradibus perget versus eandem partem, versus quam priùs tendebat, moveri.

Propositio XXVIII. *Reg. 4.*

*Si corpus A planè quiesceret, essetque paulò majus, quàm B, quâcunque cum celeritate B moveatur versus A, nunquam ipsum A movebit; sed ab eo in contrariam partem repelletur, suum integrum motum retinendo.**

Nota, horum corporum contrarietatem tolli tribus modis, vel ubi unum alterum secum rapit, & postea æquè celeriter versus eandem partem pergunt moveri; vel ubi unum in contrariam partem reflectitur, & alterum suam integram quietem retinet; vel ubi unum in contrariam partem reflectitur, & aliquid sui motûs in aliud quiescens transfert; quartus autem casus non datur (ex vi Prop. 13. hujus): jam igitur erit (per Prop. 23. hujus) demonstrandum, quod secundùm nostram hypothesin minima mutatio in hisce corporibus contingit.[10]

* Vid. Fig. Prop. 27.

[10] Nota, horum ... corporibus contingit. Ed. princ., Geb.: o trecho vem em caracteres menores. Cf. nota 74 da trad.

quanto C dista de B); A, por sua vez, retendo integralmente seu movimento e determinação, continuará movendo-se para C, e empurra consigo o corpo B, visto que B, enquanto é determinado ao movimento segundo a diagonal AB' e move-se com velocidade igual à de A, requer mais tempo que A para descrever alguma parte da linha AC pelo seu movimento, e nesta medida opõe-se à determinação do corpo A, que é mais forte. Mas para que a força da determinação do próprio C, movido de B para A, enquanto participa da linha CA, seja igual à força de determinação de C, movido em linha reta para A (ou, pela hipótese, igual à de A), necessariamente B deverá ter tantos graus de movimento a mais que A quantas são as partes que a linha BA tem a mais que a linha CA, e então, quando esse corpo chocar-se obliquamente com corpo A, A será refletido para o lado contrário, rumo a A', e B, rumo a B', cada um retendo integralmente seu movimento. Contudo, se o excesso de B sobre A for maior que o excesso da linha BA sobre a linha CA, então B repelirá A para A' e atribuir-lhe-á um tanto de seu movimento, até que o movimento de B esteja para o movimento de A como a linha BA está para a linha CA, e B, perdendo tanto movimento quanto transferiu para A, continuará movendo-se para o lado para que antes se movia. Por ex., se a linha AC está para a linha AB como 1 para 2, e o movimento do corpo A para o movimento do corpo B como 1 para 5, então B transferirá para A um grau de seu movimento, e o repelirá para o lado contrário, e B, com os quatro graus restantes, continuará movendo-se para o mesmo lado para que antes tendia.

Proposição XXVIII. *Regra 4*

*Se um corpo A repousa completamente e é um pouco maior que um B, seja qual for a velocidade com que B move-se para A, nunca moverá A, mas por ele será repelido para o lado contrário, retendo integralmente seu movimento.**

Nota que a contrariedade desses corpos é suprimida de três modos: ou quando um arrasta consigo o outro, e depois continuam movendo-se com igual velocidade para o mesmo lado; ou quando um é refletido para o lado contrário e o outro retém integralmente seu repouso; ou quando um é refletido para o lado contrário e transfere algo de seu movimento para o outro, que repousa. Ora, não se dá um quarto caso (por força da prop. 13 desta parte); portanto, cumprirá agora demonstrar (pela prop. 23 desta parte) que, segundo nossa hipótese, a mudança que acontece nesses corpos é a menor.[74]

* Vê a fig. da prop. 27.

Demonstratio.

Si B moveret A, donec eâdem celeritate pergerent ambo moveri, deberet (per Propos. 20. hujus) tantum sui motûs in A transferre, quantum A acquirit, & (per Propos. 21. hujus) plus quàm dimidiam partem sui motûs deberet amittere, & consequenter (per Corol. Propos. 27. hujus) plus etiam, quàm dimidiam partem suæ determinationis, adeòque (per Corol. Propos. 26. hujus) plus mutationis pateretur, quàm si tantùm suam determinationem amitteret, & si A suæ quietis aliquid amittat, sed non tantum, ut tandem cum B æquali celeritate, pergat moveri, tum contrarietas horum duorum corporum non tolletur, nam A suâ tarditate, quatenus illa de quiete participat, (per Corol. 1. Propos. 22. hujus) celeritati B contrariabitur, ideòque B adhuc in contrariam partem reflecti debebit, totamque suam determinationem, & partem ipsius motûs, quem in A transtulit, amittet, quæ etiam major est mutatio, quàm si solam determinationem amitteret: mutatio igitur secundùm nostram hypothesin, quoniam in solâ determinatione est, minima erit, quæ in hisce corporibus dari potest, ac proinde (per Prop. 23. hujus) nulla alia continget, q. e. d.

Notandum in demonstratione hujus Propositionis, quod idem etiam in aliis locum habet: nempe nos non citasse Propos. 19. hujus, in quâ demonstratur, determinationem integram mutari posse, integro nihilominus manente ipso motu: *Ad quam tamen attendi debet, ut vis demonstrationis rectè percipiatur: Nam in Prop. 23. hujus non dicebamus,* quod variatio semper erit absolutè minima; sed minima, quæ dari potest. *Talem autem mutationem, quæ in solâ determinatione consistit, posse dari, qualem in hac demonstratione supposuimus, patet ex Propos. 18. & 19. hujus cum Coroll.*

PROPOSITIO XXIX. *REG. 5.*

Si corpus quiescens A esset minus, quàm B, tum quantumvis B tardè versus A moveretur, illud secum movebit, partem scilicet sui motûs ei talem transferendo, ut ambo postea æquè celeriter moveantur. (Lege Art. 50. Part. 2. Princip.)*

In hac Regulâ etiam, ut in præc. tres tantùm casus concipi possent, quibus contrarietas hæc tolleretur: nons verò demonstrabimus, quòd secundùm nostram hypothesin minima mutatio in hisce corporibus contingit; ideòque (per Propos. 23. hujus) tali modo etiam variari debent.[11]

---

* Vid. Fig. Prop. 30.

[11] In hac Regulâ ... variari debent. Ed. princ., Geb.: o trecho vem em caracteres menores. Cf. nota 75 da trad.

Demonstração

Se B movesse A até que ambos continuassem movendo-se com a mesma velocidade, deveria (pela prop. 20 desta parte) transferir para A tanto de seu movimento quanto A adquire e (pela prop. 21 desta parte) deveria perder mais que a metade de seu movimento, e consequentemente (pelo corol. da prop. 27 desta parte) também mais que a metade de sua determinação; de maneira que (pelo corol. da prop. 26 desta parte) sofreria mais mudança do que se perdesse apenas sua determinação. E se A perdesse algo de seu repouso, mas não tanto que finalmente continuasse movendo-se com uma velocidade igual à de B, então a contrariedade desses dois corpos não seria suprimida, pois A, por sua lentidão, enquanto ela participa daquele repouso (pelo corol. 1 da prop. 22 desta parte), será contrário à velocidade de B, e por isso B deverá ainda ser refletido para o lado contrário, e perderá toda sua determinação e a parte de seu próprio movimento que transferiu a A, o que é também uma mudança maior do que se só perdesse a determinação; portanto, a mudança, segundo nossa hipótese, porquanto está só na determinação, será a menor que se puder dar nesses corpos, e por conseguinte (pela prop. 23 desta parte) nenhuma outra ocorrerá; c.q.d.

É de notar, na demonstração desta proposição, que o mesmo também tem lugar em outras: não citamos a prop. 19 desta parte, em que se demonstra que a determinação pode ser integralmente mudada, não obstante permanecendo integralmente o próprio movimento; *a ela porém deve-se atentar para perceber corretamente a força da demonstração. Pois na prop. 23 desta parte não dizíamos que* a variação será sempre absolutamente a menor, mas a menor que se puder dar. *Que tal mudança, que consiste só na determinação, possa dar-se qual a supusemos nesta demonstração, é patente pelas prop. 18 e 19 desta parte com o corol.*

Proposição XXIX. *Regra 5*

Se um corpo A em repouso for menor que B, então, por mais lentamente que B mova-se para A, ele o moverá consigo, quer dizer, transferindo-lhe uma parte de seu movimento, de maneira que, depois, ambos se movam com igual velocidade. (Lê o art. 50 da parte 2 dos Princípios.)*

Também nesta regra, como na preced., podem conceber-se apenas três casos em que seja suprimida essa contrariedade; mas nós demonstraremos que, segundo nossa hipótese, a mudança que acontece nesses corpos é a menor, e por isso (pela prop. 23 desta parte) também devem variar dessa maneira.[75]

* Vê a fig. da prop. 30.

Demonstratio.

Secundùm nostram hypothesin B transfert in A (per Propos. 21. hujus) minus, quàm dimidiam partem sui motûs, & (per Corol. Propos. 27. hujus[12]) minus quàm dimidiam partem suæ determinationis. Si autem B non raperet secum A, sed in contrariam parte reflecteretur, totam suam determinationem amitteret, & major contingeret variatio (per Corol. Propos. 26. hujus): & multo major, si totam suam determinationem amitteret, & simul partem ipsius motûs, ut in tertio casu supponitur, quare variatio secundùm nostram hypothesin est minima, q. e. d.

Propositio XXX. *Reg. 6.*

Si corpus A quiescens esset accuratissimè æquale corpori B versus illud moto, partim ab ipso impelleretur, partim ipsum in contrariam partem repelleretur.[13]

Hîc etiam, ut in præcedente, tantùm tres casus concipi possent: adeòque demonstrandum erit, nos hîc ponere minimam variationem, quæ dari potest.

Demonstratio.

Si corpus B secum corpus A rapiat, donec ambo æquè celeriter pergunt moveri, tum tantundem motûs erit in uno atque in alio (per Propos. 22. hujus), & (per Corol. Propos. 27. hujus) dimidiam partem determinationis amittere debebit, & etiam (per Prop. 20. hujus) dimidiam partem sui motûs. Si verò ab A in contrariam partem repellatur, tum totam suam determinationem amittet, & totum suum motum retinebit (per Propos. 18. hujus); quæ variatio æqualis est priori (per Corol. Propos. 26. hujus): sed neutrum horum contingere potest, nam si A statum suum retineret, & determinationem ipsius B mutare posset, esset necessariò (per Ax. 20.) ipso B fortius, quod esset contra hypothesin. Et si B secum raperet A, donec ambo æquè celeriter moverentur, B esset fortius, quàm A, quod etiam est contra hypothesin. Cum igitur neutrum horum casuum locum habeat, continget ergo tertius, nempe quod B paulum impellet A, & ab A repelletur, q. e. d. Lege Art. 51. Part. 2. Princip.

---

[12] per Corol. Propos. 27. hujus. Ed. princ., Geb.: *per Corol. Propos. 17. hujus*. Cf. nota 76 da trad.

[13] *partim ipsum in contrariam partem repelleretur*. Ed. princ., Geb.: *partim ab ipso in contrariam partem repelleretur*. Cf. nota 78 da trad.

Demonstração

Segundo nossa hipótese, B transfere para A (pela prop. 21 desta parte) menos que a metade de seu movimento e (pelo corol. da prop. 27 desta parte)[76] menos que a metade de sua determinação. Ora, se B não arrastasse consigo A, mas fosse refletido para o lado contrário, perderia toda sua determinação e aconteceria uma variação maior (pelo corol. da prop. 26 desta parte), e muito maior se perdesse toda sua determinação e simultaneamente parte de seu próprio movimento, como se supõe no terceiro caso, por isso a variação,[77] segundo nossa hipótese, é a menor; c.q.d.

Proposição XXX. *Regra 6*

Se um corpo A em repouso fosse rigorosamente igual a um corpo B movido rumo a ele, em parte seria impelido por este, em parte o repeliria para o lado contrário.[78]

Também aqui, como na precedente, podem conceber-se apenas três casos, de maneira que cumprirá demonstrar que supomos aqui a menor variação que se puder dar.

Demonstração

Se o corpo B arrasta consigo o corpo A até que ambos continuem movendo-se com igual velocidade, então haverá tanto movimento em um quanto em outro (pela prop. 22 desta parte) e (pelo corol. da prop. 27 desta parte) B deverá perder metade da determinação e também (pela prop. 20 desta parte) metade de seu movimento. Todavia, se é repelido por A para o lado contrário, então perderá toda sua determinação e reterá todo seu movimento (pela prop. 18 desta parte), variação que é igual à anterior (pelo corol. da prop. 26 desta parte); mas nenhum dos casos pode ocorrer, pois se A retivesse seu estado e pudesse mudar a determinação de B, seria necessariamente (pelo ax. 20) mais forte que o próprio B, o que iria contra a hipótese. E se B arrastasse consigo A até que ambos se movessem com igual velocidade, B seria mais forte que A; o que também vai contra a hipótese. Portanto, como nenhum dos casos tem lugar, acontece então o terceiro: B impelirá um pouco A e será repelido por A; c.q.d. Lê o art. 51 da parte 2 dos *Princípios*.[79]

Propositio XXXI. Reg. 7.

*Si B & A versus eandem partem moverentur, A quidem tardiùs, B autem illud insequens celeriùs, ita ut ipsum tandem attingeret, essetque A majus, quàm B, sed excessus celeritatis in B esset major, quàm excessus magnitudinis in A, tum B transferet tantum de suo motu in A, ut ambo postea æquè celeriter, & in easdem partes progrediantur. Si autem econtrà excessus magnitudinis in A esset major, quàm excessus celeritatis in B, in contrariam partem ab ipso reflecteretur, motum omnem suum retinendo.**

Lege Art. 52. Part. 2. Princ Hîc iterum, ut in præced., tres tantùm casus concipi possunt.

Demonstratio.

Primæ partis. B in contrariam partem ab A, quo (per Propos. 21. & 22. hujus) fortius supponitur, reflecti non potest (per Ax. 20); ergo, cùm ipsum B sit fortius, movebit secum A, & quidem tali modo, ut æquali celeritate pergant moveri: tum enim minima mutatio continget, ut ex præced. facilè apparet.

Secundæ partis. B non potest A, quò minus forte (per Propos. 21. & 22. hujus) supponitur, impellere (per Ax. 20.); nec aliquid de suo motu ipsi dare; quare (per Coroll. Propos. 14. hujus) B totum suum motum retinebit, non versus eandem partem, supponitur enim ab A impediri: Ergo (per illa, quæ cap. 2. Diopt. dicta sunt) in contrariam partem, non verò versus ullam aliam, reflectetur, suum integrum motum retinendo (per Prop. 18. hujus), q. e. d.

Nota, quod hîc, & in præcedentibus Propositionibus tanquam demonstratum assumpsimus, omne corpus in directum alii occurrens, à quo absolutè impeditur, ne ulteriùs eandem partem versus progrediatur, in contrariam, non verò in ullam aliam partem reflecti debere: quod ut intelligatur, lege cap. 2. Dioptr.

Scholium.

Hucusque ad mutationes corporum, quæ ex mutuo impulsu fiunt, explicandas consideravimus duo corpora, tanquam ab omnibus corporibus divisa; nullâ nempe habitâ ratione corporum, ea undequaque cingentium. Jam verò ipsorum statum, & mutationes considerabimus pro ratione corporum, à quibus undequaque cinguntur.

Propositio XXXII.

Si corpus B undequaque cingatur à corpusculis motis, ipsum æquali vi versus omnes partes simul pellentibus, quamdiu nulla alia causa occurrit, in eodem loco immotum manebit.

* Vid. Fig. Prop. præc.

Proposição XXXI. *Regra 7**

Se B e A movem-se para o mesmo lado, A mais lentamente, ao passo que B o segue mais velozmente, de tal maneira que finalmente o toque, e A for maior que B, mas o excesso da velocidade em B for maior que o excesso de grandeza em A, então B transferirá para A tanto de seu movimento que ambos depois progredirão com velocidade igual e para o mesmo lado. Mas se, ao contrário, o excesso de grandeza em A for maior que o excesso de velocidade em B, B será refletido por A para o lado contrário, retendo todo seu movimento.

Lê o art. 52 da parte 2 dos *Princípios*. Aqui de novo, como na preced., apenas três casos podem ser concebidos.

Demonstração

Da primeira parte. B, suposto mais forte que A (pelas prop. 21 e 22 desta parte), não pode ser refletido para o lado contrário por A (pelo ax. 20); logo, como B é mais forte, moverá consigo A, e certamente de tal maneira que continuem movendo-se com igual velocidade; com efeito, acontecerá então a menor mudança, como transparece facilmente a partir do que precede.

Da segunda parte. B, suposto menos forte que A (pelas prop. 21 e 22 desta parte), não pode impeli-lo (pelo ax. 20) nem dar-lhe algo de seu movimento; por isso (pelo corol. da prop. 14 desta parte) B reterá todo seu movimento, mas não para o mesmo lado; com efeito, supõe-se que é impedido por A. Logo (pelo que foi dito no cap. 2 da *Dióptrica*) será refletido para o lado contrário, e não para um outro, retendo integralmente seu movimento (pela prop. 18 desta parte), c.q.d.

Nota que aqui e nas proposições precedentes assumimos como demonstrado que todo corpo, chocando-se em linha reta com outro, pelo qual é absolutamente impedido de prosseguir adiante para o mesmo lado, deve ser refletido para o lado contrário, e não para um outro lado; para entender isto, lê o cap. 2 da Dióptrica.

Escólio

Até aqui, para explicar as mudanças dos corpos que se fazem a partir do impulso mútuo, consideramos os dois corpos como se separados de todos os corpos, quer dizer, sem termos em conta os corpos que os circundam de toda parte. Agora, porém, consideraremos o estado e as mudanças deles tendo em conta os corpos pelos quais são de toda parte circundados.

Proposição XXXII

Se um corpo B é circundado de toda parte por corpúsculos movidos que simultaneamente o empurram para todos os lados com uma força igual, permanecerá imóvel no mesmo lugar enquanto nenhuma outra causa intervier.

---

* Vê a fig. da prop. preced.

Demonstratio.

Per se patet hæc Propositio: si enim versus aliquam partem, ex impulsu corpusculorum ab unâ parte venientium, moveretur, corpuscula, quæ illud movent, majori vi pellerent, quàm alia, quæ illud eodem tempore in contrariam partem pellunt, & suum effectum fortiri nequeunt (per Ax. 20.):[14] quod esset contra hypothesin.

Propositio XXX III.

Corpus B, iisdem, ut suprà positis, vi quantumvis parvâ adventitiâ, versus quamcunque partem moveri potest.

Demonstratio.

Omnia corpora B immediatè tangentia, quia (ex Hyp.) in motu sunt, & B (per præc.) immotum manet, statim ac ipsum B tangunt, suum integrum motum retinendo, in aliam partem reflectentur (per Prop. 28. hujus): adeòque corpus B continuò à corporibus, quæ illud immediatè tangunt, sponte deseritur; quantumvis igitur B fingatur magnum, nulla actio requiritur, ad ipsum à corporibus, immediatè tangentibus, separandam (per id, quod 4° notavimus circa 8. Def.). Quare nulla vis externa, quantumvis parva fingatur, in ipsum impingi potest, quæ non sit major vi, quàm B habet ad permanendum in eodem loco (ipsum enim nullam habere vim corporibus immediatè tangentibus adhærendi, jam jam demonstravimus), & quæ etiam, addita impulsui corpusculorum, quæ simul cum ipsâ vi externâ B versus eandem partem pellunt, non major sit vi aliorum corpusculorum, idem B in contrariam partem pellentium (ille enim sine vi externâ huic æquali supponebatur): ergo (per Ax. 20.) ab hac vi externâ, quantumvis exigua fingatur, corpus B verus quamcunque partem movebitur, q. e. d.

Propositio XXX IV.

Corpus B, iisdem positis ut suprà, non potest celeriùs moveri, quàm à vi externâ impulsum est, quamvis particulæ, à quibus cingitur, longè celeriùs agitentur.

Demonstratio.

Corpuscula, quæ simul cum vi externâ corpus B versus eandem partem pellunt, quamvis multo celeriùs agitentur, quàm vis externa B movere potest; quia tamen (per Hyp.) non majorem vim habent, quàm corpora, quæ idem B in contrariam partem repellunt, omnes suæ determinationis vires in his tantùm resistendis impendent; nec ei (per Propos. 32. hujus)

---

[14] *per Ax. 20*. Ed. princ., Geb.: *ax. 29*. Cf. nota 80 da trad.

Demonstração

Esta proposição é patente por si; com efeito, se fosse movido para algum lado pelo impulso dos corpúsculos provenientes de um lado, os corpúsculos que o movem o empurrariam com uma força maior que os outros que o empurram no mesmo tempo para o lado contrário e não podem obter seu efeito (pelo ax. 20);[80] o que iria contra a hipótese.

Proposição XXX III

Um corpo B, nas mesmas condições supostas acima, pode mover-se para um lado qualquer por uma força suplementar, por pequena que seja.

Demonstração

Todos os corpos que tocam imediatamente B, porque estão (por hip.) em movimento e B (pela prop. preced.) permanece imóvel, assim que tocam B são refletidos para o lado oposto (pela prop. 28 desta parte), retendo integralmente seu movimento, de maneira que o corpo B é contínua e espontaneamente abandonado pelos corpos que o tocam imediatamente; portanto, por maior que se forje B, não se requer nenhuma ação para separá-lo dos corpos que imediatamente o tocam (pelo que notamos em 4º acerca da def. 8). Por isso nenhuma força externa, por pequena que se a forje, pode ser-lhe impingida sem que seja maior do que a força que tem B para permanecer no mesmo lugar (com efeito, como há pouco demonstramos, ele não tem nenhuma força para aderir aos corpos que imediatamente o tocam) e sem que, também, acrescentada ao impulso dos corpúsculos que simultaneamente com a própria força externa empurram B para o mesmo lado, não seja maior que a força dos outros corpúsculos que empurram o mesmo B para o lado contrário (com efeito, aquele, sem a força externa, era suposto igual a este); logo (pelo ax. 20) o corpo B será movido para qualquer lado por essa força externa, por exígua que se o forje; c.q.d.

Proposição XXX IV

Um corpo B, nas mesmas condições supostas acima, não pode mover-se mais velozmente do que é impulsionado pela força externa, embora as partículas pelas quais é rodeado agitem-se muito mais velozmente.

Demonstração

Os corpúsculos que simultaneamente com a força externa empurram o corpo B para o mesmo lado, embora agitem-se muito mais velozmente do que pode a força externa mover B, porque (por hip.) não têm uma força maior do que os corpos que repelem o mesmo B para o lado contrário, despendem todas suas forças de determinação apenas resistindo a esses e não atribuem a B (pela prop. 32 desta parte) nenhuma velocidade; logo,

aliquam celeritatem tribuent; ergo, cùm nullæ aliæ circumstantiæ, sive causæ supponantur, B à nullâ aliâ causâ, præter vim externam, aliquid celeritatis accipiet, ac proinde (per Ax. 8. part. 1.) non poterit celeriùs moveri, quàm à vi externâ impulsum est, quod erat dem.

Propositio XXXV.

Cùm corpus B sic ab externo impulsu movetur, maximam partem sui motûs à corporibus, à quibus continuò cingitur, accipit, non autem à vi externâ.

Demonstratio.

Corpus B, quamvis admodum fingatur, impulsu, quantumvis exiguo, moveri debet (per Propos. 33. hujus). Concipiamus igitur B quadruplo majus esse corpore externo, cujus vi pellitur: cùm ergo (per præc.) ambo æquè celeriter moveri debeant: quadruplo etiam plus motûs erit in B, quàm in corpore externo, à quo pellitur (per Prop. 21. hujus): quare (per Ax. 8. Part. 1.) præcipuam partem sui motûs à vi externâ non habet. Et quia præter hanc nullæ aliæ causæ supponuntur, quam corpora, à quibus continuò cingitur (nam ipsum B ex se immotum supponitur), à solis ergo (per Ax. 7. Part. 1.) corporibus, à quibus cingitur, præcipuam partem sui motûs accipit, non autem à vi externâ, q. e. d.

Nota, quod hîc non possumus, ut suprà, dicere, quòd motus particularum ab unâ parte venientium requiratur ad resistendum motui particularum à contrariâ parte venientium; nam corpora, æquali motu (ut hæc supponuntur) versus se invicem mota, solâ determinatione, non verò motu, contraria sunt (per Corol. Prop. 19. hujus): ideòque solam determinationem in sibi invicem resistendo impendunt, non verò motum, ac propterea corpus B nihil determinationis, & consequenter (per Corol. Prop. 27. hujus) nihil celeritatis, quatenus à motu distinguitur, à corporibus circumjacentibus accipere potest: At quidem motum; imò, accedente vi adventitiâ, necessariò ab iis moveri debet, ut in hac Propositione demonstravimus, & ex modo, quo 33. Prop. demonstravimus, clarè videre est.*

Propositio XXXVI.

Si corpus aliquod, ex. gr. manus nostra, quaquaversum æquali motu moveri posset, ita ut nullis corporibus ullo modo resistat, neque ulla alia corpora ipsi ullo modo resistant, necessariò in illo spatio, per quod sic moveretur, tot corpora versus unam partem, quàm versus quamcunque aliam, æquali inter se, & æquali cum manu vi celeritatis movebuntur.

---

* Vid. Prop. 24. hujus; in eâ enim duo corpora, in sibi invicem resistendo, suam determinationem, non verò motum impendere, demonstratum est.

como não se supõem quaisquer outras circunstâncias, ou seja, causas, B não receberá alguma velocidade de nenhuma outra causa além da força externa, e por conseguinte (pelo ax. 8 da parte 1) não poderá mover-se mais velozmente de quanto é impulsionado pela força externa; c.q.d.

Proposição XXXV

Quando um corpo B é assim movido por um impulso externo, recebe a maior parte de seu movimento dos corpos pelos quais é rodeado, e não da força externa.

Demonstração

O corpo B, por maior que se o forje, deve ser movido (pela prop. 33 desta parte) por um impulso, por mais exíguo que seja. Concebamos, portanto, que B é quatro vezes maior que o corpo externo por cuja força é empurrado; logo (pela prop. preced.), como ambos devem mover-se com velocidade igual, também haverá quatro vezes mais movimento em B do que no corpo externo pelo qual é empurrado (pela prop. 21 desta parte); por isso (pelo ax. 8 da parte 1) ele não tem da força externa a maior parte de seu movimento. E já que além dessa não se supõe nenhuma outra causa senão os corpos pelos quais é continuamente rodeado (pois se supõe que B é por si imóvel), logo (pelo ax. 7 da parte 1) ele recebe a maior parte de seu movimento somente dos corpos pelos quais é rodeado, e não da força externa; c.q.d.

Nota que não podemos dizer aqui, como acima, que o movimento das partículas provenientes de um lado seja requerido para resistir ao movimento das partículas provenientes do lado contrário, pois os corpos movidos uns para os outros por um movimento igual (como se supõe neste caso) são contrários só pela determinação, e não pelo movimento (pelo corol. da prop. 19 desta parte); e por isso, ao resistirem uns aos outros, despendem só a determinação, não porém o movimento, e em vista disso o corpo B não pode receber dos corpos que o circundam nada de determinação e, consequentemente (pelo corol. da prop. 27 desta parte), nada de velocidade, enquanto esta se distingue do movimento; mas certamente B pode receber movimento, e mais ainda, encontrando uma força suplementar, necessariamente deve ser movido pelos corpos circundantes, como demonstramos nesta proposição e como se vê claramente pela maneira como demonstramos a prop. 33.*

Proposição XXXVI

Se algum corpo, por exemplo a nossa mão, pode ser movida para uma direção qualquer por um movimento igual, de tal maneira que não resista a nenhum corpo de modo algum, e que nenhum outro corpo de modo algum resista a ela, necessariamente naquele espaço pelo qual ela assim se move mover-se-ão tantos corpos para um lado quantos se movem para outro qualquer, com uma força de velocidade igual entre eles e igual à da mão.

---

* Vê a prop. 24 desta parte; com efeito, nela foi demonstrado que dois corpos, um resistindo ao outro, perdem sua determinação, não porém seu movimento.

Demonstratio.

Per nullum spatium aliquod corpus moveri potest, quod non sit corporibus plenum (per Propos. 3. hujus). Dico itaque spatium, per quod manus nostra sic moveri potest, à corporibus repleri, quæ iisdem, quibus dixi, conditionibus movebuntur. Si enim negas, ponantur quiescere, vel alio modo moveri. Si quiescunt, necessariò motui manûs tamdiu resistent (per Prop. 14. huju), donec ejus motus ipsis communicetur, ut tandem cum ipsâ versus eandem partem, æquali cum celeritate moveantur (per Propos. 20. hujus): Sed in hypothesi ponuntur non resistere; ergo hæc corpora moventur, q. er. primum.

Porrò ipsa versus omnes partes moveri debent: si enim negas, ponantur versus aliquam partem non moveri, putà ab A versus B. Si ergo manus ab A versus B moveatur, necessariò corporibus motis (per primam partem hujus), & quidem secundùm tuam hypothesin aliâ determinatione, ab ipsâ manus determinatione diversâ, occurret: quare ipsi resistent (per Prop. 14. hujus), donec cum ipsâ manu versus eandem partem moveantur (per Prop. 24. & Schol. Propos. 27. hujus): atqui manui (per Hyp.) non resistunt, ergo versus quamcunque partem movebuntur, quo erat secundum

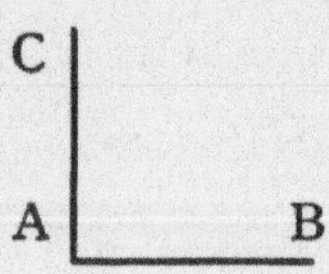

Rursus hæc corpora æquali inter se vi celeritatis versus quamcunque partem movebuntur. Si enim supponerentur, non æquali vi celeritatis moveri: ponantur, quæ moventur ab A versus B, non tantâ vi celeritatis moveri, quam quæ ab A versus C moventur. Quare si manus eâdem illâ celeritate (æquali enim motu versus omnes partes sine resistentiâ moveri posse supponitur), quâ corpora ab A versus C moventur, ab A versus B moveretur: corpora ab A versus B mota tamdiu manui resistent (per Propos. 14. hujus), donec cum manu æquali vi celeritatis moveantur (per Propos. 31. hujus): at hoc est contra hypothesin: ergo æquali vi celeritatis versus omnes partes movebuntur, q. er. tertium

Denique, si corpora non æquali cum manu vi celeritatis moverentur, aut manus tardiùs, vel minori vi celeritatis, aut celeriùs, vel majori vi celeritatis movebitur, quàm corpora: Si prius, manus resistet corporibus ipsam versus eandem partem sequentibus (per Propos. 31. hujus): Si posterius, corpora, quæ manus sequitur, & quibuscum versus eandem partem movetur, ipsi resistent (per eandem): quod utrumque est contra hypothesin. Ergo cùm neque tardiùs, neque celeriùs moveri potest manus, æquali vi celeritatis, ac corpora, movebitur, q. e.d.

Si quæris, cur æquali vi celeritatis, non verò absolutè æquali celeritate dico; lege Scholium Coroll. Prop. 27. hujus: Si deinde quæris, an manus, dum ex. gr. ab A versus B movetur, non resistat corporibus eodem tempore à B versus A æquali

Demonstração

Um corpo não pode mover-se por nenhum espaço que não esteja cheio de corpos (pela prop. 3 desta parte). E dessa maneira digo que o espaço pelo qual nossa mão pode assim mover-se está preenchido por corpos que se moverão nas mesmas condições de que falei. Com efeito, se negas, suponha-se que repousem ou que se movam de outra maneira. Se repousam, necessariamente resistem ao movimento da mão (pela prop. 14 desta parte) até que o movimento dela seja-lhes comunicado a tal ponto que finalmente movam-se com ela para o mesmo lado e com igual velocidade (pela prop. 20 desta parte). Mas na hipótese supõe-se que não resistem; logo, esses corpos movem-se; o que era o primeiro.

Ademais, eles devem mover-se para todos os lados; com efeito, se negas, suponha-se que não se movem para algum lado, por ex., de A para B; logo, se a mão mover-se de A para B, necessariamente chocar-se-á com os corpos em movimento (pela primeira parte desta dem.), e decerto, segundo tua hipótese, com outra determinação diversa da determinação da mão; por isso resistirão a ela (pela prop. 14 desta parte) até que se movam junto com a mão para o mesmo lado (pela prop. 24 e o escólio da prop. 27 desta parte); ora, (por hip.) não resistem à mão; logo, mover-se-ão para um lado qualquer; o que era o segundo.

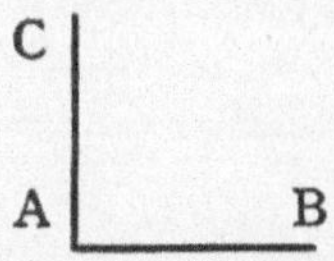

Além disso, esse corpos mover-se-ão para um lado qualquer com força de velocidade igual entre eles. Com efeito, se fossem supostos não se moverem com força de velocidade igual, suponha-se que os que se movem de A para B não se movem com tanta força de velocidade quanto os que se movem de A para C. Por isso, se a mão move-se de A para B com aquela mesma velocidade (com efeito, supõe-se que se pode mover com movimento igual para todos os lados sem resistência) com que os corpos movem-se de A para C, os corpos movidos de A para B resistirão à mão (pela prop. 14 desta parte) até que se movam junto com a mão por uma força de velocidade igual (pela prop. 31 desta parte). Ora, isso vai contra a hipótese; logo, mover-se-ão para todos os lados com uma força de velocidade igual; o que era o terceiro.

Enfim, se os corpos movem-se com uma força de velocidade não igual à da mão, a mão mover-se-á quer mais lentamente ou com uma força de velocidade menor, quer mais velozmente ou com uma força de velocidade maior que os corpos. Se o primeiro, a mão resistirá aos corpos que a seguem para o mesmo lado (pela prop. 31 desta parte). Se o segundo, os corpos que a mão segue, e junto com os quais se move para o mesmo lado, resistirão a ela (pela mesma prop.); mas um e outro vão contra a hipótese. Logo, como a mão não se pode mover nem mais lenta nem mais velozmente, mover-se-á com uma força de velocidade igual à dos corpos; c.q.d.

Se perguntas por que digo com força de velocidade igual e não, absolutamente, com uma velocidade igual, lê o escólio do corol. da prop. 27 desta parte. Se ademais perguntas se a mão, enquanto se move por ex. de A para B, não resiste aos corpos que no mesmo tempo

vi motis: Lege Propos. 33. hujus, ex quâ intelliges, eorum vim compensari vi corporum (hæc enim vis per 3. part. hujus Prop. illi æqualis est), quæ ab A versus B cum manu eodem tempore moventur.

Propositio XXX VII.

Si corpus aliquod, putà A, à quâcunque parvâ vi versus quamcunque partem moveri potest, illud necessariò cingitur à corporibus, quæ æquali inter se celeritate moventur.

Demonstratio.

Corpus A undequaque à corporibus cingi debet (per Propos. 6. hujus), iisque versus quamcunque partem æqualiter motis: Si enim quiescerent, non à quâcunque parvâ vi corpus A versus quamcunque partem (ut supponitur) moveri posset, sed ad minimùm à tantâ vi, quæ corpora, ipsum A immediatè tangentia, secum movere posset (per Ax. 20. hujus). Deinde si corpora, à quibus A cingitur, majori vi versus unam partem moverentur, quàm versus aliam, putà à B versus C, quàm à C versus B, cùm undequaque a corporibus motis cingatur (ut jamjam demonstravimus); necessariò (per id, quod Prop. 33. demonstravimus) corpora, ab B versus C mota, A versus eandem partem secum ferrent. Adeòque non quæcunque parva vis sufficiet ad A versus B movendum, sed præcisè tanta, quæ excessum motûs corporum à B versus C venientium suppleret (per Ax. 20.): quare æquali vi versus omnes partes moveri debent, q. e. d.

Scholium.

Cùm hæc contingant circa corpora, quæ Fluida vocantur, sequitur corpora fluida illa esse, quæ in multas exiguas particulas, & æquali vi versus omnes partes motas, sunt divisa Et, quamvis illæ particulæ à nullo vel lynceo oculo conspici possint, non tamen erit negandum id, quod modò clarè demonstravimus: satis enim ex antedictis Propp. 10. & 11. evincitur talis naturæ subtilitas, quæ (ut jam sensus omittam) nullâ cogitatione determinari potest, aut attingi. Porrò, cùm etiam ex præcedentibus satis constet, quòd corpora solâ suâ quiete aliis corporibus resistant, & nos in duritie, ut sensus indicant, nihil aliud percipiamus, quàm quod partes corporum durorum motui manuum nostrarum resistant: clarè concludimus, illa corpora, quorum omnes particulæ juxta se mutuò quiescunt, esse dura. Lege Art. 54. 55. 56. Part. 2. Princip.

Finis secundæ Partis.

movem-se de B para A com igual força, lê a prop. 33 desta parte, a partir da qual entenderás que a força deles é compensada pela força dos corpos que se movem com a mão, no mesmo tempo, de A para B (de fato, esta força, pela 3ª parte desta demonstração, é igual àquela).

Proposição XXX VII

Se algum corpo, A por exemplo, pode ser movido para um lado qualquer por uma força pequena qualquer, é necessariamente rodeado por corpos que se movem com uma velocidade igual entre si.

Demonstração

O corpo A deve ser rodeado de toda parte por corpos (pela prop. 6 desta parte) igualmente movidos para um lado qualquer. Com efeito, se repousassem, o corpo A não poderia ser movido por uma força pequena qualquer para um lado qualquer (como se supõe), mas no mínimo por uma força tamanha que pudesse mover consigo os corpos que tocam imediatamente A (pelo ax. 20 desta parte). Ademais, se os corpos pelos quais A é rodeado se movessem para um único lado com uma força maior do que para outro, maior de B para C, por exemplo, do que de C para B, como A é rodeado de toda parte por corpos em movimento (como há pouco demonstramos), necessariamente (pelo que demonstramos na prop. 33) os corpos movidos de B para C levariam consigo A para o mesmo lado. E por isso uma força pequena qualquer não bastaria para mover A para B, mas precisamente uma força tamanha que supra o excesso de movimento dos corpos que vêm de B para C (pelo ax. 20); portanto, todos devem mover-se com igual força para todos os lados; c.q.d.

Escólio

Visto que isso acontece com os corpos que se chamam fluidos, segue-se que corpos fluidos são aqueles que estão divididos em muitas partículas exíguas e movidas com igual força para todos os lados. E embora aquelas partículas não possam ser enxergadas por nenhum olho de lince, é no entanto descabido negar o que há pouco claramente demonstramos; com efeito, a partir das anteriores prop. 10 e 11 alcança-se suficientemente uma tal sutileza da natureza que (para nem falar agora dos sentidos) não pode ser determinada ou atingida por nenhum pensamento. Ademais, como também consta suficientemente do que precede que os corpos resistem aos outros corpos só por seu repouso e que nada mais percebemos na dureza, como indicam os sentidos, senão que as partes dos corpos duros resistem ao movimento de nossas mãos, concluímos claramente que são duros aqueles corpos cujas partículas todas repousam umas junto às outras. Lê os art. 54, 55, 56 da parte 2 dos *Princípios*.

Fim da segunda parte

PRINCIPIA PHILOSOPHIÆ

MORE GEOMETRICO DEMONSTRATA.

PARS III.

Principiis rerum naturalium universalissimis sic expositis, pergendum nunc est ad illa, quæ ex ipsis sequuntur, explicanda. Verumenimverò, quandoquidem ea, quæ ex iis principiis sequuntur, plura sunt, quàm mens nostra unquam cogitatione perlustrare poteri, nec ab iis ad una potius, quàm alia consideranda, determinemur; præcipuorum Phænomenwn, quorum causas hîc investigabimus, brevis historia ante omnia ob oculos ponenda est. Hanc autem habes ab Artic. 5. usque ad 15. Part. 3. Princip. Et ab Art. 20. usque ad 43. proponitur hypothesis, quam Cartesius commodissimam judicat, non tantùm ad Phænomena cœli intelligenda: sed etiam, ad eorum causas naturales indagandas.

Porrò, cùm ad Plantarum vel Hominis naturam intelligendam optima via sit considerare, quo pacto paulatim ex seminibus nascantur, & generentur: talia principia erunt excogitanda, quæ valdè simplicia, & cognitu facillima sunt, ex quibus, tanquam seminibus quibusdam, & sidera, & terra, & denique omnia, quæ in hoc mundo aspectabili deprehendimus, oriri potuisse demonstremus: quamvis ipsa nunquam sic orta esse probè sciamus. Hoc enim pacto eorum naturam longè meliùs exponemus, quàm si tantùm, qualia jam sunt, describeremus.

Dico, nos quærere principia simplicia, & cognitu facilia; talia enim nisi sint, ipsis non indigebimus; nempe quia eâ tantùm de causâ semina rebus affingemus, ut earum natura nobis faciliùs innotescat, & Mathematicorum more à clarissimis ad magis obscura, & à simplicissimis ad magis composita ascendamus.

Dicimus deinde, nos talia principia quærere, ex quibus & sidera, & terram, &c. oriri potuisse demonstremus. Tales enim causas, quæ tantùm sufficiunt, ut passim ab Astronomis fit, ad Phænomena cœli explicanda, non quærimus: sed tales, quæ etiam ad cognitionem eorum, quæ sunt in terrâ, (nempe, quia omnia, quæ supra terram observamus contingere, inter Phænomena naturæ recensenda judicamus) nos ducant: Hæ autem ut inveniantur, sequentia observanda sunt in bonâ hypothesi.

I. Ut nullam (in se tantùm considerata) implicet contradictionem.

II. Ut sit simplicissima, quæ dari potest.

III. Quod ex secundo sequitur, ut sit cognitu facillima.

IV. Ut omnia, quæ in totâ naturâ observantur, ex ipsâ deduci queant.

PRINCÍPIOS DA FILOSOFIA

DEMONSTRADOS À MANEIRA GEOMÉTRICA

PARTE III

Expostos assim os princípios universalíssimos das coisas naturais, é preciso agora passar a explicar as coisas que deles se seguem. No entanto, visto que as coisas que se seguem desses princípios são mais numerosas do que nossa mente poderia jamais percorrer pelo pensamento e que não somos determinados por elas a considerar umas de preferência a outras, antes de tudo cumpre pôr diante dos olhos uma breve história dos principais fenômenos cujas causas investigaremos aqui. Essa história, tu a tens do art. 5 até o 15 da parte 3 dos *Princípios*. E do art. 20 até o 43 propõe-se a hipótese que Descartes julga a mais conveniente não apenas para entender os fenômenos do céu como também para indagar as suas causas naturais.

Além do mais, como a melhor via para entender a natureza das plantas ou do homem é considerar de que maneira, paulatinamente, nascem e são gerados a partir de sementes, cumprirá excogitar princípios tais que sejam muito simples e facílimos de conhecer, a partir dos quais demonstremos que se puderam originar, como de certas sementes, os astros e a terra e, enfim, tudo que depreendemos neste mundo visível; embora saibamos bem que nunca se originaram assim. Destarte, exporemos a natureza deles muitíssimo melhor do que se apenas os descrevêssemos tais quais são agora.

Digo que procuramos princípios simples e fáceis de conhecer; com efeito, a não ser que sejam tais, não precisaremos deles, já que imputamos sementes às coisas apenas por um motivo: para que a natureza delas venha a ser-nos mais facilmente conhecida e, à maneira dos matemáticos, ascendamos das claríssimas às mais obscuras e das simplíssimas às mais compostas.

Dizemos, ademais, que procuramos princípios tais que, a partir deles, demonstremos que se puderam originar os astros e a terra, etc. Com efeito, não procuramos causas tais que sejam suficientes apenas para explicar os fenômenos do céu, como é feito aqui e ali pelos astrônomos, mas tais que nos conduzam também ao conhecimento dos que existem na terra (porque julgamos que tudo quanto observamos acontecer sobre a terra é a ser recenseado entre os fenômenos da natureza). Para descobri-los, cumpre observar o seguinte numa boa hipótese:

I. Que (apenas em si considerada) ela não implique nenhuma contradição.

II. Que seja a mais simples que se puder dar.

III. Como segue-se do segundo, que seja facílima de conhecer.

IV. Que a partir dela possa ser deduzido tudo quanto se observa na natureza inteira.

Diximus denique, nobis licere hypothesin assumere, ex quâ, tanquam ex causâ, naturæ Phænomena deducere queamus; quamvis ipsa sic orta non fuisse, probè sciamus. Quod ut intelligatur, hoc utar exemplo. Siquis in chartâ lineam curvam, quam Parabolam vocamus, descriptam inveniat, & ipsius naturam investigare velit, sive is supponat, illam lineam ex Cono aliquo priùs sectam, & deinde chartæ impressam, sive ex motu duarum linearum rectarum descriptam, sive aliquo alio modo ortam fuisse, perinde est; modò ex eo, quod supponit, omnes proprietates Parabolæ demonstret. Imò, quamvis sciat, illam in chartâ ex impressione secti Coni ortum habuisse, poterit nihilominus ad libitum aliam causam fingere, quæ ipsi commodissima videtur, ad omnes Parabolæ proprietates explicandas. Sic etiam nobis ad delineamenta naturæ explicanda, hypothesin aliquam ad libitum assumere licet, modò ex ipsâ omnia naturæ Phænomena per Mathematicas consequentias deducamus Et, quod magis notatu dignum est, vix aliquid assumere poterimus, ex quo non idem effectus, quamquam fortasse operosiùs, per naturæ Leges supra explicatas, deduci possint. Cùm enim earum Legum ope materia formas omnes, quarum est capax, successivè assumat, si formas istas ordine consideremus, tandem ad illam, quæ est hujus mundi, poterimus devenire: adeò ut nihil erroris ex falsâ hypothesi sit timendum.

Postulatum .

Petitur, ut concedatur, omnem illam materiam, ex quâ hic mundus aspectabilis est compositus, fuisse initio à Deo divisam in particulas, quàm proximè inter se æquales, non quidem sphæricas, quia plures globuli simul juncti spatium continuum non replent, sed in partes alio modo figuratas, & magnitudine mediocres, sive medias inter illas omnes, ex quibus jam cœli, atque astra componuntur; easque tantundem motûs in se habuisse, quantum jam in mundo reperitur, & æqualiter fuisse motas; tum singulas circa propria sua centra, & separatim à se mutuò, ita ut corpus fluidum componerent, quale cœlum esse putamus; tum etiam plures simul circa alia quædam puncta, æquè à se mutuò remota, & eodem modo disposita, ac jam sunt centra fixarum; nec non etiam circa alia aliquanto plura, quæ æquent numerum Planetarum; sicque tot varios vortices componerent, quot jam astra sunt in mundo. Vide Figuram Artic. 46. Part. 3. Princip.[15]

[15] <u>*Figuram Artic. 46 Part. 3. Princip*</u>. Ed. princ., Geb.: *Figuram Artic. 47 Part. 3. Princip.* Cf. nota 82 da trad.

Dissemos, enfim, que nos é lícito assumir uma hipótese a partir da qual, como a partir de uma causa, possamos deduzir os fenômenos da natureza, embora saibamos bem que não se originaram assim. Para que se entenda isso, vou servir-me de um exemplo. Caso alguém descubra, traçada numa folha, a linha curva que chamamos parábola, e queira investigar a sua natureza, seja supondo que a linha foi primeiro seccionada a partir de um cone e depois impressa na folha, seja supondo que foi traçada a partir do movimento de duas linhas retas, seja supondo que se originou de alguma outra maneira, dá no mesmo; contanto que a partir do que supõe demonstre todas as propriedades da parábola. E mais ainda, embora saiba que ela teve origem na folha a partir da impressão de um cone seccionado, poderá não obstante forjar a seu bel-prazer outra causa que lhe pareça a mais conveniente para explicar todas as propriedades da parábola. Assim também nos é lícito, para explicar as linhas da natureza, assumir a nosso bel-prazer alguma hipótese, contanto que deduzamos a partir dela, por consequências matemáticas, todos os fenômenos da natureza. E, o que é mais digno de nota, muito dificilmente poderemos assumir algo de que não se possam deduzir os mesmos efeitos, ainda que talvez mais trabalhosamente, pelas leis da natureza explicadas acima. Com efeito, como por obra dessas leis a matéria assume sucessivamente todas as formas de que é capaz, se considerarmos com ordem essas formas poderemos finalmente chegar àquela que é a deste mundo; de maneira que não é a temer nenhum erro a partir de uma falsa hipótese.

Postulado

Pede-se que se conceda que toda aquela matéria, a partir da qual foi composto este mundo visível, foi ao início dividida por Deus em partículas tão iguais entre si quanto possível, não esféricas porém, já que vários glóbulos simultaneamente juntos não preenchem um espaço contínuo, mas em partes figuradas de outra maneira e medianas na grandeza, ou seja, intermédias entre aquelas todas de que ora se compõem os céus e os astros. E que elas tiveram em si tanto movimento quanto ora encontra-se no mundo e foram igualmente movidas; ou bem cada qual em torno de seu próprio centro e separadamente das outras, de tal maneira que compusessem um corpo fluido, tal como pensamos ser o céu; ou bem várias simultaneamente em torno de alguns outros pontos, igualmente distanciados entre si e dispostos do mesmo modo como ora estão os centros das fixas;[81] e não menos também em torno de um maior número de outros pontos, que igualam o número dos planetas; e assim compuseram tantos vórtices quantos são agora os astros no mundo. Vê a figura do art. 46 da parte 3 dos *Princípios*.[82]

Hæc hypothesis in se spectata nullam implicat contradictionem; nihil enim materiæ tribuit præter divisibilitatem, & motum, quas modificationes jam suprà demonstravimus in materiâ realiter existere, & quia materiam indefinitam, ac cœli, & terræ unam eandemque esse ostendimus, has modificationes in totâ materiâ fuisse, sine ullius contradictionis scrupulo supponere possumus.

Est deinde hæc hypothesis simplicissima, quia nullam supponit inæqualitatem, neque dissimilitudinem in particulis, in quas materia in initio fuerit divisa, neque etiam in earum motu; ex quo sequitur hanc hypothesin etiam esse cognitu facillimam: Quod idem etiam patet ex eo, quod nihil per hanc hypothesin in materiâ supponitur fuisse, præter id, quod cuilibet sponte ex solo materiæ conceptu innotescit, divisibilitas nimirum, ac motus localis.

Quod autem ex ipsâ omnia, quæ in naturâ observantur, deduci queant, re ipsâ, quoad fieri potest, ostendere conabimur, idque sequenti ordine. Primo fluiditatem Cœlorum ex ipsâ deducemus, &, quomodo ea causa sit lucis, explicabimus. Deinde ad naturam Solis pergemus, & simul ad ea, quæ in Stellis fixis observantur. Postea de Cometis, & tandem de Planetis, eorumque Phænomenis dicemus.

DEFINITIONES.

I. Per *Eclipticam* intelligimus illam partem vorticis, quæ, dum gyrat circa axem, maximum circulum describit.

II. Per *Polos* intelligimus partes vorticis, quæ ab Eclipticâ sunt remotissimæ, sive quæ minimos describunt circulos.

III. Per *Conatum ad motum* non intelligimus aliquam cogitationem, sed tantùm, quòd pars materiæ ita est sita, & ad motum incitata, ut reverâ esse aliquò itura, si à nullâ causâ impediretur.

IV. Per *Angulum* intelligimus, quicquid in aliquo corpore ultra figuram sphæricam prominet.

AXIOMATA.

I. Plures globuli simul juncti spatium continuum occupare nequeunt.

II. Materiæ portio in partes angulosas divisæ, si partes ipsius circa propria sua centra moveantur, majus spatium requirit, quàm si omnes ipsius partes quiescerent, & omnia earum latera se invicem immediatè tangerent.

III. Pars materiæ, quò minor est, eò faciliùs ab eâdem vi dividitur.

Esta hipótese, em si considerada, não implica nenhuma contradição; com efeito, não atribui nada à matéria além da divisibilidade e do movimento, modificações que já demonstramos acima existir realmente na matéria; e como mostramos que a matéria indefinida do céu e da terra é uma só e a mesma, podemos supor, sem nenhum escrúpulo de contradição, que houve essas modificações em toda a matéria.

Ademais, esta hipótese é a mais simples, já que não supõe nenhuma desigualdade nem dessemelhança nas partículas em que de início a matéria fora dividida e tampouco no movimento delas; do que se segue que esta hipótese também é facílima de conhecer. O mesmo também é patente porque, por esta hipótese, não se supõe ter existido nada na matéria além do que vem a ser espontaneamente conhecido por qualquer um só a partir do conceito de matéria, a saber, a divisibilidade e o movimento local.

Ora, esforçar-nos-emos por mostrar que dela se pode realmente deduzir tudo que é observado na natureza, o quanto possível, e isso na seguinte ordem: primeiro, dela deduziremos a fluidez dos céus e explicaremos de que maneira ela é causa da luz. Depois, passaremos à natureza do sol e simultaneamente ao que se observa nas estrelas fixas. Em seguida, falaremos dos cometas e finalmente dos planetas e seus fenômenos.

Definições

I. Por *eclíptica* entendemos aquela parte de um vórtice que, enquanto gira em torno do eixo, descreve o maior círculo.

II. Por *polos* entendemos as partes de um vórtice mais distanciadas da eclíptica, ou seja, as que descrevem os menores círculos.

III. Por *esforço ao movimento* não entendemos um pensamento, mas apenas que uma parte da matéria está situada e é incitada ao movimento de tal maneira que realmente haveria de ir para algum lugar se não fosse impedida por nenhuma causa.

IV. Por *ângulo* entendemos tudo o que em um corpo salienta-se para além da figura esférica.

Axiomas

I. Vários glóbulos simultaneamente juntos não podem ocupar um espaço contínuo.

II. Uma porção de matéria dividida em partes angulosas requer um espaço maior, se as partes movem-se em torno de seus próprios centros, do que se todas as suas partes repousassem e todos os seus lados se tocassem imediatamente uns aos outros.

III. Quanto menor é uma parte da matéria, tanto mais facilmente é dividida por uma mesma força.

IV. Partes materiæ, quæ sunt in motu versus eandem partem, & à se invicem in ipso motu non recedunt, non sunt actu divisæ.

PROPOSITIO I.

Partes materiæ, in quas primò fuit divisa, non erant rotundæ, sed angulosæ.

Demonstratio.

Materia tota in partes æquales, & similes ab initio fuit divisa (per Postulat): ergo (per Ax. I. & Prop. 2. Part. 2.) non fuerunt rotundæ: atque adeò (per Defin. 4.) angulosæ, q. e. d.

PROPOSITIO II.

Vis, quæ effecit, ut materiæ particulæ circa propria centra moverentur, simul effecit, ut particularum anguli mutuo occursu attererentur.

Demonstratio.

Tota materia in initio in partes æquales (per Postulat.) atque angulosas (per Propos. I. hujus) fuit divisa. Si itaque, simulac cœperint moveri circa propria centra, anguli earum non attriti fuissent, necessariò (per Axiom. 2.) tota materia majus spatium occupare debuisset, quàm cùm quiescebat: atqui hoc est absurdum (per Prop. 4. Part. 2.): ergo earum anguli fuerunt attriti, simulæ moveri cœperint, q. e. d.

Reliqua desiderantur.

IV. As partes da matéria que estão em movimento para um mesmo lado, e não se afastam umas das outras neste movimento, não estão atualmente divididas.

Proposição I

As partes da matéria em que ela foi primeiramente dividida não eram redondas, mas angulosas.

Demonstração

A matéria inteira foi desde o início dividida em partes iguais e semelhantes (pelo post.); logo (pelos ax. 1 e prop. 2 da parte 2) não eram redondas, de maneira que (pela def. 4) eram angulosas; c.q.d.

Proposição II

A força que fez que as partículas da matéria se movessem em torno de seus próprios centros fez simultaneamente que os ângulos das partículas fossem gastos pelo choque mútuo.

Demonstração

A matéria inteira foi no início dividida em partes iguais (pelo post.) e angulosas (pela prop. 1 desta parte). E assim, se seus ângulos não tivessem sido gastos tão logo elas começaram a mover-se em torno de seus próprios centros, necessariamente (pelo ax. 2) a matéria inteira teria devido ocupar um espaço maior do que quando repousava; ora, isso é absurdo (pela prop. 4 da parte 2); logo, seus ângulos foram gastos tão logo começaram a mover-se; c.q.d.

Falta o resto

APPENDIX,

CONTINENS

COGITATA METAPHYSICA,

IN QUIBUS

Difficiliores, quæ in Metaphysices tam parte Generali, quam Speciali, circa Ens, ejusque Affectiones, Deum ejusque Attributa, & Mentem humanam occurrunt, quæstiones breviter explicantur,

AUTHORE

BENEDICTO de SPINOZA, AMSTELODAMENSI.

APÊNDICE

CONTENDO

PENSAMENTOS METAFÍSICOS

NOS QUAIS

são brevemente explicadas as questões mais difíceis que ocorrem tanto na parte geral quanto na especial da metafísica, acerca do ente e suas afecções, Deus e seus atributos, e a mente humana,

PELO AUTOR

BENTO de ESPINOSA

AMSTERDAMÊS.

APPENDICIS
COGITATA METAPHYSICA[16]

CONTINENTIS

PARS I.

In quâ præcipua, quæ in parte Metaphysices generali, circa Ens, ejusque Affectiones vulgò occurrunt, breviter explicantur.

CAP. I.

De Ente Reali, Ficto, & Rationis.

De definitione hujus Scientiæ nihil dico, nec etiam circa quæ versetur; sed tantùm ea, quæ obscuriora sunt, & passim ab Authoribus in Metaphysicis tractantur, explicare hîc est animus.

Entis definitio.

Incipiamus igitur ab Ente, per quod intelligo *Id omne, quod, cum clarè, & distinctè percipitur, necessariò existere, vel ad minimùm posse existere reperimus.*

Chimæra, Ens fictum & Ens rationis non esse entia.

Ex hac autem definitione, vel, si mavis, descriptione sequitur, quod *Chimæra*, *Ens fictum*, & *Ens rationis* nullo modo ad entia revocari possint. Nam *Chimæra* ex suâ naturâ existere nequit.* *Ens* verò *fictum* claram, & distinctam perceptionem secludit, quia homo ex solâ merâ libertate, & non, ut in falsis, insciens, sed prudens, & sciens connectit, quæ connectere, & disjungit, quæ disjungere vult. *Ens* denique *rationis* nihil est præter modum cogitandi, qui inservit ad res intellectas faciliùs *retinendas, explicandas, atque imaginandas*. Ubi notandum, quod per modum cogitandi intelligimus id, quod jam Schol. Propos. 15. Part. 1. explicuimus, nempe omnes cogitationis affectiones, videlicet intellectum, lætitiam, imaginationem, &c.

Quibus cogitandi modis res retineamus.

Quod autem dentur quidam modi cogitandi, qui inserviunt ad res firmiùs, atque faciliùs *retinendas*, & ad ipsas, quando volumus, in mentem revocandas, aut menti præsentes sistendas, satis constat iis, qui notissima illa regula Memoriæ utuntur: quâ nempe ad rem novissimam retinendam, & memoriæ imprimendam ad aliam nobis familiarem recurritur, quæ vel nomine tenus vel re ipsâ cum hac conveniat. Hunc similiter in modum

---

[16] METAPHYSICA. Geb.: *METAPHSICA*.

* Nota, quod nomine Chimæræ hîc, & in seqq. intelligatur id, cujus natura apertam involvit contradictionem, ut fusiùs explicatur, cap. 3.

APÊNDICE

CONTENDO

PENSAMENTOS METAFÍSICOS

PARTE I

na qual são brevemente explicadas as principais questões que vulgarmente ocorrem na parte geral da metafísica acerca do ente e suas afecções.[83]

CAP. I

Do ente real, fictício e de razão.

Nada digo da definição desta ciência, tampouco acerca do que versa; mas o intuito aqui é apenas explicar as questões mais obscuras e volta e meia tratadas pelos autores nas obras metafísicas.

Iniciemos então com o ente, pelo que entendo *tudo aquilo que, quando é clara e distintamente percebido, constatamos existir necessariamente ou pelo menos poder existir.* *Definição de ente.*

Desta definição, ou, se preferes, desta descrição, segue-se que a *quimera*, o *ente fictício* e o *ente de razão* de modo algum podem ser colocados entre os entes. Pois a *quimera*, por sua própria natureza, nao pode existir.* O *ente fictício*, por sua vez, exclui a percepção clara e distinta, visto que o homem, só pela mera liberdade, e não insciente, como nas coisas falsas, mas prudente e ciente, conecta o que quer conectar e separa o que quer separar. O *ente de razão*, enfim, nada é além de um modo de pensar que serve para mais facilmente *reter, explicar e imaginar* as coisas entendidas. É de notar aqui que entendemos por modo de pensar o que já explicamos no esc. da prop. 15 da parte 1, a saber, todas as afecções do pensamento, como intelecto, alegria, imaginação, etc. *A quimera, o ente fictício e o ente de razão não são entes.*

Que haja certos modos de pensar que sirvam para mais firme e facilmente *reter* as coisas e, quando quisermos, para trazê-las à mente ou mantê-las presentes, consta-o suficientemente aos que utilizam aquela notória regra de memória pela qual, para reter e imprimir na memória uma coisa novíssima, recorre-se a outra que nos seja familiar e que com ela convenha, ou tão só pelo nome ou realmente. De modo semelhante, os *Por quais modos de pensar retemos as coisas.*

---

* Nota que pelo nome de quimera entende-se aqui e na sequência aquilo cuja natureza envolve aberta contradição, como é mais amplamente explicado no cap. 3.

Philosophi res omnes naturales ad certas classes reduxerunt, ad quas recurrunt, ubi aliquid novi ipsis occurrit, quas vocant *genus*, *species* &c.

Quibus cogitandi modis res explicemus.

Ad rem deinde *explicandam* etiam modos cogitandi habemus, determinando scilicet eam per comparationem ad aliam. Modi cogitandi, quibus id efficimus, vocantur *tempus*, *numerus*, *mensura*, & siquæ adhuc alia sunt. Horum autem tempus inservit durationi explicandæ, numerus quantitati discretæ, mensura quantitati continuæ.

Quibus cogitandi modis res imaginemur.

Denique, cùm assueti simus omnium, quæ intelligimus, etiam imagines aliquas in nostrâ phantasiâ depingere, fit, ut non-entia positivè, instar entium, *imaginemur.* Nam mens in se solâ spectata, cùm sit res cogitans, non majorem habet potentiam ad affirmandum, quàm ad negandum: imaginari verò cùm nihil aliud sit, quàm ea, quæ in cerebro reperiuntur à motu spirituum, qui in sensibus ab objectis excitatur, vestigia sentire, talis sensatio non, nisi confusa affirmatio, esse potest. Atque hinc fit, ut omnes modos, quibus mens utitur ad negandum, quales sunt, cæcitas, extremitas sive finis, terminus, tenebræ &c. tanquam entia imaginemur.

Entia rationis cur non sint Ideæ rerum, & tamen pro iis habeantur.

Unde clarè patet, hos modos cogitandi non esse ideas rerum, nec ullo modo ad ideas revocari posse; quare etiam nullum habent ideatum, quod necessariò existit, aut existere potest. Causa autem, ob quam hi modi cogitandi pro ideis rerum habentur, est, quia ab ideis entium realium tam immediatè proficiscuntur, & oriuntur, ut facillimè cum ipsis ab iis, qui non accuratissimè attendunt, confundantur: unde etiam nomina ipsis imposuerunt, tanquam ad significandum entia extra mentem nostram existentia, quæ Entia, sive potiùs Non-entia Entia rationis vocaverunt.

Malè dividi Ens in reale, & rationis.

Hincque facilè videre est, quàm inepta sit illa divisio, quâ dividitur ens in ens reale, & ens rationis: dividunt enim ens in ens, & non-ens, aut in ens, & modum cogitandi: Attamen non miror Philosophos verbales, sive grammaticales in similes errores incidere: res enim ex nominibus judicant, non autem nomina ex rebus.

Ens rationis quomodo dici possit merum nihil, & quomodo Ens reale.

Nec minus ineptè loquitur, qui ait ens rationis non esse merum nihil. Nam si id, quod istis nominibus significatur, extra intellectum quærit, merum nihil esse reperiet: si autem ipsos modos cogitandi intelligit, vera entia realia sunt. Nam cùm rogo, quid sit species, nihil aliud quæro, quàm naturam istius modi cogitandi, qui reverâ est ens, & ab alio modo cogitandi distinguitur; verùm, hi modi cogitandi ideæ vocari non possunt, neque veri aut falsi possunt dici, sicut etiam amor non potest verus aut falsus vocari, sed bonus aut malus. Sic Plato cùm dixit, hominem esse animal bipes sine plumis, non magis erravit, quàm qui dixerunt hominem esse animal rationale; nam Plato non minùs cognovit hominem esse animal rationale,

filósofos reduziram todas as coisas naturais a certas classes, às quais recorrem quando ocorre-lhes algo novo e a que chamam de *gênero*, *espécie*, etc.

Ademais, também para *explicar* uma coisa temos modos de pensar, a saber, determinando-a por comparação com outra. Os modos de pensar pelos quais o fazemos chamam-se *tempo*, *número*, *medida*, e talvez haja ainda outros. Destes, o tempo serve para explicar a duração, o número, para a quantidade discreta, a medida, para a quantidade contínua.

Por quais modos de pensar explicamos as coisas.

Enfim, como estamos também acostumados a pintar em nossa fantasia algumas imagens de tudo quanto entendemos, ocorre *imaginarmos* não entes positivamente, à guisa de entes. Com efeito, a mente, em si só considerada, como é coisa pensante, não tem maior potência para afirmar do que para negar; mas como imaginar nada mais é que sentir os vestígios que se encontram no cérebro devido ao movimento dos espíritos, movimento que é excitado nos sentidos pelos objetos, tal sensação não pode ser senão uma afirmação confusa. E disso decorre imaginarmos como entes todos os modos que a mente utiliza para negar, quais sejam, cegueira, extremidade ou fim, término, trevas, etc.

Por quais modos de pensar imaginamos as coisas.

Disso claramente patenteia-se que estes modos de pensar não são ideias de coisas e de modo algum podem ser colocados entre as ideias; por isso também não têm eles nenhum ideado que exista necessariamente ou que possa existir. Porém, a causa por que esses modos de pensar são tidos como ideias de coisas é que tão imediatamente provêm e originam-se das ideias de entes reais que são facilmente confundidos com elas por aqueles que não atentam mui cuidadosamente; donde também lhes terem imposto nomes como se para significar entes que existem fora de nossa mente, e chamado tais entes, ou antes, não entes, de entes de razão.

Por que os entes de razão não são ideias de coisas e, todavia, são tidos como tais.

E com isso é fácil ver quão inepta é aquela divisão pela qual se divide o ente em ente real e ente de razão; com efeito, dividem o ente em ente e não ente, ou em ente e modo de pensar. Não me admira, entretanto, que filósofos verbalistas ou gramaticistas caiam em semelhantes erros, pois julgam as coisas pelos nomes, e não os nomes pelas coisas.

Erroneamente divide-se o ente em real e de razão.

E não fala com menos inépcia quem diz que um ente de razão não é um mero nada; pois se buscar fora do intelecto o que é significado com esses nomes, constatará ser um mero nada; em troca, se entender os próprios modos de pensar, constatará que são verdadeiros entes reais. Com efeito, quando indago o que é uma espécie, nada mais busco que a natureza desse modo de pensar, que é deveras um ente e distingue-se de outro modo de pensar; esses modos de pensar, contudo, não podem ser chamados de ideias nem podem ser ditos verdadeiros ou falsos, assim como tampouco o amor pode ser chamado de verdadeiro ou falso, mas bom ou mau. Assim Platão, quando disse que o homem é um animal bípede sem penas, não errou mais do que os que disseram que o homem é um animal racional;[84] pois Platão não soube que o homem é

De que modo o ente de razão pode ser dito um mero nada e de que modo um ente real.

quàm cæteri cognoscunt; verùm ille hominem revocavit ad certam classem, ut quando vellet de homine cogitare, ad illam classem recurrendo, cujus facilè recordari potuerat, statim in cogitationem hominis incideret: Imò Aristoteles gravissimè erravit, si putavit se illâ definitione humanam essentiam adæquatè explicuisse: An vero Plato benè fecerit, tantùm quæri posset: sed hæc non sunt hujus loci.

In Rerum investigatione Entia realia cum entibus rationis non confundenda.

Ex omnibus supradictis inter ens reale, & entis rationis ideata nullam dari convenientiam apparet: Unde etiam facilè videre est, quàm sedulò sit cavendum in investigatione rerum, ne entia realia, cum entibus rationis confundamus: Aliud enim est inquirere in rerum naturam, aliud in modos, quibus res a nobis percipiuntur. Hæc verò si confundantur, neque modos percipiendi, neque naturam ipsam intelligere poterimus; imò verò, quod maximum est, in causâ erit, quòd in magnos errores incidemus, quemadmodum multis hucusque contigit.

Quomodo Ens rationis, & Ens fictum distinguantur.

Notandum etiam, quod multi confundunt ens rationis cum ente ficto: putant enim ens fictum etiam esse ens rationis, quia nullam extra mentem habet existentiam. Sed si ad entis rationis, & entis ficti definitiones modò traditas rectè attendatur, reperietur inter ipsa, tum ex ratione causæ, tum etiam ex eorum naturâ, absque respectu causæ, magna differentia. Ens fictum enim nihil aliud esse diximus, quàm duos terminos connexos ex solâ merâ voluntate sine ullo ductu rationis; unde ens fictum casu potest esse verum. Ens verò rationis, nec a solâ voluntate dependet, nec ullis terminis inter se connexis constat, ut ex definitione satis fit manifestum. Si quis igitur roget, an ens fictum ens reale sit, an verò ens rationis, tantùm repetendum, atque regerendum est id, quod jam diximus, nempe malè dividi ens in ens reale, & ens rationis, ideòque malo fundamento quæritur, an ens fictum ens reale sit, an verò rationis: supponitur enim omne ens dividi in ens reale, & rationis.

Entis divisio.

Sed ad nostrum propositum revertamur, à quo videmur utcunque jam deflexisse. Ex entis definitione, vel, si mavis, descriptione jam traditâ facilè videre est, quod ens dividendum sit in ens, quod suâ naturâ necessariò existit, sive cujus essentia involvit existentiam, & in ens, cujus essentia non involvit existentiam, nisi possibilem. Hoc ultimum dividitur in Substantiam, & Modum, quorum definitiones Part. 1. Art. 51. 52. & 56. Princ. Philos. traduntur; quare non necesse est, eas hîc repetere. Sed tantùm notari volo circa hanc divisionem, quod expressè dicimus ens dividi in Substantiam, & Modum; non verò in Substantiam, & Accidens: nam Accidens nihil est præter modum cogitandi; utpote quod solummodo respectum denotat. Ex. grat. cùm dico triangulum moveri, motus non

um animal racional menos do que outros sabiam; colocou porém o homem numa determinada classe, a fim de que, quando quisesse pensar nele, recorrendo àquela classe de que podia facilmente recordar-se, de imediato incidisse no pensamento do homem. Aristóteles, mais ainda, errou gravissimamente se acreditou ter explicado adequadamente a essência humana por sua definição. Já se Platão fez bem, poderia perguntar-se, mas este não é o lugar para isso.

Na investigação das coisas, os entes reais não devem ser confundidos com os entes de razão.

De tudo quanto foi dito acima, transparece que entre o ente real e os ideados do ente de razão não se dá nenhuma conveniência. Donde também é fácil ver com quanto zelo cabe precaver-se na investigação das coisas, a fim de não confundirmos os entes reais com os entes de razão. Uma coisa, com efeito, é inquirir a natureza das coisas; outra, inquirir os modos pelos quais as coisas são por nós percebidas. Se o confundirmos, não poderemos entender nem os modos de perceber nem a própria natureza; e mais, o que é muitíssimo pior, cairemos por causa disso em grandes erros, tal como aconteceu a muitos até hoje.

De que modo se distinguem o ente de razão e o ente fictício.

É de notar também que muitos confundem o ente de razão com o ente fictício; de fato, pensam que o ente fictício é também um ente de razão, porque não tem existência alguma fora da mente. Mas, se se atentar corretamente às definições de ente de razão e de ente fictício que acabamos de dar, constatar-se-á uma grande diferença entre eles, tanto em razão da causa, quanto também pela natureza deles, sem relação com a causa. Com efeito, dissemos que o ente fictício não é nada mais que dois termos conectados só pela mera vontade, sem nenhuma condução da razão; por isso o ente fictício pode ser verdadeiro por acaso. O ente de razão, por sua vez, nem depende só da vontade nem consta de termos conectados entre si, como fica suficientemente manifesto a partir da definição. Portanto, se alguém indagar se o ente fictício é um ente real ou é um ente de razão, cumpre apenas repetir e replicar o que já dissemos, a saber, que erroneamente divide-se o ente em ente real e ente de razão, e por isso é por um mau fundamento que se pergunta se o ente fictício é um ente real ou de razão; supõe-se, com efeito, que todo ente divide-se em ente real e de razão.

Divisão do ente.

Mas retornemos ao nosso propósito, de que parece termo-nos de certa forma desviado. Da definição, ou, se preferes, da descrição de ente já dada, é fácil ver que cabe dividir o ente em ente que por sua natureza existe necessariamente, ou seja, cuja essência envolve a existência, e ente cuja essência não envolve a existência senão possível. Este último divide-se em substância e modo, cujas definições são dadas na parte 1 dos *Princípios da filosofia*, art. 51, 52 e 56; portanto é desnecessário repeti-las aqui. Mas quero apenas que se note acerca dessa divisão que dizemos expressamente que o ente divide-se em substância e modo, e não em substância e acidente; pois o acidente nada é além de um modo de pensar, visto que denota somente uma relação. Por ex., quando digo que o triângulo move-se, o movimento não é modo do triângulo, mas do corpo que se move; donde o movimento

est trianguli modus, sed corporis, quod movetur: unde motus respectu trianguli accidens vocatur: respectu verò corporis est ens reale, sive modus: non enim potest motus concipi sine corpore, at quidem sine triangulo.

Porrò ut jam dicta, & etiam quæ sequentur, meliùs intelligantur, explicare conabimur, quid per *esse essentiæ, esse existentiæ, esse ideæ*, ac denique *esse potentiæ* intelligendum sit. Quo etiam nos movet quorundam ignorantia, qui nullam distinctionem agnoscunt inter essentiam, & existentiam, vel, si agnoscunt, *esse essentiæ* cum *esse ideæ* vel *esse potentiæ* confundunt. Ut his igitur, & rei ipsi satisfaciamus, rem quam distinctè poterimus, in sequentibus explicabimus.

CAP. II.

Quid sit esse Essentiæ, quid esse Existentiæ, quid esse Ideæ, quid esse Potentiæ.

Ut clarè percipiatur, quid per hæc quatuor intelligendum sit, tantùm necesse est, ut nobis ob oculos ponamus ea, quæ de substantiâ increatâ, sive de Deo diximus, nempe

Creaturas in Deo esse eminenter.

1°. Deum eminenter continere id, quod formaliter in rebus creatis reperitur, hoc est, Deum talia attributa habere, quibus omnia creata eminentiori modo contineantur, vide Part. 1. Axiom. 8. & Coroll. 1. Prop. 12. Ex. gr. extensionem clarè concipimus sine ullâ existentiâ, ideòque, cùm per se nullam habeat vim existendi, à Deo creatam esse demonstravimus, Prop. ultima Part. 1. Et, quia in causâ tantundem perfectionis ad minimùm debet esse, quantum est in effectu, sequitur, omnes perfectiones extensionis Deo inesse. Sed quia postea rem extensam ex suâ naturâ divisibilem esse videbamus, hoc est, imperfectionem continere, ideò Deo extensionem tribuere non potuimus, Part. 1. Propos. 16., adeòque fateri cogebamur, Deo aliquod attributum inesse, quod omnes materiæ perfectiones excellentiori modo continet, Schol. Prop. 9. Part. 1, quodque vices materiæ supplere potest:

2°. Deum seipsum, atque omnia alia intelligere, hoc est, omnia objectivè etiam in se habere, Part. 1. Prop. 9.

3°. Deum esse omnium rerum causam, eumque ex absolutâ libertate voluntatis operari.

Quid sit esse essentiæ, existentiæ, ideæ, ac potentiæ?

Ex his itaque clarè videre est, quid per illa quatuor intelligendum sit. Primum enim *esse* scilicet *Essentiæ*, nihil aliud est, quàm modus ille, quo res creatæ in attributis Dei comprehenduntur: *esse* deinde *Ideæ* dicitur, prout omnia objectivè in ideâ Dei continentur: *esse* porrò *Potentiæ* dicitur tantùm respectu potentiæ Dei, quâ omnia nondum adhuc existentia ex

ser chamado de acidente em relação ao triângulo; já em relação ao corpo, é um ente real, ou seja, um modo; com efeito, o movimento não pode ser concebido sem o corpo, mas sim sem o triângulo.

Continuando, para que se entenda melhor o já dito e também o que se seguirá, esforçar-nos-emos em explicar o que cabe entender por *ser da essência*, *ser da existência*, *ser da ideia* e enfim *ser da potência*. Ao que nos move também a ignorância de alguns, que não reconhecem nenhuma distinção entre a essência e a existência ou, se reconhecem, confundem o *ser da essência* com o *ser da ideia* ou o *ser da potência*. Portanto, para satisfazer a eles e à própria coisa, na sequência explicaremos o assunto quão distintamente pudermos.

Cap. II

O que é o ser da essência, o que é o ser da existência, o que é o ser da ideia, o que é o ser da potência.

Para que se perceba claramente o que cabe entender por esses quatro seres é necessário apenas pormos diante dos olhos o que dissemos da substância incriada, ou seja, de Deus:

1º) Deus contém eminentemente aquilo que se encontra formalmente nas coisas criadas, isto é, Deus tem atributos tais que contêm todas as coisas criadas da maneira mais eminente; vê parte 1, ax. 8, e corol. 1 da prop. 12. Por ex., concebemos claramente a extensão sem nenhuma existência, e por isso, como ela não tem por si nenhuma força para existir, demonstramos ter sido criada por Deus (última prop. da parte 1). E porque deve haver na causa pelo menos tanta perfeição quanta há no efeito, segue-se que todas as perfeições da extensão estão em Deus. Mas porque depois víamos que a coisa extensa é por sua natureza divisível, isto é, contém imperfeição, por isso não pudemos atribuir a Deus a extensão (prop. 16 da parte 1) e fomos assim forçados a admitir que está em Deus algum atributo que contém da maneira mais excelente todas as perfeições da matéria (esc. da prop. 9 da parte 1) e que pode fazer as vezes de matéria. *As criaturas estão em Deus eminentemente.*

2º) Deus entende a si próprio e a todas as outras coisas, isto é, tem em si também objetivamente todas as coisas (prop. 9 da parte 1).

3º) Deus é causa de todas as coisas, e opera pela absoluta liberdade da vontade.

E assim, vê-se daí claramente o que cabe entender por aqueles quatro seres. O primeiro, o *ser da essência*, nada mais é que o modo pelo qual as coisas criadas estão compreendidas nos atributos de Deus; depois, diz-se *ser da ideia* conforme tudo está contido objetivamente na ideia de Deus; continuando, diz-se *ser da potência* apenas em relação à potência de Deus, pela qual pôde criar todas as coisas ainda não existentes pela absoluta *O que são o ser da essência, da existência, da ideia e da potência?*

absolutâ libertate voluntatis creare potuerat: *esse* denique *Existentiæ* est ipsa rerum essentia extra Deum, & in se considerata, tribuiturque rebus, postquam à Deo creatæ sunt.

Hæc quatuor à se invicem non distingui, nisi in creaturis.

Ex quibus clarè apparet, hæc quatuor non distingui inter se, nisi in rebus creatis: in Deo verò nullo modo: Deum enim non concipimus fuisse potentiâ in alio, & ejus existentia, ejusque intellectus ab ejus essentiâ non distinguuntur.

Ad quæstiones quasdam de Essentiâ respondetur.

Ex his facilè ad quæstiones, quæ passim de essentiâ circumferuntur, respondere possumus. Quæstiones autem hæ sunt sequentes: an essentia distinguatur ab existentiâ, & si distinguatur, an sit aliquid diversum ab ideâ: & si aliquid diversum ab ideâ sit, an habeat aliquod esse extra intellectum; quòd postremum sanè necessariò fatendum est. Ad primam autem sub distinctione respondemus, quod essentia in Deo non distinguatur ab existentiâ; quandoquidem sine hac illa non potest concipi: in cæteris autem essentia differt ab existentiâ, potest nimirum sine hac concipi. Ad secundam verò dicimus, quòd res, quæ extra intellectum clarè, & distinctè, sive verè concipitur, aliquid diversum ab ideâ sit. Sed denuo quæritur, an illud esse extra intellectum sit à se ipso, an verò à Deo creatum. Ad quod respondemus, essentiam formalem non esse à se, nec etiam creatam; hæc duo enim supponerent rem actu existere: sed à solâ essentiâ divinâ pendere, in quâ omnia continentur; adeòque hoc sensu iis assentimur, qui dicunt essentias rerum æternas esse. Quæri adhuc posset, quomodo nos, nondum intellectâ naturâ Dei, rerum essentias intelligamus, cùm illæ, ut modò diximus, à solâ Dei naturâ pendeant. Ad hoc dico, id ex eo oriri, quod res jam creatæ sunt: si enim non essent creatæ, prorsus concederem, id impossibile fore, nisi post naturæ Dei adæquatam cognitionem: eodem modo ac impossibile est, imò magis impossibile, quàm, ex nondum notâ naturâ Parabolæ naturam ejus ordinatim applicatarum noscere.

Cur auctor in definitione essentiæ ad Dei attributa recurrit.

Porrò notandum, quod, quamvis essentiæ modorum non existentium in illorum substantiis comprehendantur, & eorum *esse essentiæ* in illorum substantiis sit, nos tamen ad Deum recurrere voluimus, ut generaliter essentiam modorum, & substantiarum explicaremus, & etiam, quia essentia modorum non fuit in illorum substantiis, nisi post earum creationem, & nos *esse essentiarum* æternum quærebamus.

Cur aliorum definitiones non recensuit.

Ad hæc non puto operæ pretium esse, hîc Authores, qui diversum à nobis sentiunt, refutare, nec etiam eorum definitiones aut descriptiones de essentiâ, & existentiâ examinare: nam hoc modo rem claram obscuriorem redderemus: quid enim magis clarum, quàm, quid sit essentia, &

liberdade da vontade; o *ser da existência*, enfim, é a própria essência das coisas fora de Deus e em si considerada, e é atribuído às coisas após terem sido criadas por Deus.

Do que claramente transparece que esses quatro seres não se distinguem entre si senão nas coisas criadas; já em Deus, de modo algum; com efeito, não concebemos que Deus esteve em potência em outro, e sua existência e seu intelecto não se distinguem de sua essência.

Esses quatro seres não se distinguem uns dos outros senão nas criaturas.

A partir disso podemos facilmente responder às questões volta e meia levantadas em torno da essência. Essas questões são as seguintes: se a essência distingue-se da existência, e, caso se distinga, se é algo diverso da ideia; e, caso seja algo diverso da ideia, se tem algum ser fora do intelecto; este último, decerto, cumpre necessariamente admitir. Quanto à primeira, respondemos com uma distinção: em Deus, a essência não se distingue da existência, já que esta não pode ser concebida sem aquela; nas demais coisas, em troca, a essência difere da existência, visto que pode ser concebida sem ela. Já quanto à segunda, dizemos que a coisa que é clara e distintamente, ou seja, verdadeiramente, concebida fora do intelecto é algo diverso da ideia. Mas, de novo, pergunta-se se aquele ser fora do intelecto é por si mesmo ou se é criado por Deus. Ao que respondemos que a essência formal não é por si e tampouco criada; com efeito, os dois suporiam que a coisa existe em ato, mas ela depende só da essência divina, na qual tudo está contido; e é nesse sentido que assentimos aos que dizem serem eternas as essências das coisas. Poderia ainda perguntar-se de que maneira nós, não tendo ainda entendido a natureza de Deus, entendemos as essências das coisas, pois que elas, como acabamos de dizer, dependem só da natureza de Deus. Ao que digo que isso se origina de as coisas já terem sido criadas; com efeito, se não tivessem sido criadas, eu concederia inteiramente ser isso impossível, a não ser depois do adequado conhecimento da natureza de Deus; da mesma maneira que é impossível, ou melhor, mais que impossível, a partir da natureza da parábola ainda não conhecida conhecer a natureza de suas ordenadas.

Respondem-se algumas questões sobre a essência.

Prosseguindo, é de notar que, embora as essências dos modos não existentes estejam compreendidas em suas substâncias e o *ser da essência* deles esteja em suas substâncias, quisemos todavia recorrer a Deus a fim de explicarmos em geral a essência dos modos e das substâncias e também porque a essência dos modos não esteve em suas substâncias a não ser após a criação delas, e perguntávamos pelo eterno *ser das essências*.

Por que o autor recorreu aos atributos de Deus na definição de essência.

Quanto a isso, creio que não vale a pena refutar aqui os autores que pensam diferente de nós, e tampouco examinar suas definições ou descrições de essência e existência, pois dessa maneira tornaríamos mais obscura uma coisa clara; de fato, o que é mais claro do que entender o que

Por que o autor não recenseou as definições de outros.

existentia, intelligere; quandoquidem nullam definitionem alicujus rei dare possumus, quin simul ejus essentiam explicemus.

Quomodo distinctio inter essentiam, & existentiam facilè addiscatur.

Denique, si quis Philosophus adhuc dubitet, an essentia ab existentiâ distinguatur in rebus creatis, non est, quòd multum de definitionibus essentiæ, & existentiæ laboret, ut istud dubium tollatur: si enim tantùm adeat statuarium aliquem, aut fabrum lignarium, illi ipsi ostendent, quomodo statuam nondum existentem certo ordine concipiant, & postea eam ipsi existentem præbebunt.

Cap. III.

De eo, quod est Necessarium, Impossibile, Possibile, & Contingens.

Quid hîc per affectiones intelligendum sit.

Naturâ entis, quatenus ens est, sic explicatâ, ad aliquas ejus affectiones explicandas transimus; ubi notandum venit, quòd per affectiones hîc intelligimus id, quod aliàs per attributa denotavit Cartesius in Part. 1. Princ. Philos. Art. 52. Nam ens, quatenus ens est, per se solum, ut substantia, nos non afficit, quare per aliquod attributum explicandum est, à quo tamen non, nisi ratione, distinguitur. Unde non satis mirari possum illorum ingenia subtilissima, qui medium quæsiverunt, non sine magno detrimento veritatis, inter ens, & nihil. Sed in eorum errorem refutando non morabor, quandoquidem ipsi, ubi talium affectionum definitiones tradere moliuntur, in vanâ suâ subtilitate prorsus evanescunt.

Affectionum definitio.

Nos igitur rem nostram agemus, dicimusque *Entis affectiones* esse, *quædam attributa, sub quibus uniuscujusque essentiam vel existentiam intelligimus, à quâ tamen non nisi ratione distinguntur.* De his quasdam (non enim omnes pertractare mihi assumo) hîc explicare, & à denominationibus, quæ nullius entis sunt affectiones, separare conabor. Ac primò quidem agam de eo, quod est *necessarium*, & *impossibile.*

Quot modis res dicatur necessaria, & impossibilis.

Duobus modis res dicitur necessaria, & impossibilis, vel respectu suæ essentiæ, vel respectu causæ. Respectu essentiæ Deum necessariò existere novimus: nam ejus essentia non potest concipi sine existentiâ: chimæra verò respectu implicantiæ suæ essentiæ non potis est, ut existat. Respectu causæ dicuntur res, e. g. materiales, esse impossibiles aut necessariæ: nam si tantùm ad earum essentiam respicimus, illam concipere possumus clarè, & distinctè sine existentiâ, quâpropter nunquam existere possunt vi, & necessitate essentiæ: sed tantùm vi causæ, Dei nempe omnium rerum creatoris. Si itaque in decreto divino est, ut res aliqua existat, necessariò existet; sin minùs impossibile erit, ut existat. Nam per se manifestum est, id quod nullam causam, internam scilicet aut externam, habet ad existendum,

são a essência e a existência, visto não podermos dar a definição de coisa alguma sem que simultaneamente expliquemos sua essência?

Enfim, caso algum filósofo ainda duvide de que a essência distingue-se da existência nas coisas criadas, não é preciso muito labutar sobre as definições de essência e existência para suprimir essa dúvida; com efeito, se apenas for a algum estatuário ou entalhador, mostrar-lhe-ão de que modo concebem em uma ordem certa uma estátua ainda não existente, e depois lha apresentarão existente.

De que modo se aprende facilmente a distinção entre a essência e a existência.

Cap. III

Do que é o necessário, o impossível, o possível e o contingente.

Explicada assim a natureza do ente, enquanto é ente, passemos a explicar algumas de suas afecções; quanto a isso cabe notar que por afecções entendemos aqui o que diferentemente designou Descartes atributos na parte 1 dos *Princípios da filosofia*, art. 52; pois o ente, enquanto é ente, não nos afeta por si só como substância; por isso cabe explicá-lo por algum atributo, do qual todavia não se distingue a não ser por razão. Donde não poder suficientemente admirar-me com os engenhos sutilíssimos daqueles que buscaram, não sem grande detrimento da verdade, um meio entre o ente e o nada. Mas não vou demorar-me refutando o seu erro, visto que eles mesmos, quando se empenham em dar definições de tais afecções, esvaecem inteiramente em sua vã sutileza.

O que se deve entender aqui por afecções.

Tratemos portanto de nosso assunto, e digamos que as *afecções do ente* são *alguns atributos sob os quais entendemos a essência ou a existência de cada ente, do qual todavia não se distinguem a não ser por razão.* Esforçar-me-ei em explicar aqui algumas delas (com efeito, não me comprometo a tratar a fundo de todas) e separá-las das denominações que não são afecções de nenhum ente. E primeiramente tratarei do que é o *necessário* e o *impossível.*

Definição de afecções.

Uma coisa é dita necessária e impossível de duas maneiras: ou em relação à sua essência, ou em relação à sua causa. Em relação à essência, ficamos sabendo que Deus existe necessariamente, pois sua essência não pode ser concebida sem a existência; a quimera, por sua vez, em relação à contradição implicada em sua essência, não é capaz de existir. Em relação à causa, as coisas, por ex. as materiais, são ditas impossíveis ou necessárias, pois se nos voltamos apenas para a essência delas, podemos concebê-la clara e distintamente sem a existência, por conseguinte elas nunca podem existir pela força e necessidade da essência, mas apenas pela força da causa, a saber, de Deus, criador de todas as coisas. E assim, se está no decreto divino que uma coisa exista, ela existirá necessariamente; do contrário, será impossível que exista. Com efeito, é por si manifesto que é impossível existir aquilo que não tem causa alguma, interna ou externa, para existir;

De quantos modos uma coisa é dita necessária e impossível.

impossibile esse, ut existat: atqui res in hac secundâ hypothesi ponitur talis, ut neque vi suæ essentiæ, quam per causam internam intelligo, neque vi decreti divini, unicæ omnium rerum causæ externæ, existere possit: unde sequitur, res ut in sec. hyp. à nobis statuuntur, impossibiles esse, ut existant.

Chimæram commodè ens verbale vocari.

Ubi notandum venit, 1°. Chimæram, quia neque in intellectu est, neque in imaginatione, à nobis ens verbale commodè vocari posse; nam ea non nisi verbis exprimi potest. Ex. gr. Circulum quadratum verbis quidem exprimimus, imaginari autem nullo modo, & multò minùs intelligere possumus. Quâpropter Chimæra præter verbum nihil est, ideòque impossibilitas inter affectiones entis numerari non potest: est enim mera negatio.

Res creatas, quoad essentiam, & existentiam à Deo dependere.

2°. Notandum venit, quòd non tantùm rerum creatarum existentia: verùm etiam, ut infrà in sec. part. evidentissimè demonstrabimus, earum essentia, & natura à solo Dei decreto dependet. Ex quo clarè sequitur, res creatas nullam ex se ipsis habere necessitatem: nempe quia ex se ipsis nullam habent essentiam, nec à se ipsis existunt.

Necessitatem, quæ in rebus creatis à causâ est, esse vel essentiæ vel existentiæ: at hæc duo in Deo non distingui.

3°. Denique notandum est, quòd necessitas, qualis vi causæ in rebus creatis est, dicatur vel respectu earum essentiæ, vel respectu earum existentiæ: nam hæc duo in rebus creatis distinguuntur; illa enim à legibus naturæ æternis dependet, hæc verò à serie, & ordine causarum. Verùm in Deo, cujus essentia ab illius existentiâ non distinguitur, essentiæ necessitas etiam non distinguitur à necessitate existentiæ; unde sequitur, quòd si totum ordinem naturæ conciperemus, inveniremus, quòd multa, quorum naturam clarè, & distinctè percipimus, hoc est, quorum essentia necessariò talis est, nullo modo possent existere; nam tales res in naturâ existere æquè impossibile reperiremus, ac jam cognoscimus impossibile esse, ut magnus elephantus in acûs foramine recipi possit: quamvis utriusque naturam clarè percipiamus. Unde existentia illarum rerum non esset, nisi chimæra, quam neque imaginari, neque intelligere possemus.

Possibile, & contingens non esse rerum affectiones.

Atque hæc de necessitate, & impossibilitate, quibus pauca de *possibili*, & *contingente* visum est adjungere; nam hæc duo à nonnullis pro rerum affectionibus habentur; cùm tamen reverâ nihil aliud sint, quàm defectus nostri intellectûs, quod clarè ostendam, postquam explicavero, quid per hæc duo intelligendum sit.

Quid sit possibile, quid contingens.

Res possibilis itaque dicitur, *cùm ejus causam efficientem quidem intelligimus; attamen an causa determinata sit, ignoramus.* Unde etiam ipsam, ut possibilem, non verò neque ut necessariam, neque ut impossibilem considerare possumus. Si autem *ad rei essentiam simpliciter, non verò ad ejus causam*

ora, na segunda hipótese supõe-se uma coisa tal que nem pela força de sua essência, o que entendo por causa interna, nem pela força do decreto divino, causa externa única de todas as coisas, possa existir; donde se segue que é impossível existirem coisas como as estabelecidas por nós na segunda hip.

Quanto a isso, cumpre notar que: 1º) a quimera, porque não está nem no intelecto nem na imaginação, pode ser convenientemente chamada por nós de ente verbal, pois não pode ser exprimida senão com palavras. Por exemplo, é verdade que exprimimos com palavras um círculo quadrado, mas de modo algum o podemos imaginar e muito menos entender. Por consequência, a quimera não é nada além de uma palavra, e por isso a impossibilidade não pode ser enumerada entre as afecções do ente; de fato, é mera negação.

A quimera é convenientemente chamada de ente verbal.

2º) Cumpre notar que não apenas a existência das coisas criadas, mas também a essência e natureza delas, como demonstraremos evidentissimamente abaixo, na segunda parte, depende só do decreto de Deus. Do que se segue claramente que as coisas criadas não têm por si mesmas nenhuma necessidade, já que por si mesmas não têm nenhuma essência nem existem por si mesmas.

As coisas criadas dependem de Deus quanto à essência e à existência.

3º) É de notar enfim que a necessidade, que pela força da causa está nas coisas criadas, é dita ou em relação à essência delas, ou em relação à existência delas, pois as duas distinguem-se nas coisas criadas; com efeito, aquela depende das leis eternas da natureza, esta, por sua vez, da série e ordem das causas. Em Deus, porém, cuja essência não se distingue de sua existência, a necessidade da essência também não se distingue da necessidade da existência; donde se segue que, se concebêssemos a ordem inteira da natureza, descobriríamos que muitas coisas cuja natureza percebemos clara e distintamente, isto é, cuja essência é necessariamente tal, de modo algum poderiam existir; pois constataríamos ser tão impossível que tais coisas existissem na natureza como já sabemos ser impossível que um grande elefante possa passar no buraco de uma agulha,[85] embora percebamos claramente a natureza de ambos. Donde a existência daquelas coisas não ser senão uma quimera, que não poderíamos nem imaginar nem entender.

A necessidade, que nas coisas criadas é pela causa, é ou de essência ou de existência, já em Deus as duas não se distinguem.

E a isso sobre a necessidade e a impossibilidade, pareceu bom ajuntar umas poucas coisas sobre o *possível* e o *contingente*, pois os dois são tidos por alguns como afecções das coisas, ao passo que, todavia, não são de fato nada outro que defeitos de nosso intelecto, o que mostrarei claramente após explicar o que cabe entender por esses dois termos.

O possível e o contingente não são afecções das coisas.

Diz-se que *uma coisa é possível quando de fato entendemos sua causa eficiente, contudo ignoramos se a causa é determinada*. Daí também podermos considerá-la como possível, mas não como necessária nem como impossível. Se atentarmos *simplesmente à essência da coisa, mas não a sua causa*, diremos que

O que é o possível, o que é o contingente.

attendamus, *illam contingentem* dicemus, hoc est, illam, ut medium inter Deum, & chimæram, ut sic loquar, considerabimus, nempe quia ex parte essentiæ nullam in ipsâ reperimus necessitatem existendi, ut in essentiâ divinâ, neque etiam implicantiam sive impossibilitatem, ut in chimærâ. Quod si quis id, quod ego *possibile* voco, *contingens*, & contrà id, quod ego *contingens*, *possibile* vocare velit, non ipsi contradicam: neque enim de nominibus disputare soleo. Sat erit, si nobis concedat, hæc duo non nisi defectus nostræ perceptionis, nec aliquid reale esse.

Possibile, & contingens esse tantùm defectus nostri intellectûs.

Siquis autem id ipsum negare velit, illi suus error nullo negotio demonstratur: si enim ad naturam attendat, & quomodo ipsa à Deo dependet, nullum *contingens* in rebus esse reperiet, hoc est, quod ex parte rei possit existere, & non existere, sive, ut vulgò dicitur, *contingens reale* sit: quod facilè apparet ex eo, quod Ax. 10. Part. 1. docuimus, tantam scilicet vim requiri ad rem creandam, quam ad ipsam conservandam: Quare nulla res creata propriâ vi aliquid facit, eodem modo ac nulla res creata suâ propriâ vi incepit existere. Ex quo sequitur, nihil fieri, nisi vi causæ omnia creantis, scilicet Dei, qui suo concursu singulis momentis omnia procreat. Cùm autem nihil fiat, nisi a solâ divinâ potentiâ, facile est videre, ea, quæ fiunt, vi decreti Dei, ejusque voluntatis fieri. At, cùm in Deo nulla sit inconstantia, nec mutatio, per Prop. 18. & Corol. Prop. 20. Part. 1. illa, quæ jam producit, se producturum ab æterno decrevisse debuit; cùmque nihil magis necessarium sit, ut existat, quàm quod Deus extiturum decrevit, sequitur, necessitatem existendi in omnibus rebus creatis ab æterno fuisse. Nec dicere possumus, illas esse contingentes, quia Deus aliud decrevisse potuit; nam, cùm in æternitate non detur quando, nec ante, nec post, neque ulla affectio temporis, sequitur, Deum nunquam ante illa decreta extitisse, ut aliud decernere posset.

Conciliationem libertatis nostri arbitrii, & prædinationis Dei, humanum captum superare.

Quod verò attinet ad libertatem humanæ voluntatis, quam liberam esse diximus Schol. Propos. 15. Part. 1., illa etiam à Dei concursu conservatur, nec ullus homo aliquid vult, aut operatur, nisi id, quod Deus ab æterno decrevit, ut vellet, & operaretur. Quomodo autem id fieri possit, servatâ humanâ libertate, captum nostrum excedit: neque ideò, quod clarè percipimus, propter id, quod ignoramus, erit rejiciendum; clarè enim, & distinctè intelligimus, si ad nostram naturam attendamus, nos in nostris actionibus esse liberos, & de multis deliberare propter id solum, quod volumus; si etiam ad Dei naturam attendamus, ut modò ostendimus, clarè, & distinctè percipimus, omnia ab ipso pendere, nihilque existere, nisi quod ab æterno à Deo decertum est,

ela é contingente, isto é, considerá-la-emos, por assim dizer, como um meio entre Deus e a quimera, já que do lado de sua essência não constatamos nela nenhuma necessidade de existir, como na essência divina, e tampouco contradição, ou seja, impossibilidade, como na quimera. Se alguém quiser chamar de *contingente* o que eu chamo de *possível* e, ao invés, de *possível* o que eu chamo de *contingente*, não o contradirei, pois não costumo disputar sobre nomes. Será suficiente se nos conceder que os dois não são senão defeitos de nossa percepção, e não algo real.

O possível e o contingente são apenas defeitos de nosso intelecto.

Caso alguém queira negá-lo, seu erro ser-lhe-á demonstrado sem nenhum embaraço; com efeito, se atentar à natureza, e de que modo ela depende de Deus, constatará não haver nada de *contingente* nas coisas, isto é, que na realidade possa existir e não existir, ou seja, como se diz vulgarmente, algo que seja um *contingente real*; o que facilmente transparece a partir do que ensinamos no ax. 10 da parte 1, a saber, que se requer tanta força para criar uma coisa quanto para conservá-la. Por isso nenhuma coisa criada faz algo pela própria força, do mesmo modo que nenhuma coisa criada começa a existir por sua própria força. Disso segue-se que nada se faz a não ser pela força da causa que tudo cria, isto é, Deus, que pelo seu concurso procria todas as coisas a cada instante. E como nada se faz a não ser pela só potência divina, é fácil ver que as coisas que são feitas fazem-se pela força do decreto de Deus e de sua vontade. Ora, como não existe em Deus nenhuma inconstância nem mudança (pela prop. 18 e corol. da prop. 20 da parte 1), ele deve ter decretado desde toda a eternidade que fossem produzidas as coisas que agora produz; e como nada é mais necessário que exista do que aquilo que Deus decretou que haveria de existir, segue-se que a necessidade de existir esteve em todas as coisas criadas desde toda a eternidade. E não podemos dizer que elas são contingentes porque Deus podia ter decretado algo diferente; pois, como na eternidade não se dá nem quando nem antes nem depois, nem qualquer afecção de tempo, segue-se que Deus nunca existiu antes daqueles decretos para que pudesse decretar algo diferente.[86]

A conciliação da liberdade de nosso arbítrio e da predestinação de Deus supera a compreensão humana.

Já no que atina à liberdade da vontade humana, que no esc. da prop. 15 da parte 1 dissemos ser livre, também ela é conservada pelo concurso de Deus, e nenhum homem quer ou opera algo a não ser o que Deus decretou desde toda a eternidade que ele quisesse e operasse. De que modo isso pode ocorrer, preservada a liberdade humana, excede nossa compreensão; nem por isso caberá rejeitar o que claramente percebemos só por causa daquilo que ignoramos; com efeito, entendemos clara e distintamente, se atentamos à nossa natureza, que somos livres em nossas ações e deliberamos muitas coisas só porque o queremos; se atentamos também para a natureza de Deus, como acabamos de mostrar, percebemos clara e distintamente que tudo depende dele e nada existe a não ser o que foi decretado por Deus desde toda a eternidade que exista. Já de que modo a vontade humana seja

ut existat. Quomodo autem humana voluntas à Deo singulis momentis procreetur tali modo, ut libera maneat, id ignoramus; multa enim sunt, quæ nostrum captum excedunt, & tamen à Deo scimus facta esse, uti ex gr. est illa realis divisio materiæ in indefinitas particulas satis evidenter à nobis demonstrata in Sec. Part. Propos. 11., quamvis ignoremus, quomodo divisio illa fiat. Nota, quòd hîc pro re notâ supponimus, has duas notiones, *possibile* nempe, & *contingens*, tantùm defectum cognitionis nostræ circa rei existentiam significare.

CAP. IV.

De Duratione, & Tempore.

Ex eo, quod suprà divisimus ens in ens, cujus essentia involvit existentiam, & in ens, cujus essentia non involvit nisi possibilem existentiam, oritur distinctio inter æternitatem, & durationem. De *æternitate* infrà fusius loquemur. Hîc tantùm dicimus eam esse *attributum, sub quo infinitam Dei existentiam concipimus. Duratio verò est attributum, sub quo rerum creatarum existentiam, prout in sua actualitate perseverant, concipimus.* Ex quibus clarè sequitur, durationem à totâ alicujus rei existentiâ non, nisi ratione, distingui. Quantum enim durationi alicujus rei detrahis, tantundem ejus existentiæ detrahi necesse est. Hæc autem ut determinetur, comparamus illam cum duratione aliarum rerum, quæ certum, & determinatum habent motum, *hæcque comparatio tempus* vocatur. Quare tempus non est affectio rerum, sed tantùm merus modus cogitandi, sive, ut jam diximus, ens rationis; est enim modus cogitandi durationi explicandæ inserviens. Notandum hîc in duratione, quod postea usum habebit, quando de æternitate loquemur, videlicet, quòd major, & minor concipiatur, & quasi ex partibus componi, & deinde quòd tantùm sit attributum existentiæ, non verò essentiæ.

Quid sit æternitas. *Quid duratio.* *Quid Tempus.*

CAP. V.

De Oppositione, Ordine, &c.

Ex eo, quod res inter se comparamus, quædam oriuntur notiones, quæ tamen extra res ipsas nihil sunt, nisi cogitandi modi. Quod inde apparet, quia si ipsas, ut res extra cogitationem[17] positas, considerare velimus, clarum, quem aliàs de ipsis habemus conceptum, statim confusum reddimus. Notiones verò tales hæ sunt, videlicet *Oppositio*, *Ordo*, *Convenientia*, *Diversitas*, *Subjectum*, *Adjunctum*, & si quæ adhuc alia his similia sunt. Hæ,

Quid sint Oppositio, Ordo, Convenientia, Diversitas, Subjectum, Adjunctum, &c.

[17] cogitationem. Geb.: cogitat onem.

procriada por Deus a cada instante de tal maneira que permaneça livre, isto ignoramos; com efeito, há muitas coisas que excedem nossa compreensão, e todavia sabemos terem sido feitas por Deus, como por ex. a divisão real da matéria em indefinidas partículas, demonstrada por nós com suficiente evidência na prop. 11 da segunda parte, embora ignoremos de que modo ocorre a divisão. Nota que aqui supomos como coisa conhecida que estas duas noções, o *possível* e o *contingente*, significam apenas um defeito de nosso conhecimento acerca da existência de uma coisa.

Cap. IV

Da duração e do tempo.

De termos acima dividido o ente em ente cuja essência envolve a existência e ente cuja essência não envolve senão existência possível, origina-se a distinção entre eternidade e duração. Abaixo falaremos mais amplamente da *eternidade*. Aqui dizemos apenas que ela é *o atributo sob o qual concebemos a infinita existência de Deus. A duração, por sua vez, é o atributo sob o qual concebemos a existência das coisas criadas, conforme perseveram em sua atualidade.* Segue-se daí claramente que a duração não se distingue da inteira existência de uma coisa a não ser por razão. Com efeito, o quanto subtrais da duração de alguma coisa, o mesmo tanto é necessário subtrair de sua existência. Para determiná-lo, comparamos essa duração com a de outras coisas que têm um movimento certo e determinado, e *essa comparação* chama-se *tempo*. Por isso o tempo não é uma afecção das coisas, mas apenas um mero modo de pensar, ou seja, como já dissemos, um ente de razão; é um modo de pensar, com efeito, que serve para explicar a duração. Quanto à duração, é de notar aqui (o que terá utilidade depois, quando falarmos da eternidade) que ela é concebida maior ou menor e como se composta de partes e, enfim, que é apenas um atributo da existência, mas não da essência.

O que é a eternidade.

O que é a duração.

O que é o tempo.

Cap. V

Da oposição, da ordem, etc.

De compararmos as coisas entre si, originam-se certas noções que todavia nada são fora das próprias coisas a não ser modos de pensar; o que a partir daí transparece porque, se queremos considerá-las como coisas postas fora do pensamento, de imediato tornamos confuso o conceito claro que delas temos. E são tais as noções de *oposição, ordem, conveniência, diversidade, sujeito, adjunto*, e ainda outras semelhantes a essas. Essas noções, reitero,

O que são oposição, ordem, conveniência, diversidade, sujeito, adjunto, etc.

inquam, à nobis satis clarè percipiuntur, quatenus ipsas, non ut quid ab essentiis rerum oppositarum, ordinatarum &c. diversum, concipimus, sed tantùm ut modos cogitandi, quibus res ipsas faciliùs vel retinemus, vel imaginamur. Quare de his fusiùs loqui non necesse esse judico; sed ad terminos vulgò transcendentales dictos transeo.

Cap. VI.

De Uno, Vero, & Bono.

Hi termini ab omnibus ferè Metaphysicis pro generalissimis Entis Affectionibus habentur; dicunt enim omne ens esse unum, verum, & bonum, quamvis nemo de iis cogitet. Verùm quid de his intelligendum sit, videbimus; ubi seorsim unumquemque horum terminorum examinaverimus.

Quid sit unitas.

Incipiamus itaque à primo, scilicet *Uno.* Hunc terminum dicunt significare aliquid reale extra intellectum: verùm, quidnam hoc enti addat, nesciunt explicare, quod satis ostendit, illos entia rationis cum ente reali confundere; quo efficiunt, ut id, quod clarè intelligunt, confusum reddant. Nos autem dicimus *Unitatem* à re ipsâ nullo modo distingui, vel enti nihil addere, sed tantùm modum cogitandi esse, quo rem ab aliis separamus, quæ ipsi similes sunt, vel cum ipsâ aliquo modo conveniunt.

Quid sit multitudo, & quo respectu Deus dici possit unus, & quo respectu unicus.

Unitati verò opponitur *multitudo*, quæ sanè rebus etiam nihil addit, nec aliquid præter modum cogitandi est, quemadmodum clarè, & distinctè intelligimus. Nec video, quid circa rem claram ampliùs dicendum restat; sed tantùm hic notandum est, Deum, quatenus ab aliis entibus eum separamus, posse dici unum; verùm, quatenus concipimus ejusdem naturæ plures esse non posse, unicum vocari. At verò si rem accuratiùs examinare vellemus, possemus forte ostendere Deum non nisi impropriè unum, & unicum vocari, sed res non est tanti, imò nullius momenti iis, qui de rebus, non verò de nominibus sunt solliciti. Quare hoc relicto ad secundum transimus, & eâdem operâ, quid sit falsum, dicemus.

Quid sit verum, quid falsum tàm apud vulgum, quàm apud Philosophos.

Ut autem hæc duo *verum* scilicet, & *falsum* rectè percipiantur, à verborum significatione incipiemus, ex quâ apparebit ea, non nisi rerum denominationes extrinsecas, esse, neque rebus tribui, nisi rhetoricè. Sed quia vulgus vocabula primum invenit, quæ postea à Philosophis usurpantur, ideò è re esse videtur illius, qui primam significationem alicujus vocabuli quærit, quid primum apud vulgum denotarit, inquirere; præcipuè ubi aliæ causæ deficiunt, quæ ex linguæ naturâ depromi possent ad eam investigandam. Prima igitur *veri*, & *falsi* significatio, ortum videtur duxisse

são por nós percebidas com suficiente clareza enquanto as concebemos não como algo diverso das essências das coisas opostas, ordenadas, etc., mas apenas como modos de pensar pelos quais mais facilmente retemos ou imaginamos as próprias coisas. Por isso julgo desnecessário falar disso mais amplamente; e passo aos termos vulgarmente ditos transcendentais.

Cap. VI

Do uno, do verdadeiro e do bom.

Estes termos são tidos por quase todos os metafísicos como as mais gerais afecções do ente; dizem, com efeito, que todo ente é uno, verdadeiro e bom, ainda que ninguém pense nisso. Porém, veremos o que cabe entender deles quando tivermos examinado separadamente cada um desses termos.

O que é a unidade.

Iniciemos assim pelo primeiro, a saber, o *uno*. Dizem que esse termo significa algo real fora do intelecto, não sabem porém explicar o que ele acrescenta ao ente, e isso mostra suficientemente que confundem os entes de razão com o ente real; pelo que fazem tornar-se confuso o que entendem claramente. Nós, em troca, dizemos que a *unidade* de modo algum distingue-se da própria coisa, ou que nada acrescenta ao ente, mas é apenas um modo de pensar pelo qual separamos uma coisa de outras que lhe são semelhantes ou que de alguma maneira convêm com ela.

O que é a multidão e em que perspectiva pode-se dizer que Deus é uno e em que perspectiva que é único.

À unidade opõe-se a *multidão*, que decerto também nada acrescenta às coisas, nem é algo além de um modo de pensar, tal como entendemos clara e distintamente. E não vejo o que mais resta a ser dito acerca de uma coisa clara; mas aqui é de notar apenas que Deus, enquanto o separamos de outros entes, pode ser dito uno; porém, enquanto concebemos que não pode haver vários de mesma natureza, é chamado único. Contudo, se quiséssemos examinar mais cuidadosamente o assunto, talvez pudéssemos mostrar que Deus não é chamado uno e único senão impropriamente;[87] mas o assunto não tem tanta importância, ou melhor, não tem nenhuma para os que estão preocupados com as coisas e não com os nomes. Portanto, deixado isso para trás, passemos ao segundo ponto, e na mesma oportunidade diremos o que é o falso.

O que é o verdadeiro, o que é o falso, tanto para o vulgo como para os filósofos.

Para que se percebam corretamente estes dois termos, *verdadeiro* e *falso*, iniciemos pela significação das palavras, a partir do que transparecerá que não são senão denominações extrínsecas das coisas e não lhes são atribuídas senão retoricamente. Mas porque o vulgo primeiramente encontra os vocábulos, que depois passam a ser usados pelos filósofos, por isso compete àquele que procura a primeira significação de um vocábulo inquirir o que ele primeiro denotou para o vulgo; principalmente na falta de outras causas que, para investigá-la, pudessem ser retiradas da natureza da língua. A primeira significação de *verdadeiro* e *falso*, pois, parece ter-se

à narrationibus: eaque narratio vera dicta fuisse, quæ erat facti, quod reverâ contigerat: falsa verò, quæ erat facti, quod nullibi contigerat. Atque hanc Philosophi postea usurparunt ad denotandam convenientiam ideæ cum suo ideato, & contrà: quare idea vera dicitur illa, quæ nobis ostendit rem, ut in se est: falsa verò, quæ nobis ostendit rem aliter, quàm reverâ est: Ideæ enim nihil aliud sunt, quam narrationes sive historiæ naturæ mentales. Atque hinc postea metaphoricè translata est, ad res mutas, ut cùm dicimus verum, aut falsum aurum, quasi aurum nobis repræsentatum aliquid de seipso narret, quod in se est, aut non est.

Verum non esse terminum transcendentalem.

Quocirca planè decepti sunt, qui *verum* terminum transcendentalem sive entis affectionem judicarunt. Nam de rebus ipsis non nisi impropriè, vel si mavis rhetoricè dici potest.

Veritas, & vera idea, quomodo differant.

Si porrò quæras, quid sit veritas præter veram ideam, quære etiam, quid sit albedo præter corpus album; eodem enim modo se habent ad invicem.

De causâ veri, & de causâ falsi jam antea egimus; quare hîc nihil restat notandum, nec etiam quæ diximus, operæ pretium fuisset notare, si scriptores in similibus nugis non adeò se intricassent, ut postea se extricare nequiverint, nodum passim in scirpo quærentes.

Quænam sint Proprietates Veritatis? Certitudinem non esse in rebus.

Proprietates verò veritatis aut ideæ veræ sunt. 1°. Quòd sit clara & distincta, 2°. Quòd omne dubium tollat, sive uno verbo, quòd sit certa. Qui quærunt certitudinem in rebus ipsis, eodem modo falluntur, ac cùm in iis quærunt veritatem; & quamvis dicamus, res in incerto est, rhetoricè sumimus ideatum pro ideâ; quomodo etiam rem dicimus dubiam, nisi fortè quòd tum per incertitudinem contingentiam intelligamus, vel rem, quæ nobis incertitudinem aut dubium injicit. Neque opus est circa hæc diutiùs morari; quare ad tertium pergemus, & simul quid per ejus contrarium intelligendum sit, explicabimus.

Bonum, & malum tantùm dici respectivè.

Res sola considerata neque *bona* dicitur, neque *mala*, sed tantùm respectivè ad aliam, cui conducit ad id, quod amat, acquirendum, vel contrà: ideòque unaquæque res diverso respectu, eodemque tempore bona, & mala potest dici: Sic consilium e. g. Achitophelis Absaloni datum bonum in sacris Litteris vocatur; pessimum tamen erat Davidi, cujus interitum moliebatur. Sed multa alia sunt bona, quæ non omnibus bona sunt; sic salus bona est hominibus, non verò neque bona, neque mala brutis aut plantis, ad quas nullum habet respectum. Deus verò dicitur summè bonus, quia omnibus conducit; nempe uniuscujusque esse, quo nihil magis amabile, suo concursu conservando. Malum autem absolutum nullum datur, ut per se est manifestum.

originado das narrações; dizia-se ser verdadeira a narração de um fato que deveras acontecera, e falsa, por sua vez, a de um fato que não acontecera em lugar algum. E depois os filósofos passaram a usá-la para denotar a conveniência da ideia com seu ideado, e o inverso; por isso é dita uma ideia verdadeira aquela que nos mostra a coisa como é em si, e falsa a que nos mostra a coisa diferente do que deveras é. Com efeito, as ideias nada mais são que narrações, ou seja, histórias mentais da natureza. E daí, depois, essa significação foi metaforicamente transferida para as coisas mudas, como quando dizemos verdadeiro ou falso o ouro, como se o ouro a nós representado narrasse algo de si próprio, o que ele é ou não é em si.

O verdadeiro não é um termo transcendental.

Em virtude disso, enganaram-se completamente aqueles que julgaram o *verdadeiro* um termo transcendental, ou seja, uma afecção do ente; pois ele não pode ser dito das próprias coisas senão impropriamente, ou, se preferes, retoricamente.

De que modo diferem a verdade e a ideia verdadeira.

Ademais, se indagas o que é a verdade além da ideia verdadeira, que indagues também o que é a brancura além do corpo branco; com efeito, um está para o outro da mesma maneira.

Já tratamos antes da causa do verdadeiro e da causa do falso; por isso nada resta a notar aqui, e sequer teria valido a pena notar o que dissemos se os escritores não se intrincassem a tal ponto em semelhantes frivolidades que depois não conseguem se desintrincar, volta e meia procurando chifre em cabeça de cavalo.[88]

Quais são as propriedades da verdade? A certeza não está nas coisas.

As propriedades da verdade ou da ideia verdadeira são: 1ª) é clara e distinta; 2ª) suprime toda dúvida, ou, numa palavra, é certa. Aqueles que procuram a certeza nas próprias coisas iludem-se da mesma maneira que quando nelas procuram a verdade; e embora digamos que uma coisa é incerta, tomamos retoricamente o ideado como ideia, da mesma maneira que também dizemos duvidosa uma coisa; a menos que então talvez entendamos por incerteza a contingência, ou a coisa que suscita em nós incerteza ou dúvida. E não é mister demorar mais tempo em torno dessas coisas; por isso passaremos ao terceiro ponto e simultaneamente explicaremos o que cabe entender pelo seu contrário.

Bom e mau são ditos apenas relativamente.

Uma coisa considerada sozinha não é dita nem *boa* nem *má*, mas apenas relativamente a outra, à qual é útil para adquirir aquilo que ela ama,[89] ou o contrário; e por isso cada coisa, em relações diversas, pode ao mesmo tempo ser dita boa e má. Assim, o conselho dado por Aquitofel a Absalão nas Sagradas Escrituras é dito bom; era todavia péssimo para Davi, cujo assassínio era tramado.[90] E são boas muitas outras coisas que não são boas a todos; assim, a salvação é boa aos homens, mas nem boa nem má aos bichos ou plantas, com os quais ela não tem nenhuma relação. Deus, por sua vez, é dito sumamente bom porque é útil a todos, conservando por seu concurso o ser de cada um, que é o que há de mais amável. Em troca, não se dá o mal absoluto, como é manifesto por si.

Quare aliqui bonum Metaphysicum statuerunt.

Qui autem bonum aliquod Metaphysicum quæritant, quod omni careat respectu, falso aliquo præjudicio laborant; nempe quòd distinctionem rationis cum distinctione reali vel modali confundant: distinguunt enim inter rem ipsam, & conatum, qui in unâquâque re est ad suum esse conservandum, quamvis nesciant, quid per conatum intelligant. Hæc enim duo, quamvis ratione seu potiùs verbis distinguantur, quod maximè ipsos decepit, nullo modo re ipsâ inter se distinguuntur.

Res, & conatus, quo res in statu suo perseverare conantur, quomodo distinguantur.

Quòd ut clarè intelligatur, exemplum alicujus rei simplicissimæ ob oculos ponemus. Motus habet vim in suo statu perseverandi; hæc vis profectò nihil aliud est, quàm motus ipse, hoc est, quòd natura motûs talis sit. Si enim dicam in hoc corpore A nihil aliud esse, quàm certam quantitatem motûs, hinc clarè sequitur, quamdiu ad illud corpus A attendo, me semper debere dicere illud corpus moveri. Si enim dicerem, illud suam vim movendi ex se amittere, necessariò ipsi aliquid aliud tribuo præter id, quod in hypothesi supposuimus, per quod suam naturam amittit. Quod si verò hæc ratio obscurius videatur, age concedamus, illum conatum se movendi aliquid esse præter ipsas leges, & naturam motûs; cùm igitur hunc conatum esse bonum metaphysicum supponas, necessariò hic etiam conatus conatum habebit in suo esse perseverandi, & hic iterum alium, & sic in infinitum, quo magis absurdum nescio quid fingi possit. Ratio autem, cur illi conatum rei à re ipsâ distinguunt, est, quia in se ipsis reperiunt desiderium se conservandi, & tale in unâquâque re imaginantur.

An Deus ante res creatas dici possit bonus.

Quæritur tamen, an Deus, antequam res creasset, dici posset bonus; & ex nostrâ definitione videtur sequi, Deum tale attributum non habuisse, quia dicimus rem, si in se solâ consideratur, neque bonam, neque malam posse dici. Hoc autem multis absurdum videbitur; sed quâ ratione nescio; multa enim hujus notæ attributa Deo tribuimus, quæ antequam res crearentur, ipsi non competebant, nisi potentiâ, ut cùm vocatur creator, judex, misericors &c. Quare similia argumenta moram nobis injicere non debent.

Perfectum quomodo dicatur respectivè, quomodo absolutè.

Porrò uti bonum, & malum non dicitur nisi respectivè, sic etiam perfectio, nisi quando perfectionem sumimus pro ipsâ rei essentiâ, quo sensu antea diximus Deum infinitam perfectionem habere, hoc est, infinitam essentiam, seu infinitum esse.

Plura his addere non est animus; reliqua enim quæ ad partem generalem Metaphysices spectant, satis nota esse existimo: adeòque operæ pretium non esse, ea ulteriùs persequi.

Aqueles que sem descanso procuram algum bem metafísico que careça de toda relação labutam por um falso preconceito: é que confundem a distinção de razão com a distinção real ou modal; com efeito, distinguem entre a própria coisa e o esforço que há em cada coisa para conservar seu ser, embora não saibam o que entendem por esforço. Com efeito, embora esses dois distingam-se por razão, ou antes, por palavras, o que sobretudo os engana, de modo algum se distinguem entre si realmente.

Por que alguns sustentaram um bem metafísico.

Para que se o entenda claramente, poremos diante dos olhos o exemplo de uma coisa simplíssima. O movimento tem força de perseverar em seu estado; essa força seguramente nada mais é que o próprio movimento, isto é, tal é a natureza do movimento. Com efeito, se digo que no corpo A nada mais há que uma quantidade certa de movimento, segue-se claramente daí que, enquanto atento para o corpo A, devo sempre dizer que o corpo move-se. Com efeito, se eu dissesse que por si mesmo ele perde sua força de mover-se, atribuir-lhe-ia necessariamente algo outro além do que supusemos na hipótese, mediante o qual o corpo perde sua natureza. Porém, se essa razão parecer um tanto obscura, concedamos então que aquele esforço de mover-se é algo além das próprias leis e da natureza do movimento; portanto, como supões que esse esforço é um bem metafísico, necessariamente o esforço também terá um esforço de perseverar em seu ser, e este novamente terá um outro, e assim ao infinito;[91] não sei o que se possa forjar de mais absurdo que isso. A razão por que distinguem o esforço da coisa e a própria coisa é que encontram em si mesmos o desejo de conservar-se e o imaginam tal em cada coisa.

De que modo se distinguem as coisas e o esforço pelo qual as coisas esforçam-se em perseverar em seu estado.

Indaga-se todavia se Deus, antes que criasse as coisas, poderia ser dito bom; e de nossa definição parece seguir-se que Deus não tinha tal atributo, já que dizemos que a coisa, se é em si só considerada, não pode ser dita nem boa nem má. Isso parecerá absurdo a muitos, mas não sei por que razão. Com efeito, atribuímos a Deus muitos atributos desse tipo, os quais, antes que fossem criadas as coisas, não lhe competiam senão em potência, como quando é chamado de criador, juiz, misericordioso, etc. Por isso semelhantes argumentos não nos devem suscitar demoras.

Se Deus pode ser dito bom antes das coisas criadas.

Além disso, tal como bom e mau não são ditos senão relativamente, assim também a perfeição, a não ser quando tomamos a perfeição como a própria essência da coisa, sentido em que, como dissemos antes, Deus tem uma perfeição infinita, isto é, uma essência infinita ou um ser infinito.

De que modo o perfeito é dito relativamente, de que modo absolutamente.

Não tenho o intuito de acrescentar mais coisas; de fato, estimo suficientemente conhecidas as demais que concernem à parte geral da metafísica; de maneira que não vale a pena continuar.

APPENDICIS COGITATA METAPHYSICA

CONTINENTIS

PARS II.

In quâ præcipua, quæ in parte Metaphysices speciali c irca Deum,ejusque Attributa, & Mentem humanam vulgò occurrunt,breviter explicantur.

CAP. I.

De Dei Æternitate.

Substantiarum divisio.

Jam antea docuimus, in rerum naturâ præter substantias, earumque modos nihil dari; quare non erit hîc exspectandum, ut aliquid de formis substantialibus, & realibus accidentibus dicamus: sunt enim hæc, & hujus farinæ alia, planè inepta. Substantias deinde divisimus in duo summa genera, extensionem scilicet, & cogitationem, ac cogitationem in creatam, sive Mentem humanam, & increatam sive Deum. Existentiam autem hujus satis superque demonstravimus tum à posteriori, scilicet ex ipsius, quam habemus, ideâ, tum à priori, sive ab ejus essentiâ, tanquam causâ existentiæ Dei. Sed quoniam quædam ejus attributa breviùs, quam argumenti dignitas requirit, tractavimus, ipsa hîc repetere, eaque fusiùs explicare, simulque aliquas quæstiones enodare decrevimus.

Deo nullam durationem competere.

Præcipuum attributum, quod ante omnia venit considerandum, est Dei *Æternitas*, quâ ipsius durationem explicamus; vel potiùs, ut nullam Deo durationem tribuamus, dicimus eum esse æternum. Nam, ut in primâ Parte notavimus, duratio est affectio existentiæ, non verò essentiæ rerum; Deo autem, cujus existentia est de ipsius essentiâ, nullam durationem tribuere possumus. Qui enim Deo illam tribuit, ejus existentiam ab ejus essentiâ distinguit. Sunt tamen, qui rogant, an Deus nunc non diutiùs extiterit, quàm cùm Adamum crearet: idque ipsis satis clarum esse videtur, adeòque nullo modo Deo durationem adimendam esse existimant. Verùm hi principium petunt; nam supponunt Dei essentiam ab ejus existentiâ distingui, quærunt enim an Deus, qui extitit usque ad Adamum, non plus temporis extiterit ab Adamo creato usque ad nos; quare Deo singulis diebus

APÊNDICE

CONTENDO

PENSAMENTOS METAFÍSICOS

PARTE II

Na qual são brevemente explicadas as principais questões que vulgarmente ocorrem na parte especial da metafísica acerca de Deus e seus atributos e da mente humana.[92]

Cap. I

Da eternidade de Deus

Divisão das substâncias.

Já ensinamos anteriormente que nada se dá na natureza das coisas além de substâncias e seus modos; por isso não se deverá esperar que digamos aqui algo sobre formas substanciais e acidentes reais; tais coisas, com efeito, e outras da mesma farinha, são completamente ineptas. Ademais, dividimos as substâncias em dois gêneros supremos, a saber, a extensão e o pensamento, e o pensamento em criado, ou seja, a mente humana, e incriado, ou seja, Deus. Demonstramos acima suficientemente a existência deste, tanto a posteriori, quer dizer, a partir da ideia dele que temos, quanto a priori, ou seja, de sua essência como causa da existência de Deus. Mas visto termos tratado certos atributos seus mais brevemente do que requer a dignidade do tema, decidimos repeti-los aqui e explicá-los com mais amplitude, e simultaneamente elucidar algumas questões.

A Deus não compete nenhuma duração.

O principal atributo, a ser considerado antes de todos, é a *eternidade* de Deus, pela qual explicamos a sua duração; ou antes, para não atribuirmos nenhuma duração a Deus, dizemos que ele é eterno. Pois, como notamos na primeira parte, a duração é uma afecção da existência, mas não da essência das coisas;[93] a Deus, porém, cuja existência pertence à sua essência, não podemos atribuir nenhuma duração. Quem a atribui a Deus, com efeito, distingue sua existência e sua essência. Há todavia aqueles que indagam se Deus não existiria agora mais longamente do que quando criou Adão; e isso parece-lhes tão claro que estimam que não se deve de modo algum arrebatar a Deus a duração. Porém, fazem uma petição de princípio, pois supõem que a essência de Deus distingue-se de sua essência; de fato, perguntam se Deus, que existiu até Adão, não teria existido mais tempo da criação de Adão até nós; com o que atribuem a Deus a cada dia uma duração

majorem durationem tribuunt, & quasi continuò à se ipso ipsum creari supponunt. Si enim Dei existentiam, ab illius essentiâ non distinguerent, nequaquam Deo durationem tribuerent, cùm rerum essentiis duratio nullo modo competere possit: nam nemo unquam dicet circuli, aut trianguli essentiam, quatenus est æterna veritas, hoc tempore diutiùs durasse, quàm tempore Adami. Porrò cùm duratio major, & minor, sive quasi partibus constans concipiatur, clarè sequitur, Deo nullam tribui posse durationem: nam cùm ipsius esse sit æternum, hoc est, in quo nihil prius, nec posterius dari potest, nunquam ipsi durationem tribuere possumus; quin simul, quem de Deo habemus, verum conceptum destruamus, hoc est, id, quod est infinitum suâ naturâ, & quod nunquam potest concipi nisi infinitum, in partes dividamus, ei scilicet durationem tribuendo.

Causæ, ob quas Autores Deo durationem tribuerunt.

Quod autem Authores errarunt, in causâ est I°. quia æternitatem, ad Deum non attendentes, explicare conati sunt, quasi æternitas absque essentiæ divinæ contemplatione intelligi posset, vel quid esset præter divinam essentiam, atque hoc iterum inde ortum fuit, quia assueti sumus propter defectum verborum æternitatem etiam rebus, quarum essentia distinguitur ab earum existentiâ, tribuere, ut cùm dicimus, non implicat, mundum ab æterno fuisse; atque etiam essentiis rerum, quamdiu ipsas non existentes concipimus; eas enim tum æternas vocamus. II°. quia durationem rebus non tribuebant, nisi quatenus eas sub continuâ variatione esse judicabant, non, uti nos, prout earum essentia ab earum existentiâ distinguitur. III°. denique quia Dei essentiam, sicuti rerum creatarum, ab ejus existentiâ distinxerunt. Hi, inquam, errores ipsis ansam errandi præbuerunt. Nam primus error in causâ fuit, ut non intelligerent, quid esset æternitas; sed ipsam tanquam aliquam speciem durationis considerarent. Secundus, ut non facilè possent invenire differentiam inter durationem rerum creatarum, & inter Dei æternitatem. Ultimus denique, ut, cùm duratio non sit, nisi existentiæ affectio, ipsique Dei existentiam ab ejus essentiâ distinxerint, Deo, ut jam diximus, durationem tribuerent.

Quid sit æternitas?

Sed, ut meliùs intelligatur, quid sit *Æternitas*, & quomodo ipsa sine essentiâ divinâ non possit concipi, considerandum venit id, quod jam antea diximus, nempe res creatas, sive omnia præter Deum semper existere solâ vi sive essentiâ Dei, non verò vi propriâ; unde sequitur præsentem existentiam rerum non esse causam futuræ, sed tantùm Dei immutabilitatem, propter quam cogimur dicere, ubi Deus rem primò creavit, eam postea continuò conservabit, seu eandem illam creandi actionem continuabit. Ex quibus concludimus, 1°. quòd res creata potest dici frui existentiâ, nimirum

maior e supõem que ele é como que continuamente criado por si mesmo. Com efeito, se não distinguissem a existência de Deus e sua essência, de forma alguma atribuiriam a duração a Deus, já que a duração não pode competir às essências das coisas de jeito nenhum, pois ninguém nunca dirá que a essência do círculo ou do triângulo, enquanto é uma verdade eterna, durou mais longamente neste tempo do que no tempo de Adão. Ademais, como se concebe a duração maior e menor, ou seja, como se constando de partes, segue-se claramente que não se pode atribuir nenhuma duração a Deus; pois, como seu ser é eterno, isto é, nele não se pode dar nada de anterior nem de posterior, nunca podemos atribuir-lhe a duração sem simultaneamente destruirmos o conceito verdadeiro que temos de Deus, isto é, atribuindo-lhe a duração, dividirmos em partes o que é infinito por sua própria natureza e que nunca pode ser concebido a não ser infinito.[94]

Causas por que os autores atribuíram a Deus a duração.

As causas de terem os autores errado são: 1º) porque se esforçaram em explicar a eternidade sem atentar a Deus, como se a eternidade pudesse ser entendida sem a contemplação da essência divina ou fosse algo além da essência divina; e isso originou-se, mais uma vez, de termo-nos acostumado, por conta do defeito das palavras, a atribuir a eternidade também às coisas cuja essência distingue-se de sua existência, como quando dizemos não implicar contradição que o mundo tenha existido desde toda a eternidade; e também às essências das coisas enquanto as concebemos não existentes; com efeito, então as chamamos de eternas; 2º) porque não atribuíam a duração às coisas senão enquanto julgavam-nas estar sob uma variação contínua, e não, como nós, conforme sua essência distingue-se de sua existência; 3º) enfim, porque distinguiram a essência de Deus, assim como a das coisas criadas, e sua existência. Estes erros, reitero, deram-lhes azo a errar. Pois o primeiro erro foi causa de não entenderem o que é a eternidade, mas a considerarem como uma espécie de duração. O segundo, de não poderem descobrir facilmente a diferença entre a duração das coisas criadas e a eternidade de Deus. O último, enfim, como a duração não é senão uma afecção da existência e distinguiram a existência de Deus e sua essência, foi causa de atribuírem a duração a Deus, como já dissemos.

O que é a eternidade?

Mas, para entender melhor o que é a *eternidade* e de que maneira não pode ser concebida sem a essência divina, cumpre considerar o que já dissemos antes, a saber, as coisas criadas, ou seja, todas exceto Deus, existem sempre só pela força ou essência de Deus, e não por sua própria força; do que se segue que a existência presente das coisas não é causa da existência futura, mas apenas o é a imutabilidade de Deus, em vista da qual somos forçados a dizer que, desde que Deus primeiro criou uma coisa, ele a conservará continuamente depois, ou continuará a mesma ação de criá-la. Disso concluímos: 1º) que se pode dizer que uma coisa criada frui da existência; pudera, já

quia existentia non est de ipsius essentiâ: Deus verò non potest dici frui existentiâ, nam existentia Dei est Deus ipse, sicut etiam ipsius essentia; unde sequitur res creatas duratione frui: Deum autem nullo modo. 2°. omnes res creatas, dum præsenti duratione, & existentiâ fruuntur, futurâ omnino carere, nempe quia continuò ipsis tribui debet: at de earum essentiâ nihil simile potest dici. Verùm Deo, quia existentia est de ipsius essentiâ, futuram existentiam tribuere non possumus: eadem enim, quam tum haberet, etiamnum ipsi actu tribuenda est, vel, ut magis propriè loquar, Deo infinita actu existentia competit eodem modo, ac ipsi actu competit infinitus intellectus. Atque hanc infinitam existentiam *Æternitatem* voco, quæ soli Deo tribuenda, non verò ulli rei creatæ; non, inquam, quamvis earum duratio utroque careat fine. Hæc de æternitate; de Dei necessitate nihil dico; quia non opus est, cùm ejus existentiam ex ejus essentiâ demonstravimus. Pergamus itaque ad unitatem.

Cap. II.

De Unitate Dei.

Mirati persæpe fuimus futilia argumenta, quibus Dei Unitatem astruere conantur Authores, qualia sunt, *Si unus potuit mundum creare, cæteri essent frustrà, si omnia in eundem finem conspirent, ab uno conditore sunt producta*, & similia, à relationibus, aut denominationibus extrinsecis petita. Quâpropter, illis omnibus insuper habitis, nostram demonstrationem, quàm clarè poterimus, ac breviter, hîc proponemus, idque sequenti modo.

Deum esse unicum.

Inter Dei attributa numeravimus etiam summam intelligentiam, addidimusque ipsum omnem suam perfectionem à se, non verò ab alio habere. Si jam dicas plures dari Deos, seu entia summè perfecta, necessariò omnes debebunt esse summè intelligentes; quod ut fiat, non sufficit, unumquemque se ipsum tantùm intelligere: nam cùm omnia intelligere debeat unusquisque, & se & cæteros debebit intelligere: ex quo sequeretur, quòd perfectio uniuscujusque intellectûs partim à se ipso, partim ab alio dependeret. Non poterit igitur quilibet esse ens summè perfectum, hoc est, ut modò notavimus, ens, quod omnem suam perfectionem à se, non verò ab alio habet; cùm tamen jam demonstraverimus Deum ens perfectissimum esse, ipsumque existere. Unde jam possumus concludere, eum unicum tantùm existere; si enim plures existerent, sequeretur ens perfectissimum habere imperfectionem, quod est absurdum.

que a existência não pertence à sua essência; Deus, em troca, não se pode dizer que frui da existência, pois a existência de Deus é o próprio Deus, assim como também a sua essência; donde segue-se que as coisas criadas fruem da duração, mas de modo algum Deus; 2º) que todas as coisas criadas, enquanto fruem da presente duração e existência, carecem totalmente da futura, porque esta deve ser-lhes continuamente atribuída; mas da essência delas nada de semelhante pode ser dito. A Deus, porém, porque a existência pertence à sua essência, não podemos atribuir a existência futura; com efeito, a mesma que então teria, cumpre atribuir-lhe desde já em ato, ou, para falar mais propriamente, a existência infinita em ato compete a Deus do mesmo modo que lhe compete um intelecto infinito em ato. E essa existência infinita chamo de *eternidade*, a qual deve ser atribuída só a Deus, mas não a nenhuma coisa criada; não, reitero, ainda que a duração delas careça de ambos os términos. Isso sobre a eternidade; da necessidade de Deus, nada digo, já que por termos demonstrado sua existência a partir de sua essência não se faz mister. Assim, passemos à unidade.

Cap. II

Da unidade de Deus.

Bem amiúde nos admiramos com a futilidade dos argumentos com que os autores esforçam-se em garantir a unidade de Deus, quais sejam: *se um único Deus pôde criar o mundo, os outros seriam vãos; se todas as coisas conspiram para um mesmo fim, foram produzidas por um único fundador*; e outros similares, tirados de relações ou denominações extrínsecas. Por conseguinte, passando por cima deles todos, proporemos aqui nossa demonstração, quão clara e brevemente pudermos, e isso do seguinte modo.

Deus é único.

Entre os atributos de Deus, enumeramos a suma inteligência e acrescentamos que ele tem toda sua perfeição de si e não de outro. Agora, se disseres que se dão vários deuses, ou entes sumamente perfeitos, todos deverão necessariamente ser sumamente inteligentes; para que isso ocorra, não basta cada um entender apenas a si próprio, pois como cada um deve entender tudo, deverá entender a si próprio a aos demais; donde se segue que a perfeição do intelecto de cada um dependeria em parte de si próprio, em parte de outro. Nenhum deles poderia, portanto, ser um ente sumamente perfeito, isto é, como há pouco notamos, um ente que tem toda sua perfeição de si e não de outro; todavia, como já demonstramos, Deus é o ente perfeitíssimo e existe. Donde podermos agora concluir que ele existe apenas como único; com efeito, se existissem vários, seguir-se-ia que o ente perfeitíssimo tem uma imperfeição, o que é absurdo.[95] Isso sobre a unidade de Deus.

Cap. III.

De Immensitate Dei.

Quomodo Deus dicatur infinitus, quomodo immensus?

Docuimus antea, nullum ens posse concipi finitum, & imperfectum, id est, de nihilo participans, nisi priùs ad ens perfectum, & infinitum attendamus, hoc est, ad Deum; quare solus Deus dicendus absolutè infinitus, nimirum quatenus reperimus ipsum reverâ constare infinitâ perfectione. At immensus sive interminabilis etiam potest dici, quatenus respicimus ad hoc, quod nullum detur ens, quo perfectio Dei terminari possit. Ex quo sequitur, quòd Dei *Infinitas*, invito vocabulo, sit quid maximè positivum; nam eatenus ipsum infinitum esse dicimus, quatenus ad ejus essentiam sive summam perfectionem attendimus. Immensitas verò Deo tantùm respectivè tribuitur; non enim pertinet ad Deum, quatenus absolutè tanquam ens perfectissimum, sed quatenus ut prima causa consideratur, quæ quamvis non esset perfectissima, nisi respectu entium secundariorum, nihilominus tamen esset immensa. Nam nullum esset ens, & per consequens nullum posset ens concipi ipso perfectius, quo terminari, aut mensurari posset.*

Quid vulgò per Dei immensitatem intelligatur.

Authores tamen passim, ubi de Dei *Immensitate* agunt, videntur Deo quantitatem tribuere. Nam ex hoc attributo concludere volunt, Deum necessariò ubique præsentem debere esse, quasi vellent dicere, si Deus in aliquo non esset loco, ejus quantitas esset terminata. Quod idem adhuc meliùs apparet ex aliâ ratione, quam afferunt ad ostendendum, Deum esse infinitum, sive immensum (hæc duo enim inter se confundunt), & etiam esse ubique. Si Deus, ajunt, actus est purus, ut reverâ est, necessariò est ubique, & infinitus; nam si non esset ubique, aut non poterit esse, ubicunque vult esse, aut necessariò (NB) moveri debebit: unde clarè videre est, illos *Immensitatem* Deo tribuere, quatenus ipsum, ut quantum, considerant; nam ex extensionis proprietatibus hæc argumenta sua petunt ad Dei *Immensitatem* affirmandam, quo nihil est absurdius.

Deum esse ubique probatur.

Si jam quæras, unde ergo nos probabimus, Deum esse ubique, respondeo, id satis superque à nobis jam demonstratum esse, ubi ostendimus nihil ne momento quidem existere posse, quin singulis momentis à Deo procreetur.

Omnipræsentia Dei explicari nequit.

Jam vero, ut Dei *ubiquitas* aut *præsentia in singulis rebus* debitè intelligi posset, necessariò deberet perspecta esse intima natura divinæ voluntatis,

---

* Vide fusius de his Ax. 9. Part. 1.

Cap. III

Da imensidão de Deus.

Ensinamos anteriormente que nenhum ente pode ser concebido finito e imperfeito, isto é, participante do nada, a não ser que primeiro atentemos para o ente perfeito e infinito, isto é, para Deus; por isso só Deus deve ser dito absolutamente infinito, o que não é para menos, enquanto constatamos que deveras consta de infinita perfeição. Mas também pode ser dito imenso, ou seja, ilimitável, enquanto nos atemos ao fato de que não se dá nenhum ente pelo qual a perfeição de Deus possa ser limitada. Do que se segue que a *infinitude* de Deus, a despeito do vocábulo, é algo maximamente positivo, pois dizemos que ele é infinito enquanto atentamos a sua essência, ou seja, sua suma perfeição. Já a *imensidão* é atribuída a Deus apenas relativamente; com efeito, não pertence a Deus enquanto é considerado absolutamente como ente perfeitíssimo, mas enquanto é considerado como causa primeira, que, mesmo não sendo perfeitíssima senão em relação aos entes segundos, seria não obstante imensa; pois não haveria nenhum ente (e por consequência não poderia ser concebido nenhum ente mais perfeito do que ele) pelo qual pudesse ser limitado ou medido.* *De que modo Deus é dito infinito, de que modo imenso?*

Todavia, volta e meia os autores, quando tratam da *imensidão* de Deus, parecem atribuir a Deus a quantidade; pois desse atributo querem concluir que Deus deve necessariamente estar presente em toda parte, como se quisessem dizer que, se Deus não estivesse em algum lugar, sua quantidade seria limitada. E o mesmo transparece ainda melhor a partir de outra razão que alegam para mostrar que Deus é infinito ou imenso (com efeito, confundem entre si esses dois) e também que está em toda parte. Dizem eles: se Deus é ato puro, como deveras é, necessariamente está em toda parte e é infinito; pois se não estivesse em toda parte, ou não poderia estar onde quer que quisesse, ou (nota bem) deveria necessariamente mover-se. Daí se vê claramente que atribuem a *imensidão* a Deus, enquanto o consideram como uma quantidade, pois das propriedades da extensão tiram seus argumentos para afirmar a *imensidão* de Deus, e nada é mais absurdo que isso. *O que se entende vulgarmente por imensidão de Deus.*

Se agora perguntas donde então provaremos que Deus está em toda parte, respondo que isso já foi suficientemente demonstrado por nós acima, quando mostramos que nada pode existir sequer um instante sem que seja procriado por Deus a cada instante. *Prova-se que Deus está em toda parte.*

Agora, para que se pudesse entender devidamente a *ubiquidade* de Deus ou sua *presença em cada coisa*, necessariamente dever-se-ia penetrar a natureza íntima da vontade divina, pela qual criou as coisas e pela qual *Não se pode explicar a onipresença de Deus.*

* Vê mais amplamente sobre isso no ax. 9 da parte 1.

quâ nimirum res creavit, quâque eas continuò procreat; quod cùm humanum captum superet, impossibile est explicare, quomodo Deus sit ubique.

Dei Immensitatem à quibusdam statui triplicem: sed malè.

Quidam statuunt Dei *Immensitatem* esse triplicem, nempe essentiæ, potentiæ, & denique præsentiæ; sed illi nugas agunt; videntur enim distinguere inter Dei essentiam, & ejus potentiam.

Dei potentiam non distingui ab ejus essentiâ.

Quod idem etiam alii magis apertè dixerunt, ubi nempe ajunt, Deum esse ubique per potentiam; non autem per essentiam: quasi verò Dei potentia distinguatur ab omnibus ejus attributis, seu infinitâ essentiâ: cùm tamen nihil aliud esse possit. Si enim aliud quid esset, vel esset aliqua creatura, vel aliquid divinæ essentiæ accidentale, sine quo concipi posset: quod utrumque absurdum est. Si enim creatura esset, indigeret Dei potentiâ, ut conservaretur, & sic daretur progressus in infinitum. Si verò accidentale quid, non esset Deus ens simplicissimum, contra id, quod suprà demonstravimus.

Nec illius Omnipræsentiam.

Denique per *Immensitatem* præsentiæ etiam videntur aliquid velle præter essentiam Dei, per quam res creatæ sunt, & continuò conservantur. Quæ sanè magna est absurditas, in quam lapsi sunt ex eo, quod Dei intellectum cum humano confuderunt, ejusque potentiam cum potentiâ regum sæpe compararunt.

Cap. IV.

De Immutabilitate Dei.

Quid sit Mutatio, quid Transformatio.

Per *Mutationem* intelligimus hoc loco omnem illam variationem, quæ in aliquo subjecto dari potest, integrâ permanente ipsâ essentiâ subjecti; quamvis vulgò etiam latiùs sumatur ad significandam rerum corruptionem, non quidem absolutam, sed quæ simul includit generationem corruptioni subsequentem, ut cùm dicimus cæspites in cineres mutari, homines mutari in bestias. Verùm Philosophi ad hoc denotandum alio adhuc vocabulo utuntur, nempe *Transformationis*. At nos hîc tantùm de illâ mutatione loquimur, in quâ nulla datur subjecti transformatio, ut cùm dicimus Petrus mutavit colorem, mores &c.

In Deo Transformationem locum non habere.

Videndum jam an in Deo tales mutationes habeant locum; nam de *transformatione* nihil dicere opus, postquam docuimus Deum necessariò existere, hoc est, Deum non posse desinere esse, seu in alium Deum transformari; nam tum & esse desineret, & simul plures dii dari possent, quod utrumque absurdum esse ostendimus.

Quæ sint Mutationis causæ.

Ut autem, quæ hîc dicenda supersunt, distinctiùs intelligantur, venit considerandum, quòd omnis *mutatio* procedat vel à causis externis, volente

as procria continuamente; como isso supera a compreensão humana, é impossível explicar de que maneira Deus está em toda parte.[96]

Alguns sustentam que a imensidão de Deus é tríplice, mas erroneamente.

Alguns sustentam que a *imensidão* de Deus é tríplice, a saber, a da essência, a da potência e, enfim, a da presença; mas dizem frivolidades; com efeito, parecem distinguir entre a essência de Deus e sua potência.

A potência de Deus não se distingue de sua essência.

E outros também disseram o mesmo mais abertamente, quando ajuntam que Deus está em toda parte pela potência, mas não pela essência, como se a potência de Deus se distinguisse de todos os seus atributos ou da essência infinita, ao passo que não pode ser outra coisa. Com efeito, se fosse algo outro, ou seria uma criatura ou algo acidental da essência divina, sem o que ela poderia ser concebida; mas ambos os casos são absurdos. De fato, se fosse uma criatura, precisaria da potência de Deus para que fosse conservada e assim dar-se-ia um progresso ao infinito. Já se fosse algo acidental, Deus não seria um ente simplíssimo, ao contrário do que demonstramos acima.

Nem a onipresença distingue-se dela.

Enfim, por *imensidão* da presença também parecem querer algo além da essência de Deus, pela qual as coisas foram criadas e são continuamente conservadas. O que por certo é uma grande absurdidade, em que caíram por terem confundido o intelecto de Deus com o humano, e amiúde comparado sua potência com a potência dos reis.

Cap. IV

Da imutabilidade de Deus.

O que é a mudança, o que é a transformação.

Por *mudança* entendemos neste lugar toda variação que se pode dar em algum sujeito permanecendo íntegra a própria essência do sujeito; embora vulgarmente também, de maneira mais lata, seja tomada para significar a corrupção das coisas, não a absoluta, mas a que inclui em simultâneo a geração subsequente à corrupção, como quando dizemos que a turfa muda-se em cinzas, os homens mudam-se em bichos. Contudo, os filósofos utilizam ainda outro vocábulo para denotar isso: *transformação.* Mas falamos aqui apenas daquela mudança em que não se dá nenhuma transformação do sujeito, como quando dizemos que Pedro mudou de cor, de costumes, etc.

Em Deus não tem lugar nenhuma transformação.

Cumpre ver agora se em Deus tais mudanças têm lugar, pois não é preciso dizer nada sobre a *transformação* depois que ensinamos que Deus existe necessariamente, isto é, Deus não pode deixar de ser nem transformar-se em um outro Deus, pois neste caso deixaria de ser e simultaneamente poderiam dar-se vários deuses, o que mostramos serem ambos absurdos.

Quais são as causas da mudança.

Para que se entenda mais distintamente o que resta a ser dito aqui, é de considerar que toda *mudança* procede ou de causas externas, querendo

aut nolente subjecto, vel à causâ internâ, & electione ipsius subjecti. Ex. grat. hominem nigrescere, ægrotare, crescere, & similia procedunt à causis externis; illa invito subjecto, hoc vero ipso subjecto cupiente; velle autem ambulare[18], se iratum ostendere &c. proveniunt à causis internis.

Deum non mutari ab alio.

Priores verò *mutationes*, quæ à causis externis procedunt, in Deo nullum habent locum; nam solus est omnium rerum causa, & à nemine patitur. Adde quòd nihil creatum in se ullam habeat vim existendi; adeòque multò minùs aliquid extra se, aut in suam causam operandi. Et, quamvis in sacris Litteris sæpe inveniatur, quòd Deus propter peccata hominum iratus, & tristis fuerit, & similia, in iis effectus sumitur pro causâ; quemadmodum etiam dicimus, Solem æstate quam hyeme fortiorem, & altiorem esse, quamvis neque situm mutaverit, neque vires resumpserit. Et quòd talia etiam in sacris Litteris sæpe doceantur, videre est in Esaiâ; ait enim cap. 59. v. 2, ubi populum increpat: *pravitates vestræ vos à vestro Deo separant.*

Nec etiam à se ipso.

Pergamus itaque, & inquiramus, an in Deo à Deo ipso ulla detur mutatio. Hanc verò in Deo dari non concedimus, imò ipsam prorsus negamus; nam omnis mutatio, quæ à voluntate dependet, fit, ut subjectum suum in meliorem mutet statum, quod in ente perfectissimo locum habere nequit. Deinde etiam talis mutatio non datur, nisi aliquod incommodum evitandi, aut aliquod bonum, quod deest, acquirendi gratiâ; quod utrumque in Deo nullum locum habere potest. Unde concludimus Deum esse ens immutabile.

Nota, me communes mutationis divisiones hic consultò omisisse, quamvis aliquo modo ipsas etiam complexi sumus; nam non opus fuit ipsas singulatim à Deo removere, cùm Propos. 16. Part. 1. demonstraverimus, Deum esse incorporeum, & communes illæ divisiones solius materiæ mutationes tantùm contineant.

Cap. V.

De Simplicitate Dei.

Rerum Distinctio triplex Realis, Modalis, Rationis.

Pergamus ad Dei Simplicitatem. Hoc Dei attributum ut rectè intelligatur, in memoriam revocanda sunt, quæ Princip. Philosophiæ Part. 1. Art. 48. & 49. Cartesius tradidit: nimirum in rerum naturâ nihil præter substantias, & earum modos dari, unde triplex rerum distinctio deducitur, Artic. 60. 61. & 62. *realis* scilicet, *modalis* & *rationis*. *Realis* vocatur illa, qua duæ substantiæ inter se distinguuntur, sive diversi, sive ejusdem attributi: ut

[18] velle autem ambulare. Gebhardt: *velle autem, ambulare*. Cf. nota 97 da trad.

ou não querendo o sujeito, ou de causa interna e escolha do próprio sujeito. Por ex., o homem escurecer, adoecer, crescer e coisas semelhantes procedem de causas externas; aquelas malgrado o sujeito, já esta por desejo do próprio sujeito; mas querer caminhar, mostrar-se irado, etc.[97] provêm de causas internas.

Deus não é mudado por outro.

As primeiras *mudanças*, que procedem de causas externas, não têm lugar em Deus, pois só ele é causa de todas as coisas, e não padece por ninguém. Acrescente-se que nada criado tem em si alguma força de existir, e muito menos, portanto, para operar algo fora de si ou em sua causa. E embora nas Sagradas Escrituras encontre-se com frequência que Deus esteve irado e triste devido aos pecados dos homens, e coisas semelhantes, nesses pontos tomou-se o efeito por causa; tal como também dizemos que o sol é mais forte e mais alto no verão que no inverno, embora nem tenha mudado de situação nem recobrado forças. E tais coisas são com frequência ensinadas também nas Sagradas Escrituras, como se vê em *Isaías*; com efeito, afirma ele no cap. 59, v. 2, quando censura o povo: *vossas iniquidades vos separam de vosso Deus.*

Tampouco por si mesmo.

E assim, continuemos e indaguemos se em Deus se dá alguma mudança pelo próprio Deus. Ora, não concedemos que se dê em Deus, ou melhor, negamo-lo por completo; pois toda mudança que depende da vontade ocorre para que o sujeito mude seu estado para melhor, o que não pode ter lugar no ente perfeitíssimo. Ademais, tal mudança também não se dá senão com o fito de evitar algum inconveniente ou adquirir algum bem que falta, mas nenhum desses casos pode ter lugar em Deus. Donde concluímos que Deus é um ente imutável.[98]

Nota que omiti aqui de propósito as divisões comuns da mudança, embora as tenhamos também de algum modo abrangido; pois não foi preciso removê-las uma a uma de Deus, já que demonstramos na prop. 16 da parte 1 que Deus é incorpóreo e aquelas divisões comuns contêm apenas as mudanças da matéria.

Cap. V

Da simplicidade de Deus.

A distinção das coisas é tripla: a real, a modal, a de razão.

Passemos à simplicidade de Deus. Para que se entenda corretamente esse atributo de Deus, cumpre trazer à memória o que sustenta Descartes nos *Princípios da filosofia*, parte 1, art. 48 e 49: na natureza das coisas seguramente não se dá nada além de substâncias e seus modos, do que se deduz uma tripla distinção das coisas nos art. 60, 61 e 62, a saber, a *real*, a *modal* e a *de razão*. Chama-se *real* aquela pela qual duas substâncias distinguem-se entre si, sejam elas de atributos diversos, sejam de mesmo atributo, como,

ex. gr. cogitatio, & extensio, vel partes materiæ. Hæcque ex eo cognoscitur, quod utraque sine ope alterius concipi, & per consequens existere possit. *Modalis* duplex ostenditur, nimirum quæ est inter modum substantiæ, & ipsam substantiam; ac quæ est inter duos modos unius ejusdemque substantiæ. Atque hanc ex eo cognoscimus, quod, quamvis uterque modus absque ope alterius concipiatur, neuter tamen absque ope substantiæ, cujus sunt modi: Illam verò ex eo, quod, quamvis substantia illa possit concipi sine suo modo, modus tamen sine substantiâ concipi nequeat. *Rationis* denique ea esse dicitur, quæ oritur inter substantiam, & suum attributum; ut cùm duratio ab extensione distinguitur. Hæcque etiam ex eo cognoscitur, quod talis substantia non possit sine illo attributo intelligi.

Undenam omnis compositio oriatur, & quotuplex sit.

Ex his tribus omnis compositio oritur. Prima enim compositio est, quæ fit ex duabus, aut pluribus substantiis ejusdem attributi, ut omnis compositio, quæ fit ex duobus, aut pluribus corporibus, sive diversi attributi, ut homo. Secunda fit unione diversorum modorum. Tertia denique non fit, sed tantùm ratione quasi fieri concipitur, ut eò faciliùs res intelligatur. Quæ autem hisce prioribus duobus modis non componuntur, simplicia dicenda sunt.

Deum esse Ens simplicissimum.

Ostendendum itaque Deum non esse quid compositum, ex quo poterimus concludere ipsum esse ens simplicissimum, quod facilè effectum dabimus. Cùm enim per se clarum sit, quòd partes componentes priores sunt naturâ ad minimùm re compositâ, necessariò substantiæ illæ, ex quarum coalitione, & unione Deus componitur, ipso Deo priores erunt naturâ, & unaquæque per se poterit concipi, quamvis Deo non tribuatur. Deinde, cùm illa inter se necessariò realiter distinguantur, necessariò etiam unaquæque per se absque ope aliarum poterit existere; ac sic, ut modò diximus, tot possent dari dii, quot sunt substantiæ, ex quibus Deum componi supponeretur. Nam cùm unaquæque per se possit existere, à se debebit existere; ac proinde etiam vim habebit sibi dandi omnes perfectiones, quas Deo inesse ostendimus &c., ut jam Propos. 7., Part. 1., ubi existentiam Dei demonstravimus, fusè explicuimus. Cùm autem hoc nihil absurdius dici possit, concludimus Deum non componi ex coalitione, & unione substantiarum. Quòd in Deo etiam nulla detur compositio diversorum modorum, satis convincitur ex eo, quod in Deo nulli dentur modi: modi enim oriuntur ex alteratione substantiæ, vide Princ. Part. 1. Art. 56. Denique si quis velit aliam compositionem fingere ex rerum essentiâ, & earum existentiâ, huic nequaquam repugnamus. At memor sit nos jam satis demonstrasse, hæc duo in Deo non distingui.

por ex., o pensamento e a extensão, ou as partes da matéria. E isso é conhecido porque cada uma pode ser concebida, e por consequência pode existir, sem precisão da outra. A *modal* mostra-se dupla: a que há entre um modo da substância e a própria substância, e a que há entre dois modos de uma mesma substância. Esta, a conhecemos a partir de que, embora se conceba cada modo sem precisão de outro, nenhum todavia se concebe sem precisão da substância de que são modos. Aquela, por sua vez, a partir de que, embora a substância possa ser concebida sem seu modo, o modo todavia não pode ser concebido sem a substância. É dita *de razão*, enfim, aquela que se origina entre uma substância e seu atributo, como quando se distinguem a duração e a extensão. Ela é conhecida também a partir de uma tal substância não poder ser entendida sem aquele atributo.

Donde se origina toda composição e de quantas espécies são.

Dessas três distinções origina-se toda composição. Com efeito, a primeira composição é a que ocorre a partir de duas ou mais substâncias, quer de mesmo atributo, como toda composição que se dá a partir de dois ou mais corpos, quer de atributo diverso, como o homem. A segunda ocorre pela união de modos diversos. A terceira, enfim, não ocorre, mas é concebida apenas pela razão como se ocorresse, a fim de com isso entender-se mais facilmente uma coisa. O que não se compõe de uma das duas primeiras maneiras deve ser dito simples.

Deus é um ente simplíssimo.

Cumpre assim mostrar que Deus não é algo composto, e a partir disso poderemos concluir que é um ente simplíssimo, do que facilmente daremos cabo. Com efeito, como é claro por si que as partes que compõem são anteriores, ao menos por natureza, à coisa composta, então necessariamente aquelas substâncias, a partir de cuja associação e união Deus é composto, serão por natureza anteriores ao próprio Deus e cada uma poderá ser concebida por si, ainda que não seja atribuída a Deus. Ademais, como elas necessariamente distinguem-se realmente entre si, também necessariamente cada uma poderá existir por si sem precisão das outras; e assim, como há pouco dissemos, poderiam dar-se tantos deuses quantas são as substâncias das quais se supusesse que Deus é composto. Pois como cada uma pode existir por si, deverá existir por si, e por conseguinte terá também força para dar-se todas as perfeições que mostramos estar em Deus, etc., como já explicamos amplamente na prop. 7 da parte 1, quando demonstramos a existência de Deus. Como, porém, nada de mais absurdo poderia ser dito, concluímos que Deus não é composto a partir da associação e união de substâncias. Que também em Deus não se dá nenhuma composição de modos diversos, disso convence-nos suficientemente o fato de que em Deus não se dão quaisquer modos; com efeito, os modos originam-se de uma alteração de uma substância (vê *Princípios*, parte 1, art. 56). Enfim, se alguém quiser forjar outra composição a partir da essência das coisas e da existência delas, de forma alguma contradiremos. Mas cumpre lembrar que já demonstramos suficientemente que essas duas não se podem distinguir em Deus.

Dei Attributa distingui tantùm ratione.

Atque hinc jam clarè possumus concludere, omnes distinctiones, quas inter Dei attributa facimus, non alias esse, quàm rationis, nec illa reverâ inter se distingui: intellige tales rationis distinctiones, quales modò retuli, nempe quæ ex eo cognoscuntur, quod talis substantia non possit sine illo attributo esse. Unde concludimus Deum esse ens simplicissimum. Cæterùm Peripateticorum distinctionum farraginem non curamus, transimus igitur ad Dei vitam.

Cap. VI.

De Vitâ Dei.

Quid vulgò per vitam intelligant Philosophi.

Ut hoc attributum, *Vita* scilicet Dei, rectè intelligatur, necesse est, ut generaliter explicemus, quid in unâquâque re per ejus vitam denotetur. Et 1°. sententiam Peripateticorum examinabimus. Hi per vitam intelligunt *mansionem altricis animæ cum calore*, vide Arist. lib. 1. de Respirat. cap. 8. Et quia tres finxerunt animas, vegetativam scilicet, sensitivam, & intellectivam, quas tantùm plantis, brutis, & hominibus tribuunt, sequitur, ut ipsimet fatentur, reliqua vitæ expertia esse. At interim dicere non audebant, mentes, & Deum vitâ carere. Verebantur fortasse, ne in ejus contrarium inciderent, nempe si vitâ careant, mortem eos obiisse. Quare Aristoteles Metaph. lib. 12. cap. 7[19]. adhuc aliam definitionem vitæ tradit, mentibus tantùm peculiarem; nempe *Intellectûs operatio vita est*; & hoc sensu Deo, qui scilicet intelligit, & actus purus est, vitam tribuit. Verùm in his refutandis non multum defatigabimur; nam quòd ad illas tres animas, quas plantis, brutis, & hominibus tribuunt, attinet, jam satis demonstravimus, illas non esse nisi figmenta; nempe quia ostendimus in materiâ nihil præter mechanicas texturas, & operationes dari. Quod autem ad vitam Dei attinet, nescio cur magis actio intellectûs apud ipsum vocetur, quam actio voluntatis, & similium. Verùm, quia nullam ejus responsionem exspecto, ad id, quod promisimus, explicandum transeo, nempe quid vita sit.

Quibus rebus vita tribui possit.

Et quamvis hæc vox per translationem sæpe sumatur ad significandum mores alicujus hominis, nos tamen solum, quid philosophicè eâ denotetur, breviter explicabimus. Notandum autem est, quòd si vita rebus etiam corporeis tribuenda sit, nihil erit vitæ expers; si verò tantùm iis, quibus anima unita est corpori, solummodo hominibus, & fortè etiam brutis tribuenda erit; non verò mentibus, nec Deo. Verùm cùm vocabulum vitæ communiter latiùs se extendat, non dubium est, quin etiam rebus corporeis, mentibus non unitis, & mentibus à corpore separatis tribuendum sit.

[19] Metaph. lib. 12. cap. 7. Ed. princ., Geb.: *Metaph. lib. 11. cap.* 7. Cf. nota 100 da trad.

E daí já podemos claramente concluir que todas as distinções que fazemos entre os atributos de Deus não são mais que distinções de razão, e que eles deveras não se distinguem entre si; entendam-se tais distinções de razão como as que referi há pouco, a saber, as que são conhecidas porque tal substância não pode existir sem aquele atributo. Donde concluímos que Deus é um ente simplíssimo. De resto, não nos ocupemos da ferrã de distinções dos peripatéticos; passemos portanto à vida de Deus.

Os atributos de Deus distinguem-se apenas pela razão.

CAP. VI

Da vida de Deus.

Para que se entenda corretamente esse atributo, a saber, a *vida* de Deus, é necessário explicarmos em geral o que em cada coisa é denotado como sua vida. E, primeiro, examinaremos a posição dos peripatéticos. Eles entendem por vida a *permanência da alma nutritiva com o calor*; vê Aristóteles, livro 1, *Da respiração*, cap. 8.[99] E porque forjaram três almas, a saber, a vegetativa, a sensitiva e a intelectiva, que atribuem somente às plantas, aos animais e aos homens, segue-se que eles próprios confessam que as outras coisas são desprovidas de vida. Mas entrementes não ousavam dizer que as mentes e Deus carecem de vida. Quiçá receassem cair no seu contrário, pois se esses carecessem da vida, estariam mortos. Por isso, Aristóteles, na *Metafísica*, livro 12, cap. 7, dá ainda uma definição de vida peculiar apenas às mentes: *a vida é a operação do intelecto*, e nesse sentido atribui vida a Deus, que entende e é puro ato.[100] Porém, não nos cansaremos muito refutando isso, pois no que atina às três almas que eles atribuem a plantas, animais e homens, já demonstramos suficientemente que não são senão ficções, de vez que mostramos que na matéria não se dá nada além de tramas e operações mecânicas. No que atina à vida de Deus, não sei por que Aristóteles chama-a mais de ação do intelecto que de ação da vontade, ou algo semelhante. Porém, já que não espero nenhuma resposta dele, passo ao que prometemos explicar, ou seja, o que é vida.

O que os filósofos entendem vulgarmente por vida.

E embora esta palavra seja amiúde tomada metaforicamente para significar os costumes de alguns homens, nós contudo explicaremos brevemente só o que por ela é filosoficamente denotado. É de notar que se a vida também deve ser atribuída às coisas corporais, nada será desprovido de vida; mas se apenas àquelas em que a alma está unida ao corpo, será ela atribuída tão somente aos homens, e talvez também aos animais, mas não às mentes nem a Deus. Porém, como o vocábulo vida comumente tem uma extensão mais lata, não há dúvida de que se o deva atribuir também às coisas corpóreas não unidas a mentes e às mentes separadas do corpo.

A que coisas pode atribuir-se a vida.

Quid sit vita, & quid sit in Deo.

Quare nos per *vitam* intelligimus *vim, per quam res in suo esse perseverant*. Et quia illa vis à rebus ipsis est diversa, res ipsas habere vitam propriè dicimus. Vis autem, quâ Deus in suo esse perseverat, nihil est præter ejus essentiam, unde optimè loquuntur, qui Deum vitam vocant. Nec desunt Theologi, qui sentiunt, Judæos hac de causâ, nempe quòd Deus sit vita, & à vitâ non distinguatur, cùm jurabant, dixisse, חַי יְהֹוָה *vivus Jehova*; non verò חֵי יְהֹוָה *vita Jehovæ*, ut Joseph, cùm per vitam Pharaonis jurabat, dicebat חֵי פַרְעֹה *vita Pharaonis*.

Cap. VII.

De Intellectu Dei.

Deum esse omniscium.

Inter attributa Dei numeravimus antea *Omniscientiam*, quam satis constat Deo competere; quia scientia continet in se perfectionem, & Deus, ens nempe perfectissimum, nullâ perfectione carere debet: quare scientia summo gradu Deo erit tribuenda, scilicet talis, quæ nullam præsupponat, vel supponat ignorantiam, sive scientiæ privationem: nam tum daretur imperfectio in ipso attributo, sive in Deo. Ex his sequitur Deum nunquam habuisse intellectum potentiâ, neque per ratiocinium aliquid concludere.

Objectum scientiæ Dei non esse res extra Deum.

Porrò ex perfectione Dei etiam sequitur ejus ideas non terminari, sicuti nostræ, ab objectis extra Deum positis. Sed contrà res, extra Deum à Deo creatæ, à Dei intellectu determinantur;* nam aliàs objecta per se suam haberent naturam, & essentiam, & priores essent, saltem naturâ, divino intellectu, quod absurdum est. Et quia hoc à quibusdam non satis observatum fuit, in enormes errores inciderunt. Statuerunt nimirum aliqui, dari extra Deum materiam, ipsi coæternam, à se existentem, quam Deus intelligens secundùm aliquos in ordinem tantùm redegit, secundùm alios formas ipsi insuper impressit. Alii deinde res ex suâ naturâ vel necessarias, vel impossibiles, vel contingentes esse statuerunt, ideòque Deum has etiam ut contingentes noscere, & prorsus ignorare, an existent, vel non. Alii denique dixerunt, Deum contingentia noscere ex circumstantiis, fortè quia longam habuit experientiam. Præter hos adhuc alios hujusmodi errores hîc adferre possem, nisi id supervacaneum judicarem; cùm ex antedictis eorum falsitas sponte se patefaciat.

Sed Deum ipsum.

Revertamur itaque ad nostrum propositum, nempe quòd extra Deum nullum detur objectum ipsius scientiæ, sed ipse sit scientiæ suæ

---

* Hinc clarè sequitur intellectum Dei, quo res creatas intelligit, & ejus voluntatem, & potentiam, quâ ipsas determinavit, unum & idem esse.

O que é a vida e o que ela é em Deus.

Destarte por *vida* entendemos *a força pela qual as coisas perseveram em seu ser*. E como aquela força é diversa das próprias coisas, dizemos propriamente que as próprias coisas têm vida. A força pela qual Deus persevera em seu ser não é nada além de sua essência, donde falarem muitíssimo bem os que chamam Deus de vida. Não faltam teólogos que pensem que é por causa disso, a saber, de Deus ser vida e não se distinguir da vida, que os judeus, quando juravam, diziam חַי יְהֹוָה, *por Jeová vivo*, e não חֵי יְהֹוָה, *pela vida de Jeová*, como José, quando jurava pela vida do Faraó, dizia חֵי פַרְעֹה, *pela vida do Faraó.*[101]

Cap. VII

Do intelecto de Deus.[102]

Deus é onisciente.

Entre os atributos de Deus enumeramos antes a *onisciência*, que consta suficientemente competir a Deus, já que a ciência contém em si perfeição e Deus, o ente perfeitíssimo, não deve carecer de nenhuma perfeição; por isso cumpre atribuir a Deus a ciência em sumo grau, a saber, tal que não pressuponha ou suponha nenhuma ignorância, ou seja, privação de ciência; pois então se daria uma imperfeição nesse atributo, ou seja, em Deus. Disso segue-se que Deus nunca teve um intelecto em potência, nem conclui algo por raciocínio.

O objeto da ciência de Deus não são as coisas fora de Deus.

Ademais, da perfeição de Deus segue-se também que suas ideias não são limitadas, como as nossas, por objetos postos fora de Deus. Mas, ao contrário, as coisas criadas por Deus fora de Deus são determinadas pelo intelecto de Deus,* senão os objetos teriam por si sua natureza e essência e seriam anteriores, ao menos por natureza, ao intelecto divino; o que é absurdo. E como isso não foi suficientemente observado por alguns, caíram em erros enormes. De fato, sustentaram uns que se dá fora de Deus uma matéria a ele coeterna, que existe por si, a qual Deus, entendendo, apenas reduziu à ordem; segundo outros, ele também imprimiu-lhe formas. Outros, ademais, sustentaram que as coisas são, de sua própria natureza, ou necessárias, ou impossíveis, ou contingentes, e por isso Deus também as conhece como contingentes, e ignora completamente se existem ou não. Outros, enfim, disseram que Deus conhece as coisas contingentes a partir das circunstâncias, talvez porque teve uma longa experiência. Além desses, eu poderia alegar ainda outros erros do mesmo tipo, se não julgasse supérfluo, visto que a falsidade dessas coisas torna-se patente espontaneamente a partir do que já foi dito.

Mas o próprio Deus.

Retornemos assim ao nosso propósito, a saber, que fora de Deus não se dá nenhum objeto de sua ciência, mas ele próprio é o objeto de sua

---

* Daí segue-se claramente que o intelecto de Deus, pelo qual ele entende as coisas criadas, e sua vontade e potência, pelas quais as determinou, são uma só e mesma coisa.

objectum, imò sua scientia. Qui autem putant, mundum etiam objectum Dei scientiæ esse, longè minùs sapiunt, quàm qui ædificium, ab aliquo insigni Architecto factum, objectum scientiæ illius statui volunt: nam faber adhuc extra se materiam idoneam quærere cogitur: At Deus nullam extra se materiam quæsivit, sed res quoad essentiam, & existentiam ab ejus intellectu sive voluntate fabricatæ fuerunt.

Quomodo Deus noscat peccata, & entia rationis, &c.

Quæritur jam, an Deus noscat mala, sive peccata, & entia rationis, & alia similia. Respondemus, Deum illa, quorum est causa, necessariò debere intelligere; præsertim cùm ne momento quidem possint existere, nisi concurrente concursu divino. Cùm ergo mala, & peccata in rebus nihil sint, sed tantùm in mente humanâ, res inter se comparante, sequitur Deum ipsa extra mentes humanas non cognoscere. Entia rationis modos esse cogitandi diximus, & hac ratione à Deo intelligi debent, hoc est, quatenus percipimus, illum mentem humanam, utut constituta est, conservare, & procreare; non verò quòd Deus tales modos cogitandi habeat in se, ut ea, quæ intelligit, faciliùs retineat. Atque ad hæc pauca, quæ diximus, si modò rectè attendatur, nihil circa Dei intellectum proponi poterit, quòd facillimo negotio non solvi queat.

Quomodo singularia, & quomodo universalia.

Sed interim non prætereundus error quorundam, qui statuunt Deum nihil præter res æternas cognoscere, ut nempe angelos, & cœlos, quos suâ naturâ ingenerabiles, & incorruptibiles finxerunt; hujus autem mundi nihil, præter species, utpote etiam ingenerabiles, & incorruptibiles. Hi sanè videntur, quasi studio errare velle, & absurdissima excogitare. Quid enim magis absurdum, quàm Dei cognitionem à singularibus, quæ sine Dei concursu ne per momentum quidem esse possunt, arcere. Deinde res realiter existentes Deum ignorare statuunt, universalium autem, quæ non sunt, nec ullam habent præter singularium essentiam, cognitionem Deo affingunt. Nos autem contrà Deo singularium cognitionem tribuimus, universalium denegamus, nisi quatenus mentes humanas intelligit.

In Deo tantùm unam esse, & simplicem ideam.

Denique, antequam huic argumento finem imponamus, satisfaciendum videtur quæstioni, quâ quæritur, an in Deo plures sint ideæ, an tantùm una, & simplicissima. Ad hanc respondeo, quòd idea Dei, per quam omniscius vocatur, unica, & simplicissima est. Nam reverâ Deus nullâ aliâ ratione vocatur omniscius, nisi quia habet ideam sui ipsius, quæ idea sive cognitio simul semper cum Deo exstitit; nihil enim est præter ejus essentiam, nec illa alio modo potuit esse.

Quæ sit Dei scientia circa res creatas.

At cognitio Dei circa res creatas non adeò propriè ad scientiam Dei referri potest; nam si Deus voluisset, aliam res creatæ habuissent essentiam,

ciência, ou melhor, é sua ciência. Os que acham que o mundo é o objeto da ciência de Deus sabem muito menos do que aqueles que querem sustentar que um edifício feito por um insigne arquiteto é o objeto de sua ciência; pois o artífice é ainda forçado a procurar fora de si uma matéria idônea. Ora, Deus não procurou fora de si nenhuma matéria; mas as coisas, quanto à essência e à existência, foram fabricadas por seu intelecto, ou seja, vontade.

De que maneira Deus conhece os pecados e os entes de razão, etc.

Pergunta-se agora se Deus conhece os males, ou seja, os pecados, e os entes de razão, e outras coisas semelhantes. Respondemos que Deus deve entender necessariamente aquelas coisas de que é causa, sobretudo porque não podem existir sequer um instante se não concorre o concurso divino. Logo, como os males e os pecados nada são nas coisas, mas apenas na mente humana que compara as coisas entre si, segue-se que Deus não os conhece fora das mentes humanas. Dissemos que os entes de razão são modos de pensar, e dessa maneira devem ser entendidos por Deus, isto é, enquanto percebemos que ele conserva e procria a mente humana, tal qual foi constituída; mas não que Deus tenha em si tais modos de pensar para reter mais facilmente o que entende. E contanto que se atente corretamente ao pouco que dissemos, nada se poderá propor acerca do intelecto de Deus que não possa ser facilmente resolvido.

De que maneira os singulares e de que maneira os universais.

Mas entrementes não se deve omitir o erro daqueles que sustentam que Deus nada conhece além de coisas eternas, como os anjos e os céus, que tais homens forjaram inengendráveis e incorruptíveis por sua natureza; e que, deste mundo, Deus não conhece nada além de espécies, porquanto também inengendráveis e incorruptíveis. Esses homens decerto parecem como que querer, com empenho, errar e excogitar os maiores absurdos. Com efeito, o que é mais absurdo que vedar a Deus o conhecimento dos singulares, que não podem existir sequer um instante sem o concurso de Deus? Ademais, sustentam que Deus ignora as coisas realmente existentes, e imputam a Deus o conhecimento dos universais, que não existem nem têm nenhuma essência fora dos singulares. Nós, pelo contrário, atribuímos a Deus o conhecimento dos singulares e negamos o dos universais, a não ser enquanto ele entende as mentes humanas.

Em Deus há apenas uma ideia única e simples.

Finalmente, antes de pormos fim a este assunto, parece que cumpre satisfazer à questão na qual se pergunta se em Deus ha várias ideias ou apenas uma única e simplíssima. A isso respondo que a ideia de Deus, pela qual é chamado onisciente, é única e simplíssima; pois de fato Deus não é chamado onisciente por nenhuma outra razão senão porque tem ideia de si próprio, ideia ou conhecimento que sempre existiu simultaneamente com Deus; com efeito, nada existe além de sua essência, e aquela ideia não pôde existir de outra maneira.

O que é a ciência de Deus acerca das coisas criadas.

Mas o conhecimento de Deus acerca das coisas criadas não pode ser referido tão propriamente à essência de Deus, pois, se Deus quisesse, as coisas

quod nullum obtinet locum in cognitione, quam Deus de se ipso habet. Quæretur tamen, an illa propriè vel impropriè dicta rerum creatarum cognitio sit multiplex, an unica. Verùm, ut respondeamus, hæc quæstio nihil differt ab illis, quibus quæritur, an Dei decreta, & volitiones sint plures, vel non; & an Dei ubiquitas, sive concursus, quo res singulares conservat, sit idem in omnibus; de quibus jam diximus nos nullam distinctam cognitionem habere posse. Attamen evidentissimè scimus, eodem modo, ac Dei concursus, si ad Dei omnipotentiam referatur, unicus esse debet, quamvis in effectis diversimodè patefiat: sic etiam Dei volitiones, & decreta (sic enim vocare libet ejus cognitionem circa res creatas) in Deo considerata non esse plura, quamvis per res creatas, vel meliùs in rebus creatis diversimodè expressa sint. Denique si ad analogiam totius naturæ attendimus, ipsam, ut unum ens, considerare possumus, & per consequens una tantùm erit Dei idea, sive decretum de naturâ naturatâ.

Cap. VIII.

De Voluntate Dei.

Quomodo Dei Essentia, & intellectus, quo se intelligit, & voluntas, quâ se amat, distinguantur, nos nescire.

Voluntas Dei, quâ se vult amare, necessariò sequitur ex infinito ejus intellectu, quo se intelligit. Quomodo autem hæc tria inter sese distinguantur, ejus scilicet essentia, intellectus, quo se intelligit, & voluntas, quâ se amare vult, inter desiderata reponimus. Nec fugit nos vocabulum (*personalitatis* scilicet), quod Theologi passim usurpant ad rem explicandam: verùm, quamvis vocabulum non ignoremus, ejus tamen significationem ignoramus, nec ullum clarum, & distinctum conceptum illius formare possumus; quamvis constanter credamus in visione Dei beatissimâ, quæ fidelibus promittitur, Deum hoc suis revelaturum.

Voluntatem, & Potentiam Dei, quoad extrà, non distingui ab ejus intellectu.

Voluntas, & Potentia quoad extrà non distinguuntur à Dei intellectu, ut jam satis ex antecedentibus constat; nam ostendimus Deum non tantùm decrevisse res exstituras, sed etiam tali naturâ exstituras, hoc est, earum essentiam, & earum existentiam à Dei voluntate, & potentiâ pendere debuisse: ex quibus clarè, & distinctè percipimus, intellectum Dei, ejusque potentiam, & voluntatem, quâ res creatas creavit, intellexit, & conservat, sive amat, nullo modo inter se distingui, sed tantùm respectu nostræ cogitationis.

Deum impropriè quædam odio habere, quædam amare.

Cùm autem dicimus, Deum quædam odio habere, quædam amare, hæc eodem sensu dicuntur, quo Scriptura habet, terram homines evomituram, & id genus alia. Quòd autem Deus nemini sit iratus, nec res tali

criadas teriam outra essência, o que não tem nenhum lugar no conhecimento que Deus tem de si próprio. Perguntar-se-á, todavia, se aquele conhecimento, própria ou impropriamente dito das coisas criadas, é múltiplo ou é único. Porém, para respondermos, essa questão em nada difere daquelas nas quais se pergunta se os decretos e volições de Deus são vários ou não, e se a ubiquidade, ou seja, o concurso de Deus, pelo qual conserva as coisas singulares, é o mesmo em tudo; coisas de que, já dissemos, não podemos ter nenhum conhecimento distinto. Entretanto, sabemos evidentissimamente que, da mesma maneira que o concurso de Deus, sendo referido à onipotência de Deus, deve ser único, embora se manifeste diferentemente nos efeitos; assim também as volições e decretos de Deus (com efeito, assim quiseram chamar seu conhecimento acerca das coisas criadas), considerados em Deus, não são vários,[103] embora pelas coisas criadas, ou melhor, nas coisas criadas, exprimam-se diferentemente. Enfim, se atentamos à analogia da natureza inteira, podemos considerá-la como um único ente, e por consequência haverá de Deus apenas uma única ideia de Deus, ou seja, um decreto sobre a natureza naturada.

Cap. VIII

Da vontade de Deus.

A *vontade* de Deus, pela qual ele quer amar-se, segue-se necessariamente de seu intelecto infinito, pelo qual se entende. De que maneira distinguem-se entre si estas três coisas, a saber, sua essência, seu intelecto, pelo qual se entende, e sua vontade, pela qual quer amar-se, colocamos entre as coisas que nos faltam. E não nos escapa o vocábulo (o de *personalidade*) que os teólogos volta e meia utilizam para explicar o assunto; porém, conquanto não ignoremos o vocábulo, ignoramos todavia sua significação, e não podemos formar nenhum conceito claro disso,[104] embora creiamos firmemente que Deus o revelará aos seus na visão beatíssima de Deus que é prometida aos fiéis.

Não sabemos de que maneira distinguem-se em Deus a essência, o intelecto, pelo qual se entende, e a vontade, pela qual se ama.

A *vontade* e a *potência*, quanto à ação exterior, não se distinguem do intelecto de Deus, como já consta suficientemente do que antecede; pois mostramos que Deus não apenas decretou que as coisas iriam existir, mas também que iriam existir com tal natureza, isto é, a essência e a existência delas tiveram de depender da vontade e da potência de Deus. A partir disso percebemos clara e distintamente que o intelecto de Deus e sua potência e vontade, pelos quais criou, entendeu e conserva, ou seja, ama, as coisas criadas, de modo algum se distinguem entre si, mas apenas em relação a nosso pensamento.[105]

A vontade e a potência de Deus, quanto à ação exterior, não se distinguem de seu intelecto.

Quando dizemos que Deus tem ódio de certas coisas e ama outras, é dito no mesmo sentido em que está na Escritura que a terra vomitará homens e outras coisas do gênero. Que Deus não fique irado com ninguém

Diz-se impropriamente que Deus tem ódio de certas coisas e ama outras.

modo amat, quali vulgus sibi persuadet, satis ex ipsâ Scripturâ colligere est: ait enim Esaias, & clariùs Apost. cap. 9. ad Roman., *Nondum enim natis* (filiis nempe Isaci), *cùm neque boni quippiam fecissent, neque mali, ut secundùm electionem propositum Dei maneret, non ex operibus, sed ex vocante dictum est illi, quòd major serviturus esset minori, &c.* Et paulo post, *Itaque cujus vult, miseretur, quem autem vult, indurat. Dices ergo mihi, quid adhuc conqueritur: nam voluntati illius quis restitit? verè, ô homo, tu quis es, qui ex adverso respondes Deo: num dicet figmentum ei, qui finxit, cur me finxisti hoc pacto? an non habet potestatem figulus luti, ut ex eâdem massâ faciat aliud quoddam vas in honorem, aliud in ignominiam? &c.*

Cur Deus homines monet, cur non salvat absque monitione, & cur impii puniantur.

Si jam quæras, cur ergo Deus homines monet, ad hoc facilè respondetur, scilicet Deum ideò ab æterno decrevisse illo tempore homines monere, ut illi converterentur, quos voluit salvos. Si porrò quæris, an Deus non potuerat illos salvare sine illâ monitione, respondemus, potuisset. Cur ergo non salvat, forsan iterum quæres. Ad hoc respondebo, postquam mihi dixeris, cur Deus mare rubrum sine vento orientali vehementi non pervium reddidit, & omnes motus singulares sine aliis non perficiat, aliaque infinita, quæ Deus agit mediantibus causis. Rogabis denuo, cur igitur impii puniuntur; suâ enim naturâ agunt, & secundùm decretum divinum. At respondeo, etiam ex decreto divino esse, ut puniantur; & si tantùm illi, quos non nisi ex libertate fingimus peccare, essent puniendi, cur homines serpentes venenosos exterminare conantur; ex naturâ enim propriâ tantùm peccant, nec aliud possunt.

Scripturam nihil docere, quod lumini naturæ repugnet.

Denique si quæ adhuc alia occurrunt in Sacris Scripturis, quæ scrupulum injiciant, non est hujus loci illa explicare; nam hîc tantùm in ea inquirimus, quæ ratione naturali certissimè assequi possumus, & satis est, nos illa evidenter demonstrare, ut sciamus Sacram paginam eadem etiam docere debere; nam veritas veritati non repugnat, nec Scriptura nugas, quales vulgò fingunt, docere potest. Si enim in ipsâ inveniremus aliquid, quod lumini naturali esset contrarium, eâdem libertate, quâ Alcoranum, & Thalmud refellimus, illam refellere possemus. Sed absit cogitare, quod in Sacris Litteris aliquid reperiri possit, quod lumini naturæ repugnet.

CAP. IX.

De Potentiâ Dei.

Quomodo Omnipotentia Dei intelligenda sit.

Quòd Deus sit omnipotens, jam satis demonstratum est. Hic tantùm breviter explicare conabimur, quomodo hoc attributum intelligendum sit;

nem ame as coisas tal qual o vulgo está persuadido, colige-se suficientemente da própria Escritura; com efeito, afirma-o *Isaías*,[106] e mais claramente o apóstolo, aos *Romanos*, cap. 9: *Pois antes de terem nascido (os filhos de Isaac), quando nem bem nem mal tinham feito, para que segundo a eleição se mantivesse o propósito de Deus, não pelas obras, mas por aquele que chama, foi dito que o maior serviria ao menor, etc.* E logo depois: *E assim, comisera-se de quem quer e a quem quer endurece. Dir-me-ás então: por que ainda se queixa? pois quem resiste à vontade dele? na verdade, ó homem, quem és tu para contestar a Deus? Acaso dirá a obra a quem a forjou: por que me forjaste desse jeito? O oleiro não tem o poder de fazer da mesma massa de argila certo vaso para a honra, outro para a ignomínia?, etc.*[107]

Por que Deus adverte os homens, por que não salva sem advertência e por que os ímpios são punidos.

Se perguntas agora por que então Deus adverte os homens, a isso responde-se facilmente: Deus decretou desde toda a eternidade advertir os homens naquele tempo a fim de que se convertessem os que ele quis salvos. Se perguntares, em seguida, se Deus não poderia salvá-los sem aquela advertência, respondemos que teria podido. Por que então não salva, talvez perguntes de novo. Ao que responderei depois que me disseres por que Deus não tornou transponível o Mar Vermelho sem um veemente vento oriental e não perfaz todos os movimentos singulares sem os outros movimentos, e outras infinitas coisas que Deus faz por meio de causas.[108] Indagarás novamente por que então os ímpios são punidos; com efeito, agem por sua natureza e segundo o decreto divino. Mas respondo que é também por um decreto divino que são punidos, e que se fossem puníveis apenas aqueles que supomos não pecar senão por liberdade, por que os homens esforçam-se para exterminar as serpentes venenosas, já que elas pecam apenas por sua própria natureza e não podem fazer diferente?[109]

A Escritura não ensina nada que repugne à luz natural.

Enfim, se ocorrem ainda nas Sagradas Escrituras outras coisas que suscitam escrúpulos, não é este o lugar de explicá-las, pois aqui inquirimos apenas o que podemos alcançar certissimamente pela razão natural, e é suficiente demonstrá-lo com evidência para sabermos que as páginas sagradas devem também ensinar o mesmo, pois a verdade não repugna à verdade, nem a Escritura pode ensinar frivolidades como as que são vulgarmente forjadas. Com efeito, se descobríssemos nela algo que fosse contrário à luz natural, poderíamos confutá-la com a mesma liberdade pela qual confutamos o Alcorão e o Talmude. Mas longe de nós pensar que se possa encontrar nas Sagradas Escrituras algo que repugne à luz da natureza.

Cap. IX

Da potência de Deus.

De que maneira se deve entender a onipotência de Deus.

Que Deus seja onipotente, já foi demonstrado à suficiência. Aqui nos esforçaremos apenas em explicar brevemente de que maneira deve

nam multi non satis piè, nec secundùm veritatem de eo loquuntur. Ajunt enim res quasdam suâ naturâ, & non ex decreto Dei esse possibiles, quasdam impossibiles, & denique quasdam necessarias, Deique omnipotentiam tantùm circa possibilia locum habere. Nos verò, qui jam ostendimus omnia à decreto Dei absolutè dependere, dicimus Deum esse omnipotentem: at postquam intelleximus, eum quædam decrevisse ex merâ libertate suæ voluntatis, ac deinde eum esse immutabilem, dicimus jam, contra sua decreta nihil agere posse; ideòque esse impossibile ex eo solo, quod pugnet cum perfectione Dei.

Omnia esse necessaria respectu decreti Dei, non autem quædam in se, quædam respectu decreti.

Sed fortè quis arguet, nos non invenire quædam necessaria esse, nisi ad Dei decretum attendentes, quædam verò econtrà ad Dei decretum non attendentes, ex. gr. quòd Josias ossa idololatrarum super arâ Jeroboami combureret; nam si tantùm ad voluntatem Josiæ attendamus, rem ut possibilem judicabimus, nec ullo modo necessariò futuram dicemus, nisi ex eo, quod Propheta ex decreto Dei hoc prædixerat: At, quòd tres anguli trianguli æquales debeant esse duobus rectis, ipsa res indicat. Sed sanè hi ex suâ ignorantiâ distinctiones in rebus fingunt. Nam si homines clarè totum ordinem naturæ intelligerent, omnia æquè necessaria reperirent, ac omnia illa, quæ in Mathesi tractantur; sed quia hoc supra humanam cognitionem est, ideò à nobis quædam possibilia, non verò necessaria judicantur. Quocirca vel dicendum, quòd Deus nihil potest, quoniam omnia reverâ necessaria sunt, vel Deum omnia posse, & necessitatem, quam in rebus reperimus, à solo Dei decreto provenisse.

Quod si Deus aliam fecisset rerum naturam, etiam nobis alium debuisset dare intellectum.

Si jam quæratur, quid, si Deus res aliter decrevisset, & illa, quæ jam vera sunt, falsa esse fecisset, an non illa tamen pro verissimis agnosceremus. Imò profectò, si Deus nobis naturam, quam dedit, reliquisset: sed etiam tum potuisset, si voluisset, nobis dare talem naturam, uti jam fecit, quâ rerum naturam, & leges, prout à Deo sancitæ essent, intelligeremus: imò si ad ipsius veracitatem attendamus, dare debuisset. Quod idem etiam patet ex eo, quod suprà diximus, nimirum quòd tota natura naturata non sit nisi unicum ens: unde sequitur hominem partem esse naturæ, quæ cum cæteris cohærere debet; quare ex simplicitate decreti Dei etiam sequeretur, quod si Deus res alio modo creasset, simul etiam nostram naturam ita constituisset, ut res, prout à Deo creatæ essent, intelligeremus. Unde nos, quamvis eandem distinctionem potentiæ Dei, quam vulgò tradunt Philosophi, retinere cupiamus, ipsam tamen aliter explicare cogimur.

Quotuplex sit Potentia Dei.

Dividimus itaque *potentiam Dei* in *ordinatam*, & *absolutam*.

entender-se este atributo; pois muitos não falam disso com suficiente piedade nem segundo a verdade. Com efeito, dizem que, por sua natureza e não pelo decreto de Deus, umas coisas são possíveis, algumas impossíveis e outras enfim necessárias, e que a onipotência de Deus tem lugar apenas acerca dos possíveis. Nós, porém, que já mostramos que tudo depende absolutamente do decreto de Deus, dizemos que Deus é onipotente, mas, após termos entendido que ele decretou algumas coisas pela mera liberdade de sua vontade e, ademais, que é imutável, dizemos agora que nada pode fazer contra seus decretos, e que isso é impossível só pelo fato de que repugna à perfeição de Deus.

Todas as coisas são necessárias em relação ao decreto de Deus; e não umas em si, outras em relação ao decreto.

Mas talvez alguém argua que descobrimos que certas coisas são necessárias, somente atentando ao decreto de Deus; mas outras, pelo contrário, sem atentar ao decreto de Deus; por ex., que Josias queimasse os ossos dos idólatras sobre o altar de Jeroboão;[110] com efeito, se atentamos apenas à vontade de Josias, julgamos a coisa como possível, e de modo algum diremos que se dará necessariamente, a não ser porque o profeta o predisse a partir do decreto de Deus. Em troca, que os três ângulos do triângulo devem ser iguais a dois retos, a própria coisa o indica. Mas é fato que alguns, por sua ignorância, forjam distinções nas coisas. Pois, se os homens entendessem claramente toda a ordem da natureza, constatariam que todas as coisas são tão necessárias quanto aquelas tratadas na matemática; mas porque esse conhecimento é sobre-humano, por isso algumas coisas são por nós julgadas possíveis, não porém necessárias. Por conseguinte, cumpre dizer ou que Deus nada pode, visto que tudo é deveras necessário, ou que Deus tudo pode, e a necessidade que constatamos nas coisas proveio só do decreto de Deus.

Se Deus tivesse feito uma outra natureza das coisas, também teria devido dar-nos um outro intelecto.

Caso agora se pergunte: e se Deus tivesse decretado as coisas de outra maneira e feito que aquelas que agora são verdadeiras fossem falsas, nós todavia não as reconheceríamos como verdadeiríssimas? Seguramente, se Deus nos tivesse deixado com a natureza que nos deu; mas então também teria podido, se quisesse, dar-nos uma tal natureza, como já fez, pela qual entendêssemos a natureza e as leis das coisas conforme tivessem sido estabelecidas por Deus; ou melhor, se atentamos à veracidade dele, teria devido dá-la. Isso é patente também a partir do que dissemos acima: toda a natureza naturada não é senão um único ente; donde segue-se que o homem é uma parte da natureza que deve coerir com as demais; por isso, da simplicidade do decreto de Deus seguir-se-ia também que, se Deus tivesse criado as coisas de outro modo, simultaneamente também teria constituído nossa natureza tal que entenderíamos as coisas conforme tivessem sido criadas por Deus. Donde nós, embora desejemos reter a mesma distinção da potência de Deus que os filósofos vulgarmente ensinam, sejamos forçados todavia a explicá-la de outra maneira.

De quantos tipos é a potência de Deus.

E assim, dividimos a *potência de Deus* em *ordenada* e *absoluta*.

Quid absoluta, quid ordinata, quid ordinaria, quid extraordinaria.

Absolutam potentiam Dei esse dicimus, cùm ejus omnipotentiam ad ejus decreta non attendentes consideramus; *ordinatam* vero, cùm respicimus ad ejus decreta.

Porrò datur potentia *ordinaria*, & *extraordinaria* Dei. *Ordinaria* est, quâ mundum certo ordine conservat; *extraordinaria*, cùm aliquid agit præter naturæ ordinem, ut ex. gr. omnia miracula, qualia sunt locutio asinæ, apparitio angelorum, & similia: quamvis de hac postremâ non immeritò valdè dubitari posset, cùm majus videatur esse miraculum, si Deus mundum semper uno eodemque certo, atque immutabili ordine gubernaret, quàm si leges, quas ipse in naturâ optimè, & ex merâ libertate sancivit (quod à nemine nisi penitùs occæcato inficias iri potest), propter stultitiam hominum abrogaret. Verùm hoc decernere Theologis relinquimus.

Denique quæstiones alias, quæ circa potentiam Dei communiter adferri solent, nimirum, *utrum ad præterita extendatur Dei potentia; an possit meliora facere ea, quæ facit; num possit plura alia facere, quàm fecit*, omittimus; facillimè enim ex antedictis ad eas responderi potest.

Cap. X.

De Creatione.

Deum omnium rerum creatorem jam antea statuimus: hîc jam conabimur explicare, quid per creationem intelligendum sit: deinde ea, quæ circa creationem communiter proponuntur, pro viribus enucleabimus. A primo itaque incipiamus.

Quid sit Creatio.

Dicimus igitur *creationem esse operationem, in quâ nullæ causæ præter efficientem concurrunt*, sive *res creata est illa, quæ ad existendum nihil præter Deum præsupponit.*

Creationis vulgaris Definitio rejicitur.

Ubi notandum venit, 1°. nos illa verba omittere, quæ communiter Philosophi usurpant, nempe *ex nihilo*, quasi nihil fuisset materia, ex quâ res producebantur. Quòd autem sic loquantur, inde est, quòd, cùm soleant, ubi res generantur, aliquid ante ipsas supponere, ex quo fiant, in creatione illam particulam *ex* non potuerunt omittere. Idem ipsis contigit circa materiam, nempe, quia vident omnia corpora in loco esse, & ab aliis corporibus cingi, ideò sibi quærentibus, ubi integra esset materia, responderunt, in aliquo spatio imaginario. Unde non dubium est, quin illi τὸ *nihil* non ut negationem omnis realitatis consideraverint, sed aliquid reale esse finxerint, aut imaginati fuerint.

Propria explicatur.

2°. Quòd dico, in creatione nullas alias causas concurrere præter efficientem. Potueram quidem dicere, creationem omnes causas præter

Dizemos *potência absoluta* de Deus quando consideramos sua onipotência sem atentar a seus decretos; *ordenada*, em troca, quando nos referimos a seus decretos.

O que é a potência absoluta, o que é a ordenada, o que é a ordinária, o que é a extraordinária.

Ademais, dá-se a potência *ordinária* e *extraordinária* de Deus. É *ordinária* aquela pela qual ele conserva o mundo numa ordem certa; *extraordinária* quando faz algo além da ordem da natureza, como por ex. todos os milagres, tais como a fala de um asno, a aparição dos anjos[111] e coisas semelhantes; embora se possa com todo direito duvidar desta última, pois que o milagre pareceria maior se Deus governasse o mundo sempre por uma mesma ordem certa e imutável do que se, em vista da estultícia dos homens, ab-rogasse as leis que ele próprio estabeleceu da melhor maneira na natureza e por sua mera liberdade (o que não pode ser negado por ninguém, a não ser que esteja completamente cego). Porém, deixemos aos teólogos decidi-lo.

Enfim, omitimos outras questões que soem ser comumente alegadas acerca da potência de Deus: *se a potência de Deus estende-se às coisas passadas, se pode fazê-las melhor do que fez, se pode fazer mais coisas do que fez*; com efeito, tais questões podem ser facilimamente respondidas a partir do que foi dito antes.

Cap. X

Da criação.

Já sustentamos anteriormente que Deus é o criador de todas as coisas; agora, esforçar-nos-emos aqui em explicar o que se deve entender por criação; depois, esclareceremos, conforme nossas forças, o que é comumente proposto acerca da criação.

O que é a criação.

Dizemos, pois, que a *criação* é *a operação em que não concorre nenhuma causa além da eficiente*, ou seja, *uma coisa criada é aquela que para existir não pressupõe nada além de Deus.*

Rejeita-se a definição vulgar de criação.

Cumpre notar: 1º) Que omitimos aquelas palavras que comumente os filósofos utilizam: *a partir do nada*, como se o nada fosse a matéria a partir da qual as coisas foram produzidas. Que falem assim, vem de que, quando as coisas são geradas, costumam supor algo antes delas a partir do qual sejam feitas, e por isso não puderam omitir aquela partícula *a partir de* na criação. O mesmo aconteceu-lhes acerca da matéria: como veem que todos os corpos estão num lugar e são circundados por outros corpos, perguntaram-se por isso onde estaria a matéria íntegra; responderam que em algum espaço imaginário. Donde é fora de dúvida que consideraram *o nada* não como negação de toda realidade, mas forjaram ou imaginaram que fosse algo real.

Explica-se a própria definição.

2º) Que digo que na criação não concorre nenhuma outra causa além da eficiente. Eu até poderia dizer que a criação *nega* ou *exclui* todas

efficientem *negare* sive *secludere*: Attamen malui *concurrere*, ne cogerer respondere iis, qui quærunt, an Deus nullum finem sibi præfixit in creatione, propter quem res creavit. Præterea, ut rem meliùs explicarem, secundam addidi definitionem, scilicet rem creatam nihil præsupponere præter Deum; quia nempe si Deus aliquem finem sibi præfixit, ille sanè non fuit extra Deum; nihil enim extra Deum datur, à quo ipse incitetur ad agendum.

Accidentia, & modos non creari.

3°. Ex hac definitione satis sequi, accidentium, & modorum nullam dari creationem; præsupponunt enim præter Deum substantiam creatam.

Nullum fuisse tempus, aut durationem ante creationem.

4°. Denique ante creationem nullum nos posse imaginari tempus, neque durationem; sed hæc cum rebus incepisse. Tempus enim mensura est durationis, sive potiùs nihil est præter modum cogitandi. Quare non tantùm præsupponit quamcunque rem creatam, sed præcipuè homines cogitantes. Duratio autem desinit, ubi res creatæ desinunt esse, & incipit, ubi res creatæ existere incipiunt; *res creatæ* inquam, nam Deo nullam competere, sed tantùm æternitatem, jam suprà satis evidenter ostendimus. Quare duratio res creatas præsupponit, aut ad minimùm supponit. Qui autem durationem, & tempus ante res creatas imaginantur, eodem præjudicio laborant ac illi, qui extra materiam spatium fingunt, ut per se satis est manifestum. Hæc de creationis definitione.

Eandem esse Dei operationem mundi creandi, quàm conservandi.

Porrò non est opus, ut hîc iterum repetamus id, quod Ax. 10. Part. 1. demonstravimus; nimirum tantundem virium requiri ad rem creandam, quàm ad ipsam conservandam, hoc est, eandem esse Dei operationem mundi creandi, quàm conservandi.

His sic notatis pergamus jam ad id, quod secundo loco promisimus. 1°. Igitur inquirendum, quid creatum est, quid increatum. 2°. An id, quod creatum est, potuerit ab æterno creari.

Quænam sint creata.

Ad primum igitur breviter respondemus, id omne creatum esse, cujus essentia clarè concipitur sine ullâ existentiâ, & tamen per se concipitur, ut ex. gr. materia, cujus conceptum clarum, & distinctum habemus, cùm illam sub attributo extensionis concipimus, eamque æquè clarè, & distinctè concipimus, sive existat, sive non existat.

Quomodo Dei cogitatio à nostrâ differat.

At quis fortasse dicet, nos cogitationem clarè, & distinctè percipere sine existentiâ, eamque tamen Deo tribuere. Sed ad hoc respondemus nos non talem cogitationem Deo tribuere, qualis nostra est, patibilem scilicet, & quæ à rerum naturâ terminatur, sed talem, quæ purus actus est, ideòque existentiam involvens, ut satis prolixè suprà demonstravimus. Ostendimus enim Dei intellectum, & voluntatem ab ipsius potentiâ, & essentiâ, quæ existentiam involvit, non distingui.

as causas além da eficiente; entretanto, preferi *concorre* para que não fosse forçado a responder àqueles que perguntam se na criação Deus não se prefixou nenhum fim em vista do qual tenha criado as coisas. Além disso, para explicar melhor o assunto, acrescentei uma segunda definição, a saber, uma coisa criada não pressupõe nada além de Deus, porque se Deus se prefixou algum fim, este por certo não estava fora de Deus; com efeito, não se dá nada fora de Deus pelo que seja incitado a agir.

3º) Que dessa definição segue-se suficientemente que não se dá nenhuma criação dos acidentes e dos modos; com efeito, esses pressupõem, além de Deus, uma substância criada.

Os acidentes e os modos não são criados.

4º) Enfim, que não podemos imaginar nenhum tempo nem duração antes da criação, mas estes começaram com as coisas. O tempo, com efeito, é a medida da duração, ou antes, não é nada além de um modo de pensar. Por isso pressupõe não apenas alguma coisa criada, mas principalmente homens pensantes. A duração cessa quando cessam as coisas criadas, e começa quando começam a existir as coisas criadas; digo *coisas criadas*, pois a Deus não compete nenhuma duração, mas apenas a eternidade, como acima já mostramos com suficiente evidência. Por isso a duração pressupõe as coisas criadas, ou ao menos as supõe. Aqueles que imaginam a duração e o tempo antes das coisas criadas sofrem do mesmo preconceito daqueles que forjam um espaço fora da matéria, como é por si suficientemente manifesto. Isso sobre a definição de criação.

Não houve tempo ou duração antes da criação.

No mais, não é mister repetir aqui ainda uma vez o que demonstramos no ax. 10 da parte 1: requer-se tanta força para criar uma coisa quanto para conservá-la, isto é, a operação de Deus de criar o mundo é a mesma que de conservar.

A operação de Deus de criar o mundo é a mesma que de conservar.

Assim, notado isso, passemos agora ao que prometemos em segundo lugar: 1º) inquirir o que é criado e o que é incriado; 2º) se o que é criado teria podido ser criado desde toda a eternidade.

Quanto ao primeiro, portanto, respondemos brevemente: é criado aquilo tudo cuja essência é claramente concebida sem nenhuma existência, e todavia é concebido por si, como por ex. a matéria, de que temos um conceito claro e distinto quando a concebemos sob o atributo da extensão, e a concebemos com igual clareza e distinção, quer exista, quer não exista.

Quais coisas são criadas.

Ora, alguém porventura dirá que percebemos clara e distintamente o pensamento sem a existência e todavia o atribuímos a Deus. Mas a isso respondemos que não atribuímos a Deus um pensamento tal qual o nosso, a saber, sujeito à passividade e limitado pela natureza das coisas, mas um pensamento tal que é puro ato, e por isso envolve a existência, como demonstramos acima com suficiente prolixidade. Mostramos, com efeito, que o intelecto e a vontade de Deus não se distinguem de sua potência e de sua essência, que envolve a existência.

De que maneira o pensamento de Deus difere do nosso.

Non esse quid extra Deum Deo coæternum.

Cùm itaque omne id, cujus essentia nullam involvit existentiam, necessariò, ut existat, à Deo creari debeat, & continuò, ut suprà multis exposuimus, ab ipso creatore conservari, in eorum sententiâ refutandâ non morabimur, qui mundum, aut chaos, aut materiam ab omni formâ nudatam coæternam Deo, adeòque independentem statuerunt. Quare ad secundam partem pergendum, inquirendumque, an id, quod creatum est, ab æterno creari potuerat?

Quid hîc vocibus, ab æterno, denotetur.

Hoc ut rectè intelligatur, attendendum est ad hunc loquendi modum, *ab æterno*; eo enim nos aliud prorsus hoc loco significare volumus, quàm id, quod antehac explicuimus, ubi de Dei æternitate locuti sumus. Nam hîc nihil aliud intelligimus, quàm durationem absque principio durationis, vel talem durationem, quam, quamvis eam per multos annos, aut myriadas annorum multiplicare vellemus, atque hoc productum iterum per myriadas, nunquam tamen ullo numero, quantumvis magno, exprimere possemus.

Non potuisse aliquid ab æterno creari, probatur.

Talem autem durationem non posse dari, clarè demonstratur. Nam si mundus iterum ab hoc puncto retrograderetur, nunquam talem durationem habere poterit: ergo etiam mundus à tali principio usque ad hoc punctum pervenire non potuisset. Dices fortè Deo nihil esse impossibile; est enim omnipotens, adeòque poterit efficere durationem, quâ major non posset dari. Respondemus, Deum, quia est omnipotens, nunquam durationem creaturum, quâ major ab ipso creari non possit. Talis enim est natura durationis, ut semper major, & minor datâ possit concipi, sicuti numerus. Instabis fortè, Deum ab æterno fuisse, adeòque usque in hoc tempus durasse, ac sic durationem dari, quâ major concipi nequit. Verùm hoc modo tribuitur Deo duratio partibus constans, quod à nobis satis superque refutatum est, ubi Deo non durationem, sed æternitatem competere demonstravimus; quod utinam homines probè considerassent: nam & ex multis argumentis, & absurditatibus facillimè se extricare potuissent, & maximâ cum delectatione in beatissimâ hujus entis contemplatione detenti fuissent.

Verumenimverò pergamus ad argumentorum, quæ à quibusdam adferuntur, responsionem, nempe quibus conantur ostendere possibilitatem talis infinitæ durationis à parte ante.

Ex eo, quod Deus sit æternus, non sequi illius effecta etiam esse posse ab æterno.

Primò igitur afferunt, *rem productam posse simul tempore esse cum causâ; cùm autem Deus fuerit ab æterno, potuerunt etiam ejus effectus ab æterno fuisse producti.* Atque hoc insuper confirmant *exemplo filii Dei, qui ab æterno à patre productus est.* Verùm ex antedictis clarè videre est, hos *æternitatem* cum duratione confundere, Deoque durationem tantùm ab æterno tribuere: quod

E assim, como tudo aquilo cuja essência não envolve nenhuma existência deve necessariamente, para existir, ser criado por Deus e continuamente conservado pelo próprio criador, como expusemos muitas vezes acima, não nos demoraremos refutando a posição dos que sustentaram que um mundo ou um caos ou uma matéria despida de toda forma são coeternos a Deus, e desta sorte independentes. Por isso cabe passar à segunda parte e inquirir se o que foi criado teria podido sê-lo desde toda a eternidade.

Fora de Deus não há o que seja coeterno a Deus.

Para que se entenda isso corretamente, cumpre atentar a este modo de falar: *desde toda a eternidade*; por ele, com efeito, queremos significar neste lugar algo completamente diferente daquilo que explicamos antes, quando falamos da eternidade de Deus. Pois aqui nada mais entendemos que a duração sem o começo da duração, ou uma duração tal que, ainda que quiséssemos multiplicá-la por muitos anos ou miríades de anos e o produto de novo por outras miríades, nunca todavia poderíamos exprimi-la com nenhum número, por grande que fosse.

O que é aqui denotado pelas palavras desde toda a eternidade.

Que tal duração não se possa dar, demonstra-se claramente; pois se o mundo retrocedesse desde o ponto presente, nunca poderia alcançar tal duração; logo, o mundo tampouco teria podido desde um tal começo chegar até o ponto presente. Talvez digas que a Deus nada é impossível; com efeito, ele é onipotente e por isso teria podido fazer uma duração tal que uma maior não se pudesse dar. Respondemos que Deus, porque é onipotente, nunca criará uma duração tal que uma maior não possa ser criada por ele. De fato, a natureza da duração é tal que sempre se pode conceber uma maior e uma menor do que a dada, assim como o número. Talvez insistas que Deus existiu desde toda a eternidade, de sorte que durou até este tempo, e dá-se assim uma duração tal que não se pode conceber uma maior. Porém, dessa maneira atribui-se a Deus uma duração que consta de partes, o que foi por nós suficientemente refutado acima, quando demonstramos que a Deus compete não a duração, mas a eternidade. Oxalá os homens considerassem bem isso, pois poderiam desembaraçar-se facilmente de muitos argumentos e absurdos e deter-se-iam com máxima deleitação na beatíssima contemplação desse ente.

Prova-se que nada pode ter sido criado desde toda a eternidade.

Passemos entretanto à resposta aos argumentos alegados por alguns, a saber, por aqueles que se esforçam em mostrar a possibilidade de uma tal duração infinita já escoada.

Primeiro, alegam que *uma coisa produzida pode existir ao mesmo tempo que sua causa; como Deus existiu desde toda a eternidade, seus efeitos também poderiam ter sido produzidos desde toda a eternidade.* E o confirmam, além do mais, com *o exemplo do filho de Deus, que foi produzido pelo pai desde toda a eternidade.* Porém, a partir do que foi dito antes, vê-se claramente que confundem a *eternidade* com a duração, e atribuem a Deus apenas a duração desde toda a eternidade; o que também transparece claramente no exemplo

De Deus ser eterno não se segue que seus efeitos também possam existir desde toda a eternidade.

etiam clarè apparet exemplo, quod adferunt. Nam eandem æternitatem, quam Dei filio tribuunt, creaturis possibilem esse statuunt. Deinde tempus, & durationem ante mundum conditum imaginantur, & durationem absque rebus creatis statuere volunt, sicuti alii æternitatem extra Deum, quod utrumque à vero alienissimum esse jam constat. Respondemus itaque falsissimum esse, Deum suam æternitatem creaturis communicare posse, nec filium Dei creaturam esse: sed, uti patrem, æternum esse. Cùm itaque dicimus patrem filium ab æterno genuisse, nihil aliud volumus, quàm patrem suam æternitatem filio semper communicasse.

Deum, si necessariò ageret, non esse infinitæ virtutis.

Argumentantur 2°., *quòd Deus, cum liberè agat, non minoris sit potentiæ, quàm cùm agit necessariò: At si Deus necessariò ageret, cùm sit infinitæ virtutis, mundum ab æterno creare debuisset.* Sed ad hoc argumentum etiam perfacilè responderi potest, si attendatur ad ejus fundamentum. Boni enim isti viri supponunt, se diversas ideas entis infinitæ virtutis posse habere; nam Deum, & cùm ex necessitate naturæ agit, & cùm liberè agit, infinitæ virtutis esse concipiunt. Nos verò negamus Deum, si ex necessitate naturæ ageret, infinitæ esse virtutis, quod nobis jam negare licet, imò necessariò ab iis etiam concedendum est; postquam demonstravimus ens perfectissimum liberè agere, & non nisi unicum posse concipi. Quod si verò regerant, poni tamen posse, quamvis id impossibile sit, Deum ex necessitate naturæ agentem infinitæ esse virtutis: respondebimus id non magis licere supponere, quam circulum quadratum, ut concludatur omnes lineas à centro ad circumferentiam ductas non esse æquales. Atque hoc ex modò dictis, ne, quæ jam dudum dicta sunt, repetamus, satis constat. Modò enim demonstravimus, nullam dari durationem, cujus duplum, sive quâ major, & minor non possit concipi; ac proinde à Deo, qui infinitâ virtute liberè agit, semper major, & minor datâ creari possit. At si Deus ex necessitate naturæ ageret, nullo modo id sequeretur; nam tantùm illa, quæ ex ejus naturâ resultaret, ab ipso produci posset, non verò infinitæ aliæ majores datâ. Quare sic breviter argumentamur: Si Deus maximam durationem, quâ majorem ipse non posset creare, crearet, necessariò suam potentiam diminueret. Atqui falsum est posterius, nam ejus potentia ab ipsius essentiâ non differt. Ergo &c. Porrò, si Deus ex necessitate naturæ ageret, durationem, quâ majorem ipse creare non potest, creare deberet: sed Deus talem durationem creans non est infinitæ virtutis; nam semper datâ majorem concipere possumus. Ergo si Deus ex necessitate naturæ ageret, non esset infinitæ virtutis.

que alegam, pois a mesma eternidade que atribuem ao filho de Deus sustentam ser possível às criaturas. Ademais, imaginam o tempo e a duração antes de estar feito o mundo, e querem sustentar a duração sem as coisas criadas, assim como outros querem a eternidade fora de Deus; duas opiniões que já consta estarem muitíssimo apartadas do verdadeiro. E, assim, respondemos que é falsíssimo que Deus possa comunicar sua eternidade às criaturas, e que o filho de Deus não é uma criatura, mas, como o pai, é eterno. E assim, quando dizemos que o pai gerou o filho desde toda a eternidade, nada mais queremos dizer senão que o pai sempre comunicou sua eternidade ao filho.[112]

Deus, se agisse necessariamente, não teria uma virtude infinita.

Argumenta-se, em segundo: *que Deus, quando age livremente, não tem uma potência menor do que quando age necessariamente. Ora, se Deus agisse necessariamente, como tem uma virtude infinita, teria devido criar o mundo desde toda a eternidade.* Mas também se pode responder bem facilmente a esse argumento atentando ao seu fundamento. Com efeito, essa boa gente supõe poder ter ideias diversas do ente que tem uma virtude infinita, pois concebem que Deus tem uma virtude infinita quando age a partir da necessidade da natureza e também quando age livremente. Nós, porém, negamos que Deus, se agisse a partir da necessidade da natureza, teria uma virtude infinita; o que já nos é lícito negar e, mais ainda, deve ser por eles também necessariamente concedido, depois que demonstramos que o ente perfeitíssimo age livremente e não pode ser concebido senão único. Se por sua vez replicarem que todavia se pode supor, embora isso seja impossível, que Deus tem uma virtude infinita ao agir a partir da necessidade da natureza, responderemos que não é mais lícito supô-lo do que supor um círculo quadrado a fim de concluir que todas as linhas tiradas do centro à circunferência não são iguais. E isso consta suficientemente do que acaba de ser apresentado, de modo que não temos de repetir o que já foi dito há muito tempo. Com efeito, há pouco demonstramos que não se pode dar nenhuma duração de que não se possa conceber o dobro ou uma maior e menor; e, por conseguinte, uma duração sempre maior ou menor do que a dada pode ser criada por Deus, que age livremente com virtude infinita. Porém, se Deus agisse a partir da necessidade da natureza, de modo algum se seguiria isso, pois apenas poderia ser produzida por ele aquela duração que resultasse de sua natureza, e não infinitas outras maiores que a dada. Por isso argumentamos brevemente assim: se Deus criasse uma duração máxima, tal que não pudesse criar uma maior, diminuiria necessariamente sua potência. Ora, é falsa a consequência, pois sua potência não difere de sua essência. Logo, etc. Ademais, se Deus agisse a partir da necessidade da natureza, deveria criar uma duração tal que não pudesse criar uma duração maior; mas Deus, ao criar tal duração, não teria uma virtude infinita, pois sempre podemos conceber uma maior que a dada. Logo, se Deus agisse a partir da necessidade da natureza, não teria uma virtude infinita.

Unde habeamus conceptum majoris durationis, quàm est hujus mundi[21]

Quod si cui hîc scrupulus oriretur, undenam nempe, cùm mundus ante quinque millia annorum, & quod excedit, si vera est Chronologorum computatio, creatus fuerit, nos tamen possimus majorem concipere durationem, quam asseruimus non sine creatis rebus intelligi posse. Illi facillimè iste eximetur, si advertat, nos illam durationem non ex solâ contemplatione creatarum rerum, sed ex contemplatione infinitæ Dei potentiæ ad creandum intelligere: Non enim creaturæ concipi possunt, ut per se existentes, sive durantes, sed tanquam per infinitam Dei potentiam, à quâ solâ omnem suam durationem habent. Vid. Propos. 12. Part. 1. ejusque Corollar.

Denique ne hic futilibus argumentis respondendo tempus consumamus, tantùm hæc animadvertenda sunt: nempe distinctio inter æternitatem, & durationem, & quòd duratio sine rebus creatis, & æternitas sine Deo nullo modo sint intelligibiles: his enim probè perceptis facillimè ad omnia argumenta responderi poterit: unde his diutiùs immorari non necesse arbitramur.

Cap. XI.

De Concursu Dei.

Circa hoc attributum parum aut nihil dicendum restat, postquam ostendimus Deum singulis momentis continuò rem quasi de novo creare; ex quo demonstravimus, res ex se nullam unquam habere potentiam ad aliquid operandum, nec se ad ullam actionem determinandas; hocque non tantùm habere locum in rebus extra hominem, sed etiam in ipsâ humanâ voluntate. Deinde etiam ad quædam argumenta huc spectantia respondimus, & quamvis alia multa adferri solent, quia tamen præcipuè ad Theologiam pertinent, iis hic supersedere animus est.

Attamen quia multi sunt, qui concursum Dei admittunt, statuuntque planè alio sensu, quàm quo nos eum tradidimus, observandum hîc est, ut eorum fallaciam facillimè detegamus, id, quod antehac demonstravimus, nimirum quòd tempus præsens nullam habeat connexionem cum tempore futuro, vide Ax. 10. Part. 1., hocque à nobis clarè distinctèque percipiatur; atque ad hoc si modò probè attendatur, sine ullâ difficultate ad omnia illorum argumenta, quæ ex Philosophiâ peti possunt, responderi poterit.

Quomodo Dei Conservatio se habeat in rebus determinandis ad operandum.

Verùm, ne quæstionem hanc frustra attigerimus, ad eam in transitu respondebimus, quâ quæritur, *an Dei conservationi aliquid accedat, cùm rem determinat ad operandum*, atque ubi de motu locuti sumus, jam hujus

[20] conceptum. Geb.: *onceptum.*

A alguém poderia surgir o seguinte escrúpulo: dado que o mundo foi criado faz cinco mil anos e qualquer coisa (se é verdadeira a conta dos cronologistas),[113] podemos conceber uma maior duração, sendo que asserimos que esta não pode ser entendida sem as coisas criadas. Ser-lhe-á facílimo livrar-se desse escrúpulo se observar que entendemos aquela duração não a partir da só contemplação das coisas criadas, mas a partir da contemplação da potência infinita de Deus para criar. Com efeito, as criaturas não podem ser concebidas como existindo, ou seja, durando por si, mas pela potência infinita de Deus, da qual, sozinha, elas têm toda sua duração. Vê a prop. 12 da parte 1 e seu corol. *De onde tiramos o conceito de uma duração maior que a deste mundo.*

Enfim, para não gastarmos tempo respondendo a argumentos fúteis, cumpre voltar a atenção apenas à distinção entre a eternidade e a duração, e ao fato de que não são inteligíveis de modo algum a duração sem as coisas criadas e a eternidade sem Deus; com efeito, bem percebido isso, poderá responder-se facilimamente a todos os argumentos; donde julgarmos não ser necessário demorarmo-nos mais nisso.

Cap. XI

Do concurso de Deus.

Acerca desse atributo pouco ou nada resta a dizer após termos mostrado que Deus, a cada instante, continuamente cria a coisa como que de novo; a partir disso demonstramos que as coisas, a partir de si, nunca têm nenhuma potência para operar algo nem para determinar-se a alguma ação; e isso tem lugar não apenas nas coisas fora do homem, mas também na própria vontade humana. Depois, respondemos também a alguns argumentos concernentes a isso, e embora muitos outros costumem ser alegados, não tenho a intenção de insistir neles, já que pertencem principalmente à teologia.

No entanto, porque são muitos os que admitem o concurso de Deus e sustentam-no num sentido completamente diferente daquele que nós demos, é de observar aqui, para detectarmos facilmente a falácia deles, aquilo que demonstramos antes: que o tempo presente não tem nenhuma conexão com o tempo futuro (vê o ax. 10 da parte 1), e isso é clara e distintamente percebido por nós; e contanto que atentemos bem a isso, poderá responder-se sem nenhuma dificuldade a todos os argumentos que puderem ser tomados à filosofia.

Porém, para não tocar inutilmente a questão, responderemos de passagem àquele argumento em que se pergunta *se algo se acresce à ação conservadora de Deus quando ele determina uma coisa a operar*; de certa forma, *De que maneira se porta a ação conservadora de Deus ao determinar as coisas a operar.*

responsionem utcunque attigimus. Diximus enim Deum eandem quantitatem motûs in naturâ conservare. Quare si ad totam naturam materiæ attendamus, illi nihil novi accedit. At respectu rerum particularium aliquo modo potest dici illi aliquid novi accedere: Quod an etiam locum habeat in rebus spiritualibus, non videtur: nam illa ab invicem ita dependere non apparet. Denique cùm partes durationis nullam habeant inter se connexionem, possumus dicere, Deum non adeò propriè res conservare, quam procreare; quare, si homo jam determinatam libertatem habeat ad aliquid agendum, dicendum est, Deum illo tempore eum ita creasse. Atque huic non obstat, quòd humana voluntas sæpe a rebus extra se positis determinetur, & omnia vicissim, quæ in naturâ sunt, à se invicem ad aliquid operandum determinentur: nam etiam illa à Deo ita determinata sunt. Nulla enim res voluntatem determinare, nec vicissim voluntas determinari, nisi a solâ potentiâ Dei potest. Verùm quomodo hoc cum humanâ libertate non pugnet, sive quomodo Deus id efficere possit servatâ humanâ libertate, fatemur nos ignorare, quâ de re jam sæpiùs locuti sumus.

Divisionem attributorum Dei vulgarem magis esse nominis, quàm rei.

Hæc sunt, quæ circa attributa Dei dicere decreveram, quorum nullam huc usque tradidi divisionem. Illa autem, quæ passim traditur ab Authoribus, nempe quâ dividunt attributa Dei in incommunicabilia, & communicabilia, ut verum fatear, magis videtur divisio nominis, quam rei. Nec enim scientia Dei cum scientiâ humanâ magis convenit, quam canis, signum cœleste, cum cane, qui est animal latrans, & fortè adhuc multo minùs.

Autoris propria Divisio.

Nos verò hanc damus divisionem. Attributa Dei alia sunt, quæ actuosam ejus essentiam explicant, alia, quæ quidem nihil actionis, sed ejus modum existendi exponant. Hujus generis sunt, unitas, æternitas, necessitas &c., illius verò intelligentia, voluntas, vita, omnipotentia &c. Hæc divisio satis clara, & perspicua est, & omnia Dei attributa complectitur.

Cap. XII.

De Mente Humanâ.

Transeundum jam est ad substantiam creatam, quam in extensam, & cogitantem divisimus. Per extensam materiam, sive substantiam corpoream intelligebamus. Per cogitantem verò mentes humanas tantùm.

Angelos non esse Metaphysicæ, sed Theologicæ considerationis.

Et quamvis Angeli etiam creati sint, quia tamen lumine naturali non cognoscuntur, ad Metaphysicam non spectant. Eorum enim essentia, & existentia non nisi per revelationem notæ sunt, adeòque ad solam

ao falarmos do movimento já tocamos a resposta. Com efeito, dissemos que Deus conserva a mesma quantidade de movimento na natureza. Por isso, se atentamos à inteira natureza da matéria, àquela ação nada de novo se acresce. Mas em relação às coisas particulares, de certa maneira pode-se dizer que algo novo se acresce a ela. Não parece que isso tenha também lugar nas coisas espirituais, pois não dão mostras de depender tanto assim umas das outras. Enfim, como as partes da duração não têm nenhuma conexão entre si, podemos dizer que Deus não tão propriamente conserva como procria as coisas; por isso, se o homem tem agora uma liberdade determinada para fazer algo, cabe dizer que Deus o criou assim nesse instante. E a isso não obsta que a vontade humana seja amiúde determinada pelas coisas postas fora dela, e que todas que estão na natureza, por sua vez, sejam determinadas umas pelas outras a operar algo, pois elas também são assim determinadas por Deus. Com efeito, coisa alguma pode determinar a vontade nem, por sua vez, a vontade pode ser determinada, a não ser pela só potência de Deus. Porém, de que maneira isso não se choca com a liberdade humana, ou seja, de que maneira Deus faz isso, preservada a liberdade humana, confessamos ignorar; coisa de que já falamos amiúde.

A divisão vulgar dos atributos de Deus é mais de nome que de coisa.

Eis o que eu decidira dizer acerca dos atributos de Deus, dos quais até aqui não dei nenhuma divisão. A que volta e meia é dada pelos autores, a saber, aquela pela qual dividem os atributos de Deus em incomunicáveis e comunicáveis, para falar a verdade, mais parece uma divisão de nome que de coisa. E, com efeito, a ciência de Deus não convém mais com a ciência humana do que o cão, signo celeste, com o cão que é um animal que ladra, e quiçá ainda menos.

A divisão própria do autor.

Nós, de nossa parte, damos a seguinte divisão. Há alguns atributos de Deus que explicam a sua essência atuosa, outros que decerto nada expõem da sua ação, mas de seu modo de existir. Deste gênero são a unidade, a eternidade, a necessidade, etc.; daquele, por outro lado, a inteligência, a vontade, a vida, a onipotência, etc. Essa divisão é suficientemente clara e perspícua e abrange todos os atributos de Deus.

Cap. XII

Da mente humana.

Cumpre passar agora à substância criada, que dividimos em extensa e pensante. Por extensa entendíamos a matéria, ou seja, a substância corpórea. Já por pensante, apenas as mentes humanas.

Os anjos não são de consideração da metafísica, mas da teologia.

E embora também os anjos tenham sido criados, não concernem à metafísica, já que não são conhecidos pela luz natural. Com efeito, a essência e a existência deles não são conhecidas senão por revelação, de sorte que pertencem

Theologiam pertinent, cujus cognitio cùm sit prorsus alia, sive toto genere diversa à cognitione naturali, nullo modo cum illâ miscenda est. Nullus igitur exspectet nos de angelis aliquid dicturos.

Mentem humanam non esse ex traduce, sed à Deo creari; at, quando creetur, nesciri.

Redeamus ergo ad mentes humanas, de quibus jam pauca restant dicenda, sed tantùm monendum, nos de tempore creationis mentis humanæ nihil dixisse, quia non satis constat, quo tempore Deus ipsam creat, cùm sine corpore possit existere. Hoc satis constat, illam non esse ex traduce; nam id tantùm locum habet in rebus, quæ generantur, nempe in modis alicujus substantiæ: substantia autem ipsa generari non potest, sed tantùm à solo Omnipotente creari, ut satis in præcedentibus demonstravimus.

Quo sensu anima humana sit mortalis.

De ejus verò immortalitate ut aliquid addam. Satis constat nos de nullâ re creatâ posse dicere, quòd ejus natura implicet, ut à potentiâ Dei destruatur: nam qui potestatem habuit rem creandi, etiam potestatem habet ipsam destruendi. Adde, quòd jam satis demonstravimus, nullam rem creatam suâ naturâ ne momento quidem posse existere, sed continuò à Deo procreari.

Quo verò sensu immortalis.

Verùm, quamvis ita res sit, tamen clarè, & distinctè videmus, nos nullam ideam habere, quâ concipiamus substantiam destrui, sicut habemus ideas corruptionis, & generationis modorum: clarè enim concipimus, ubi ad corporis humani fabricam attendimus, talem fabricam posse destrui; & non æquè, ubi ad substantiam corpoream attendimus, concipimus ipsam annihilari posse.

Denique Philosophus non quærit id, quod summâ potentiâ Deus potest facere, sed de rerum naturâ ex legibus, quas Deus ipsis indidit, judicat; quare id judicat fixum, ac ratum esse, quod ex illis legibus fixum esse, ac ratum concluditur; quamvis non neget, Deum illas leges, & cætera omnia mutare posse. Quâpropter nos etiam non inquirimus, ubi de animâ loquimur, quid Deus facere possit, sed tantùm quid ex naturæ legibus sequatur.

Illius immortalitas demonstratur.

Cùm autem ex ipsis clarè sequatur substantiam, nec per se, nec per aliam substantiam creatam destrui posse, ut jam antehac, ni fallor, abundè demonstravimus, mentem esse immortalem statuere cogimur ex legibus naturæ. Et si rem adhuc penitiùs introspicere volumus, evidentissimè demonstrare poterimus, illam esse immortalem. Nam, ut modò demonstravimus, animam immortalem esse, ex legibus naturæ clarè sequitur. Leges autem illæ naturæ sunt decreta Dei lumine naturali revelata, ut etiam ex antecedentibus evidentissimè constat. Decreta deinde Dei immutabilia esse, jam etiam demonstravimus. Ex quibus omnibus clarè concludimus, Deum suam immutabilem voluntatem circa durationem animarum hominibus non tantùm revelatione, sed etiam lumine naturali patefecisse.

só à teologia, cujo conhecimento, dado ser completamente diferente, ou seja, de gênero totalmente diverso do conhecimento natural, de modo algum deve ser misturado com esse. Ninguém espere, portanto, que digamos algo dos anjos.

A mente humana não existe a partir de um intermediário, mas é criada por Deus; não sabemos porém quando é criada.

Voltemos, pois, às mentes humanas, das quais pouco resta a ser dito; cabe apenas advertir que nós nada dissemos sobre o tempo da criação da mente humana porque não consta suficientemente em que tempo Deus a criou, visto que ela pode existir sem o corpo. O que consta suficientemente é que ela não existe a partir de um intermediário, pois isso tem lugar apenas nas coisas que são geradas, a saber, nos modos de uma substância; já a própria substância não pode ser gerada, mas apenas criada pelo único onipotente, como demonstramos à suficiência no que precede.

Em que sentido a alma humana é mortal.

Já sobre sua imortalidade acrescentarei algo. Consta suficientemente não podermos dizer de nenhuma coisa criada que implicaria contradição sua natureza ser destruída pela potência de Deus; pois quem teve o poder de criar uma coisa também tem o de destruí-la. Acrescente-se, como já suficientemente demonstramos, que nenhuma coisa criada pode existir por sua natureza sequer um instante, mas é continuamente procriada por Deus.

Em que sentido é imortal.

Embora a coisa seja assim, todavia vemos clara e distintamente que não temos ideia alguma pela qual concebamos uma substância ser destruída, tal como temos as ideias de corrupção e geração dos modos. Com efeito, concebemos claramente, quando atentamos à estrutura do corpo humano, que tal estrutura pode ser destruída; mas não concebemos igualmente, quando atentamos à substância corpórea, que ela possa ser aniquilada.

Enfim, um filósofo não pergunta o que Deus pode fazer pela suma potência, mas julga a natureza das coisas a partir das leis que Deus incutiu nelas; por isso julga ser fixo e confirmado o que a partir daquelas leis conclui-se ser fixo e confirmado; embora não negue que Deus possa mudar aquelas leis e todas as outras. Por consequência, também não indagamos, ao falarmos da alma, o que Deus pode fazer, mas apenas o que se segue das leis da natureza.

Demonstra-se a imortalidade da alma.

Visto delas seguir-se claramente que a substância não pode ser destruída nem por si mesma nem por outra substância criada, como já antes, se não me engano, demonstramos à abundância, somos forçados a sustentar que a partir das leis da natureza a mente é imortal. E se quisermos adentrar ainda mais profundamente o assunto, poderemos demonstrar evidentissimamente que ela é imortal; pois, como há pouco demonstramos, segue-se claramente das leis da natureza que a alma é imortal. E aquelas leis da natureza são decretos de Deus revelados pela luz natural, como também consta evidentissimamente do que antecede. Ademais, também já demonstramos que os decretos de Deus são imutáveis. Disso tudo concluímos claramente que Deus manifestou aos homens sua vontade imutável acerca da duração das almas não apenas por revelação, mas também pela luz natural.

Deum non contra, sed supra naturam agere; & quid hoc sit secundùm authorem.

Nec obstat, si aliquis objiciat, Deum leges illas naturales aliquando destruere ad efficienda miracula; nam plerique ex prudentioribus Theologis concedunt, Deum nihil contra naturam agere, sed supra naturam, hoc est, ut ego explico, Deum multas etiam leges operandi habere, quas humano intellectui non communicavit, quæ si humano intellectui communicatæ essent, æquè naturales essent, quam cæteræ.

Unde liquidissimè constat mentes esse immortales, nec video, quid de animâ humanâ in genere hoc in loco dicendum restet. Nec etiam de ipsius functionibus speciatim aliquid restaret dicendum, nisi argumenta quorundam Authorum, quibus efficere conantur, ut id, quod vident, & sentiunt, non videant, neque sentiant, me invitarent ad ipsis respondendum.

Cur aliqui putent, voluntatem non esse liberam.

Putant aliqui se posse ostendere, voluntatem non esse liberam, sed semper ab alio determinari. Atque hoc inde putant, quia per voluntatem intelligunt, quid ab animâ distinctum, quod ut substantiam considerant, cujus naturâ in eo solo consistat, quòd sit indifferens. Nos autem, ut omnem amoveamus confusionem, rem priùs explicabimus, quo facto facillimè eorum fallacias argumentorum detegemus.

Quid sit voluntas.

Mentem humanam diximus esse rem cogitantem; unde sequitur illam ex solâ suâ naturâ, in se solâ spectata, aliquid agere posse, videlicet cogitare, hoc est, affirmare, & negare. Hæ vero cogitationes, vel determinantur à rebus extra mentem positis, vel à solâ mente; quandoquidem & ipsa est substantia, ex cujus essentiâ cogitante multæ actiones cogitativæ sequi possunt, & debent. Actiones autem illæ cogitativæ, quæ nullam aliam sui causam agnoscunt, quàm mentem humanam, *volitiones* vocantur. Mens verò humana, quatenus concipitur, ut causa sufficiens ad tales actiones producendas, *voluntas* vocatur.

Dari voluntatem.

Quòd autem anima talem potentiam habeat, quamvis à nullis rebus externis determinetur, commodissimè explicari potest exemplo asinæ Buridani. Si enim hominem loco asinæ ponamus in tali æquilibrio positum, homo, non pro re cogitante, sed pro turpissimo asino erit habendus, si fame, & siti pereat. Deinde etiam idem liquet ex eo, quod, ut antehac diximus, etiam de rebus omnibus dubitare, & non tantùm ipsa, quæ in dubium revocari possunt, ut dubia judicare, sed tanquam falsa explodere voluimus. Vid. Cartes. Princip. Part. 1. Art. 39.

Eamque esse liberam.

Porrò notandum, quamvis anima à rebus externis determinetur ad aliquid affirmandum, aut negandum, non tamen ipsam ita determinari, ac si à rebus externis cogeretur, sed ipsam semper liberam manere. Nam nulla res habet potestatem ipsius essentiam destruendi; quare id, quod affirmat, & negat, semper liberè affirmat, & negat, ut satis in quartâ Meditatione explicatum est.

Deus não age contra, mas acima da natureza; e o que é isto segundo o autor.

E caso alguém levante objeção, em nada obsta o fato de que Deus às vezes destrua as leis naturais para fazer milagres; pois a maioria dos mais prudentes teólogos concede que Deus nada faz contra a natureza, mas acima da natureza, isto é, como eu explico, Deus tem ainda muitas leis para operar que não comunicou ao intelecto humano, as quais, se a esse fossem comunicadas, seriam tão naturais quanto as outras.

Donde consta limpidamente que as mentes são imortais, e não vejo o que resta a dizer neste lugar sobre a alma humana em geral. Tampouco restaria algo a dizer de suas funções em particular, não fossem os argumentos de certos autores, pelos quais se esforçam em não ver e não sentir o que veem e sentem, convidarem-me a responder-lhes.

Por que alguns pensam que a vontade não é livre.

Alguns pensam poder mostrar que a vontade não é livre, mas sempre determinada por outro. E pensam isso porque entendem por vontade algo distinto da alma, que consideram como uma substância cuja natureza consiste só em ser indiferente. Nós, para remover toda confusão, primeiramente explicaremos a coisa; feito isso, facilmente detectaremos as falácias de seus argumentos.

O que é a vontade.

Dissemos que a mente humana é uma coisa pensante; donde se segue que só pela sua natureza, em si só considerada, pode fazer algo, a saber, pensar, isto é, afirmar e negar. Esses pensamentos, por sua vez, ou são determinados por coisas postas fora da mente, ou só pela mente, uma vez que é uma substância de cuja essência pensante podem e devem seguir-se muitas ações cogitativas. As ações cogitativas que não reconhecem nenhuma outra causa para si senão a mente humana chamam-se *volições*. Já a mente humana, enquanto é concebida como causa suficiente para produzir tais ações, chama-se *vontade*.

Dá-se a vontade.

Que a alma tenha uma tal potência, embora não seja determinada por quaisquer coisas externas, pode explicar-se mui comodamente com o exemplo do asno de Buridã.[114] Com efeito, se em lugar do asno supusermos um homem posto em tal equilíbrio,[115] será preciso ter o homem não por coisa pensante, mas por um asno torpíssimo, se ele morrer de fome e sede. Ademais, o mesmo decorre ainda de que, como dissemos antes, quisemos também duvidar de todas as coisas, e não apenas julgar como duvidosas as que podem ser colocadas em dúvida, mas rejeitá-las como falsas. Vê os *Princípios* de Descartes, parte 1, art. 39.

Ela é livre.

Além disso, é de notar que, embora a alma seja determinada por coisas externas a afirmar ou negar algo, não é todavia determinada de tal maneira que seja forçada por elas, mas sempre permanece livre, pois coisa alguma tem o poder de destruir sua essência. Destarte, aquilo que ela afirma e nega, sempre afirma e nega livremente, como foi explicado à suficiência na Quarta Meditação. Donde, se alguém perguntar por que

Unde si quis quærat, cur anima hoc aut illud vult, hoc aut illud non vult, ipsi respondebimus, quia anima est res cogitans, hoc est, res, quæ ex suâ naturâ potestatem habet volendi, & nolendi, affirmandi, & negandi; hoc enim est esse rem cogitantem.

Nec confundendam cum appetitu.

Hisce sic explicatis, argumenta adversariorum videamus; 1. Argumentum tale est. *Si voluntas possit velle contra ultimum intellectûs dictamen, si possit appetere contrarium bono, ab ultimo intellectûs dictamine præscripto, poterit appetere malum, sub ratione mali: At absurdum est posterius. Ergo & prius.* Ex hoc argumento clarè videre est, ipsos non intelligere, quid sit voluntas; confundunt enim ipsam cum appetitu, quem habet anima, postquam aliquid affirmavit, aut negavit, quod didicerunt à suo Magistro, qui voluntatem definivit, appetitum sub ratione boni. Nos verò voluntatem dicimus esse τὸ *affirmare hoc bonum esse, & contrà*, ut jam antehac abundè explicuimus circa causam erroris, quem demonstravimus ex eo oriri, quod voluntas latiùs pateat, quàm intellectus. Si autem mens non affirmasset id bonum esse, ex eo, quod libera est, nihil appeteret. Quare ad argumentum respondemus concedendo, mentem nihil posse velle contra ultimum intellectûs dictamen, hoc est, nihil posse velle, quatenus supponitur nolle, ut hîc supponitur, ubi dicitur ipsam aliquam rem judicasse malam, hoc est, aliquid noluisse; negamus tamen illam absolutè id, quod malum est, non potuisse velle, hoc est, bonum judicare: id enim esset contra ipsam experientiam: multa enim, quæ mala sunt, bona, & contrà quæ bona sunt, mala esse judicamus.

Nec aliquid esse præter ipsam mentem.

2. Argumentum est vel si mavis 1^{mum}, quia huc usque nullum fuit. *Si voluntas, ad volendum non determinetur ab ultimo intellectûs practici judicio, ergo seipsam determinabit. At voluntas seipsam non determinat, quia ex se, & naturâ suâ est indeterminata.* Hinc sic argumentari pergunt. *Si voluntas ex se, & suâ naturâ est indifferens ad volendum, & non volendum, non potest à se ipsâ determinari ad volendum: quod enim determinat, tàm debet esse determinatum, quàm est indeterminatum, quod determinatur. At voluntas considerata, ut determinans seipsam, tàm est indeterminata, quàm est considerata eadem ut determinanda: nihil enim ponunt adversarii in voluntate determinante, quod non idem sit in voluntate aut determinandâ, aut determinatâ, neque verò aliquid hîc poni potest. Ergo voluntas non potest à se ipsâ ad volendum determinari. Si non à se ipsâ: Ergo aliunde.* Hæc sunt ipsissima verba Heereboordii Professoris Leidensis, quibus satis ostendit se per voluntatem, non mentem ipsam intelligere, sed aliquid aliud extra mentem, aut in mente, veluti tabulam rasam omni cogitatione carentem, & capacem cuivis picturæ recipiendæ, vel potiùs tanquam pondus in æquilibrio, quod à quolibet pondere in

a alma quer isso ou aquilo e não quer isso ou aquilo, responder-lhe-emos: porque a alma é uma coisa pensante, isto é, uma coisa que por sua natureza tem o poder de querer e não querer, de afirmar e negar; de fato, ser uma coisa pensante é isso.

Explicadas assim essas coisas, vejamos os argumentos dos adversários. O 1º argumento é o seguinte: *se a vontade pode querer contra o ditame último do intelecto, se pode apetecer o contrário do bem prescrito pelo ditame último do intelecto, poderá apetecer o mal em razão do mal. Ora, a consequência é absurda. Logo, também a premissa.* A partir desse argumento vê-se claramente que não entendem o que é a vontade; com efeito, confundem-na com o apetite que a alma tem depois que afirmou ou negou algo; o que aprenderam com seu Mestre, que definiu a vontade como o apetite em razão do bem.[116] Nós, por nossa vez, dizemos que a vontade é o *afirmar que algo é bom ou o contrário*, como já explicamos abundantemente acerca da causa do erro, que demonstramos originar-se de que a vontade se estende mais amplamente que o intelecto. Já se a mente, por ser livre, não afirmasse que algo é bom, ela nada apeteceria. Por isso respondemos ao argumento concedendo que a mente nada pode querer contra o ditame último do intelecto, isto é, nada pode querer enquanto se supõe que ela não quer, como aqui se supõe quando se diz que ela julgou má alguma coisa, isto é, não quis algo. Negamos todavia que ela não tenha podido querer, absolutamente, aquilo que é mau, isto é, não tenha podido julgá-lo bom; isso, com efeito, seria contra a própria experiência, pois que julgamos boas muitas que são más e, ao inverso, julgamos más muitas coisas que são boas.

Cumpre não confundi-la com o apetite.

O 2º argumento, ou, se preferes, o 1º, já que até agora não houve nenhum, é: *se a vontade não for determinada a querer pelo juízo último do intelecto prático, então determinará a si mesma. Ora, a vontade não determina a si mesma, já que por si e por sua natureza é indeterminada.* E daí continuam a argumentar assim: *se a vontade, por si e por sua natureza, é indiferente a querer e não querer, não pode por si mesma determinar-se a querer; com efeito, tanto deve ser determinado aquilo que determina, quanto é indeterminado aquilo que é determinado. Ora, a vontade considerada como determinante de si mesma tanto é indeterminada quanto é considerada como devendo ser determinada; com efeito, os adversários nada supõem na vontade determinante que não seja o mesmo na vontade, ou a ser determinada ou já determinada, e nem se pode supor algo aí. Logo, a vontade não pode por si mesma determinar-se a querer. Se não o pode por si própria, logo o é por outro.* Eis as exatas palavras de Heereboord,[117] professor em Leiden, pelas quais mostra suficientemente que por vontade não entende a própria mente, mas alguma outra coisa, fora da mente ou na mente, como uma tábua rasa carente de todo pensamento e capaz de receber qualquer pintura; ou antes, como um peso em equilíbrio, que é impelido por um peso qualquer de um lado para

Ela não é algo além da própria mente.

utramvis partem pellitur, prout pondus adventitium determinatum est; vel denique aliquid, quod nec ipse, nec ullus mortalium ullâ cogitatione assequi potest. Nos modò diximus, imò clarè ostendimus, voluntatem nihil esse præter mentem ipsam, quam rem cogitantem vocamus, hoc est, affirmantem, & negantem; unde clarè colligimus, ubi ad solam naturam mentis attendimus, eam æqualem potestatem habere affirmandi, & negandi; id enim, inquam, est cogitare. Si nos itaque ex eo, quod mens cogitat, concludimus, ipsam potestatem habere affirmandi, & negandi, cur igitur causas quærimus adventitias efficiendi id, quod ex solâ naturâ rei sequitur? At dices, ipsa mens non magis est determinata ad affirmandum, quàm ad negandum; ideòque concludes, nos necessariò causam quærere debere, quâ ipsa determinetur. Sed ego contrà argumentor, si mens ex se, & suâ naturâ tantùm esset determinata ad affirmandum (quamvis impossibile sit hoc concipere, quamdiu ipsam rem cogitantem esse cogitamus), tum illa ex solâ suâ naturâ tantùm affirmare, nunquam verò, quamvis concurrant quotvis causæ, negare posset: Si verò neque ad affirmandum, neque ad negandum determinata sit, neutrum facere poterit: si denique ad utrumque habet potestatem, quod habere modò ostendimus, utrumque efficere poterit ex solâ suâ naturâ, nullâ adjuvante aliâ causâ, quod clarè constabit iis omnibus, qui rem cogitantem, ut rem cogitantem, considerant; hoc est, qui attributum cogitationis à re ipsâ cogitante, à quâ non nisi ratione distinguitur, nullo modo separant, quemadmodum adversarii faciunt, qui rem cogitantem ab omni cogitatione denudant, ipsamque ut materiam illam primam Peripateticorum fingunt. Quare ad argumentum sic respondeo, & quidem ad majorem. Si per voluntatem intelligit rem omni cogitatione spoliatam, concedimus voluntatem ex suâ naturâ esse indeterminatam: At negamus, voluntatem esse quid omni cogitatione spoliatum, & contrà statuimus esse cogitationem, hoc est, potentiam ad utrumque, nempe ad affirmandum, & ad negandum, quâ certè nihil aliud intelligi potest, quàm causa sufficiens ad utrumque. Deinde etiam negamus, quòd, si voluntas indeterminata esset, hoc est, omni cogitatione spoliata, alia aliqua causa adventitia, quàm Deus infinitâ suâ potentiâ creandi, ipsam determinare posset: Rem enim cogitantem sine ullâ cogitatione concipere, idem est, ac rem extensam sine extensione concipere velle.

Cur Philosophi mentem cum rebus corporeis confuderunt.

Denique ne opus sit, hîc plura argumenta recensere, moneo tantùm, Adversarios, quia voluntatem non intellexerunt, nec ullum clarum, & distinctum mentis conceptum habuerunt, mentem cum rebus corporeis confudisse: quod inde ortum duxit, quia verba, quæ ad res corporeas usurpare solent, ad res spirituales, quas non intelligebant, significandas usurparunt;

outro, conforme o peso suplementar determinado; ou, enfim, como algo que nem ele mesmo nem mortal algum pode alcançar por nenhum pensamento. Nós há pouco dissemos, ou melhor, mostramos claramente, que a vontade nada é além da própria mente, que chamamos coisa que pensa, isto é, que afirma ou nega; donde coligimos claramente, ao atentarmos à só natureza da mente, que ela tem um igual poder de afirmar e de negar; com efeito, pensar é isso. E assim, se a partir do fato de a mente pensar concluímos que tem o poder de afirmar e de negar, por que então procuramos causas suplementares para fazer aquilo que se segue da só natureza da coisa? Dirás porém que a própria mente não é mais determinada a afirmar do que a negar, e com isso concluirás que devemos necessariamente procurar uma causa pela qual seja determinada. Mas eu contra-argumento: se a mente por si e por sua natureza apenas fosse determinada a afirmar (embora seja impossível conceber isso enquanto pensamos que é uma coisa pensante), então pela sua só natureza ela poderia apenas afirmar, mas jamais negar, ainda que concorressem quantas causas quiséssemos. Se, por outro lado, não for determinada nem a afirmar nem a negar, não poderá fazer nem uma coisa nem outra. Por fim, se tem o poder de fazer ambas, o que há pouco mostramos que ela tem, poderá fazer ambos por sua só natureza, sem nenhuma outra causa adjuvante, o que constará claramente a todos que considerem uma coisa pensante como coisa pensante; isto é, que de modo algum separem o atributo pensamento e a própria coisa pensante, da qual ele não se distingue a não ser por razão, tal como fazem os adversários, que despem a coisa pensante de todo pensamento e forjam-na como aquela matéria primeira dos peripatéticos. Por isso respondo assim ao argumento e certamente à premissa maior. Se por vontade se entende a coisa destituída de todo pensamento, concedemos que a vontade é indeterminada por sua natureza. Ora, negamos que a vontade seja algo destituído de todo pensamento, e ao contrário sustentamos que é pensamento, isto é, potência para as duas coisas, a saber, para afirmar e para negar; e por ela certamente não se pode entender nada mais senão a causa suficiente para as duas coisas. Ademais, também negamos que, se a vontade fosse indeterminada, isto é, destituída de todo pensamento, poderia ser determinada por outra causa suplementar que não Deus, por sua infinita potência de criar. Com efeito, conceber uma coisa pensante sem nenhum pensamento é o mesmo que querer conceber uma coisa extensa sem extensão.

Por que os filósofos confundiram a mente com as coisas corpóreas.

Enfim, para que não seja mister recensear aqui vários argumentos, advirto apenas que os adversários, por não terem entendido a vontade nem tido um conceito claro e distinto da mente, confundiram a mente com as coisas corpóreas; o que teve origem porque, para significar as coisas espirituais que não entendiam, utilizaram as palavras que costumam utilizar para as coisas corpóreas. Com efeito, haviam-se acostumado a chamar de

assueti enim fuerunt, corpora illa, quæ à causis externis æquipollentibus, & planè contrariis, versus contrarias partes propelluntur, quâpropter in æquilibrio sunt, indeterminata vocare. Cùm igitur voluntatem indeterminatam statuunt, ipsam etiam, ut corpus in æquilibrio positum, videntur conciperè; & quia illa corpora nihil habent, nisi quod à causis externis acceperunt (ex quo sequitur illa semper à causâ externâ determinari debere), idem in voluntate sequi putant. Sed quomodo res se habeat, jam satis explicuimus, quare hîc finem facimus.

De substantiâ verò extensâ jam antehac satis etiam locuti sumus, & præter has duas nullas alias agnoscimus. Quod ad accidentia realia attinet, & alias qualitates, satis illa explosa sunt, nec opus est, iis refellendis, tempus impendere, quare, hîc manum de tabulâ tollimus.

Finis

indeterminados aqueles corpos que estão em equilíbrio por serem impelidos em sentidos contrários por causas externas equivalentes e de todo contrárias. Portanto, quando sustentam que a vontade é indeterminada, parecem concebê-la também como um corpo posto em equilíbrio; e já que aqueles corpos nada têm senão o que receberam das causas externas (do que se segue que sempre devem ser determinados por uma causa externa), eles pensam que o mesmo segue-se na vontade. Mas de que maneira a coisa se dá, já o explicamos suficientemente, e por isso finalizamos aqui.

Sobre a substância extensa, por sua vez, também já falamos suficientemente, e além dessas duas não reconhecemos nenhuma outra. No que atina aos acidentes reais e às outras qualidades, tais coisas já foram suficientemente rejeitadas, e não é preciso perder tempo refutando-as; então, paramos por aqui.

Fim

Notas de tradução

[1] Johannes ou Jan Rieuwertsz (1617-1686) foi o mais liberal livreiro de Amsterdã no século XVII, destacando-se pela publicação de obras heterodoxas de anabatistas e colegiantes; era amigo de Franciscus van den Enden, professor de latim de Espinosa. Deste, além dos PPC, publicou o *Tratado teológico-político*, anônimo e com falsa indicação de editor, e as *Obras póstumas* em latim e em holandês. Sua livraria, que devia servir de local de encontros e conversas para o círculo espinosano, chamava-se Livro dos Mártires (Martelaars-Boek, em holandês), daí a indicação do frontispício: "sob o signo do Martirológio".

[2] Em latim: *S.P.D.*, *salutem plurimam dicit*. Luís Meyer ou Lodewijk Meijer ou ainda, em latim, Ludovicus Meyer nasceu em Amsterdã em 1629, onde também faleceu em 1681; foi um dos maiores amigos de Espinosa e, tudo faz crer, o "médico de Amsterdã" que, segundo os relatos, estava ao lado do filósofo à hora da morte. Meyer doutorou-se em filosofia e medicina na Universidade de Leiden, então um centro de difusão do cartesianismo e onde teve aulas com Adriaan Heereboord (ver à frente, nota 117). Homem de múltiplos interesses, foi médico, filósofo, dicionarista, gramático, tradutor, diretor do teatro de Amsterdã entre 1665 e 1668; entre outras obras, em 1666 ele publicou *A filosofia intérprete das Sagradas Escrituras*, obra em que busca aplicar a razão à interpretação bíblica.

[3] Em latim: *matheseos*. Como ocorria nos escritos cartesianos, nos PPC o termo *mathesis* surge ao lado de *mathematica*; seguindo a praxe, traduzimos ambos por "matemática".

[4] Em latim: *Mathematicam demonstrandi rationem, ac ordinem contineant*. O uso do termo *ratio* nesse contexto era corrente e aparecia em Descartes (ver anexo I), de onde o toma Meyer. Para traduzi-lo, adotamos sempre o termo "maneira", solução usual e que é corroborada pelas traduções francesas seiscentistas dos textos latinos cartesianos, autorizadas pelo autor; assim, por exemplo, *l'ordre, & la maniere de démontrer* (AT, IX, p. 121).

5 O grego Euclides (III a.C.) ensinou em Alexandria. Considerado o "pai da geometria", seus *Elementos* deram a base de toda essa disciplina pelo menos até o século XIX, quando surge uma geometria não euclidiana, e ao longo de séculos funcionaram como paradigma de certeza e cientificidade.

6 Meyer extrai essas linhas de um trecho das *Segundas respostas* cuja tradução é dada no anexo I.

7 Trata-se de Johannes Casearius (c. 1642-1677), que se fará pastor e trabalhará em Malabar, onde colabora na obra botânica *Hortus Malabaricus* (13 v. entre 1678-1803), da qual fez o plano e redigiu os dois primeiros volumes; em homenagem, seu nome foi dado a uma planta, a caseária. Simon de Vries (sobre ele, cf. anexo III, nota 7) na carta 8, de 24 de fevereiro de 1663, Geb., IV, p. 39, exclama ao amigo Espinosa: "Feliz, ou melhor, felicíssimo é teu companheiro Casuaris (*sic*), que, morando sob o mesmo teto, pode conversar contigo sobre os assuntos mais importantes entre o almoço, o jantar e os passeios". Espinosa responde na carta 9, Geb., IV, p. 42: "Não deves invejar Caseário. Pois ninguém me é mais odioso, e não há pessoa de quem eu tenha mais precaução do que ele; por isso quero tu e os demais amigos advertidos a não lhe comunicarem minhas opiniões, até que atinja uma idade mais madura. É ainda muito menino e pouco constante, e mais interessado pela novidade que pela verdade. Mas espero que venha a corrigir-se desses defeitos pueris dentro de pouco anos; digo mais: quanto posso julgar de seu engenho, estou quase certo disso. É por que sua índole me leva a gostar dele". A reserva de Espinosa com Caseário será reiterada em carta a outro amigo; cf. à frente nota 10.

8 Sobre a preparação do livro, ver a introdução e também o trecho da carta 13 citado na nota 10. Ademais, o leitor pode formar uma ideia precisa do trabalho editorial de Meyer a partir das duas cartas espinosanas dadas no anexo III.

9 O trecho das *Segundas respostas* a que se refere o prefácio é aquele comumente denominado *Razões geométricas*; a partir da tradução dada no anexo II, é fácil ao leitor perceber a veracidade da explicação de Meyer: em seu livro, Espinosa transcreveu quase todo o texto cartesiano.

10 A advertência quanto às circunstâncias de composição da obra foi solicitada por Espinosa, cf. anexo III, carta 15, ponto 1. O mesmo é relatado pelo filósofo a Heinrich Oldenburg na carta 13, de 17/27 de julho de 1663, Geb., IV, p. 63: "Após me transferir para cá [sc. de Rijnsburg para Voorburg] no mês de abril, parti para Amsterdã. Lá alguns amigos pediram que eu lhes fizesse cópia de certo tratado que contém brevemente a segunda parte dos *Princípios* de Descartes, demonstrada à maneira geométrica, e as principais questões que são tratadas na metafísica; tratado que eu ditara a um jovem a quem não queria ensinar abertamente minhas opiniões. Depois, pediram-me

que antes organizasse também a primeira parte pelo mesmo método. Eu, para não contrariar os amigos, de pronto acedi à elaboração, e elaborei-a em duas semanas e entreguei aos amigos, que me pediram enfim que lhes permitisse editar tudo aquilo; o que puderam conseguir facilmente, sob a condição de que algum deles, em minha presença, adornasse-o com um estilo mais elegante e acrescentasse um pequeno prefácio em que advertisse o leitor que não reconheço como meu tudo o que está contido no tratado, visto ter escrito nele não poucas coisas das quais penso todo o contrário, e que apresentasse um ou outro exemplo. Coisas todas que me prometeu fazer um amigo, que cuida da edição desse livrinho, e por causa disso demorei-me algum tempo em Amsterdã".

11 Ao que tudo indica, Espinosa nunca chegou a trabalhar nessa edição aumentada projetada por Meyer, apenas auxiliou o amigo Pieter Balling na tradução do livro ao holandês. Na carta 21, a Willem van Blijenbergh, de 28 de janeiro de 1665, Geb., IV, p. 133, após ser questionado acerca da nova versão prometida pelo prefácio, o filósofo responderá: "Quanto à obra sobre Descartes, após ser publicada em língua holandesa, nem mais pensei nem me preocupei com ela; e decerto não sem razão, a qual seria longo aqui explicar". Naquele momento, de fato, Espinosa trabalhava no que viria a ser, anos depois, a *Ética*; imaginava-se então perto de finalizar o texto, do qual algumas partes já circulavam entre amigos.

12 Tal advertência foi solicitada a Meyer por Espinosa; cf. anexo III, carta 15, ponto 2.

13 Em latim: *τò... affirmare*. A língua latina não possuía artigos definidos, por isso às vezes se utilizava, em tal função, os artigos gregos; aqui, como noutros pontos do livro, a forma singular neutra.

14 Por essa época, o jovem Espinosa tinha já clara noção de suas distâncias bem como de sua originalidade com relação a outras filosofias; em primeiro lugar a de Descartes, claro, mas não menos a de outros modernos. Quanto a isso, é precioso o confronto que o próprio filósofo propõe, a partir do pedido do amigo Oldenburg; de fato, percebe-se que os temas com que Meyer exemplifica aqui as posições próprias de Espinosa constituem efetivamente o núcleo das críticas espinosanas ao cartesianismo; cf. carta 2, de agosto/setembro de 1661, Geb., IV, p. 8-9: "Perguntas-me quais erros observo nas filosofias de Descartes e de Bacon. Embora não seja meu costume assinalar os erros dos outros, quero também satisfazer-te. O primeiro e maior é que se desviaram muito do conhecimento das causas primeiras e origem de todas as coisas. O segundo é que não conheceram a verdadeira natureza da mente humana. O terceiro é que nunca alcançaram a causa do erro. Que o verdadeiro conhecimento dessas três coisas seja maximamente necessário, só o ignora os que são inteiramente destituídos de todo estudo

e disciplina. Mas que se desviaram do conhecimento da causa primeira e da mente humana colige-se facilmente da verdade das três proposições acima mencionadas [sc. I. na natureza não podem existir duas substâncias, a menos que difiram em toda sua essência; II. uma substância não pode ser produzida, mas existir é de sua própria essência; III. toda substância deve ser infinita, ou seja, sumamente perfeita em seu gênero], e por isso passo a mostrar só o terceiro erro. Direi pouco de Bacon, que sobre isso fala de modo bastante confuso e quase nada prova, apenas descreve. Assim, primeiro, supõe que o intelecto humano, à parte a falácia dos sentidos, engana-se por sua própria natureza e tudo forja à semelhança de sua natureza, e não à semelhança do universo, tal como se fosse um espelho desigual para os raios das coisas, que mistura a sua natureza com a natureza das coisas. Segundo, que o intelecto humano seja levado à abstração por sua própria natureza e forja-se constantes coisas que são fluidas, etc. Terceiro, que o intelecto humano incha-se e não consegue nem firmar-se nem repousar. E ainda, as outras causas que ele assinala podem todas ser facilmente reduzidas à única de Descartes: porque a vontade é livre e mais ampla que o intelecto, ou, como o próprio Verulâmio (af. 49 [sc. do *Novo organum*, I]) diz mais confusamente, porque o intelecto não é luz pura, mas recebe infusão da vontade. (Cumpre notar aqui que o Verulâmio frequentemente toma o intelecto em lugar da mente, no que difere de Descartes.) Pouco me preocupando com as outras, que não têm importância, mostrarei que essa causa é falsa; o que eles também veriam facilmente, contanto que atentassem para isto: a vontade difere dessa e daquela volição do mesmo modo que a brancura difere desse ou daquele branco, ou a humanidade desse ou daquele homem; de tal forma que é impossível conceber a vontade ser causa dessa e daquela volição, como a humanidade ser causa de Pedro e de Paulo. A vontade, pois, não é senão um ente de razão, e de jeito nenhum deve ser dita causa dessa e daquela volição; e as volições particulares, porque precisam de uma causa para existir, não podem ser ditas livres, mas são necessariamente tais que são determinadas por suas causas; e enfim, segundo Descartes, os próprios erros são volições particulares, donde necessariamente se segue que os erros, isto é, volições particulares, não são livres, mas determinados por causas externas, e de modo algum pela vontade, o que prometi demonstrar".

15 A título de exemplos, cf. CM, I, 3; II, 3, 7, 11.

16 Tal advertência foi solicitada a Meyer por Espinosa; cf. anexo III, carta 15, ponto 3.

17 Na primeira edição, ao prefácio seguia imediatamente uma errata. Todos os problemas nela apontados foram corrigidos nas edições posteriores da obra.

18 Não custa sublinhar o jogo de palavras com o prenome alatinado de René Descartes: *Renatus*, isto é, renato, renascido.

[19] Van Vloten & Land sugeriram atribuir os versos a Johannes Bresser. Em fins dos século XIX, Meinsma, *Spinoza et son cercle*, p. 275, nota 59, propôs ler "Johannes Bouwmeester, Medicinæ Doctor"; atribuição ordinariamente aceita a partir de então. Bouwmeester (1630-1680) nasceu em Amsterdã; em 1651 matriculou-se em filosofia em Leiden e na mesma universidade, em 1658, doutorou-se em medicina com uma tese intitulada *De pleuritide*; foi amigo muito próximo de Meyer. Provavelmente conheceu Espinosa na década de 1650, quando com Meyer gravitava em torno do círculo de Van den Enden; tornou-se íntimo do filósofo e, digno de sua confiança, conheceu seus textos ainda inéditos e colaborou na edição das *Obras póstumas*; duas das epístolas de Espinosa, publicadas originalmente sem destinatário, são hoje dadas como endereçadas a Bouwmeester: a 28 e a 37; na primeira, cogita-se a possibilidade de ele ser o tradutor da *Ética*, então sendo redigida, para o holandês. Quando da tradução holandesa dos PPC em 1664, além da poesia de Bouwmeester acrescentou-se uma segunda, composta diretamente em holandês. O texto aparece em Geb., I, p. 615, mas não é dado nem traduzido por nenhuma das edições dos PPC que consultamos; por isso a tradução aqui proposta, até onde nos consta, é um caso único, e só foi possível graças ao inestimável auxílio da Profª. Mirian van Reijen, da Sociedade Casa de Espinosa ("Vereniging het Spinozahuis") dos Países Baixos. Quanto ao autor, parece tratar-se do doutor Hendrik van Bronckhorst; um anabatista cartesiano, segundo Meinsma, *Spinoza et son cercle*, p. 281, nota 80.

Ao leitor

Cala-se aquele que renega a Deus: *já não conta o* estoico*;*
Agora o mui ilustrado cérebro de um Descartes
Demonstra o ser de Deus *com razões certas e verdadeiras:*
Que esta divindade *não depende nem está atada*
Ao destino *imperioso ou a* circunstâncias *instáveis;*
Mas, sem ter causa, é uma causa *do universo,*
E motor universal *da admirável agitação*
Da matéria extensa no céu infinito,
Na terra e no ar. Quem *considera como felicidade*
Compreender a origem destas coisas, parte por parte?
Este *segue o espírito de* Renato, *renascendo em* Espinosa*;*
Este *lê nestas páginas as mais preciosas rosas do* conhecimento da Natureza*;*
E experimenta aquilo que seu esforço *extraiu deste* trabalho,
Matematicamente preparado e deliciosamente servido,
Sobre Deus, sobre o bem, sobre a alma, sobre a matéria e seu movimento.
Porém seria ainda mais perfeito, uma vez espargido pela benção
Do juízo mais maduro e a razão de Bento,

Aquele *que* se *conforta na contemplação da verdade;*
E tenta penetrar pelo intelecto as razões das coisas mundanas e supramundanas,
Tornando-as claramente conhecidas.
Que se alimente este zelo com o Louvor encorajador;
Para que ele mesmo, *a seguir, possa analisar a* matéria,
E o que é a alma, o que é o corpo*; e a todos fazer descobrir*
O venerável segredo do ser único *e* eterno.

H. v. Bronchorst, M.D.

20 Os índices da primeira edição, provavelmente estabelecidos por Meyer, são sempre deixados de lado pelos tradutores, à exceção de Mignini. O primeiro recolhe as proposições, lemas e corolários dos PPC; o segundo, dedicado ao apêndice, abarca os títulos dos capítulos e as indicações marginais do texto.

21 Na primeira edição, o lema da prop. 9 da segunda parte não constava do índice, embora este se propusesse a repertoriar as "proposições, lemas e corolários". Gebhardt mantém ausente o lema, Van Vloten & Land não dão os índices, apenas Bruder o inclui, mas num índice um pouco mais amplo que o original; dentre as traduções, a única que dá os índices, a de Mignini, tampouco oferece o lema. Tendo em conta a intenção explícita do índice, pareceu-nos razoável supor uma falha compositiva em sua elaboração; por isso, incluímos o lema da prop. 9 da segunda parte no texto latino.

22 Na trad. holandesa: "não assumisse por verdadeiro algo falso e por certo algo duvidoso".

23 Na trad. holandesa: "tão potente".

24 Em latim: *dubito, cogito, ergo sum*. O verbo latino *esse* possui um forte sentido existencial que não tem equivalência no uso comum de nosso verbo "ser"; assim, por exemplo, o enunciado cartesiano *cogito, ergo sum* é normalmente vertido "penso, logo *existo*". Sempre que possível tentamos traduzir *esse* com os verbos "ser" e "haver", mas várias vezes (aqui como nas proposições 1-4 e noutros pontos) tivemos de ceder ao uso de "existir", em benefício da elegância e principalmente da clareza conceitual. Dispondo do texto latino ao lado, o leitor poderá controlar facilmente essa variação.

25 Quanto ao sentido e ao porquê desses esclarecimentos, cf. a próxima nota.

26 As *Segundas objeções* levantavam um problema que se tornará célebre, acerca desse movimento de supressão das dúvidas com esteio na certeza da existência do próprio eu enquanto coisa pensante e consequente passagem à certeza da existência de um Deus não enganador: "Como ainda não estás certo da existência de Deus, e dizes todavia não poder estar certo de coisa alguma ou conhecer clara e distintamente algo, a não ser que antes saibas certa e claramente Deus existir, segue-se que ainda não sabes clara e distintamente que és uma coisa pensante, uma vez que, segundo tu, esse

conhecimento depende do conhecimento claro da existência de Deus, o qual ainda não provaste nos lugares em que concluíste saber claramente o que és" (AT, VII, p. 124-125; trad. p. 344). Descartes responde distinguindo inicialmente uma "ciência das conclusões", que só pode firmar-se após o conhecimento da existência de Deus, e um "conhecimento dos princípios", que não é chamado de ciência; e assim prossegue: "Quando afirmamos que somos coisas pensantes, essa noção primeira não se conclui de nenhum silogismo; tampouco quando alguém diz: *eu penso, logo sou ou existo*, deduz do pensamento a existência por meio de um silogismo, mas o reconhece como uma coisa conhecida por si mediante uma simples intuição da mente, como se patenteia pelo fato de que, se a deduzisse por meio de um silogismo, deveria antes conhecer esta maior: *aquilo tudo que pensa é ou existe*; ora, esta ele seguramente aprende ao experimentar em si não poder ocorrer que pense, a não ser que exista. Com efeito, é a natureza de nossa mente formar proposições gerais a partir do conhecimento das particulares" (AT, VII, p. 140-141; trad. p. 359). A mesma questão também surge nas *Quartas objeções e respostas*, quando Antoine Arnauld acusa Descartes de cometer um "círculo" (cf. AT, VII, p. 214, 245-246). Para uma introdução à problemática da circularidade do percurso cartesiano nas *Meditações*, ao que Espinosa logo oferecerá uma resposta diversa da de Descartes, o leitor pode consultar o verb. "Círculo cartesiano" do *Dicionário Descartes* de John Cottingham.

27 Trecho do ponto 3 das *Segundas respostas* está traduzido na nota anterior. Além das indicações aqui feitas, vale lembrar o afirmado no *Breve tratado*, I, cap. 7, § 11: "Quanto ao outro tema, de que Deus não poderia ser conhecido por nós *com um conhecimento adequado*, já o senhor Descartes respondeu suficientemente a isso nas *Respostas às objeções* relativas a esse ponto, página 18". A remissão é às *Respostas às quintas objeções*, feitas por Gassendi; cf. AT, VII, p. 368-369; trad. 401.

28 Na trad. holandesa: "nenhuma ideia clara".

29 Anos depois da publicação dos PPC, esta explanação será invocada na anotação 6 ao *Tratado teológico-político*, cap. 6, Geb., III, p. 252-253; trad. p. 207: "Duvidamos da existência de Deus e, consequentemente, duvidamos de tudo, enquanto dele tivermos, não uma ideia clara e distinta, mas apenas uma ideia confusa. Porque assim como aquele que não conhece corretamente a natureza do triângulo ignora que os seus três ângulos são iguais a dois retos, também o que concebe a natureza divina confusamente não vê que nela está incluída a existência. Ora, para que a natureza de Deus possa ser por nós concebida clara e distintamente, é necessário ter em conta certas noções muito simples a que chamamos comuns e encadear nelas aquilo que pertence à natureza divina. Só então se nos tornará claro, primeiro, que Deus existe necessariamente e está em toda a parte; segundo, e em

simultâneo, que tudo o que nós concebemos envolve em si a natureza de Deus e é concebido por ela; por último, que é verdadeiro tudo o que nós concebemos adequadamente. Mas, sobre isto, veja-se o prolegômeno do livro intitulado *Princípios da filosofia demonstrados à maneira geométrica*".

30 Na trad. holandesa: "a ideia do que quero significar com aquelas palavras".

31 Convém frisar que o verbo "informar" (em latim *informare*) é a ser lido em seu sentido primeiro de "dar forma a", o qual era corrente na filosofia medieval e na moderna.

32 Na trad. holandesa, em lugar da explicação em itálico, lê-se o seguinte trecho, incorporado por Gebhardt: "O que Descartes acrescenta a esta definição calha somente para o termo *mens*, o qual, visto que em latim não é equívoco nem significa algo corpóreo, exprime mais claramente o pensamento do autor; em nossa língua, porém, como não encontramos nenhum termo que não signifique igualmente algo corpóreo, um termo não exprimiria o pensamento do autor mais claramente do que o outro, e portanto seria inútil traduzir aqui". Trata-se de advertência similar àquela acrescentada pelo tradutor francês das *Razões geométricas* cartesianas; cf. anexo III, nota 5. É comum, até porque muitas vezes as traduções cartesianas nos chegaram pelo francês, a confusão entre os termos *mens*, *anima*, *spiritus*, *animus*; em nossa tradução, porém, seguimos à risca as seguintes soluções, a despeito de qualquer contexto: "mente" para *mens*; "alma" para *anima*; "espírito" para *spiritus*. Quase sempre vertemos *animus* por "ânimo", abrindo exceção somente no caso de algumas expressões; por exemplo: *ex animo* foi traduzido por "de coração" e "de grado" no prefácio de Meyer. O leitor interessado poderá consultar o exaustivo estudo das ocorrências de *anima* e *mens* no córpus espinosano realizado por Emilia Giancotti Boscherini, "Sul concetto spinoziano di Mens" em G. Crapulli e E. Giancotti Boscherini, *Ricerche lessicali su opere di Descartes e Spinoza*.

33 Estes postulados podem ser lidos no anexo II.

34 Na trad. holandesa: "anterior em nós".

35 *C.Q.D.* ("como queríamos demonstrar") é a fórmula utilizamos para traduzir o latim *Q.E.D.* (*quod erat demonstrandum*, literalmente "o que era a demonstrar").

36 Na trad. holandesa: "por certíssimo".

37 Espinosa toma, quase ao pé da letra, os axiomas presentes nas *Razões geométricas* (cf. anexo II), mudando porém a ordem de apresentação (cf. anexo V). Lá, ao final do sétimo postulado, o próprio Descartes advertia que a "maioria" dos axiomas poderia vir sob a "forma de teoremas antes que de axiomas", e portanto serem demonstrados, se desejasse ele "ser mais cuidadoso"; daí a advertência de Espinosa.

38 Ver nota anterior.

39 Na trad. holandesa: "e das razões".

40 Espinosa voltará a servir-se dos argumentos aqui apresentados na carta 40; cf. à frente nota 43.

41 Em latim: *hoc tempore cogitamus*; literalmente, "pensemos neste tempo"; cf. à frente nota 56.

42 Tomadas às *Razões geométricas*, cf. anexo II.

43 Tais axiomas, sua formulação e seu uso na prova da existência de Deus serão novamente considerados na carta 40, a Jarig Jelles, de 25 de março de 1667, Geb., IV, p. 197-198, ao lado da discussão do nono axioma: "O autor do opúsculo a que fazes menção (no qual se vangloria de ter demonstrado serem falsas as razões de Descartes dadas na terceira e na Quarta Meditação com as quais ele demonstra a existência de Deus) certamente lutará com sua própria sombra e prejudicará mais a si que aos outros. Confesso que o axioma de Descartes é de certa forma obscuro, como tu mesmo notaste, e seria mais claro e verdadeiro se ele assim dissesse: *A potência de pensar não é maior para pensar que a potência da natureza para existir e operar.* Esse axioma é claro e verdadeiro, e dele a existência de Deus segue-se muito clara e muito eficazmente de sua ideia. O argumento do mencionado autor, a que aduzes, mostra bem claramente que não chegou a entender o assunto. É pois verdadeiro que vamos ao infinito desse jeito. Podemos ir a tomar a questão de todos os seus ângulos, porém é uma grande besteira. Se, por exemplo, alguém interrogar por que um corpo determinado move-se de tal modo, é lícito responder que foi determinado a tal movimento por outro corpo, e este, por sua vez, por outro, e assim ao infinito; isso, reitero, é-se livre para responder, porque a questão é somente sobre o movimento e nós, pondo continuamente outro corpo, assinalamos a causa suficiente e eterna desse movimento. Porém, se eu vir um livro repleto de meditações sublimes e brilhantemente escrito nas mãos de um plebeu e, ao perguntar-lhe de onde tomou o livro, responder-me que copiou de outro livro de outro plebeu, que também sabia escrever brilhantemente, e assim proceder ao infinito, isso não me satisfaz; pois não interrogo apenas pelas figuras e pela ordem das letras, sobre o que somente me responderá, mas também sobre as meditações e o sentido que a combinação daquelas indica; ele nada responderá sobre tais coisas procedendo assim ao infinito. Como se possa aplicar isso às ideias, pode-se perceber facilmente a partir do que eu disse no axioma nono dos *Princípios da filosofia* de Descartes por mim demonstrados geometricamente".

44 No latim: *sed, quamdiu iis utor ad me conservandum, nego me posse eas impendere, ad alia*. Shirley, em nota, afirma divergir da pontuação de Gebhardt e propõe uma tradução que seria a seguinte: "porém nego que, enquanto

as uso para conservar-me, possa despendê-las para fazer outras coisas". Não vemos motivo para acatar a sugestão, pois a pontuação de Gebhardt é exatamente a da primeira edição e, de uma forma ou de outra, o sentido do texto permanece.

45 Na trad. holandesa: "requeresse para conservar-me em minha condição presente forças maiores que as que agora tenho".

46 O trecho em itálico é citação literal da Terceira Meditação, AT, VII, p. 48; trad. p. 292.

47 Na trad. holandesa: "mais e mais aproximar-se do nada".

48 No latim: *Si à se, ergo necessariam, sive minimè possibilem habebit existentiam.* Appuhn sugeriu suprimir *sive minimè possibilem*, a seu ver acrescentado por inadvertência. Em nota, Curley pondera, a nosso ver com razão, que de fato a tradução mais comum, "ou ao menos possível", torna a passagem sem sentido e invoca a tradução holandesa para verter "it will have necessary, *or* not [merely] possible, existence". Parece-nos que a tradução de *sive* por "ou seja" de imediato deixa transparente o significado da frase como uma progressão explicativa, o que torna desnecessário cogitar qualquer correção textual. O mesmo ocorre na prop. 21, em construção similar à desta: "estaremos completamente propensos, ou seja, de modo algum indiferentes, a assentir" (*prorsus propensi, seu minimè indifferentes erimus ad assentiendum*).

49 Espinosa invocará esta proposição na carta 35 a Johannes Hudde, 10 de abril de 1666, Geb., III, p. 181. À questão de saber "se não há senão um único ente que subsiste por sua própria suficiência ou força", responde o filósofo: "Não só o afirmo como também me proponho a demonstrá-lo partindo de que sua natureza envolve a existência necessária; ainda que isso mesmo se possa demonstrar muito facilmente a partir do intelecto de Deus (tal como fiz na proposição 11 de minhas demonstrações geométricas dos *Princípios* de Descartes) ou a partir de outros atributos de Deus". Cf. ainda CM, II, 2.

50 Cf. AT, VII, p. 142-146; trad. cit., p. 360-364.

51 Na trad. holandesa: "entendemos clara e distintamente".

52 Em quase todas as edições do texto latino e traduções, lê-se: *pelo corol. do lema 2 da prop.* 7; as exceções são Domínguez e Guinsburg & Cunha, em que a remissão é suprimida (lapsos de impressão?), e Scribano e Mignini, que propõem o texto remeter ao *corolário do lema 1* – lição que adotamos. Com efeito, o segundo lema da prop. 7 não possui corolário; além do que, pela coerência demonstrativa e pela literalidade, é sem dúvida o corolário do primeiro lema que está em questão. Assim, cada parte "por si" (*per se*) existente "envolve a existência necessária" (*necessariam existentiam involvere*), e pelo lema 2 da prop. 7, o que tem potência de conservar sua própria natureza

"envolve a existência necessária" (*necessariam involvit existentiam*); por conseguinte, cada parte "por si" (*per se*), cuja natureza envolve a existência, "seria um ente sumamente perfeito" (*ens esset summè perfectum*), justamente o que conclui o corol. do lema 1 da prop. 7: o que envolve a existência necessária "é um ente sumamente perfeito" (*esse ens summè perfectum*). Uma alternativa seria entender o corolário que termina as considerações sobre a prop. 7 ("Deus pode fazer tudo o que claramente percebemos, conforme o percebemos") como se constituísse o corolário do lema 2, e não da prop. 7 – como parece ler Curley e o faz explicitamente Shirley, transferindo a "demonstração da proposição VII" para logo depois do enunciado da mesma proposição, antes do seu longo escólio, e assim aglutinando o corolário ao segundo lema. O rearranjo de fato sanaria o problema da remissão errônea, mas ao custo de alterações estruturais, a nosso ver, injustificáveis; sobretudo por desfazerem um elo entre a prop. 7 e seu corolário que é idêntico ao encontrado nas *Razões geométricas*.

53 Esta proposição será invocada na *Ética*, I, prop. 19, esc.

54 Para a posição que Espinosa assumirá (ou já assume) acerca da definição cartesiana de extensão, cf. carta 81, a Ehrenfried Walther von Tschirnhaus, de 5 de maio de 1676, Geb., IV, p. 332: "A partir da extensão, como a concebe Descartes, a saber, uma massa que repousa, a existência dos corpos é não apenas difícil, como dizes, mas totalmente impossível de demonstrar. Com efeito, a matéria que repousa, o quanto está em suas forças, perseverará em seu repouso, e não se lançará ao movimento, senão por uma causa externa mais potente; e por causa disso não duvidei outrora em afirmar que os princípios cartesianos das coisas naturais são inúteis, para não dizer absurdos"; e carta 83, ao mesmo destinatário, de 15 de julho de 1676, Geb., IV, p. 334: "Quanto ao que me perguntas, se do só conceito de extensão pode-se demonstrar a priori a variedade das coisas, creio ter já mostrado com suficiente clareza ser impossível; e por isso a matéria é mal definida por Descartes mediante a extensão, mas ela deve necessariamente ser explicada mediante um atributo que exprima uma essência eterna e infinita".

55 Entenda-se: parte 2 dos *Princípios da filosofia*.

56 Em latim: *eodem temporis momento*. Por convenção, *momentum* foi sempre vertido "instante", único termo com que conseguimos manter uma tradução unívoca tanto nas partes dedicadas à física quanto na parte metafísica do livro. Uma única vez "momento" serviu para traduzir *tempus*, ao início da explicação do axioma 10 da parte I.

57 É interessante observar que é por este axioma que Espinosa, na carta 12-A, estabelece a identidade entre Deus e o seu filho; cf. anexo III.

58 No latim: *Corpora, quæ contrarios habent modos*. A primeira edição trazia *motus*, porém a errata mandava ler *modos*; e embora a correção tenha sido

efetivada por Gebhardt, muitos tradutores seguiram traduzindo "os corpos que têm *movimentos* contrários". Ora, o texto da primeira edição é coerente com a concepção geral, que atravessa a parte II, de que o movimento não é contrário ao movimento e a contrariedade dá-se entre modos (lembremos o corolário 2 da prop. 13: na matéria em movimento o movimento é apenas um modo dela). Isto se patenteia em vários pontos e principalmente pela demonstração da prop. 24, a primeira a invocar o axioma 19 e que afirma que o "movimento não é contrário ao movimento", com base no corolário da prop. 19; esta, por fim, se inspira nos artigos 40-41 dos *Princípios*, onde Descartes justamente falava em "contrariedade de modo" (*contrarietate modi*) e não de movimentos.

59 Acréscimo da trad. holandesa, incorporado por Gebhardt: "as quais (pelo ax. 6) não podem ser concebidas sem a extensão".

60 Zenão (c. 490-430 a.C.) nasceu em Eleia; foi discípulo de Parmênides e considerado por Aristóteles o inventor da dialética; contra a evidência sensível e em defesa da concepção parmenídica do ser uno, utilizava o raciocínio. Seus argumentos contra o movimento (os famosos "paradoxos") nos foram transmitidos principalmente pela *Física*, 239a em diante; cf. *Pré-Socráticos*, trad. de Ísis L. Borges, col. Os Pensadores, São Paulo, Nova Cultural, 1989, vol. I, p. 3-5. Diógenes (c. 413-323 a.C.) nasceu em Sinope; em Atenas teria sido discípulo de Antístenes e abraçado o cinismo (sobre este, cf. o verb. "Cinismo" do *Dicionário de filosofia* de Nicola Abbagnano). A anedota tal como contada por Espinosa implica uma contemporaneidade entre Diógenes e Zenão que nunca se deu; ela tem por base o relato de Diógenes Laércio, *Vidas e doutrinas dos filósofos célebres* (trad. de Mário da Gama Kury, Brasília, Editora UnB, 2008, livro VI, 39, p. 162): "Diógenes deu a seguinte resposta a alguém que sustentava que não existe o movimento: levantou-se e começou a caminhar".

61 No latim filosófico do medievo e da modernidade, é comum o verbo *implicare* assumir o sentido de "ser contraditório", "implicar contradição". Ainda que os dicionários do português costumem indicar esse sentido técnico, a fim de não dar margem a confusões na leitura, optamos por nesses casos traduzir sempre acrescentando ao verbo o termo "contradição".

62 Van Vloten & Land sugerem uma interpolação, seguida por Curley: "... da velocidade [ABC]...". Nós a consideramos desnecessária.

63 Na trad. holandesa, a menção é à "carta 118". Como concordam vários tradutores, trata-se da carta remetida por Descartes entre junho-julho de 1646 a Claude Clerselier. A referência dada por Espinosa pode remeter à edição das *Lettres de Descartes*, v. I, Paris, Charles Angot, 1657, publicada sob os cuidados do próprio Clerselier, ou à tradução holandesa da obra, *Brieven*, devida a Jan Hendriksj Glazemaker e presente na biblioteca de

Espinosa. Na edição francesa a epístola ocupava efetivamente a penúltima posição do volume e ganhava o número 118; quanto à tradução holandesa, não pudemos consultá-la. Eis o trecho em questão, traduzido a partir do original francês dado em AT, IV, p. 445-447:

"O Aquiles de Zenão não será difícil de resolver, se tivermos em conta que, se à décima parte de alguma quantidade somamos a décima dessa décima, que é uma centésima, e ainda a décima dessa última, que não é que uma milésima da primeira, e assim ao infinito, todas essas décimas em conjunto, ainda que sejam supostas realmente infinitas, não compõem todavia senão uma quantidade finita, a saber, uma nona parte da primeira quantidade, o que pode facilmente ser demonstrado. Assim, por exemplo, se da linha AB subtraímos a décima parte do lado que está para A, a saber

AC, e ao mesmo tempo subtraímos oito vezes esse tanto do outro lado, a saber BD, resta entre os dois apenas CD, que é igual a AC; depois, novamente, se de CD subtraímos a décima parte do lado para A, a saber CE, e oito vezes esse tanto do outro lado, a saber DF, restará entre os dois apenas EF, que é a décima parte da inteira CD; e se continuamos indefinidamente a subtrair do lado marcado A uma décima do que havíamos subtraído antes, e oito vezes esse tanto do outro lado, encontraremos sempre, entre as duas últimas linhas que tivermos subtraído, que restará uma décima parte de toda a linha de que elas foram subtraídas, décima da qual se poderá novamente subtrair duas outras linhas da mesma maneira. Mas se supomos que isso tenha sido feito um número de vezes atualmente infinito, então não restará mais nada do todo entre as duas últimas linhas que tiverem assim sido subtraídas, e chegaremos justamente dos dois lados ao ponto G, supondo que AG é a nona parte da inteira AB, e por conseguinte que BG é óctuplo de AG. Pois, visto que o que tivermos subtraído do lado de B terá sempre sido óctuplo do que tivermos subtraído do lado de A, é necessário que o *aggregatum*, ou a soma de todas essas linhas subtraídas do lado de B, as quais em conjunto compõem a linha BG, seja também óctuplo de AG, que é o agregado de todas aquelas que foram subtraídas do lado de A. E, por conseguinte, se à linha AC acrescentamos CE, que é sua décima parte, e ademais uma décima dessa décima, e assim ao infinito, todas essa linhas em conjunto comporão a linha AG, que é a nona da inteira AB, assim como eu pretendia demonstrar.

Ora, sabendo disso, se alguém diz que uma tartaruga que tem dez léguas de vantagem sobre um cavalo, que vai dez vezes mais rápido que ela, não pode nunca ser ultrapassada por ele, já que, enquanto o cavalo faz essas dez léguas, a tartaruga faz uma a mais, e que, enquanto o cavalo faz essa légua, a tartaruga avança ainda a décima parte de uma légua, e assim ao infinito;

é necessário responder que verdadeiramente o cavalo não a ultrapassará, enquanto ela fizer essa légua e esse décimo e $^1/_{100}$ e $^1/_{1000}$ etc. de légua, mas que não se segue daí que não a ultrapasse nunca, já que esse $^1/_{10}$ e $^1/_{100}$ e $^1/_{1000}$ perfazem apenas $^1/_9$ de uma légua, ao cabo do qual o cavalo começará a ultrapassá-la. E a capciosidade está em que se imagine que essa nona parte de uma légua é uma quantidade infinita, porque se a divide por sua imaginação em partes infinitas".

64 Na primeira edição e na trad. holandesa, a remissão é ao *esc. da prop. 17*, a qual entretanto não possui escólio nem concerne ao assunto em questão. Corrigimos seguindo Curley, Scribano, Domínguez e Mignini, que invocam o trabalho de Akkerman e Hubbeling.

65 No latim: *quantùm in se est*. Na tradução desta fórmula, de uso tanto na física quanto na ética, permitimo-nos fugir um pouco à literalidade ("o quanto está em si") em prol do sentido.

66 Euclides, *Elementos*, III, prop. 18: "Caso alguma reta seja tangente a um círculo, e, a partir do centro até a junção, seja ligada alguma reta, a que foi ligada será perpendicular à tangente"; prop. 19: "Caso alguma reta seja tangente a um círculo, e, a partir da junção, seja traçada uma linha reta em [ângulos] retos com a tangente, o centro do círculo estará sobre a que foi traçada" (trad. de Irineu Bicudo, São Paulo, Edunesp, 2009).

67 Alguns autores do século XVII, ao voltarem-se para o tratamento matemático de variações contínuas, tomaram como ponto de partida o método arquimediano da exaustão. O grego Arquimedes (c. 287-c. 212 a.C.) usara este método na solução de alguns problemas, dentre os quais a quadratura do círculo é certamente o mais célebre. A sua solução consistia em aproximar o círculo em questão por um par de polígonos, um inscrito e o outro circunscrito; os polígonos, inicialmente dois quadrados, vão ganhando um número cada vez maior de lados, com a consequente diminuição da diferença entre suas áreas respectivas e aquela do círculo. Daí dizer-se, como o faz Espinosa, que o círculo seria, segundo Arquimedes, "uma figura retilínea de infinitos lados". Entretanto, é importante notar que Arquimedes não dispunha da noção de infinitésimo (ou de divisão ao infinito); além do que não considerava o método da exaustão uma prova formal, empregando-o sempre no contexto de uma *reductio ad absurdum*. (Tais observação são devidas a Anastásia Guidi Itokazu.)

68 O verbo latino *conari* costuma, em tal contexto, ser traduzido por "tender", o que acarreta sua confusão com *tendere* (usado, por exemplo, na prop. 15 desta parte). Levando em conta a importância daquele primeiro verbo, do qual deriva o termo *conatus*, que nomeia um conceito espinosano fundamental e corrente tanto na física quanto na ética, decidimos seguir rigorosamente

em todos os contextos (aqui como nos CM) as seguintes opções: *conari*, "esforçar-se"; *tendere*, "tender". Assim, por exemplo, um leitor atento poderá, a partir do português, perceber que o autor, ao transcrever trechos do artigo 39 da parte II dos *Princípios* para compor esta proposição, troca o original "tender" por "esforçar-se". Por fim, Espinosa definirá à frente, na definição 3 da parte III, o "esforço ao movimento", *conatus ad motum*.

69 "A [reta] traçada em ângulos retos com o diâmetro de um círculo, a partir de uma extremidade, cairá no exterior do círculo, e uma outra reta não se intercalará no lugar entre tanto a reta quanto a circunferência, e, por um lado, o ângulo do semicírculo é maior do que todo ângulo retilíneo agudo, e, por outro lado, o restante é menor" (*Elementos*, trad. cit.).

70 Na trad. holandesa: "tampouco A perderá algo de seu movimento, e se A nada perde de seu movimento, então tampouco B perderá algo de seu repouso."

71 Trata-se do ensaio cartesiano publicado em 1637 ao lado do *Discurso do método*, dos *Meteoros* e da *Geometria*; o segundo capítulo (ou "discurso", consoante o original francês), intitulado "Da refração" e referido por Espinosa aqui e à frente, está traduzido na revista *Scientiæ studia*, conforme nossa bibliografia.

72 Esse princípio da menor variação não era enunciado nos *Princípios*; o foi primeiramente numa carta de Descartes a Clerselier, de 17 de fevereiro de 1645, AT, IV, p. 185: "Fico tranquilo que a primeira e a principal dificuldade que você encontrou em meus *Princípios* concerne às regras segundo as quais se muda o movimento dos corpos que se chocam; pois julgo com isso que você não encontrará dificuldade no que as precede, e não encontrará muita, nem nessas regras tampouco, quando tiver atentado que elas dependem só de um único princípio, que é que, *quando dois corpos se chocam, os quais têm modos incompatíveis, deve verdadeiramente ocorrer alguma mudança nesses modos, para torná-los compatíveis, mas essa mudança é sempre a menor que se puder dar*, ou seja, *se, mudada certa quantidade desses modos, eles podem tornar-se compatíveis, não mudará uma maior quantidade*".

73 Acréscimo da trad. holandesa, incorporado por Gebhardt: "de fato, se ele pudesse ser refletido por B de forma a mover-se mais velozmente que B, esses corpos deveriam sofrer uma mudança maior que aquela necessária para que a contrariedade deles seja suprimida; esta, em verdade (como se demonstrou há pouco), é suprimida quando A não se move mais lentamente que B, e por isso (*pela prop. 23 desta parte*) A não pode ser refletido por B de forma a mover-se mais velozmente que o próprio B".

74 Em Gebhardt como na primeira edição, esta nota e aquela que segue o enunciado da prop. 29 vinham em caracteres menores. O fato explica-se por conta da inserção tardia de "14 ou 15 linhas" (não necessariamente

estas) no livro cujas provas já haviam sido impressas; ver o final da carta 15 a Meyer, traduzida no anexo III. Tendo em vista que o destaque dessas linhas deveu-se apenas a circunstâncias editoriais, achamos por bem suprimi-lo.

75 Cf. nota anterior.

76 A primeira edição e Gebhardt remetem ao inexistente *corol. da prop. 17.* Corrigimos seguindo Bruder, Van Vloten & Land e outras traduções (em De Angelis – lapso de impressão? – o trecho é suprimido). Usos similares do corolário da prop. 27, a justificar a correção, ocorrem nas demonstrações das proposições 28 e 30 desta parte.

77 Acréscimo da trad. holandesa, incorporado por Gebhardt: "que ocorre nesses corpos".

78 No latim das edições consultadas, e em concordância com a trad. holandesa, lê-se: *Si corpus A quiescens esset accuratissimè æquale corpori B versus illud moto, partim ab ipso impelleretur, partim ab ipso in contrariam partem repelleretur*; que deveria ser vertido por: "Se um corpo A em repouso fosse rigorosamente igual a um corpo B movido rumo a ele, em parte seria impelido por este, em parte repelido por este (*sic*) para o lado contrário". No entanto, o final da demonstração conclui o oposto: *quod B paulum impellet A, & ab A repelletur* ("B impelirá um pouco A e será repelido por A"). Em geral, os tradutores dão uma versão corrigida sem relatarem o fato; só Curley e Domínguez explicitam o problema e invocam Akkerman e Hubbeling. De nossa parte, corrigimos o texto latino tomando por base o artigo 51 da parte II dos *Princípios*, que é a fonte literal da proposição espinosana; lá, com efeito, Descartes afirma: *si corpus* C *quiescens esset accuratissimè æquale corpori B versus illud moto, partim ab ipso impelleretur, & partim ipsum in contrariam partem repelleret* ("se um corpo A em repouso fosse rigorosamente igual a um corpo B movido rumo a ele, em parte seria impelido por este e em parte o repeliria para o lado oposto").

79 Na carta 32, a Oldenburg, de 20 de novembro de 1665, Geb., IV, p. 174, Espinosa afirmará sobre esta sexta regra: "escreveste que indiquei serem quase todas falsas as regras do movimento de Descartes; porém, se bem me lembro, eu disse que [Christiaan] Huygens pensa isso; acerca da sexta regra de Descartes, todavia, disse que considero tanto Huygens quanto Descartes estarem errados".

80 A primeira edição e Gebhardt remetem ao inexistente *ax. 29.* Corrigimos seguindo Bruder, Van Vloten & Land e alguns tradutores que propõem a alteração a partir da versão holandesa, que remete ao *ax. 20.*

81 Entenda-se: das *estrelas* fixas. As estrelas fixas eram com frequência designadas apenas "fixas"; na literatura científica da época era corrente falar, por exemplo, na "esfera das fixas". (Tal observação é devida a Anastásia Guidi Itokazu.)

[82] A primeira edição, Van Vloten & Land e Gebhardt remetem à *figura do art. 47 da parte 3 dos Princípios*, a qual porém não existe. Corrigimos seguindo Bruder; dos tradutores, somente Domínguez e Mignini procedem à correção; De Angelis, estranhamente, indica o art. 47 da parte 2. Ora, o postulado espinosano é todo ele literalmente tomado ao art. 46 da parte 3 dos *Princípios*, a que pertence a figura em questão; o engano remissivo deve ter-se originado da própria disposição das páginas da edição dessa obra consultada por Espinosa, a de 1650. Como se observa na edição de 1644 (de que a edição de 1650 é uma reimpressão; cf. AT VIII-1, "Avertissement"), a figura aparece após o art. 46, em meio ao texto do art. 47. Não obstante, uma nota marginal ao art. 46 remete expressamente: *vide fig. pag. seq.*, e não há dúvida de que a figura pertence a tal artigo. Como os PPC não oferecem a figura referida, nós a damos no anexo IV.

[83] Acréscimo da trad. holandesa, incorporado por Gebhardt: "O fim e o intento desta parte é mostrar que a lógica e a filosofia comuns servem apenas para exercitar e fortalecer a memória, de forma que bem recordemos as coisas que se nos apresentam por meio dos sentidos sem ordem nem conexão e pelas quais podemos ser afetados somente por meio dos sentidos, mas que não servem para exercitar o intelecto". É interessante observar que "lógica" traduz aqui *Redenkonst* (*reden*: razão, *konst*: arte); no *Breve tratado* (I, cap. 7, § 9), em troca, quando da alusão à "verdadeira lógica" que dá as "leis da definição", recorre-se à forma latina: *waare Logica*.

[84] Cf. *Político*, 266e, em que fala o Estrangeiro: "Deveríamos, desde logo, ter dividido os animais terrestres em bípedes e quadrúpedes e desde que somente os animais com asas ali estariam ao lado dos homens, deveríamos dividir o rebanho bípede, por sua vez, em uma família sem penas e uma família com penas" (trad. de Jorge Paleikat e João Cruz Costa, vol. Platão da coleção Os Pensadores, São Paulo, Nova Cultural, 1987). A definição voltará a ser recordada na *Ética*, II, prop. 40, esc. 1.

[85] Em nota, Atilano Domínguez chama a atenção para uma curiosidade: Espinosa não segue aqui a tradicional menção ao "camelo", surgida em *Mateus*, cap. 19, v. 24. A mesma imagem do elefante já fora utilizada no *Tratado da emenda do intelecto*, § 54.

[86] Acréscimo da trad. holandesa, incorporado por Gebhardt: "Para compreender bem esta demonstração deve-se atentar ao que é observado na segunda parte deste Apêndice acerca da vontade de Deus, a saber, que a vontade de Deus, ou seja, o seu decreto imutável, só é entendida quando concebemos uma coisa clara e distintamente, já que a essência da coisa, em si considerada, não é senão o decreto de Deus, ou seja, sua vontade determinada. Mas dizemos também que a necessidade de existir realmente não se distingue da necessidade da essência, *cap. 9, parte 2*; isto é, quando

dizemos que Deus decretou que o triângulo deve existir, não queremos dizer senão que Deus dispôs a ordem da natureza e das causas de tal modo que num certo instante o triângulo deveria existir necessariamente; e por isso, se entendêssemos a ordem das causas tal qual estabelecida por Deus, constataríamos que o triângulo deve existir realmente num certo instante com a mesma necessidade com que agora constatamos, quando atentamos à sua natureza, que seus três ângulos devem ser iguais a dois retos".

87 O assunto será retomado na carta 50, a Jarig Jelles, de 2 de junho de 1674, Geb., IV, p. 239-240: "No que atina à demonstração daquilo que afirmo no apêndice das demonstrações geométricas dos *Princípios* de Descartes, a saber, que Deus não pode ser chamado uno ou único senão muito impropriamente, respondo que uma coisa é dita una ou única somente com respeito à existência mas não à essência; com efeito, não concebemos as coisas sob números senão depois que foram reduzidas a um gênero comum. Por exemplo, quem tem em mãos um sestércio e um imperial não pensará no número dois a não ser que possa chamar este sestércio e este imperial com um só e mesmo nome, ou seja, o de dinheiros ou de moedas; então pode dizer ter dois dinheiros ou moedas, já que assinala não só o sestércio como também o imperial pelo nome de dinheiro ou de moeda. Disso patenteia-se claramente que uma coisa é nomeada una ou única só depois que foi concebida outra coisa que (como se disse) convenha com ela. Porém, visto que a existência de Deus seja sua essência, e não possamos formar uma ideia universal de sua essência, é certo que quem chama Deus de uno ou único não tem nenhuma ideia verdadeira dele ou fala dele impropriamente".

88 No latim: *nodum... in scirpo quaerentes*; literalmente: "procurando nó em junco".

89 Na trad. holandesa: "apenas enquanto é útil a alguém para adquirir aquilo que ama".

90 Cf. *Samuel II*, cap. 16, v. 20-23; 17, 1-3.

91 Na trad. holandesa: "portanto, como supões que esse esforço seja algo, deve também ele ser chamado bem e assim deve por sua vez ter um esforço de perseverar em seu estado, e este esforço por sua vez um outro, e assim por diante, ao infinito".

92 Acréscimo da trad. holandesa, incorporado por Gebhardt: "Nesta parte, a existência de Deus é explicada de maneira completamente diversa de como os homens comumente a entendem. De fato, confundem a existência de Deus com a sua própria; o que ocorre porque imaginam que Deus seja como um homem e não prestam atenção à verdadeira ideia de Deus que eles têm, ou ignoram completamente que a têm. Daí também deriva que não possam demonstrar nem conceber a existência de Deus, nem a priori,

isto é, pela verdadeira definição de sua essência, nem a posteriori, a partir da ideia de Deus, na medida em que está em nós. Por isso, devemos buscar mostrar nesta parte, tão claramente quanto possível, que a existência de Deus é inteiramente diferente da existência das coisas criadas".

93 Na trad. holandesa: "A principal propriedade, a ser considerada antes de todas as outras, é a eternidade de Deus, pela qual explicamos a sua existência para não confundi-la com a das coisas criadas; de fato, não podemos explicar a sua existência por meio da duração, uma vez que esta, como mostramos na primeira parte, é uma afecção da existência e não da essência das coisas."

94 Acréscimo da trad. holandesa, incorporado por Gebhardt "Dividimos sua existência em partes, ou seja, concebemo-la divisível, quando tentamos explicá-la mediante a duração. *Ver parte 1, cap. 4*".

95 Acréscimo da trad. holandesa, incorporado por Gebhardt: "Embora esta demonstração seja muito convincente, ela não explica porém a *unidade* de Deus; por isso aconselho aos leitores que infiram a *unidade* de Deus diretamente da natureza de sua existência, que não se distingue de sua essência, ou seja, segue necessariamente de sua essência".

96 Acréscimo da trad. holandesa, incorporado por Gebhardt: "Cabe notar aqui que, quando o vulgo diz que Deus está em toda parte, introdu-lo como um espectador no teatro; donde se vê claramente o que diremos no final desta parte, isto é, que os homens confundem totalmente a natureza divina com a humana". O argumento é cartesiano, apresentado na carta de Descartes a Henry More, 15 de abril de 1949, AT, V, p. 343: "considero Deus estar em toda parte [existir ubiquamente, *ubiquè esse*] em razão de sua potência; já em razão de sua essência, ele não tem absolutamente nenhuma relação com o lugar".

97 Na trad. holandesa: "mas querer, caminhar, mostrar-se irado". Em sua edição, Gebhardt adotou tal lição e inseriu uma vírgula no latim, a qual suprimimos restaurando o texto da primeira edição.

98 Acréscimo da trad. holandesa, incorporado por Gebhardt: "Observemos que isso pode aparecer bem mais claramente se se considerar a natureza da vontade de Deus e seu decreto, como mostrarei na sequência. De fato, a vontade de Deus, pela qual ele criou todas as coisas, não se distingue de seu intelecto, pelo qual ele as entende. Por isso, dizer que Deus entende que os três ângulos do triângulo são iguais a dois retos é o mesmo que dizer que Deus quis ou decretou que os três ângulos do triângulo fossem iguais a dois retos; e portanto nos será tão impossível conceber que Deus possa mudar seus decretos quanto pensar que os três ângulos do triângulo não são iguais a dois retos. Ademais, que em Deus não se pode dar mudança

alguma, também se pode demonstrar de outras maneiras, mas como tentamos ser breves, permita-se-nos não ir além".

99 Cf. *Da respiração*, 474a, 25-30: "Dissemos anteriormente que a vida e a posse da alma acompanham-se de um certo grau de calor; a digestão, inclusive, responsável, da parte dos animais, pela assimilação de seu alimento, não é possível ocorrer independentemente da alma e do calor, pois é o fogo que torna todo alimento digerível. É por isso que é necessário a alma nutritiva primária estar situada nessa região do corpo e na parte desta que diretamente veicula esse princípio" (*Parva naturalia*, trad. de Edson Bini, Bauru, Edipro, 2012).

100 No texto da primeira edição seguido por Gebhardt, a remissão é erroneamente à *Metafísica, livro 11, cap.* 7. A tese referida por Espinosa está no capítulo 7 do livro 12, 1072b, 27-38: "E ele [sc. Deus] é vida, porque a atividade da inteligência é vida, e ele é, justamente, essa atividade" (trad. de Marcelo Perine, São Paulo, Loyola, 2002). Alguns, especialmente Scribano, aproximam a remissão espinosana deste parágrafo ao tratamento do mesmo tema em Francisco Suárez, *Disputationes metaphysicæ*, disp. XXX, s. 13, n. 9, onde se remete a "Arist., 12 Metaph. in fine".

101 Para as ocorrências de "Jeová vivo", cf. *Samuel I*, cap. 19, v. 6; 25, 26; 28, 10; 29, 6; *Samuel II*, 4, 9; 12, 5; 14, 11; 15, 21; *Reis I*, 1, 29; 17, 1; *Reis II*, 2, 2; 2, 4; 2, 6; *Jeremias*, 38,16; *Ruth*, 3, 13. O juramento de José "pela vida do faraó" está no *Gênesis*, cap. 42, v. 14-16: "José retomou: 'É como eu vos disse: sois espiões! Eis como sereis provados: pela vida do Faraó, não partireis daqui sem que primeiro venha o vosso irmão mais novo! Enviai um de vós para buscar vosso irmão; os demais ficam prisioneiros. Provareis vossas palavras e se verá se a verdade está convosco ou não. Se não, pela vida do Faraó, sois espiões". Quanto às fórmulas hebraicas transcritas por Espinosa, duas observações:

1) Em *Samuel I*, cap. 25, v. 26, e nas passagens citadas de *Reis II*, a expressão נַפְשְׁךָ וְחֵי יְהוָה יַח ("pelo Deus vivo e por tua própria vida") ocasiona um jogo de palavras pertinente ao argumento de Espinosa: expressa-se a clara diferença entre o juramento "pelo Deus vivo" e o juramento pela "vida" daquele a quem a palavra é dirigida.

2) Na edição original dos PPC bem como em todas as edições do texto latino consultadas, a letra *he* (ה), em sua primeira ocorrência na palavra "Deus", figura com um *ḥōlem*, um sinal que consiste em um ponto acima da letra, à esquerda (הֹ), com vistas a indicar que o som é "o". Assim, em lugar de יְהוָה, aparece na *editio princeps* יְהֹוָה. Trata-se aqui do tetragrama יהוה, um dos nomes de Deus na Bíblia hebraica; palavra que, como se sabe, não é pronunciada e é substituída por outras que igualmente designam Deus (Adonai, HaShem, etc.). Não obstante a vocalização que

se lê em Espinosa figurar no texto massorético (por ex., *Gênesis*, cap. 3, v. 14) – o que indicaria que a palavra deve ser pronunciada –, em todas as ocorrências recenseadas da expressão "Deus vivo" na Bíblia hebraica a palavra é יְהוָה, sem o *ḥōlem*. Se Espinosa cometeu um lapso ou de caso pensado grafou assim a palavra, ignoramos; os nomes de Deus na Bíblia hebraica e o tetragrama são discutidos no cap. 13 do *Tratado teológico-político*. (Tais observações bem como o recenseamento na Bíblia hebraica são devidos a Antônio David.)

[102] Acréscimo da trad. holandesa, incorporado por Gebhardt: "Do que será apresentado nos três capítulos seguintes, em que trataremos do *intelecto*, da *vontade* e da *potência* de Deus, ficará claríssimo que as essências das coisas e sua necessidade de existir realmente, a partir de uma dada causa, nada mais são que a vontade determinada ou o decreto de Deus. Por isso a vontade de Deus jamais é mais clara do que quando entendemos clara e distintamente as coisas. Daí ser ridículo que os filósofos, quando desconhecem as causas das coisas, refugiem-se na vontade de Deus, como vemos ocorrer frequentemente, quando dizem que as coisas cujas causas são-lhes desconhecidas ocorreram só pelo beneplácito de Deus e seu decreto absoluto. E o vulgo não encontrou melhor prova da providência e do desígnio de Deus que aquela derivada de seu desconhecimento das causas. Nada nos indica com mais clareza que desconheceram totalmente a natureza da vontade de Deus e atribuíram-lhe como própria uma vontade humana, que na realidade distingue-se de nosso intelecto. Creio que esta foi a única base firme da superstição e talvez de muitas coisas ruins".

[103] Na trad. holandesa: "não podem ser vários".

[104] É possível que estas linhas fossem originalmente mais duras com o uso teológico do termo "personalidade". Com efeito, na carta 12-A (traduzida no anexo III), Espinosa é mais categórico: "escapa-me o que entendem os teólogos com o vocábulo personalidade". Ao que parece, Meyer abrandou o texto autógrafo do livro com o assentimento do autor (como o fará ainda nos CM, II, 10; cf. à frente nota 112)

[105] Na trad. holandesa: "a nosso intelecto".

[106] Cf. *Isaías*, cap. 9, v. 18-21: "Em virtude do furor de Iahweh dos Exércitos a terra foi queimada e o povo se tornou presa do fogo. Ninguém tem compaixão do seu próximo; o homem corta à direita, mas continua com fome, come à esquerda, mas não consegue saciar-se. Todos comem até a carne do seu braço. Manassés devora a Efraim e Efraim a Manassés, e ambos juntos se viram contra Judá. Com tudo isto a sua ira não se amainou, a sua mão continua estendida".

[107] Exatamente: *Romanos*, cap. 9, v. 11-12, 18-21; a passagem refere-se à profecia feita a Rebeca no *Gênesis*, cap. 25, v. 23: "e Iahweh lhe disse: 'Há duas

nações em teu seio, dois povos saídos de ti se separarão, um povo dominará um povo, o mais velho servirá ao mais novo'".

[108] O exemplo do Mar Vermelho (*Êxodo*, cap. 14, v. 21) voltará a ser utilizado com o mesmo propósito no *Tratado teológico-político*, cap. 6, Geb., III, p. 90; trad. p. 213.

[109] Onze anos depois da publicação dos PPC, Espinosa fará referência a esta argumentação quando objetado por Ehrenfried Walther von Tschirnhaus que a determinação de todas as nossas ações, e portanto a inexistência do livre-arbítrio, constituiria um óbice intransponível à virtude e uma desculpa a todas as nossas ações, quaisquer que fossem. O filósofo responderá na epístola em que faz a célebre afirmação de que põe a "liberdade não no livre decreto, mas na livre necessidade"; cf. carta 58, a Georg Hermann Schuller, de outubro de 1674, Geb., IV, p. 267-268: "O que depois estabelece ele [sc. Tschirnhaus]: *que, se fôssemos coagidos por causas externas, ninguém poderia adquirir o hábito da virtude*, não sei quem lhe disse que não possa ocorrer a partir da necessidade fatal, mas tão somente a partir do livre decreto da mente, termos um ânimo firme e constante. E ao que ele acrescenta por fim: *que posto isso toda malícia seria desculpável*. O que se tira daí? Pois os homens maus não são menos a temer nem menos perniciosos quando são maus necessariamente. Mas, sobre isso, vê por favor o capítulo VIII da parte II de meu Apêndice aos livros I e II dos *Princípios de Descartes demonstrados segundo a ordem geométrica*".

[110] Cf. *Reis I*, cap. 13, v. 1-2: "E eis que um homem de Deus chegou de Judá a Betel, por ordem de Iahweh, no momento em que Jeroboão estava de pé diante do altar para queimar incenso, e, por ordem de Iahweh, gritou contra o altar este brado: 'Altar, altar! assim fala Iahweh: Eis que na casa de Davi nascerá um filho chamado Josias, que imolará sobre ti os sacerdotes dos lugares altos que sobre ti oferecerem sacrifícios, e ele queimará sobre ti ossadas humanas'". *Reis II*, cap. 23, v. 16: "Josias voltou-se e viu os túmulos que estavam na montanha; mandou buscar os ossos daqueles túmulos e queimou-os sobre o altar. Profanou-o assim, cumprindo a palavra de Iahweh que o homem de Deus havia anunciado, quando Jeroboão, durante a festa, estava junto ao altar".

[111] Cf. *Números*, cap. 22, v. 28-31: "Então Iahweh abriu a boca da jumenta e ela disse a Balaão: 'Que te fiz eu, para me teres espancando já por três vezes'? Balaão respondeu à jumenta: 'É porque zombaste de mim! Se eu tivesse uma espada na mão já te haveria matado.' Disse a jumenta a Balaão: 'Não sou eu a tua jumenta, que te serve de montaria toda a vida e até o dia de hoje? Tenho o costume de agir assim contigo?' Responde ele: 'Não.' Então Iahweh abriu os olhos de Balaão. E viu o Anjo de Iahweh parado na estrada, tendo a sua espada desembainhada na mão."

[112] O texto autógrafo dos PPC devia trazer algo como: "senão que o filho de Deus é o próprio pai", como depreendemos da carta 12-A (traduzida no anexo III). Preocupado com a reação dos teólogos à afirmação de que o pai e o filho são o mesmo, Meyer suavizou o texto após consultar Espinosa e dele obter o aval; tal como fizera já nos CM, II, 8.

[113] Espinosa termina de redigir o livro entre abril e junho de 1663 (cf. carta 13, a Oldenburg, citada na nota 10), portanto no ano 5423 do calendário judaico, que segundo a tradição remonta à criação do primeiro homem, e portanto valeria também para os cristãos como marco da criação do mundo. A cronologia bíblica sempre foi um dos problemas intrincados da interpretação escriturística; Espinosa a discute, por exemplo, no cap. 9 do *Tratado teológico-político*, Geb., III, p. 130 e seg.; trad. port. p. 256 e seg.

[114] Menção ao notório caso do asno que esfaimado e sedento é posto entre o feno e a água e perece de fome e de sede por não conseguir escolher por onde começar (fala-se também do asno só esfaimado e posto entre dois iguais feixes de feno). João Buridã foi mestre e reitor da Universidade de Paris na primeira metade do século XIV; ao que parece não é dele o exemplo, apenas as suas premissas; pelo que resume Abbagnano, *Dicionário de filosofia*, verb. "Asno de Buridan": ele "julga que a vontade segue, necessariamente, o juízo do intelecto; por ex., a decisão é pelo bem maior, se o intelecto assim julgar. Mas quando o intelecto julga que dois bens são iguais, a vontade não pode decidir-se nem por um nem pelo outro: a escolha não acontece". A discussão em torno do exemplo do asno foi marcante na última escolástica, especialmente por conta da concepção da liberdade como indiferença e do caráter arbitrário da escolha voluntária. Espinosa voltará a mencionar o exemplo na *Ética*, II, prop. 49, esc.

[115] Na trad. holandesa: "em tal indiferença".

[116] Cf. Aristóteles, *Retórica*, 1369a, 1-5: "as [sc. coisas] que se fazem por iniciativa própria e de que os próprios são autores, umas fazem-se por hábito, outras por desejo, umas vezes pelo desejo racional, outras vezes pelo irracional. A vontade é um desejo racional do bem, pois ninguém quer algo senão quando crê que é bom; mas a ira e a concupiscência são desejos irracionais" (trad. de Manuel Alexandre Jr. Paulo Farmhouse Alberto e Abel do Nascimento Pena, São Paulo, WMF Martins Fontes, 2012); *Sobre a alma*, 433a, 21-30: "Existe apenas uma coisa, então, que move: a faculdade desiderativa. E, se duas coisas movessem – o entendimento e o desejo –, moveriam devido a algum aspecto comum. Agora o entendimento não parece mover sem o desejo, pois a vontade é um desejo, e quando nos movemos de acordo com o raciocínio, movemo-nos também de acordo com uma vontade. O desejo, por seu turno, move também à margem do raciocínio, pois o apetite é um tipo de desejo. O entendimento, com efeito, está sempre correto; já

o desejo e a imaginação podem estar corretos ou incorretos. Por isso, é sempre o objeto do desejo que move. Este, por sua vez, é ou o que é bom, ou o que aparenta sê-lo. É que nem tudo é bom, apenas o realizável através da ação; o realizável através da ação, por seu turno, é o que pode também ser de outra maneira" (trad. de Ana Maria Lóio, São Paulo, WMF Martins Fontes, 2013).

[117] Como notado por inúmeros estudiosos, a composição do texto dos CM deve bastante à obra de Adriaan Heereboord (1613-1661), professor de lógica e ética na Universidade de Leiden desde 1641 e que tenta uma síntese entre o cartesianismo e a filosofia tradicional; de seus textos, Espinosa toma teses e argumentos, tanto alguns que defende quanto outros que ataca. Aqui, único caso de citação explícita, as linhas em itálico deste parágrafo e do anterior foram extraídas da disputa *De motivo voluntatis*, a décima do *Collegium Ethicum, seu philosophia moralis*, de 1658, posteriormente incluído nos *Meletemata philosophica in quibus pleræque res metaphysicæ ventilantur...*, Amsterdã, por Johannes Ravesteinium, 1665, p. 46-47, edição disponível em: <https://archive.org/details/adrianiheereboor00heer>.

Anexos

I. Excerto das *Segundas respostas*[1]

Quanto a vosso conselho de *propor minhas razões à maneira geométrica para que possam ser percebidas pelo leitor como que numa só intuição*, vale a pena expor aqui em que medida já o segui e em que medida penso dever segui-lo na sequência. Distingo duas coisas no modo de escrever geométrico, a saber, a ordem e a maneira[2] de demonstrar.

A ordem consiste apenas em que as primeiras coisas que são propostas devam ser conhecidas sem nenhuma necessidade das seguintes, e todas as restantes, depois, disponham-se de tal forma que sejam demonstradas só a partir das precedentes. E seguramente esforcei-me em seguir essa ordem, quão cuidadosamente possível, em minhas *Meditações*; a sua observação foi a causa por que tratei da distinção entre a mente e o corpo não na Segunda Meditação, mas tão só na Sexta, e de caso pensado omiti muitas outras coisas, pois que requeriam a explicação de várias coisas.

Já a maneira de demonstrar é dupla: uma por análise, outra por síntese.

A análise mostra a verdadeira via pela qual uma coisa foi metodicamente e como que a priori descoberta, de forma que, se o leitor quiser

---

1 As páginas apresentadas aqui e no próximo anexo, em que Descartes discorre sobre o método geométrico e esboça a demonstração sintética de alguns passos fundamentais das *Meditações*, resultam de uma sugestão de seus objetores, qual seja: "Valeria a pena se ao cabo de tuas soluções, previamente dadas algumas definições, postulados e axiomas, concluísses todo o assunto à maneira geométrica, em que és tão versado, para como que numa só intuição contentar o ânimo de qualquer leitor e preenchê-lo com o nume divino". O original latino utilizado foi o da edição AT, VII, p. 155-170. O leitor encontrará uma tradução integral das *Segundas objeções e respostas*, realizada a partir da versão francesa, no volume Descartes da coleção Os Pensadores, citado em nossa bibliografia.

2 No latim: *ratio*. Cf. nota 4 à tradução dos PPC.

segui-la e atentar suficientemente a tudo, entenderá a coisa e a tornará sua não menos perfeitamente do que se ele próprio a tivesse descoberto. Ela nada possui, contudo, para impelir a crer o leitor desatento ou resistente, pois se algo do que propõe, por mínimo que seja, deixa de ser notado, a necessidade de suas conclusões não aparece, e ela amiúde quase não toca em muitas coisas, por serem suficientemente perspícuas a quem presta atenção, as quais todavia devem ser principalmente notadas.

A síntese, ao contrário, por uma via oposta e buscada como que a posteriori (ainda que a própria prova seja nesta frequentemente mais a priori que naquela), de fato demonstra claramente o que é concluído e utiliza uma longa série de definições, petições, axiomas, teoremas e problemas, para de imediato mostrar, se algo dos consequentes for negado, que isso está contido nos antecedentes, e assim extorquir o assentimento ao leitor, por resistente e pertinaz que seja; ela porém não satisfaz nem contenta, como a outra, os ânimos dos que desejam aprender, já que não ensina o modo como a coisa foi descoberta.

Era só esta que os antigos geômetras costumavam usar em seus escritos; não que ignorassem completamente a outra, mas porque, quanto julgo, tinham-na em tanta conta que a reservavam só para si, como algo secreto.

Eu, de fato, segui em minhas *Meditações* somente a análise, que é a verdadeira e a melhor via para ensinar; mas quanto à síntese, que sem dúvida é a que me requereis aqui, embora nas coisas geométricas seja com muita propriedade posta depois da análise, não pode todavia ser com tanta comodidade aplicada a essas coisas metafísicas.

A diferença, com efeito, é que as noções primeiras que se pressupõem para demonstrar as coisas geométricas, convindo com o uso dos sentidos, são facilmente admitidas por qualquer um. E por isso não há aí dificuldade alguma, senão em deduzir rigorosamente as consequências; o que pode ser feito por qualquer pessoa, até menos atenta, bastando apenas que se recorde das coisas precedentes; e para isso é preparada uma minuciosa distinção das proposições, de modo que possam facilmente ser convocadas e, mesmo sem querer, trazidas à memória.

Já nas coisas metafísicas, ao contrário, coisa alguma dá mais penar que perceber clara e distintamente as noções primeiras. Com efeito, ainda que de sua própria natureza não sejam menos conhecidas, quiçá sejam até mais conhecidas, do que as consideradas pelos geômetras, todavia, porque muitas delas repugnam aos preconceitos dos sentidos, aos quais nos acostumamos desde tenra idade, não são perfeitamente conhecidas senão pelos que atentam e meditam bastante, e que apartam a mente, quanto se pode fazê-lo, das coisas corpóreas; de maneira que, se postas sozinhas, tais noções primeiras poderiam ser facilmente negadas pelos desejosos de contradizer.

Foi essa a razão por que escrevi meditações em vez de disputas, como os filósofos, ou teoremas e problemas, como os geômetras; quer dizer, para com isso atestar que nada pretendo a não ser com aqueles que não se recusarem a comigo meditar e considerar atentamente o assunto. Efetivamente, do fato mesmo de alguém armar-se para impugnar a verdade, visto que aparta a si próprio da consideração das razões que dela o persuadem, a fim de achar outras que o dissuadem, torna-se menos apto para percebê-la.

E aqui talvez se objete que decerto não cabe procurar quaisquer razões para contradizer quando se sabe que foi proposta a verdade; mas que, enquanto disso se duvida, é meritório sopesar todas as razões de ambos os lados para saber quais são as mais firmes; e eu não seria equânime se quisesse que as minhas fossem admitidas como verdadeiras antes de terem sido por inteiro inspecionadas e proibisse que se considerassem outras que lhes repugnam.

Isso decerto seria dito com justiça se essas coisas, para as quais desejo um leitor atento e não resistente, fossem tais que pudessem apartá-lo da consideração de algumas outras em que houvesse uma esperança, mínima que fosse, de encontrar mais verdade do que nas minhas. Mas como entre as coisas que proponho está contida uma suma dúvida sobre tudo, e como eu nada recomendo senão que se explore muito diligentemente cada coisa em separado e que absolutamente nada seja admitido a não ser o que tiver sido tão clara e distintamente inspecionado que não possamos deixar de assentir a isso; e como, ao invés, aquelas de que desejo apartar os ânimos dos leitores não sejam outras senão aquelas que eles nunca examinaram suficientemente nem hauriram de uma razão firme, mas só dos sentidos; não julgo que alguém possa crer que correrá maior perigo de errar, caso considere só as coisas que lhe proponho do que se delas afastasse a mente e se voltasse para outras, que de algum modo contrariam aquelas e sobre elas lançam trevas (isto é, os preconceitos dos sentidos).

E por isso, não só com justiça desejo de meus leitores uma atenção singular e escolhi, de preferência a outros, o modo de escrever com o qual pensei que pudesse ao máximo granjeá-la, e do qual, estou persuadido, os leitores colherão mais utilidade do que eles próprios notarão, ao passo que, inversamente, pelo modo de escrever sintético costumam achar que aprenderam mais do que realmente aprenderam; como também estimo ser equânime recusar inteiramente e menosprezar como sendo de nenhuma importância os juízos que tecem sobre os meus aqueles que não querem meditar comigo e apegam-se às suas opiniões prévias.

Porém, como sei quão difícil será, mesmo aos que atentem e procurem seriamente a verdade, intuir o corpo inteiro de minhas *Meditações*

e em simultâneo discernir cada um de seus membros em separado (duas coisas que estimo deverem ser feitas em simultâneo para que se apanhe o inteiro fruto delas), submeterei aqui ao estilo sintético umas poucas coisas que, espero, favorecerão a alguns; contanto que, todavia, notem por favor que não quero abranger aqui tanto quanto nas *Meditações*, já que para isso deveria ser muito mais prolixo do que nelas e tampouco explicaria cuidadosamente o abrangido, em parte por zelo da brevidade, em parte para que ninguém, estimando isto bastar, examine com mais negligência as próprias *Meditações*, das quais, estou persuadido, pode-se colher muito mais utilidade.

II. *Razões geométricas*[3]

Razões que provam a existência de Deus e a distinção da alma e do corpo dispostas à maneira geométrica

Definições

I. Pelo nome de *pensamento* tomo tudo aquilo que está em nós de tal maneira que somos imediatamente cônscios disso. Assim, todas as operações da vontade, do intelecto, da imaginação e dos sentidos são pensamentos. Mas acrescentei *imediatamente* para excluir o que é consequência deles; tal como o movimento voluntário de fato tem o pensamento por princípio, mas ele próprio, todavia, não é pensamento.

II. Pelo nome de *ideia* entendo aquela forma de qualquer pensamento por cuja percepção imediata sou cônscio desse mesmo pensamento; de tal maneira que eu nada possa exprimir com palavras, entendendo o que digo, sem que por isso mesmo seja certo estar em mim a ideia do que é significado com aquelas palavras. E assim, não chamo de ideias as meras imagens pintadas na fantasia; ou melhor, de modo algum as chamo aqui de ideias enquanto estão na fantasia corpórea, isto é, pintadas em alguma parte do cérebro, mas apenas enquanto informam[4] a própria mente voltada para aquela parte do cérebro.

III. Por *realidade objetiva da ideia* entendo a entidade da coisa representada pela ideia enquanto está na ideia; e do mesmo modo pode-se dizer perfeição objetiva, ou artifício objetivo, etc. Pois tudo que percebemos como estando nos objetos das ideias está objetivamente nas próprias ideias.

IV. Isso mesmo é dito estar *formalmente* nos objetos das ideias, quando está neles tal qual o percebemos, e *eminentemente*, quando não está de fato como tal, mas tão grande que possa fazer as vezes dele.

V. Toda coisa na qual está imediatamente, como em um sujeito, ou pela qual existe algo que percebemos, isto é, alguma propriedade

---

[3] Cf. anexo I, nota 1.

[4] Sobre a o sentido deste verbo, cf. nota 31 à tradução dos PPC.

ou qualidade ou atributo cuja ideia real está em nós, chama-se *substância*. E com efeito não temos outra ideia da própria substância, precisamente tomada, senão que é uma coisa em que formal ou eminentemente existe aquilo que percebemos, ou seja, que está objetivamente em alguma de nossas ideias, pois é conhecido pela luz natural que não pode haver nenhum atributo real do nada.

VI. A substância em que o pensamento está imediatamente chama-se *mente*; falo aqui em mente de preferência a alma, porquanto o nome alma é equívoco e amiúde utilizado para coisa corpórea.[5]

VII. A substância que é sujeito imediato da extensão local e dos acidentes que pressupõem a extensão, como os da figura, da situação, do movimento local, etc., chama-se *corpo*. Já se é uma e mesma substância que se chama de mente e de corpo ou se são duas diversas, caberá depois investigar.

VIII. A substância que entendemos ser sumamente perfeita, e na qual não concebemos absolutamente nada que envolva algum defeito, ou seja, limitação de perfeição, chama-se *Deus*.

IX. Quando dizemos que algo está contido na natureza ou conceito de alguma coisa, é o mesmo que se disséssemos que isso é verdadeiro dessa coisa, ou seja, dela pode ser afirmado.

X. Duas substâncias são ditas distinguir-se realmente quando cada uma delas pode existir sem a outra.

Postulados

Peço, primeiro, que os leitores notem quão fracas são as razões em vista das quais até agora acreditaram em seus sentidos e quão incertos são todos os juízos que construíram sobre eles; e revolvam isso consigo mesmos por tanto tempo e tão amiúde que, finalmente, adquiram o costume de não mais confiar neles em demasia. Com efeito, julgo que isso é necessário para perceberem a certeza das coisas metafísicas.

Segundo, que considerem a própria mente e todos seus atributos dos quais depreendem não poderem duvidar, embora suponham ser falso tudo que alguma vez receberam dos seus sentidos; e não parem de considerá-la antes de obterem para si o uso de percebê-la claramente e de crê-la mais fácil de conhecer que todas as coisas corporais.

---

[5] Na tradução francesa do texto, revisada por Descartes, esta definição ganha uma forma bem diferente: "A substância, em que reside imediatamente o pensamento, é aqui chamada *espírito* (*Esprit*). Todavia, tal nome é equívoco, pelo fato de o atribuírem também às vezes ao vento e aos licores muito sutis; mas não sei de outro mais próprio" (AT, IX, p. 125; trad. p. 374). Tal advertência terá correlato na tradução holandesa dos PPC; cf. nota 32 à tradução.

Terceiro, que diligentemente ponderem as proposições conhecidas por si que encontram em si mesmos, quais sejam: *que o mesmo não pode simultaneamente ser e não ser; que o nada não pode ser causa eficiente de coisa alguma*, e similares; e exerçam assim a perspicuidade do intelecto neles posta pela natureza, mas que as visões dos sentidos costumam perturbar e obscurecer ao máximo, e desse modo a exerçam pura e liberta destas últimas. Com efeito, dessa maneira a verdade dos axiomas seguintes será por eles conhecida facilmente.

Quarto, que examinem as ideias das naturezas nas quais está contido um complexo de muitos atributos simultâneos, como a natureza do triângulo, a natureza do quadrado ou de outra figura; bem como a natureza da mente, a natureza do corpo e, sobretudo, a natureza de Deus, ou seja, do ente sumamente perfeito. E notem que tudo aquilo que percebemos nelas estar contido pode ser afirmado verdadeiramente delas. Assim, porque na natureza do triângulo está contido serem seus três ângulos iguais a dois retos e na natureza do corpo, ou seja, de uma coisa extensa, está contida a divisibilidade (com efeito, não concebemos nenhuma coisa extensa tão exígua que não a possamos dividir ao menos pelo pensamento), é verdadeiro dizer que os três ângulos de todo triângulo são iguais a dois retos e que todo corpo é divisível.

Quinto, que se demorem por muito tempo contemplando a natureza do ente sumamente perfeito, e entre outras coisas considerem que de fato nas ideias de todas as outras naturezas está contida a existência possível, já na ideia de Deus, não apenas a possível, mas a totalmente necessária. Com efeito, a partir disso só, e sem discurso algum, conhecerão que Deus existe, e não lhes será menos conhecido por si do que o número binário ser par ou o ternário, ímpar, e coisas semelhantes. Com efeito, há certas coisas conhecidas por si para alguns e que por outros não são entendidas senão através do discurso.

Sexto, que, sopesando todos os exemplos de percepção clara e distinta bem como de obscura e confusa que recenseei em minhas *Meditações*, acostumem-se a distinguir as coisas obscuras e as que são claramente conhecidas; com efeito, aprende-se isso mais facilmente com exemplos do que com regras, e penso ter explicado, ou ao menos de alguma forma tocado, todos os exemplos desse assunto.

Sétimo, enfim, que, notando nunca terem depreendido nenhuma falsidade do que claramente perceberam e, pelo contrário, não terem constatado nenhuma verdade, senão por acaso, naquilo que é compreendido apenas obscuramente, considerem ser de todo estranho à razão colocar em dúvida aquilo que é clara e distintamente percebido pelo puro intelecto, devido só aos preconceitos dos sentidos ou devido às hipóteses em que

algo de ignorado esteja contido. Assim, pois, facilmente admitirão como verdadeiros e indubitáveis os axiomas seguintes, ainda que a maioria deles por certo pudesse ser mais bem explicada e devesse ter sido proposta na forma de teoremas antes que de axiomas, se eu quisesse ser mais cuidadoso.

Axiomas
ou
noções comuns

I. Não existe coisa alguma de que se não possa perguntar qual é a causa por que existe. Com efeito, pode-se perguntar isso até do próprio Deus; não que precise de alguma causa para que exista, mas porque a própria imensidade de sua natureza é causa ou razão devido à qual não precisa de causa alguma para existir.

II. O tempo presente não depende do imediatamente precedente, e por isso para conservar uma coisa não é requerida uma causa menor que para primeiro produzi-la.

III. Nenhuma coisa, e nenhuma perfeição existente em ato de uma coisa, pode ter o *nada*, ou seja, uma coisa não existente, como causa de sua existência.

IV. O que há de realidade ou perfeição em uma coisa está formal ou eminentemente em sua causa primeira e adequada.

V. Donde também se segue que a realidade objetiva de nossas ideias requer uma causa em que essa mesma realidade esteja contida não apenas objetiva, mas formal ou eminentemente. E cumpre notar que tão necessariamente há de admitir-se este axioma que dele sozinho depende o conhecimento de todas as coisas, tanto das sensíveis quanto das insensíveis. Com efeito, donde sabemos, por exemplo, que o céu existe? Será por que o vemos? Mas essa visão não toca a mente a não ser enquanto é ideia; ideia, reitero, inerente à própria mente, e não uma imagem pintada na fantasia. E em vista dessa ideia não podemos julgar que o céu existe senão porque toda ideia deve ter uma causa realmente existente de sua realidade objetiva, causa que julgamos ser o próprio céu; e assim das outras coisas.

VI. Há diversos graus de realidade ou entidade, pois uma substância tem mais realidade que um acidente ou modo, e uma substância infinita, que uma finita. E por isso também há mais realidade objetiva na ideia de substância que na de acidente, e na ideia de substância infinita que na ideia de finita.

VII. A vontade da coisa pensante dirige-se de fato voluntária e livremente (pois isso é da essência da vontade), mas não obstante infalivelmente, ao bem que lhe é claramente conhecido; e por isso, se vier a

conhecer algumas perfeições de que careça, de imediato as dará a si, se estiverem em seu poder.

VIII. O que pode fazer o que é maior, ou seja, mais difícil, também pode fazer o que é menor.

IX. É maior criar ou conservar uma substância do que os atributos, ou seja, as propriedades da substância; criar algo porém não é maior que conservá-lo, como já foi dito.

X. Na ideia ou conceito de toda coisa está contida a existência, porque nada podemos conceber senão sob a razão do existente; quer dizer, a existência possível ou contingente está contida no conceito de coisa limitada, mas a necessária e perfeita no conceito de ente sumamente perfeito.

Proposição I

A existência de Deus é conhecida a partir da só consideração de sua natureza.

Demonstração

É o mesmo dizer que algo está contido na natureza ou conceito de uma coisa e dizer que isso é verdadeiro dessa coisa (pela def. 9). Ora, a existência necessária está contida no conceito de Deus (pelo ax. 10). Logo, é verdadeiro dizer de Deus que a existência necessária está nele, ou seja, que ele existe.

E é este o silogismo já usado acima para a sexta objeção,[6] e sua conclusão pode ser conhecida por si para aqueles que estão livres dos preconceitos, como foi dito pelo quinto postulado; mas já que não é fácil alcançar tanta perspicácia, buscaremos o mesmo de outros modos.

Proposição II

A existência de Deus é demonstrada a posteriori só a partir do fato de sua ideia estar em nós.

Demonstração

A realidade objetiva de qualquer de nossas ideias requer uma causa em que essa mesma realidade esteja contida não apenas objetiva, mas formal ou eminentemente (pelo ax. 5). Ora, temos a ideia de Deus (pelas def. 2 e 8), e a realidade objetiva desta ideia não está contida em nós, nem formal nem eminentemente (pelo ax. 6), e não pode estar contida em nenhum outro

[6] As *Segundas objeções* traziam uma série de sete questionamentos às *Meditações*. Aqui, Descartes alude àquele que punha em dúvida a correção do argumento pelo qual ele deduzia a existência necessária de Deus; cf. AT, VII, p. 127; trad. p. 346-347.

além do próprio Deus (pela def. 8). Logo, essa ideia de Deus que está em nós requer Deus como causa, e Deus, por conseguinte, existe (pelo ax. 3).

Proposição III

A existência de Deus também é demonstrada a partir de que nós mesmos, que temos ideia dele, existimos.

Demonstração

Se eu tivesse força para conservar a mim mesmo, tanto mais força também teria para dar-me as perfeições que me faltam (pelo ax. 8 e 9); com efeito, elas são apenas atributos da substância, eu porém sou uma substância. Mas não tenho força para dar-me essas perfeições, pois de outra maneira já as teria (pelo ax. 7). Logo, não tenho força para conservar a mim mesmo.

Ademais, não posso existir sem que seja conservado enquanto existo, seja por mim mesmo, se tiver tal força, seja por outro que a tenha (pelos ax. 1 e 2). Pois bem, existo, e todavia não tenho força para conservar a mim mesmo, como agora há pouco foi provado. Logo, sou conservado por outro.

Além disso, aquele pelo qual sou conservado tem em si formal ou eminentemente tudo o que está em mim (pelo ax. 4). Ora, em mim há a percepção de muitas perfeições que me faltam e, simultaneamente, da ideia de Deus (pelas def. 2 e 8). Logo, naquele pelo qual sou conservado também há a percepção das mesmas perfeições.

Enfim, aquele mesmo não pode ter percepção de quaisquer perfeições que lhe faltem, ou seja, que ele não tenha em si formal ou eminentemente (pelo ax. 7). Com efeito, visto que tem força para conservar-me, como já foi dito, tanto mais força teria para dá-las a si, se lhe faltassem (pelos ax. 8 e 9). Ora, ele tem percepção de todas as que me faltam e que concebo poderem estar só em Deus, como há pouco foi provado. Logo, tem-nas em si formal ou eminentemente, e por isso é Deus.

Corolário

Deus criou o céu e a terra e tudo o que está neles, e além do mais pode fazer tudo o que claramente percebemos, conforme o percebemos.

Demonstração

Isso tudo segue-se claramente da proposição precedente. Nela, com efeito, a partir do fato de que deve existir algo em que formal ou eminentemente estejam todas as perfeições das quais há em nós alguma ideia, foi provado que Deus existe. Há em nós a ideia de uma potência tamanha que só por aquele no qual ela está céu e terra, etc. foram criados; e também todas as outras coisas que por mim são entendidas como possíveis podem

ser feitas por ele. Logo, com a existência de Deus foi também provado simultaneamente isso tudo sobre ele.

Proposição IV

A mente e o corpo distinguem-se realmente.

Demonstração

O que quer que percebamos claramente, pode ser feito por Deus conforme o percebemos (pelo corol. precedente). Mas claramente percebemos a mente, isto é, uma substância pensante, sem o corpo, isto é, sem uma substância extensa (pelo post. 2); e vice-versa, o corpo sem a mente (como todos concedem facilmente). Logo, ao menos pela potência divina a mente pode existir sem o corpo e o corpo sem a mente.

Ora, substâncias que podem existir uma sem a outra distinguem-se realmente (pela def. 10). Pois bem, a mente e o corpo são substâncias (pelas def. 5, 6 e 7) que podem existir uma sem a outra (como há pouco foi provado). Logo, a mente e o corpo distinguem-se realmente.

E é de notar que aqui foi usada a potência divina como médio;[7] não que se precise de uma força extraordinária para separar a mente e o corpo, mas porque, como me ocupei só de Deus nas proposições precedentes, não tinha outro médio que pudesse usar. E não importa por qual potência duas coisas sejam separadas para conhecermos que elas se distinguem realmente.

---

[7] Por "médio", entenda-se o termo médio do silogismo aqui construído.

III. Duas cartas de Espinosa a Luís Meyer[8]

Carta 12-A

Amyn heer
Myn her Lodovijk Myer
Doctor in de medecyn, L. A. M.
tot
Amsterdam
per cuvert[9]

Caríssimo amigo,

Recebi ontem tua gratíssima carta, na qual perguntas se indicaste corretamente no cap. 2 da parte 1 do Apêndice todas as prop. etc. da parte 1 dos *Princ.* ali citadas. Ademais, se não deve ser apagado o que assevero na 2ª parte, a saber, que o filho de Deus é o próprio pai. Enfim, se não se deve mudar quando digo não saber o que os teólogos entendem pelo vocábulo personalidade. A isso respondo: 1º) Tudo que indicaste no cap. 2 do Apêndice foi corretamente indicado por ti; mas no 1º capítulo do dito

---

[8] O par de epístolas aqui traduzido provém do período em que se fazia a revisão final dos PPC, Meyer em Amsterdã junto ao livreiro, Espinosa em Voorburg a partir das provas e das consultas do amigo. Documentos de circunstância, nenhuma delas foi incluída nas *Obras póstumas* e só foram descobertas bem mais tarde. A primeira, apenas na década de 70 do último século, estando portanto ausente da edição Gebhardt; nós a traduzimos do texto latino publicado por A.K. Offenberg em 1977 (ver nossa bibliografia). A segunda, conhecida desde o século XIX, está em Geb., IV, p. 72-73, de onde traduzimos.

[9] Em holandês no original: "Ao meu senhor Luís Meyer / Doutor em medicina, L. A. M. / em / Amsterdã / por correio". A abreviação latina quer dizer *liberatium artium magister*, mestre em artes liberais.

Apêndice, p. 1, indicaste o escólio da prop. 4 e, contudo, eu preferiria que indicasses o escólio da prop. 15, onde abertamente discuto todos os modos de pensar. Depois, à p. 2 do mesmo capítulo, à margem, escreveste estas palavras: *por que as negações não são ideias*, em lugar da palavra *negações* deve-se pôr *entes de razão*, pois falo do ente de razão em geral, que não é uma ideia.[10] 2º) O que eu disse, que o filho de Deus é o próprio pai, creio que se segue clarissimamente deste axioma: coisas que convêm a uma terceira convêm entre si; porém, já que o assunto não tem para mim nenhuma importância, se achas que isso pode ofender certos teólogos, faz conforme te parecer melhor. 3º) Enfim, escapa-me o que entendem os teólogos com o vocábulo personalidade, mas não o que os críticos entendem por este vocábulo. Entretanto, como o exemplar está em teu poder, podes ver melhor essas coisas; se te parecem dever ser mudadas, faz como quiseres.[11] Passar bem, querido amigo, e recorda-te de mim, que sou

teu mui devotado

B. de Espinosa.

Voorburg, dia 26 de julho de 1663.

Carta 15

Ao Sr. Luís Meyer

B. de Espinosa dá suas saudações.[12]

Caríssimo amigo,

O prefácio que me enviaste por nosso amigo de Vries,[13] reenvio a ti pelo próprio. Como verás, anotei umas poucas coisas à margem, mas ainda sobraram algumas que estimei mais prudente comunicar-te por carta: 1º) À p. 4, quando advertes o leitor em que circunstância compus a primeira parte, gostaria que simultaneamente advertisses também, aí ou onde te aprouver, que a compus em duas semanas. Com efeito, advertido isso com antecedência, ninguém pensará que propus tais coisas tão claramente que

---

10 As duas correções solicitadas por Espinosa apareceram na errata da primeira edição e foram incorporadas ao texto nas edições posteriores (a primeira por Van Vloten & Land, a segunda por Gebhardt).

11 Nos dois casos, Meyer parece realmente ter abrandado o texto autógrafo; cf. CM, II, 8, e II, 10, bem como as notas 104 e 112 à tradução.

12 Em latim: *S.P.D., salutem plurimam dicit.*

13 Simon Joosten de Vries (1633/4-1667), rico comerciante de Amsterdã, era um amigo comum ao qual Espinosa devotava grande afeto; integrava o "círculo espinosano" e da correspondência que manteve com o filósofo restaram-nos as cartas 8, 9 e 10.

não pudessem ser mais bem explicadas, e dessa forma não se deterão por uma ou outra palavrinha obscura com que topem aqui e ali. 2º) Gostaria que advertisses que demonstro muitas coisas de um modo diferente daquele como foram demonstradas por Descartes, não para corrigir Descartes, mas melhor reter a minha ordem, e assim não aumentar o número de axiomas; e que pelo mesmo motivo tive de demonstrar muitas coisas que são propostas por Descartes nuas e sem nenhuma demonstração, e acrescentar outras que Descartes omitiu.[14] Enfim, quero rogar-te encarecidamente, caríssimo amigo, que deixes de lado as coisas que escreveste no fim sobre aquele homúnculo, e apague-as. Embora muitas razões me movam a rogar-te isso, darei apenas uma: gostaria que todos pudessem persuadir-se facilmente de que o que é divulgado o é em benefício de todos os homens e que tu, editando este livrinho, estás tomado só pelo desejo de propagar a verdade, de forma que cuides ao máximo para que o opúsculo seja grato a todos, e que benévola e benignamente convide os homens ao estudo da verdadeira filosofia e zele pela utilidade de todos. Todo mundo o crerá facilmente quando vir que não se ultraja ninguém nem se propõe algo que possa ser ofensivo a alguém. Todavia, se posteriormente aquele homem ou algum outro quiser mostrar seu ânimo malévolo, então poderás, não sem aplauso, pintar sua vida e seus costumes.[15] Peço, portanto, que não te acabrunhes de esperar até lá e me consintas obtê-lo, e creias que te sou mui devotado e

com todo zelo teu

B. de Espinosa.

Voorburg, 3 de agosto de 1663.

O amigo de Vries prometera levar consigo esta, mas como não sabe quando voltará a ver-vos, mando por outro.

Mando junto parte do escólio da prop. 27 da parte 2, tal como começa à página 75, para que entregues ao tipógrafo e seja impresso de novo.

O que mando aqui deve necessariamente ser impresso de novo e 14 ou 15 linhas devem ser acrescentadas, as quais podem ser comodamente intercaladas.[16]

---

[14] As duas advertências foram efetivamente inseridas por Meyer no prefácio.

[15] Embora haja algumas hipóteses sobre a identidade do referido "homúnculo", não se sabe ao certo contra quem Meyer dirigia suas palavras, as quais foram inteiramente suprimidas do livro; para uma discussão do problema, cf. Wim Klever, "Qui était l'homunculus".

[16] No latim: *hæc quæ hic mitto debent necessario denuo imprimi et 14 vel 15 reguilæ addi debent, quæ commode possunt intertexi.* A leitura desta passagem é bastante problemática, em especial pela presença do enigmático termo *reguila*, que

sempre ensejou correções e traduções variadas. Van Vloten & Land corrigiram parte do texto e propuseram: *et 14. vel 15. regulæ addi debent*; Gebhardt, embora tenha mantido o texto tal qual, suspeitava que a fórmula *reguila* devia-se à influência do espanhol *regla*; os tradutores, em geral, dividiram-se entre ler o trecho problemático como "à(s) regra(s) 14 ou 15" ou então ler "14 ou 15 linhas". De nossa parte, cremos que somente esta última leitura confere sentido ao texto, na medida em que, por um lado, não existem quaisquer regras "14 ou 15" na obra, por outro, houve a reimpressão de certas páginas e a inserção de algumas linhas (cf. nota 74 à tradução dos PPC); ademais, a leitura justifica-se a partir do próprio texto original, contanto que a fórmula *reguila* seja lida como uma contaminação dos vocábulos holandeses *regel* ou *regul*, que à diferença de *lijn* (linha geométrica) servem para designar tanto regra (latim: *regula*) quanto linha escrita ou impressa (latim: *linea*). Para uma discussão ampla do problema, cf. Homero Santiago, "Sobre '14 ou 15 linhas' espinosanas (Ep. 15, SO IV, 73, 20-21: '14 vel 15 reguilæ')".

IV. Figura do art. 46 da parte III dos *Princípios da filosofia* (AT, VIII, p. 102)

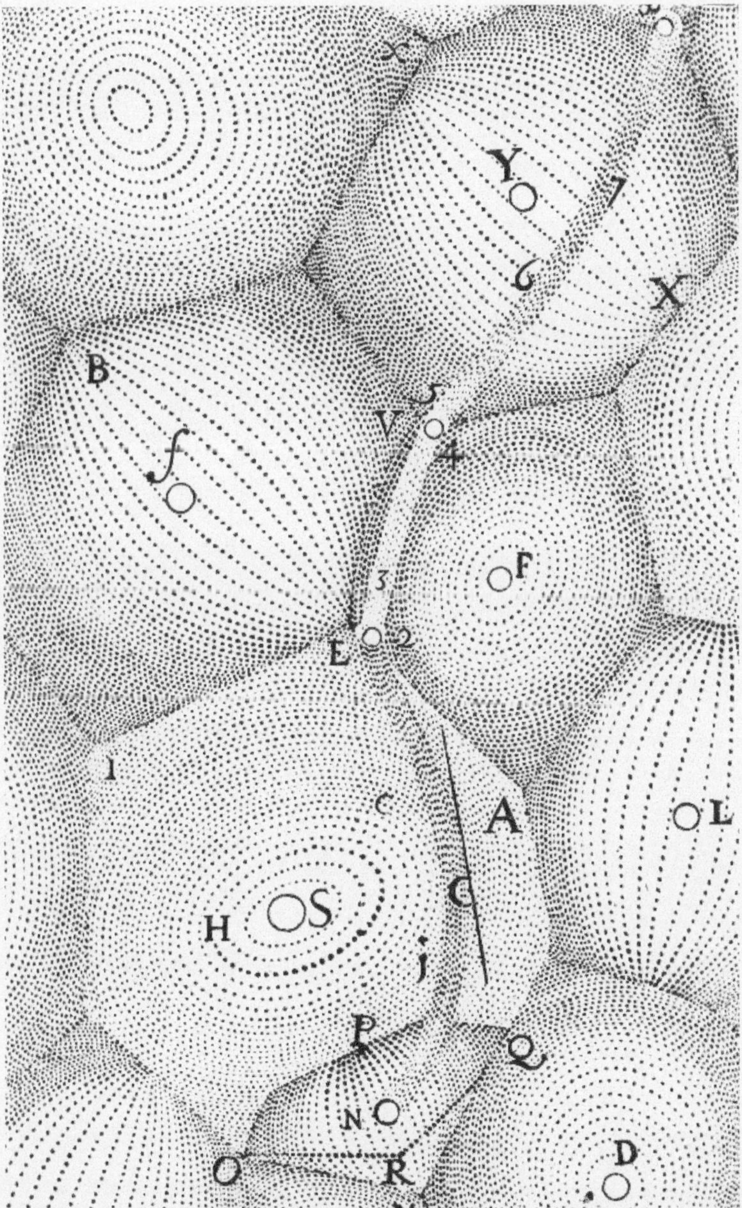

V. Concordância entre os PPC e obras de Descartes

Os PPC, como afirmado na introdução, foram em sua maior parte elaborados a partir de textos recolhidos às obras de Descartes. Daí o interesse de tentar discernir, na medida do possível, a correspondência entre os elementos da cadeia dedutiva espinosana e suas fontes nas *Razões* e nos *Princípios da filosofia*, bem como algo das mudanças, tanto de redação quanto de ordenamento, que Espinosa impinge ao material cartesiano. O que este quadro oferece é um ponto de partida para tal cotejo; o leitor poderá aprofundá-lo e precisá-lo à sua maneira, pois naturalmente algumas vezes a remissão depende mais da interpretação que da literalidade textual. Observe-se que, no caso específico do prolegômeno da primeira parte, dá-se também o uso ostensivo das *Meditações*, no entanto seria impossível demonstrá-lo no interior dum quadro sinóptico como o aqui proposto; um estudo completo das fontes do prolegômeno encontra-se em Homero Santiago, *Espinosa e o cartesianismo*, capítulo I e apêndice I.

Princípios da filosofia cartesiana	**Obras de Descartes**
I, prolegômeno	
I, def. 1	*Razões*, def. 1
I, def. 2	*Razões*, def. 2
I, def. 3	*Razões*, def. 3
I, def. 4	*Razões*, def. 4
I, def. 5	*Razões*, def. 5
I, def. 6	*Razões*, def. 6
I, def. 7	*Razões*, def. 6
I, def. 8	*Razões*, def. 8
I, def. 9	*Razões*, def. 9
I, def. 10	*Razões*, def. 10
I, ax. 1	

I, ax. 2	
I, ax. 3	
I, prop. 1	*Princípios*, I, 7
I, prop. 2	*Princípios*, I, 9-10
I, prop. 3	*Princípios*, I, 11
I, prop. 4	*Princípios*, I, 12
I, prop. 4, corol.	
I, prop. 4, esc.	
I, ax. 4	*Razões*, ax. 6; *Princípios*, I, 17
I, ax. 5	*Razões*, ax. 7
I, ax. 6	*Razões*, ax. 10; *Princípios*, I, 14
I, ax. 7	*Razões*, ax. 3
I, ax. 8	*Razões*, ax. 4
I, ax. 9	*Razões*, ax. 5
I, ax. 10	*Razões*, ax. 2, 9
I, ax. 11	*Razões*, ax. 1
I, prop. 5	*Razões*, prop. 1; *Princípios*, I, 14
I, prop. 5, esc.	*Princípios*, I, 16
I, prop. 6	*Razões*, prop. 2; *Princípios*, I, 18
I, prop. 6, esc.	
I, prop. 7	*Razões*, prop. 3; *Princípios*, I, 19-21
I, prop. 7, esc	*Razões*, ax. 8, 10
I, prop. 7, lema 1	
I, prop. 7, lema 1, corol.	
I, prop. 7, lema 2	
I, prop. 7, lema 2, corol.	
I, prop. 7, corol.	*Razões*, prop. 3, corol.
I, prop. 8	*Razões*, prop. 4
I, prop. 9	
I, prop. 9, esc.	*Princípios*, I, 23
I, prop. 10	
I, prop. 11	
I, prop. 12	*Princípios*, I, 21
I, prop. 12, corol. 1	
I, prop. 12, corol. 2	*Princípios*, I, 15
I, prop. 12, corol. 3	*Princípios*, I, 23
I, prop. 12, corol. 4	*Princípios*, I, 24
I, prop. 13	*Princípios*, I, 29
I, prop. 14	*Princípios*, I, 30, 43
I, prop. 14, esc.	*Princípios*, I, 33
I, prop. 15	*Princípios*, I, 31
I, prop. 15, esc.	*Princípios*, I, 29-37

I, prop. 16	*Princípios*, I, 23
I, prop. 17	
I, prop. 17, corol.	
I, prop. 18	
I, prop. 19	*Princípios*, I, 22
I, prop. 20	*Princípios*, I, 40
I, prop. 20, corol.	*Princípios*, I, 41
I, prop. 21	*Princípios*, II, 1-4
II, post.	*Princípios*, I, 75
II, def. 1	*Princípios*, I, 53; II, 1, 4
II, def. 2	*Princípios*, I, 51-52
II, def. 3	*Princípios*, II, 20
II, def. 4	*Princípios*, I, 26-27
II, def. 5	*Princípios*, II, 16-18
II, def. 6	*Princípios*, II, 10-11
II, def. 7	*Princípios*, I, 26; II, 34
II, def. 8,	*Princípios*, II, 25-31
II, def. 9	*Princípios*, II, 33
II, ax. 1	*Princípios*, I, 52; II, 18
II, ax. 2	*Princípios*, I, 53
II, ax. 3	*Princípios*, II, 4
II, ax. 4	*Princípios*, II, 6
II, ax. 5	*Princípios*, II, 4
II, ax. 6	*Princípios*, I, 53, 65, 68-70
II, ax. 7	*Princípios*, II, 4
II, ax. 8	*Princípios*, II, 6-7
II, ax. 9	*Princípios*, I, 26; II, 20, 34
II, ax. 10	*Princípios*, II, 21-22
II, ax. 11	*Princípios*, II, 22
II, ax. 12	*Princípios*, II, 54
II, ax. 13	
II, ax. 14	*Princípios*, II, 33-34
II, ax. 15	
II, ax. 16	*Princípios*, II, 34-35
II, ax. 17	
II, ax. 18	
II, ax. 19	
II, ax. 20	
II, ax. 21	*Princípios*, II, 33
II, lema 1	*Princípios*, II, 16
II, lema 2	*Princípios*, II, 5-7
II, prop. 1	*Princípios*, II, 4

II, prop. 2	*Princípios*, II, 4
II, prop. 2, corol.	*Princípios*, II, 10-12
II, prop. 2, esc.	
II, prop. 3	*Princípios*, II, 16-18
II, prop. 4	*Princípios*, II, 19
II, prop. 4, corol.	*Princípios*, II, 19
II, prop. 5	*Princípios*, II, 20
II, prop. 5, esc.	*Princípios*, II, 26
II, prop. 6	*Princípios*, II, 21-22
II, prop. 6, esc.	*Princípios*, II, 23-27
II, prop. 7	*Princípios*, II, 33
II, prop. 8	*Princípios*, II, 29
II, prop. 8, esc.	*Princípios*, II, 61
II, prop. 8, corol.	*Princípios*, II, 33
II, prop. 9	*Princípios*, II, 33
II, prop. 9, lema	*Princípios*, II, 33
II, prop. 10	*Princípios*, II, 33
II, prop. 11	*Princípios*, II, 34
II, prop. 11, esc.	*Princípios*, II, 36
II, prop. 12	*Princípios*, II, 36
II, prop. 13	*Princípios*, II, 36
II, prop. 13, esc.	*Princípios*, II, 36
II, prop. 14	*Princípios*, II, 37
II, prop. 14, corol.	*Princípios*, II, 37-38
II, prop. 15	*Princípios*, II, 39
II, prop. 15, esc.	*Princípios*, II, 39
II, prop. 15, corol.	*Princípios*, II, 39
II, prop. 16.	*Princípios*, II, 39
II, prop. 17	*Princípios*, II, 39
II, prop. 18	*Princípios*, II, 40
II, prop. 19	*Princípios*, II, 40-41
II, prop. 19, corol.	*Princípios*, II, 44
II, prop. 20	*Princípios*, II, 42
II, prop. 21	*Princípios*, II, 43
II, prop. 22	*Princípios*, II, 44
II, prop. 22, corol. 1	
II, prop. 22, corol. 2	
II, prop. 22, corol. 3	
II, prop. 23	
II, prop. 24	*Princípios*, II, 46
II, prop. 25	*Princípios*, II, 47
II, prop. 26	

II, prop. 26, corol.	
II, prop. 27	*Princípios*, II, 48
II, prop. 27, corol.	
II, prop. 27, esc.	
II, prop. 28	*Princípios*, II, 49
II, prop. 29	*Princípios*, II, 50
II, prop. 30	*Princípios*, II, 51
II, prop. 31	*Princípios*, II, 52
II, prop. 31, esc.	
II, prop. 32	*Princípios*, II, 56
II, prop. 33	*Princípios*, II, 57
II, prop. 34	*Princípios*, II, 60
II, prop. 35	*Princípios*, II, 59
II, prop. 36	*Princípios*, II, 56-58
II, prop. 37	*Princípios*, II, 61
II, prop. 37, esc.	*Princípios*, II, 54
III, [prefácio]	*Princípios*, III, 4, 43-47
III, post.	*Princípios*, III, 46-48
III, def. 1	*Princípios*, III, 66
III, def. 2	*Princípios*, III, 65-66
III, def. 3	*Princípios*, III, 56
III, def. 4	*Princípios*, III, 48
III, ax. 1	*Princípios*, III, 48
III, ax. 2	*Princípios*, III, 50
III, ax. 3	*Princípios*, III, 50
III, ax. 4	*Princípios*, III, 51
III, prop. 1	*Princípios*, III, 48
III, prop. 2	*Princípios*, III, 48

Este livro foi composto com tipografia Bembo Std e impresso em papel Off-White 80 g/m² na Geográfica.